NOYΣ

JOURNAL
OF GRECO-ROMAN
PHILOSOPHY
努斯：希腊罗马哲学研究

主编：崔延强　梁中和

——— 第7辑 ———

中国—希腊文明互鉴

上海人民出版社

主编 ｜ 崔延强 ｜ 西南大学
    ｜ 梁中和 ｜ 四川大学
策划 ｜ 西南大学希腊研究中心、四川大学西方古典哲学研究所
出版 ｜ 上海人民出版社

专辑预告

总　序

　　自陈康先生那代人算起，希腊罗马哲学研究在中国已近百年，五代有余。百年间，学人们守望着这个古老而幽深的本原，孜孜矻矻，弦歌不辍，尽管在特殊的岁月，辨识"是其所是"（to ti en einai）几近于一场艰难的日出。21 世纪以来，我们欣喜地看到，一些年轻学者极为热诚地投身于这项事业，使原本属于"冷门绝学"的园地陡增前所未有的热度。较之以往，一代新人有着良好的语言基础和哲学素养，能熟练运用古典语言研读古典文本。基于希腊和拉丁文本的希腊罗马哲学研究渐成学界共识和学术规训。

　　但毋庸置疑，希腊罗马哲学研究发展到今天，相对于外国哲学的其他领域，还是略显单薄和孤寂。主要因为古典哲学文献的发现、辑录、考释和翻译是一件异常艰苦、令人望而却步的事，绝难适应现今短平快的评价体系，故愿为者寡。另外，用得放心、经得起检验、文字清通可读的研究性译本不易遇见，现代西语转译的文本顺手拈来，倒也方便。比如，今天伊壁鸠鲁的欲望治疗似乎成为热门话题，但通常接触到的伊壁鸠鲁"原文"多半转自二手英译本，加上汉译者也许从未研读过希腊文本，要害处准确与否就只能猜测了。因此，有关伊壁鸠鲁唯一流传下来的三封书信和《主要原理》(*Kuriai doxai*) 40 条，古代学者辑录的《梵蒂冈伊壁鸠鲁语录》(*Gnomologium Vantican Epicureum*) 81 条，罗马诗人卢克莱修的《物性论》，西塞罗、塞克斯都·恩披里柯、普鲁塔克、爱修斯等记载的伊壁鸠鲁文献，公元前 1 世纪伊壁鸠鲁主义者菲罗德穆的纸草残篇，公元 2 世纪奥伊诺安达 (Oinoanda) 的伊壁鸠鲁主义者第欧根尼的铭文等等的系统辑录和译注，对于伊壁鸠鲁哲学的研究无疑构成前提条件。离开这些古典文献的放心译本，我们何谈伊壁鸠鲁治疗术？所以，致力于一手文献本身的研究和翻译，为读者提供准确可靠、流畅通达的译本，不至于如读"火星文字"而让人望文兴叹，就显得格外迫切了。再者，希腊罗马哲学的研究领域也有失均衡：希腊有余，罗马不足；古典时期名哲多，晚期希腊流派少；灵魂治疗、城邦正义过热，自然元素、理性真理过冷。一些重要领域，如希腊罗马的宇宙论、物理学、逻辑学、语言哲学、知识论等似乎少有问津，犬儒派、伊壁鸠鲁派、斯多亚派、怀疑派、漫步学派、新柏拉图主义等晚期希腊的主要哲学流派门可罗雀，甚至有的话题尚未进入视野。同时我们看到，对 1980 年代以来国外同行最新研究成果的系统介绍也相对滞后。"跟着说"的时钟似乎总是徘徊于 19 与 20 世纪之交，尽管那个时代有着说不尽的值得关注的一代学人。

为此，我们热切期待希腊罗马哲学研究能有一个专门学术园地，集同行之智，博众家之长，首发经典文本译注、新近成果译介和原创性论文。我们深知，要暂时放下是不是 C 刊之虑，算不算成果之忧，实现"首发"这一目标，其困难非常之大，还要靠同行们齐心协力、共筑家园。尽管我们无法预知这个辑刊的"诗和远方"，但我们相信只要持之以恒地走下去，一期一主题，每期有新意，前景是不会暗淡的。我们愿意用心烛照这个依稀可辨的思想场域！

编者　崔延强　梁中和
2020 年中秋于巴山蜀水

目 录

新书推荐

杰出学者纪念

书目与文献

原典译注

希腊怀疑派论神

塞克斯都·恩披里柯　崔延强[1]　编译

［编译者按］

塞克斯都·恩披里柯（以下简称塞克斯都）是古希腊怀疑论的集大成者。他在批判独断论命题的同时引述了大量史料，为我们今天研究古希腊哲学提供了珍贵文本，论神便是其中之一。在塞克斯都的著作中，神学问题归属于原因论，是自然哲学的首要问题，涉及神的概念的起源、神存在的证明、神正论以及对这些问题的辩难，可以被视为一部简要的希腊神学批评史。这里我们选译《皮浪学说概要》第三卷和《反物理学家》第一卷的论神部分，[2]供读者对比

〔1〕崔延强，西南大学教授。长期致力于希腊哲学，尤其是希腊化哲学研究。翻译出版《亚里士多德全集》第五卷（中国人民大学出版社 1997 年版）和第九卷的《论诗》《亚历山大修辞术》《家政学》（中国人民大学出版社 1994 年版），以及塞克斯都·恩披里柯《皮浪学说概要》（商务印书馆 2019 年版；"汉译学术名著" 2022 年版）、《反逻辑学家》（商务印书馆 2023 年版），西塞罗《论学园派》（中国人民大学出版社 2022 年版）、《论诸神的本性》（中国人民大学出版社 2023 年版）、《论目的》（中国人民大学出版社，即出）。承担国家社科基金重点项目 "希腊化哲学研究及典籍编译"（13AZX014）。本文系教育部哲学社会科学研究后期资助重大项目 "希腊怀疑论经典《反逻辑学家》译注"（2022JHQ002）阶段性成果。

〔2〕据 H. Mutschmann and J. Mau, *Sexti Empirici Opera*, vol. 1: *Pyrroneion hypotyposeon*/ vol. 2: *Adversus Dogmaticos*（Teubner, Leipzig, 1958/1914）希腊文本译出；（转下页）

研读。中括号内序号为 Bakker 标准页码。本文使用的主要文献通用缩写如下：

> *M*=Sextus Epiricus, *Adversus Mathematicos*
>
> *PH*=Sextus Epiricus, *Pyrroneioi Hypotiposeis*
>
> DL=Diogenes Laertius
>
> *SVF*=*Stoicorum Veterum Fragmenta*, ed. H. von Arnim
>
> DK=*die Fragmente der Vorsokratiker*, ed. H. Diels/W. Kranz

一、《皮浪学说概要》第三卷论神

[2] 既然多数人宣称神是最为能动的（drastikōtaton）原因，那我们就首先研究有关神的问题。这里需要事先表明，我们在遵循生活经验的意义上（tōi biōi katakolouthountes），不持有任何独断信念地声称神存在，敬奉神，说神预知一切，但为了反对独断论者的鲁莽，我们做出以下论述。[1]

当我们思想事物时应当思想其本质[2]，比如，它们是有形的还

（接上页）另参照 R. G. Bury, *Sextus Empiricus*, vol. 1: *Outlines of Pyrrhonism*/vol. 3: *Against Against The Phsicists/Against The Ethicists*, Loeb Classical Library（Harvard University Press, London/Heinemann, 1933/1935）希腊文本校阅；译注参考英译本：R. Bett, *Sextus Empiricus: Against The Phsicists*（Cambridge University Press, 2012）; R. C. B. Inwood and L. Gerson, *Hellenistic Philosophy: Introductory Readings*（Hackett, 1997）; P. P. Hallie（ed.）, and S. G. Etheridge（trans.）, *Sextus Empiricus: Selections from the Major Writings on Scepticism, Man, and God*（Hackett, 1985）。

[1] 塞克斯都再次表明怀疑的立场，即在遵循生活经验的意义上，不持有独断信念地承认神存在、神能预知万物；在反驳独断论、建立反题的意义上说神不存在、神不能预知万物。怀疑论者并不是独断论意义上的有神论者或无神论者。

[2] 这里塞克斯都使用的"本质"（ousia）一词，指斯多亚派讲的"物质"（hulē），并非亚里士多德意义上的"实体"。

是无形的。当然还应思想其形状，因为没有人能够思想一匹马，除非他之前已经知道了马的形状。再者，还应想到被思想之物存在于何处。[3] 在独断论者当中，有些声称神是有形的，有些声称神是无形的；有些声称神是人形的，有些声称神是非人形的；有些声称神居于某处，有些声称并非如此。而在那些声称神居于某处的人当中，有些声称神居于宇宙之内，有些则声称神居于宇宙之外。如果我们在神的本质、形状和存在的场所方面都无法得到共同一致的意见，那我们如何能够获得有关神的概念？让他们首先一致同意、共同承认神是如此这般的东西，为我们勾勒出基本特征之后，再来要求我们把握神的概念。只要他们处于无法判定的分歧之中，我们就无法从他们那里得到有关神的概念的一致意见。

[4] 他们说，当想到某种不死的和有福的（makarios）东西时，便认为这就是神。[1] 但这是愚蠢的，因为正像一个不认识迪翁的人是不可能思想那些属于迪翁之为迪翁的东西的，既然我们并不明白神的本质，也就不可能知道和思想他的属性。[5] 此外，让他们告诉我们何为有福的东西，究竟是依据德性进行现实活动（energoun）并预知自己的所作所为，还是没有任何现实活动性（anenergēton），自己无所事事，也不为他者做事。[2] 他们在这个问题上存在着无法判定的分歧，因此使有福的东西，也因此使神无法被我们思想。

---

〔1〕 按伊壁鸠鲁，这是大众关于神的一般观念，参见 Epicurus, *ad Men* 123；*PH* 3. 219。斯多亚派有关神的观点，参见 DL 7. 147。

〔2〕 这里塞克斯都把两种神的观念对立起来，前者是斯多亚派的，后者是伊壁鸠鲁的。参见 DL 7. 147 及 *PH* 3. 219。

［6］但是，即使神是能被思想的，对于神究竟是存在的还是不存在的，就独断论者的观点而言，也不得不存疑。因为神的存在不是自明的。如果神自己可以作用于我们形成表象（prosepipten），那么独断论者就会一致同意神是什么，性质如何，居于何处。但这些无法判定的分歧使神对我们来说似乎是非显明的和需要证明的。［7］凡试图证明神存在的人，或通过显明的东西或通过非显明的东西来证明。当然不可能通过显明的东西来证明，因为如果用来证明神存在的东西是显明的，根据我们前面建立的论证，"被证明者"（to apodeiknumenon）是相对于"证明者"（to apodeiknunti）而被思想的，因而也是同它一起被理解的，那么神存在就是显明的了，因为神存在是同用来证明它的、自身作为显明的东西一起被理解的。然而如我们已表明的那样，神存在不是显明的，因此不能通过显明的东西来证明。神存在也不能通过非显明的东西来证明。因为用来证明神存在的非显明的东西本身需要证明，但如果声称这种非显明的东西可以通过显明的东西来证明，那它就不再是非显明的而是显明的了。［8］因此，用来证明神存在的非显明的东西不能通过显明的东西来证明。它也不能通过非显明的东西来证明，因为凡声称这样做的人将陷入无穷后退，我们会永远不断地需要为前面提出的作为非显明的东西的证明提供证明。因此，神存在不可能由任何其他东西来证明。［9］如果神是否存在本身是非显明的，也不能由其他东西来证明，那么这个问题就是不可理解的。

还有下面这些东西需要论述。凡声称神存在的人，他或者说神预知（pronoein）宇宙中的事物，或者说神不预知。如果预知，或者预知一切事物，或者预知某些事物。如果预知一切事物，宇宙中就不会存在任何坏事和邪恶，因为他们声称万物充满了恶，所以不能说神预知一切事物。[1][10] 如果神预知某些事物，那他何以预知这些事物而非那些事物？再者，神或者既愿意（bouletai）又能够（dunatai），或者愿意但不能够，或者能够但不愿意，或者既不愿意又不能够预知一切事物。但如果既愿意又能够，他就会预知一切事物了，根据上述原因他并非预知一切事物。所以，他并非既愿意又能够预知一切事物。如果他愿意但不能够，他就会比那个他因之而不能够预知他不预知的原因还要弱（asthenesteros）。[11] 然而，神的能力比其他东西还要弱是有悖于神的概念的。如果他能够但不愿意预知一切事物，那他会被认为是邪恶的（baskanos）。如果他既不愿意又不能够预知一切事物，那他就会既是邪恶的又是无能的（asthenēs），但如此说神是不虔敬的（aseboumtōn）。因此，神不预知宇宙中的事物。[2]

如果神对任何东西不做出预知，也不存在自身的功业（ergon）和成就（apotelesma），那就没人能够声称他是如何理解神是存在的，因为神既不自我显现，也无法通过他的某些活动结果来理解。因此，神是否存在就是不可理解的。[12] 由以上论述我们进而得出结论，凡确切地声称神是存在的人或许不得不犯渎神之罪（asebein）。因为如果声称神预知一切事物，就等于说神是罪恶的原

---

[1] 这个论证属于伊壁鸠鲁派，参见 *PH* 1. 155；3. 219。

[2] 以上两段对神预知一切的反驳，是希腊怀疑论提供给后世各种无神论思想的经典论式，尽管怀疑论本身不是无神论。我们可以看到不少 17—18 世纪的启蒙思想家使用过类似形式的论证。

因；如果声称神预知某些事物或不预知任何事物，就不得不说神或是邪恶的或是无能的，说这种话的人显然是渎神的。[1]

二、《反物理学家》第一卷论神

[13] 有关神的论述对于以独断的方式从事哲学的人而言似乎是最必需的，因此他们称哲学是对智慧的追求（epitēdeusis），而智慧是关于神与人的事物的知识，如果我们把有关神的研究置于两难（eporēmenēn），那我们实际上就会确立智慧不是有关神与人的事物的知识，哲学也不是对智慧的追求。

[14] 有人说，那些最初领导人们、探索什么对生活有益的人物，他们极其聪明，因此虚构了有关神的幻想和哈得斯（Hades）神话中的信念。[15] 因为远古的生活荒蛮而无序，正如俄尔甫斯（Orpheus）所说：曾有一段时间，

凡人过着互相食肉的生活，
强者以弱者为盘中餐（edaizen）。[2]

他们想遏制（epischein）不义之徒，于是首先确立了法律，以便惩罚公然做出不义之举的人，[16] 之后他们虚构了神，作为人类一切恶行和善举的监视者，乃至无人敢私下作恶，因为人们相信诸神

---

〔1〕 这里怀疑论把有神论反而推到"渎神"的地步，这个反论是相当睿智的。

〔2〕 本段也出现在塞克斯都《反修辞家》，见 M 2.31。

裹着气的外衣游荡在整个大地之上，

监视着人类的暴虐与合法行为。[1]

[17] 绰号为"无神论者"（atheos）的尤赫麦洛斯[2]说："当
人们的生活混乱无序时，那些在力量和心智上胜于他者，以至于
所有人都活在他们的命令之下的人，渴望得到极高的仰慕和敬畏，
于是为自己编造了某种超人的神圣能力，结果被众人敬奉为神。"
[18] 凯奥斯的普洛底科[3]说："古人把太阳、月亮、河流、泉水
和普遍说来一切对生活有益的东西，因为它们的有益性而敬奉为
神，就像埃及人把尼罗河敬奉为神。"因此面包被敬奉为得墨忒耳
（Demeter），酒被敬奉为狄奥尼修斯（Dionysus），水被敬奉为波
塞冬（Poseidon），火被敬奉为赫淮斯托斯（Hephaestus），以及每
种好用的东西都是如此。[4][19] 再者，德谟克里特说，某些幻影
（eidōlon）发生在人们身边，其中有些做好事（agathopoia），有些
做坏事（因此他也祈求遇到吉利的幻影），这些东西是巨大的和超
自然的（huperphuēs），它们难以毁灭，但并非不可毁灭，它们向
人们预示（prosēmainein）未来的事情，因为它们是能被看到的和

---

〔1〕 第一行来自 Hesiod, *Works and Days* 255；第二行来自 Homer, *Odyssey* 17. 487。

〔2〕 尤赫麦洛斯（Euhemerus），迈锡尼（Messne）人，活动于约公元前 3 世纪晚期。撰
　　写过著名的游记，描述了想象中的印度洋之旅和主岛 Panchaea 上的生活方式。岛中
　　心有一根"黄金柱"，上镌刻乌兰诺斯、克洛诺斯和宙斯的功业，被他命名为"圣书"
　　（hiera anagraphē），由之得知三者是他们那个时代的国王，被众人敬奉为神。

〔3〕 普洛底科（Prodicus），凯奥斯（Ceos）人，苏格拉底同时代的智者。以其语词辨析精
　　细和声音深沉洪亮的讲演闻名。他的名字似乎表明其属于古代"无神论者"行列，另
　　外，他还基于人性立场解释宗教的起源问题。

〔4〕 DK 84B5.

能发声的。因此，古人一旦获得这些东西的表象，就会设想有神存在，神不外乎是这些具有不灭的本性的幻影。[20]亚里士多德说，在人类那里，神的概念由两个源头生成，即那些围绕灵魂所发生的事件和天体现象。来自那些围绕灵魂所发生的事件，是因为梦中生成的灵感（enthousiasmos）和预言能力（manteia）。[21]他说，当灵魂独自处于梦中，便恢复了（apolabousa）自己的本性，因此可以预言和昭示未来。当死亡降临，灵魂与肉体分离之时，这种情况也会发生。他确切地承认诗人荷马也看到了这点。因为荷马描述了帕特洛克罗斯（Patroclus）临终前预言赫克托耳（Hector）之死，而赫克托耳则预言阿基里斯（Achilles）的归宿。[1]因此他说，人们设定有某些神圣之物，它们本身类似于灵魂，是万物中最富有知识的东西（epistēmonikōtaton）。[22]再者，神的概念还来自天体现象。因为当人们看到，白天太阳按其轨迹运转，夜晚其他星辰有序运动，便设想有某个神，构成这种运动和秩序的原因。[2]

[23]这就是亚里士多德的观点。但另一些人声称，敏锐而易动的心灵，当它观照（epiballein）自身的本性，触及整个宇宙（ton panton）的映象（emphasis），就会设想一种超级思想能力，与自身类似但具有神圣的本性。[3][24]还有一些人设想由宇宙发生的奇迹（paradoxōn）达致神的概念，德谟克里特似乎持这种观

---

[1] *Iliad* 16. 850ff, 22. 358ff.

[2] 有学者认为，这里的引述源于亚里士多德已遗失的著作《论哲学》的有关段落。参见 D. Ross（ed.）, *The Works of Aristotle*, vol. XII: *Select Fragments*, Oxford: Clarendon Press, 1952, p. 84。

[3] 本段的意思是说，当心灵反观自身，映出整个宇宙，便设想一个与自己相似但具有神性的宇宙灵魂。以己之心推知宇宙之心，是独断论哲学的一种惯用手法。

点。他说："古人看到天上的灾异（pathēmata）会感到恐惧，如雷鸣、电闪、霹雳、星体碰撞以及日食和月食，想象神是这些东西的原因。"[1][25] 但伊壁鸠鲁认为，神的概念是人们由梦中的表象抽引出来的（espakenai）。他说："因为当巨大的人形的幻影在梦中作用于人们，他们便认为有某种人形的神真实（tais alethēiais）存在。"[2][26] 有些人转而诉诸天体不可变更的和有序的运动，声称有关神的概念发端于此。正像如果有人坐在特洛伊的伊德山（Ida）山巅，眺望大批希腊军队阵容齐整、井然有序地行进在平原上，

> 走在最前面的是骑兵，及其骏马和战车，
> 步兵则紧随其后，[3]

此人一定会形成这样一个观念：有人布置这个方阵，命令那些听从于他的士兵，正像涅斯托耳（Nestor）或其他英雄，他明白如何

> 有序安排战马和盾手。[4]

[27] 又如熟悉航海的人，一旦自远处看到惠风鼓动船帆，一切航事皆备，便意识到有人在指引航程，将船只带到既定的港口。

---

〔1〕 本段似乎不能确定完全引自德谟克里特的语句，第尔士（Diels）认为"天"（meteōrois）一词为德谟克里特派用语，但整个风格属于波西多尼俄斯（Posidonius）。见 DK 68A75。

〔2〕 该句未必引自伊壁鸠鲁本人，但的确可以从伊壁鸠鲁主义者的文献中发现类似的观点，参见 Lucre 5. 1168 ff.。

〔3〕 *Iliad* 4. 297-298.

〔4〕 *Iliad* 2. 554.

同样，那些首次仰望天空，看到太阳沿轨迹自东向西运行，看到星星有序跳跃起舞的人，便寻找这个最美丽的秩序的造物主或工匠（dēmiourgos），猜想这不是偶然（ek tautomatou）发生的，而是由某种更加有力和不死的本性所致，这就是神。[1][28] 某些后期斯多亚派的人声称，先民们，那些大地之子，在心智上远远超过今人，因为把我们与古人相比就可以知道，那时的英雄，其心智的敏锐性好像超常的感官，他们洞察神圣的本性，思想神的力量。

[29] 这些就是独断论哲学家就神的概念谈论的内容。我们认为对他们并不需要反驳，因为形形色色的说法本身打上了对真理的无知的烙印（episphragizetai）。思想神的方式可能有多种，但其中为真的那种是不可知的。即使让我们进而探讨那些特殊的假设，我们也不会发现他们所说的东西是可靠的。[30] 比如，那些认为有某个立法者和聪明人把神的观念灌输给他者的人似乎没有完全切中问题。而问题在于，人们从哪个源头出发以达致对神的思想？[31] 那些声称某些立法者把神的观念灌输给他者的人走了岔路（diamphountes），没有看到开始的困惑（aporon）[2] 依然等着他们，因为人们会问，立法者究竟如何达致神的概念，既然此前无人把神传授给他们？[32] 再者，所有人都具有神的观念，但并非以同一种方式，而是例如，波斯人供奉火，埃及人供奉水，以及其他人供奉其他诸如此类的东西。另外，所有人被立法者集中到同一个地方

---

[1] 有学者认为 26—27 两段出自亚里士多德残篇《论哲学》。参见 Ross 1952: 85。

[2] 该词有分歧。Bekker 校勘为 topon（荒谬）。这里我们从 Teubner 和 Loeb 本，认为读作 poron 更符合文本意义，因为这里谈论的是神的概念的生成没有思想的出发点这种"两难"或"困惑"，而非"荒谬"。

聆听有关神的某些事情也是不可信的，因为人们的部族不是集聚在一起的，而是互不相识的。我们通过历史得知，在航海方面，阿耳戈（Argo）是首次远航的船只。[33]是啊，或许有人会说，在所有这些事情之前，每个部族的立法者和领袖虚构了这种观念，因此不同人群设想不同的神存在，但这是荒唐的。因为相反，所有人都有关于神的共同常识或前见（prolēpsis）[1]，据之他是某种被福佑的不死的生灵，享有完满的幸福，不接受任何恶的东西，因此认为所有人偶然直觉到（epiballein）这些同样的特性而不是在本性上获得这样的印象（ekkineisthai），则是完全有悖理性的。所以，古人并非在设定意义上（thesei）或根据立法承认神是存在的。

[34]有人声称，最初领导人们并成为公共事务支配者的那些人，为了使众人屈服，赋予自己极大的能力和荣誉，当其终老之时被敬奉为神，说这种话的人还是没有明白问题之所在，因为那些把自己抬上神坛的人如何获得将自己归入其中的神的概念？这是需要证明的，但却被忽略了。[35]再者，他们宣称的观点是不可信的。因为那些发生在领袖身上的事，尤其是错事，仅仅在这些领袖活着时安然如故，在他们死后便荡然无存。人们可能会碰到许多在其有生之年被敬奉为神，在其终老之后被嗤之以鼻的人，除非他们假借[2]神的称号，正像宙斯（Zeus）与阿尔克墨涅（Alcmena）之

---

[1] prolēpsis 一词，指未经理性审视批判的日常观念，相当于英文的 preconception。根据语境可译为"常识""前理解""前概念""前见""预想"等。参见 *M* 8. 157, 321, 337, 331a-333a; 9. 50, 61 以及 *PH* 1. 211; 2. 246。

[2] 这里塞克斯都使用了 hupostellō 一词，稍后又使用了 hupotrechō 和 huperchomai，这三个词为同义词，有"假借""窃用""盗用"等意。可以看出塞克斯都的修辞风格是相当讲究的。

子赫剌克勒斯（Heracles）。[36] 如他们所说，一开始他的名字叫阿尔开俄斯（Alcaeus），但窃用了那时被人们奉之为神的赫剌克勒斯的名字。因此，在忒拜（Thebes）流传一个故事，说很久以前，一个赫剌克勒斯的单身塑像被发现，上面刻有铭文："阿尔开俄斯，安菲特律翁（Amphitryon）之子，作为献给赫剌克勒斯的礼物。"[1] [37] 他们说，廷达瑞俄斯（Tyndareus）之子也窃取了被人们奉之为神的"狄俄斯库里兄弟"[2]的名誉。因为那时人们中的智者会称"狄俄斯库里兄弟"为"两半球"，即一半在地上，一半在地下。因此诗人也猜到这点，谈起他们，

> 有时生，有时死，隔天轮换，
> 命定的荣耀与神相等。[3]

人们给他们戴上毡帽，把星星挂在其上，寓意着（ainissomenoi）半球的构造。[38] 因此，那些以这种方式窃取神的名誉的人在某种程度上可以实现自己的目的，但那些直接公开宣称自己为神的人，

---

〔1〕 希腊神话中，安菲特律翁是阿尔克墨涅的凡人丈夫，赫剌克勒斯的生母是阿尔克墨涅，但其父并不是安菲特律翁，而是宙斯（后者偶尔会以安菲特律翁的外形出现）。

〔2〕 "狄俄斯库里兄弟"（Dioscuri）是廷达瑞俄斯之子卡斯托耳（Castor）与波吕丢刻斯（Pollux）的合称，两人是海伦的孪生兄弟。神话中一说前者为廷达瑞俄斯之子，后者为宙斯之子，所以被赐予永生。另一说两个皆为宙斯之子。传说两兄弟参加阿耳戈船英雄的远航，前者战死，后者不愿丢下兄弟请求宙斯赐死，宙斯答应将他的永生权分给兄弟一半，从此兄弟一天在地府，一天在奥林波斯山诸神中。另据传说，宙斯为褒奖兄弟手足情深，使他们成为双子星座（一说为启明星和太白星），古人据之指引航行。Dioscuri 在构词上含有"宙斯之子"（Dis+kouros）的意思。这个传说表明古人对生与死、光明与黑暗辩证关系的朴素而深刻的想象。

〔3〕 *Odyssey* 2. 303-304.

反而受到鄙夷。

[39] 再者，那些声称先民把所有对生活有益的东西，如日月、河湖等设定为神的人，除了建立不可信的观念，还指责古人愚蠢至极。因为古人不会如此糊涂，以至于把眼前的可朽之物设想为神，将神圣力量的证据诉诸（prosmarturein）自我吞噬与解体之物。[40] 或许某些观点是合理的，比如把大地设想为神，但这不是可爬犁的或可挖掘的实体（ousia），而是充斥其中、孕育果实的能力（dunamis），那种实质上最神圣的本性（phusia）。但认为湖泊与河流以及任何其他本性上对我们有益的东西是神，实乃愚蠢得无与伦比。[41] 因为这样的话，我们就应当认为人类，尤其是哲学家是神，既然他们对我们有益，也应当认为多数非理性动物是神，因为它们有助于我们，也应当认为家用器具以及一切存在着的更加低贱卑微之物是神。但这是极其好笑的。因此必须要说，他们提出的观点是不合理的。

[42] 德谟克里特以较大可疑的东西解释较小可疑的东西[1]是不可信的。因为自然提供了多种多样的路径（aphormē）来解释人

---

[1] 原文为 to hētton aporon dia tou meizonos aporou didaskōn。这是怀疑论反驳独断论的一条基本规则，认为独断论为避免循环推理和无穷后退，不得不找到一个论证的出发点。而这个出发点也是未经证明或不可证明的假设，因此其证明本身不过是"通过有待研究的问题证明有待研究的问题"（dia tou zētoumenou toinun to zetoumenon pistousthai bouletai），或"把成问题的东西直接设定为当然的前提"（to zētoumenon sunarpazō），但这是荒谬的，因此存疑。其他类似的表述还有："试图通过同样成问题的东西证明成问题的东西或通过有待研究的问题证明自身"（to zētoumenon dia tou ep' isēs zētoumenou hē di hēautou apodeiknunai）；"试图通过问题较大的东西证明问题较小的东西"（ek tōn mallon zētoumenōn ta hētton zētoumena deiknunai peirōmenos）；"用未知的东西解释未知的东西"（toi di agnooumenou to agnooumenon didaskein）。参见 *PH* 1. 90; 2. 33, 36, 108, 122; 3. 52, 74, 122 以及 *M* 7. 266; 8. 66, 86, 285, 364。

们如何获得神的概念，然而就"周边存在着巨大的和具有人形的幻影"，一般说来，这种德谟克里特所喜欢的自我虚构的东西，是完全难以接受的。

［43］对伊壁鸠鲁，我们的反驳是一样的，因为他认为神是通过梦中具有人形的幻影的表象来想象的。但为什么由这些东西生成神的概念而不是巨人的概念？［44］一般说来，针对一切所提观点我们都可以说，人们并非单纯通过具有人形的动物的体积获得神的概念，此外还要通过附加他是有福的、不死的以及可在宇宙中展示诸多能力的这些特性。然而这些东西是由什么源头，或如何为最初获得神的概念的人们思想的，那些将之归结为梦中表象和天体秩序的人并未做出解释。

［45］针对这点他们声称，有神存在的观念之源头（archē）发乎那些梦中幻象或在宇宙中看到的东西，而神是永恒的、不死的和至福的观念则是基于对人的超越［1］而来。正像通过在外观上放大普通人，我们得到独目巨人（Cyclops）的观念，他不像是一个

吃五谷杂粮的人，倒像是树木茂密的山巅
耸立于群山之间，突兀超然。［2］

因此，当我们想象一个幸福、好运和充满一切善的人，然后通过不断强化（epiteinantes）这些东西，我们便形成一个在所有这些方面达到极致（ton akron）的神的概念。［46］再者，当古人想象

---

〔1〕 原文为 kata tēn apo tōn anthropōn metabasin。
〔2〕 *Odyssey* 9. 191-192. 第一句同样出现在 *M* 8. 59；11. 251；3. 42。

一个长寿的人，他们通过把过去和未来同当下相连接，从而将时间延长至无限。于是，一旦他们达致永恒的概念，便说神是永恒的。[47]凡声称这些东西的人，一方面建立貌似可信的观点，但另一方面却一步步（ērema）陷入循环论式[1]，也即最令人茫然无措的（aporōtatos）[2]那种。因为，我们为了首先思想幸福的人以及由之所迈向的神的概念，我们不得不思想究竟什么是幸福——通过分有它，幸福的人才得以被思想。然而，按照他们的说法，幸福（eudaimonia）是某种神灵的（daimonia）[3]和神圣的本性（theia phusis），而他们把神灵（daimōn）安排好（eu）的人称作幸福的人。因此，为了把握有关人的幸福，就应当首先获得神和神灵的概念；而为了思想神，就应当首先得到幸福的人的概念。那么，既然它们每个都有待于他者的概念，在我们看来，它们就是不可思想的。

[48]这就是针对那些研究早期人类如何获得神的概念的人做出的反驳。接下来，让我们研究一下神是否存在。

---

〔1〕循环论式（ton dia allelōn propon）是皮浪怀疑派的五大论式，即五种典型辩难形式之一。有关五大论式，塞克斯都对之进行了简明描述，参见 *PH* 1. 164-177；第欧根尼将其提出归于阿格里帕（Agrippa），见 DL 9. 88-89。

〔2〕这里形容词 aporos 的构词意义（a+poros）指"无路可走的"或"行不通的"，可引申为"疑惑的""困惑的""茫然的""困难的""不可行的""没办法的"等意，其动词形式 aporeō，有"辩难""诘难""怀疑""犹疑"之意。该词及其相关衍生词在塞克斯都的文本中使用频率极高，是理解皮浪怀疑论的关键词之一。

〔3〕daimonia 是 daimōn 的形容词形式。daimōn 一词有多种意思，一指"黄金时代"人的灵魂，后来泛指神（或女神）或神力，与 theos 互用；另外还指半神圣的东西，比神（theos）的层次低，并有好的 daimōn 与坏的 daimōn 之分；它往往决定个人的命运，因此该词也有"命运"之意。这里我们译作"神灵"，突出其"灵魂"的原始含义，同时又与"神"相关联。

［49］既然并非一切所思之物都分有真实性，而是某些东西能被思想，但不是真实的，如马人（Hippocentaur）和斯库拉（Scylla），[1]因此，在对神的概念进行追问之后，我们将不得不探究其真实性。或许可以发现怀疑论者比那些以其他方式从事哲学的人更为安全，因为一方面，依照祖辈的习惯和法律，他声称神是存在的，对之竭尽一切供奉虔诚之能事，另一方面，就哲学研究而言，他决不会鲁莽行事。[2]

［50］在那些研究神的真实性的人中，有的说神存在，有的说不存在，有的说存在并非甚于不存在。多数独断论者和一般生活常识说它存在，［51］被称作"无神论者"（etheoi）的，如尤赫麦洛斯，

> 一个年老的自吹自擂者，编纂不义之书的人，

以及米洛斯（Melos）的狄阿戈拉斯[3]、凯奥斯的普洛底科

---

〔1〕 指希腊神话中的人面马神和六只头的妖怪。塞克斯都和第欧根尼多有引用，见 *M* 7. 80, 8. 60；DL 7. 53。

〔2〕 本段清楚表达了怀疑论的动机并非推翻"神存在"这一传统信念，而是试图避免心灵在哲学研究中鲁莽从事、做出独断。怀疑论通过正反两个方面的辩难，对"神存在"与否的问题存疑，因此在哲学上，它既不属于"无神论"，也不属于"有神论"。尽管在哲学上，"神存在"与否无法证明，没有知识论基础，但在生活世界中，怀疑论主张"跟随"（akolouthein）习惯、法律、教化、技艺等"显明之物"（phainomena），"祭神如神在"，从事一切神事活动。这里，怀疑论明显表达出一种试图切断知识与信念之间"天然"联系的自然主义和保守主义倾向，而这种倾向在近代早期人文主义者蒙台涅等人以及 17 世纪的休谟那里得以"复兴"，被作为一种反智主义的武器，用来瓦解信仰的理性知识根基。

〔3〕 狄阿戈拉斯（Diagoras），活动于公元前 5 世纪末的雅典抒情诗人，以无神论思想著称（又见 Cicero, *Nat Deorum* 1. 2. 63）。或因雅典人对米洛斯的掠夺，他嘲弄厄留西斯（Eleusis）神话，被判处死刑后逃离。

和泰奥多洛[1]等其他许多人则声称神不存在。其中，尤赫麦洛斯说，那些被视为神的人是一些有权有势者，因此被他人神化（theopoiēthentas），奉若神明；[52]而普洛底科声称那些对生活有益的东西被理解为神，如日月、河湖、草甸、庄稼以及所有类似之物。[53]米洛斯的狄阿戈拉斯，一位酒神颂诗人，如人们所说，起初像任何人一样惧怕神灵。他以这种方式开启自己的诗篇："万物据神灵和命运而成。"[2]然而，当他被某个发假誓但并未因此受到惩罚的人不公正地对待时，便转而声称神是不存在的。[54]克里提亚[3]，雅典的一个僭主，似乎属于无神论者行列，因为他说古代立法者编造了一种作为人的善举和恶行的监督者的神，以便无人会私下对邻人不公，因为怕受到神的报复。他是这样说的：

> 曾几何时，人类的生活混乱无序，
> 野兽一般屈从于暴力，
> 那时，好人得不到奖赏，
> 恶人受不到惩治。
> 后来，如我所认为的，人们建立了用以惩戒
> 的法律，让正义成为
> [所有凡人的][4]主人，暴虐成为奴隶。

---

[1] 泰奥多洛（Theodorus），公元前 3 世纪人，昔勒尼派代表，以无神论思想闻名。

[2] 原文为 kata daimona kai tuchēn panta teleitai。

[3] 克里提亚（Critias），雅典的演说家，公元前 404 年的"三十僭主"之一。

[4] 此处，Grotius 插入 "genous broteiou"（所有凡人的），Diels 插入 "homōs apantōn"（所有人一样的）。

无论谁犯罪，都会受到惩处。

后来，尽管法律遏制人们公开施暴，

但他们依然暗自行动。此时，以我看来，

一些狡黠的人，在判断上富有心计，

他们首先虚构了有死之人对神的恐惧，

以便有某种东西让恶人害怕，

即使他们私下动作、交谈和思虑。

于是，他引入了神（to theon），

声称有神灵（daimōn）长生不死，

用心灵（noōi）听和视，思想并

关注这些东西，具有神圣的本质。[1]

他耳闻众生间所有话语，

能洞察一切行迹。

即使你密谋坏事，

也逃不出神的眼睛：因为其中蕴藏着

慎思（to phronoun）。说出这样一番话，

他引入了最狡黠的教条（didagmatōn），

以假话掩盖真理。

他声称神所居住的场所，

如果你把人们带到那儿，足以将他们吓跑，

那里，他知道，对凡人是恐惧，

---

[1] 关于神灵（daimon）与神（theos）的区别，参见 *M* 9.47 注释。

对其悲惨的生活则无疑是安逸[1]。

从头上的斗转星移，他看到，那里

有闪电，有可怕的雷鸣，有天空星汉灿烂的脸，

那时间之神，智慧巨匠的无色斑斓的编织。

从那里，还有星星炽热的光团一串串飞驰，

湿润的雨倾注大地。

他以这种恐惧之物给人们设置藩篱，

以言之凿凿把神灵安放妥当，让他居于合适的场所，

以法律扑灭对法律的僭越。

过了几行不久，他补充道：

就这样，我认为，有某个人第一次劝说

有死者相信某类神灵存在。

[55] 无神论者泰奥多洛与这些人的观点一致，按某些人的说法，阿布德拉（Abdela）的普罗塔戈拉同样如此。前者在其论神的著作中以多种方式对希腊人的神的观念进行批驳，[56] 普罗塔戈拉则在某处公开写道："关于神，我既不能说它们是否存在，也不能说它们是什么，因为有很多妨碍我的东西。"出于这个原因，雅

---

[1] 这里文本有分歧。Teubner 和 Leob 本均读为 onēseis（惬意或享受），而 Bett 译本读为 ponēseis（痛苦），认为既然这里谈的是"最狡黠的说教"，应使用否定意义的词汇。译者认为从上下文看，读为 onēseis 是恰当的，因为编造神的天上居所，既有恐惧之意又有美化之意，也符合神话信仰兼有惧怕与向往的矛盾心理特征。

典人判他死刑，于是他仓皇出逃，遭遇海难而亡。[57]弗利俄斯（Phlius）的提蒙在其《讽刺诗》第二卷中记载了这个故事，他这样描述：

> 那时或之后，普罗塔戈拉，所有智者中的头号[1]，
> 并非口齿不清、老眼昏花、才艺不高。
> 人们却想把他的著作化作灰烬，
> 因为他写道，他不知道，也不可能发现，
> 神是什么，它们是否存在[2]，
> 竟可以把众生看护好。
> 然而这对他毫无益处，于是便设法出逃，
> 毕竟他不愿就这样魂归地府，
> 喝下苏格拉底那冰冷的毒药。[3]

[58]根据一些人的说法，面对大众，伊壁鸠鲁承认神存在，但就事物的本性而言，他绝非如此。[59]怀疑论者则称，因为相对立的论证的等效性，神存在并非甚于（ou mallon）不存在。当我们简短考察那些涉及正反两方面的论证之后就会明白这点。

[60]那些宣称神存在的人，试图通过四种方式建立命题。第一，来自所有人的一致看法，第二，来自宇宙的有序安排，第三，

---

〔1〕 文本开端有分歧，这里译文从 Diels 补缀 "pantōn prōtististōi to"。

〔2〕 Bekker 这里读作 ei tines（是否），而非 Teubner 和 Leob 读作的 hoi tines（是谁）。译文从 Bekker，意思更合理，且与前面第 56 段引文意思一致。

〔3〕 本段原文校订和英译另见 Andre Laks and Glenn W. Most, *Early Greek Philosophy*, VIII, part 1, Harvard university press, 2016, pp. 98-99。

来自否弃神的人推出的结论的荒谬性，第四和最后，来自对相反观点的反驳。[61] 来自共同的观念，即他们说实际上几乎所有人，包括希腊人和蛮族人，都认为神是存在的，出于这个原因，他们一致同意献祭、祈祷和设立神庙，尽管一些人这样做，一些人那样做。虽然他们共同相信神是存在的，但就神的本性，他们不会拥有一样的常识（prolēpsis）。但如果这种常识是假的，则所有人不会如此意见一致。所以神是存在的。[62] 此外，假的观念和应时之词（proskairoi phaseis）不会持续长久，而会随那些因其故而得以维系的人一起终结。例如，人们以供奉神的祭品和其他仪式敬仰王者。但他们仅在王者本人在世期间保持这些活动，一旦王者死去，他们就会将之作为非法的和不虔诚的东西捐弃。然而，神的概念来自永久、持续到永久，或许由发生的事实得到确证。[63] 再者，即使人们不得不把普通人的观念放到一边，相信那些聪明睿智的和最有天赋的人，他们也会看到，诗没有展现任何一种伟大而光芒四射的东西，其中的神不是被赋予权力和对所发生的事情具有支配作用的角色，就像在诗人荷马所描述的希腊人和蛮族人的战争中那样。[64] 人们还可以看到，许多物理学家与诗人一致，因为毕达戈拉斯、恩培多科勒、伊奥尼亚派、苏格拉底、柏拉图、亚里士多德和斯多亚派，或许还有花园派，正如伊壁鸠鲁坦直的说法所证实的，他们都承认神。[65] 因此，正像如果我们研究某些为视觉所感知的东西，我们理所当然就会相信视觉最为敏锐的人，如果研究所听之物，就会相信听觉最敏锐的人，同样，当我们研究某些为理性所沉思的东西时，除了应当相信那些心灵和理性敏锐的人之外，不应当相信其他人，诸如此类的人就是哲学家。

［66］针对这点，持反对观点的人习惯称[1]，所有人都有关于地府中的事情的传说的共同观念，并与诗人的意见一致，甚至有关这些事情的共同观念比有关神的更多，但我们不会说关于地府的传说是真实的，［67］因为首先我们不仅无法理解有关地府的虚构，而且一般说来，所有神话都包含着矛盾属性，并且是不可能的。例如：

> 我看到，提堤俄斯（Tityus），荣耀的地母该亚（Gaia）之子，
>
> 躺在大地之上；占地达九亩（pelethra），
>
> 有鹰隼坐在两侧，啄食他的肝，
>
> 穿透他的内脏；他无法用手驱赶它们，
>
> 因为他玷污了勒托（Leto），宙斯的同床。[2]

［68］因为，如果提堤俄斯是无灵魂的，没有感觉意识，那他如何会受到惩罚？如果有灵魂，那他如何是死的？［69］又说：

> 我看到，坦塔洛斯（Tantalus）忍受巨大的痛苦
>
> 站在湖里；浪花荡涤着他的下颌。
>
> 他站在那儿口渴难耐，但无法喝到；

---

〔1〕 从第 66 段到第 70 段，塞克斯都引入反对者的观点。他们认为民间关于地府哈得斯的传说，乃至诗人编造的整个神话，都包含着自相矛盾的说法，是不可能的，非真实存在的。

〔2〕 *Odyssey* 11. 576-580.

每当这位老者想低下头来畅饮，

湖水总是后退以至于消失殆尽，环绕他的双脚

露出黑色的土，神灵使之干涸。[1]

[70]如果他从未尝到饮食的滋味，那他如何幸存下来，没有因缺乏生活之必需而亡？如果他是不死的，那他如何会处于上述这种状态？因为不死的本性与痛苦和折磨是相冲突的，一切感到痛苦的东西是有死的。[71]当然，在这种意义上，神话自身的确包含自相反驳的说法，但有关神的基本观念（hupolēpsis）并非如此，不触及矛盾，而是明显与所发生的东西一致。[2]实际上，灵魂被想象成往下运动是不可能的，因为它们是精细的微粒，与其说是火性的（purōdeis）不如说是气性的（pneumatōdeis），轻扬上升至高处。[72]它们自我持存，并非像伊壁鸠鲁所说的那样，脱离肉体后如烟一般散尽。因为此前不是肉体支配它们，而是它们是肉体统一性的（summnēs）原因，远在此前，它们是自身的原因。[3][73]离开太阳的居所后[4]，它们寓于月下位置，在那里，由于气的纯净，它们得以长时间地持存，它们像其他星体一样，由来自大地

---

〔1〕 *Odyssey* 11. 582-587.

〔2〕 从本段开始，又回到主张神存在的第一种论证方式，对上述反对意见（66—70段）予以反驳。这里及以下，从塞克斯都引述的观点来看，似乎接近斯多亚派，但总体上属于希腊自然哲学家所普遍接受的主流观点。

〔3〕 本句塞克斯都使用"此前"（proteron）和"远在此前"（polu proteron）两个词，既指时间在先，也指逻辑在先，转述了斯多亚派或其他独断论者关于灵魂先于肉体的观点。

〔4〕 此句原文为 ekskēnoi goun hēliou genomanai，校勘意见有分歧。Bett 译本从 Hirzel，省去了"太阳的"（hēliou）一词，直接读为"离开肉体后"，因为复合词 ekskenoi=ek+skenoi，有"离开肉体"之意。

的蒸汽获得合适的营养，在这些场域中，没有任何东西使之解体。〔74〕那么，如果灵魂（psuchai）持存，它们就与神灵相同；如果神灵存在，那么必须说神也存在，有关地府传说之物的常识丝毫不会妨碍神的存在。

　　这就是有关神的来自普遍一致的观念的论证。〔75〕另外，让我们对基于宇宙〔1〕的有序安排的论证进行考察。他们称，存在物的本体（ousia）〔2〕自身是不动的和无形的，必须被某种原因推动和形塑。因此，正像当我们看到某件非常漂亮的铜制品便渴望知道它的工匠，既然质料自身是不动的，同样，当我们观察到宇宙的物质处于运动中，具有形状、排列有序，便理所当然地要去探究使之运动和以多种方式形塑它的原因。〔76〕而这不过是充斥于其中的某种力量，正如灵魂充斥于我们之中，这点似乎是可信的。那么，这种力量或是自我运动的，或是被另一种力量推动的。如果它被他者推动，则这个他者是不可能运动的，除非它又被另一种力量推动，但这是荒谬的。所以，存在某种基于自身的自我运动的（kat'heautēn autokinētos）力量，它将是神圣的和永恒的。因为它或永恒运动，或自某个时间运动。但它不会自某个时间运动；因为不存在任何使它自某个时间运动的原因。所以那种使质料运动，并使其进入有序生成与变化的力量是永恒的。因此它将是神。〔77〕再者，凡是能生成理性的和明智的（phronimos）东西本身就是理性的和明智的；而前面提到的那种力量具有这种成就人的本性；所以它将是理性的和明智的，这正是神圣本性的特征。因此神存在。

―――――――――――

〔1〕　原文是"环绕物"或"包围物"（ton periechon），即宇宙。

〔2〕　这里，ousia 一词指被动性的本原、质料、元素。

[78] 再者，物体当中有些是同一体（hēnōmena），有些来自组合物（ek sunaptomenōn），有些来自分离物（ek diestōtōn）。[1] 同一体是那些为单一的持存性（hexis）[2] 所支配的东西，如植物和动物；来自组合物的东西是由倾向于形成一个总体的相邻部分组成的，如锁链、橱柜和船只；来自分离物的东西是由不同的、独立的和根据自身存在的个体构成的，如军队、兽群和歌队。[79] 既然宇宙也是一种物体，则它或是同一体，或来自组合物，或来自分离物。但它既非来自组合物，也非来自分离物，正如我们由其"共同感应性"（sumpatheia）[3] 指出的那样。因为根据月亮的盈和亏，在许多陆生和海生动物身上也会产生亏和盈，某些区域的大海还会形成涨潮和退潮。同样，正是根据某些星体的升和降，大气环境的变化和万千气象的转换才得以发生，有时变得更好，有时则带来灾异。由之十分明显，宇宙是一种同一体。[80] 至于来自组合物和分离物的东西，各部分之间则没有"共同感应性"（sumpaschei）。比如，在军队里，即使所有士兵被消灭，幸存者似乎也不会通过

---

〔1〕有关三种物体，参见 *M* 7.102。

〔2〕hexis 是斯多亚派的术语，源于动词 echō（获得、得到、占有），指"处于某种状态""永久性状况""习性"，用来解释事物保持同一性的某种原则和力量，根据语境可译为"持存性"或"性状"。该词有广义和狭义之分，广义上指所有事物的持存性，包括无生命物、植物、动物和人；狭义上仅指无生命物。植物、动物和人的持存性有时分别用"自然"（phusia）、"灵魂"（psuchē）和"理性"（logos）指代。

〔3〕sumpatheia 一词这里及以下指物体及其构成部分之间，通过某种"传递"方式（kata diadosin）获得"共同感应"（sumpaschei），"处于相同状态"（sundiatithetai）。伊壁鸠鲁在《致希罗多德的信》中也多次使用该词，指原子流的高速运动对感官形成的一种持续性的压力，它们保持"特有的同一性"（henotēta idiotropon），传递来自本原的讯息，引起与本原相契合的（ep ekeinou）感觉印象。"如果没有某种共同感应（sumpatheia）从源头那里传送给我们，这样的感知是不会发生的。"（DL 10. 52-53）

传递方式（kata diadosin）受到任何影响。但对同一体，存在着某种"共同感应"关系，如果手指被切，则整个肉体处于相通状态（sundiatithetai）。因此，宇宙是一种同一体。[81]然而就同一体而言，某些是由纯粹的持存性维系的，某些是由自然维系的，某些是由灵魂维系的。由持存性，如石头和木棍；由自然，如植物；由灵魂，如动物。而宇宙也一定为其中的某种所支配。[82]但它不会由纯粹的持存性来维系，因为受持存性支配的东西，不允许任何一种值得一提的（axiologon）变化和转换，如木棍和石头，而是仅仅受到一种来自其自身的膨胀与收缩所产生的状态的影响。[83]而宇宙却能发生相当可观的变化。大气有时变冷，有时变热，有时变干，有时变湿，有时则根据天体的运动以其他方式更变。因此，宇宙并非由纯粹的持存性来维系。[84]如果不是由这种东西来维系，那它当然由自然来维系。因为甚至为灵魂所支配的东西远在此前也靠自然来维系。所以它必然由最好的自然来维系，既然它包含了万物的自然。而包含万物的自然的东西也包含理性的自然。[85]而包含理性的自然的东西一定是理性的；因为整体劣于部分是不可能的。但如果支配宇宙的东西是最好的自然，那么它将是有心智的、卓越的和不朽的。如果这样，它就是神。所以神存在。[86]如果在非常粗糙的大地和海洋中存在分有灵魂和感觉能力的动物，那么在气这种较之于土和水更加纯粹和洁净的东西中也存在某些被赋予灵魂和心智的动物，则是更为可信的。与这点一致的说法是，"狄俄斯库里兄弟"是一些好神灵，"有台阶之船的救星"。诗云：

在丰沃的大地上，有三万个

宙斯的不朽的卫士，守护着人类。[1]

[87] 而如果气中存在着动物是可信的，那么"以太"（aithēr）[2] 中存在着动物的自然[3] 也一定是合理的。这正是人类分有心智能力的地方，他们在此得到了这种东西。如果"以太的"（aitheriōn）动物[4] 存在，并因为它们是不死的和非生成的而被认为远比地界动物更为优越，那就得承认神是存在的，因为它无异于这些本性。

[88] 克莱安特（Cleanthes）是这样论证的：如果一种自然比另一种好，则存在着某种最好的自然；如果一种灵魂比另一种好，则存在着某种最好的灵魂；而如果一种动物比另一种好，则存在着某种最好的动物；因为这样的东西本性上不会陷入无穷（eis apeiron），正像自然在"好"上不能增大至无限，灵魂不能，动物也不能。[89] 然而一种动物比另一种好，比如说，马比龟好，牛比驴好，狮子比牛好。在几乎所有地界动物中，人在肉体和灵魂的状态上最卓越、最优异。因此，一定会存在某种最好的和最优异的动物。[90] 然而，人不可能是最好的动物，因为，直接说来，他终其一生活在罪恶之中，如果不是全部，也是多半时光。即使德有所成（perigenoito aretēs），也得来已晚、日近迟暮；他屈从于命运（epikēron）、软弱无力、需要无数的帮助，如食物、遮盖及其他肉

---

〔1〕 Hesiod, *Works and Days* 252-253.

〔2〕 aithēr，指上方的纯净的气或天。

〔3〕 这里的"自然"指维系生命物的最基本的"持存性"。

〔4〕 即"天界动物"。

体上的牵挂，这些东西就像一个严酷的暴君凌驾于我们之上，需要日常供奉，如果我们不为其盥洗、涂油、着衣和饮食提供服务，就会以疾病和死亡威胁我们。因此人不是完善的动物，而是不完善的，与完善相去甚远。［91］完善的和最优异的东西会比人更好，会充满所有德性，不会接纳任何罪恶，而这种东西无异于神。所以神存在。

　　［92］这就是克莱安特的论证。对于神存在，苏格拉底派的色诺芬也提出一个论证，并将该证明归于苏格拉底，当时后者正在质问阿里斯托底莫斯（Aristodemus）。在这一段落中，他逐字逐句地（kata lexin）叙述道[1]："请告诉我，阿里斯托底莫斯，就智慧而言，有你所钦佩的人吗？有，他说。他们是谁？就诗来说，我钦佩荷马；对于雕塑，则钦佩波利科雷托斯[2]；至于绘画，当然钦佩宙西斯[3]。［93］难道不正是因为其作品之卓越非凡的创造性，你才欣赏他们的吗？是的，他说。那么，如果波利科雷托斯的雕像获得生命，你岂不更加欣赏这位工匠？肯定。那么，如果你看到一座雕像，你称它是由某个工匠创作的，看到一个人在灵魂上敏锐易动，在肉体上安排得当，然后看到其构成部分的位置及其功用，首先他可以站立，被给予眼睛以看所看之物，被给予耳朵以听所听之物，[4]难道你不

---

〔1〕Xenophon, *Memorabilia* 1. 4. 2-8.

〔2〕波利科雷托斯（Polycleitus），鼎盛年约为公元前 430 年的希腊雕刻家。

〔3〕钦佩宙西斯（Zeuxis），其鼎盛年与前者基本相同，希腊画家。

〔4〕这里把"然后看到其构成部分的位置及其功用，首先他可以站立，被给予眼睛以看所看之物，被给予耳朵以听所听之物"一句从第 94 段提到该位置。英译者也做了如此处理，参见 P. P. Hallie（ed.），S. G. Etheridge（trans.），*Sextus Empiricus: Selections from the Major Writings on Scepticism, Man, and God*, Hackett , 1985, p. 197.

认为他是由某个超凡的心灵创造的？[94]如果不给他加上鼻子，嗅觉还有何用？同样，如果他自身没有生成用来辨识滋味的舌头，味觉还有何用？"他说，"当你知道你的肉体中具有大量存在的土的一小部分，具有大量存在的水的很少一点，火和气同样如此，那么如果单单心灵不在任何地方存在，你认为你究竟从哪里幸运地获得你的心灵？"

[95]这就是色诺芬的论证。它所蕴含的推理的力量是这样的："你具有宇宙中大量存在的土的一小部分，你具有宇宙中大量存在的水的一小部分；所以你也具有宇宙中大量存在的心灵的一小部分。所以宇宙是有心智的，因此也就是神。"[96]针对该论证，有些人通过改动其前提，设置了一个对比论证，声称："你具有宇宙中大量存在的土的一小部分；你也具有宇宙中大量存在的水以及气和火的一小部分；所以你也具备宇宙中大量存在的胆汁以及黏液和血液的一小部分。"那么这将推出宇宙是能创制胆汁和生成血液的；这是荒谬的。[97]但辩护者声称这个对比论证与色诺芬的论证不同，因为后者将研究建立在简单的和原初的物体之上，如土、水、气和火，而使用对比论证的人却跳到组合物上，因为胆汁、血液和所有液态物不是原初的和简单的，而是由原初物和基础物结合而成的。

[98]以这种方式提出相同的论证也是可能的："如果宇宙中没有土质的东西，你身上也就不会有土质的东西。如果宇宙中没有水质的东西，你身上也就不会有水质的东西。至于气和火则同样如此。因此，如果宇宙中没有某个心灵，你身上也就不会有任何心灵；而你身上有某个心灵；所以宇宙中也有。因此，宇宙是有心智的；因

原典译注

为是有心智的，它也就是神。"［99］这种形式的论证其效力是相同的："如果你看见一个创作精美的雕像，难道你还会怀疑是否有个有技艺的心灵创造了它？或者说，你还没有摆脱任何这样的疑惑，以至于真切地钦佩其创作的卓越和技艺的精湛？［100］那么就这个方面，当你看到一种外部形式（topon），你将之视为构建者的证据（prosmartureis），并说存在着某个创造它的工匠，而当你反观自己的心灵，它如此精致，超过了所有雕像和所有绘画，那么如果它是生成的，难道你认为它是偶然生成的，而不是由某个具有超凡能力和智慧的工匠生成的？除了宇宙，他不会居住在任何地方，他支配它，使它里面的东西得以生成和增长。这就是神；所以神存在。"

［101］息提昂姆（Citium）的芝诺[1]以色诺芬为自己的出发点，这样来论证："凡发出理性的种子的东西本身是理性的；而宇宙发出理性的种子；所以宇宙是理性的。由此，其真实性[2]是可以推出的。"［102］这个论证的可信性是显而易见的。因为所有自然和灵魂[3]中的运动的本原似乎来自"中枢"[4]，所有发送至整体的构成部分的力量都发乎"中枢"，正如发乎泉源，因此，所有在部分中存在的力量都在整体中存在，因为它是由其"中枢"分配

---

〔1〕芝诺（Zeno，公元前 334/3—前 262/1 年），斯多亚派创始人。

〔2〕原文这里有歧义。hē toutou huparxis（其真实性）这个词组中的 toutou 究竟指什么？Bekker 读为 tou theou（神的真实性）。但从上下文看，芝诺论证的主题为"宇宙是理性的"，toutou 应当指"宇宙是理性的"，这句话的意思是说这个结论是真实的，是可以推出的。

〔3〕这里"自然"和"灵魂"指斯多亚派所说的维系植物和动物内在同一性的"持存性"（hēxis）。

〔4〕"中枢"（to hēgemonikon），斯多亚派术语，原意是指生命物"占主导地位的部分"，感觉和表象是"中枢"上的某种"印迹"（tupōsis）或"变化"（eteroiōsis），具有精细的火气混合物的特征。参见 M 7.39, 232-239; DL 7. 52, 133, 139, 147, 158, 159。

的。因而，无论部分具有怎样的力量，整体远在此前也具有。[103]出于这个原因，如果宇宙发出理性动物的种子，则它并非像人类那样以喷涌的方式（kata apobrasmon）发出，而是仅当它包含理性动物的种子。万物（to pan）包含它们，但并非如我们说葡萄树包含葡萄，即以包围的方式（kata perigraphen），而是说理性动物的生殖理性（spermatikoi logoi）[1]包含于其中。因此，他所说的是这个意思："宇宙包含理性动物的生殖理性；所以宇宙是理性的。"

[104]芝诺又说："理性的比非理性的好；但没有任何东西比宇宙好；所以宇宙是理性的。至于有心智的和有生命的则同样如此。因为有心智的比无心智的好，有生命的比无生命的好；而没有任何东西比宇宙好；所以宇宙是有心智的和有生命的。"

[105]实际上，在柏拉图那里，也有一个相同的论证。他以这种言辞来描述：[2]"让我们说说，出于什么原因创造者创造了生成（genesis）和这个宇宙（pan tode）。他是善的，而就善的东西来说，它是不会对任何东西产生妒忌的。既然缺失这种恶意，则他希望所有东西尽最大可能地与自己相似。如果有人从有智慧的人那里接受这点，尤其视之为生成和宇宙的最重要的本原，他将是绝对正确的。"[106]讨论不一会儿，他接着说："经过这种思量，他在灵魂中创造了心智，在肉体中创造了灵魂，而后建立起整个宇宙（to pan）[3]，以至于他所创制的作品在本性上将是最美的

---

〔1〕 或译为"生殖原则"。

〔2〕 Plato, *Timaeus* 29 D 及以下。

〔3〕 to pan 和 cosmos 基本是同义词，经常交替使用，都指"宇宙"或"世界"。从词源意义上说，前者侧重"整体""万物""大全"，后者则含有"和谐""有序""安排"之意。

和最好的。因此，根据相似性原则（kata logon ton eikonta），必须说，这个宇宙是一种真正有灵魂、有心智的动物，因为它是由神圣的预见（pronoia）生成的。"[107] 实际上，他提出了与芝诺相同的论证。因为他也声称："宇宙是最美的，是一件根据自然创制的作品，是一种基于相似性原则的有灵魂的、有心智的和有理性的动物。"

[108] 针对芝诺，阿莱克西努斯[1] 提出这样一种对比论证："善诗学的（poiētikon）比不善诗学的好，善语法的（grammatikon）比不善语法的好，在其他技艺上善思辨的（theōroumenon）比不善思辨的好；但没有任何东西比宇宙好；所以宇宙是善诗学和语法的。"[109] 为反驳这一对比论证，斯多亚派声称，芝诺抓住的是完全绝对（kathapax）的"好"，即理性的优于非理性的，有心智的优于无心智的，有灵魂的优于无灵魂的，而阿莱克西努斯则并非如此；[110] 因为善诗学的并非完全绝对地（in tōi kathapax）比不善诗学的好，善语法的也并非完全绝对地比不善语法的好。由此可见，在这个论证上，两者有很大差异。因为你可以看到，善诗学的阿基洛科斯[2] 不比不善诗学的苏格拉底好，善语法的阿里斯塔尔克斯[3] 也不比不善语法的柏拉图好。

---

〔1〕 阿莱克西努斯（Alexinus），麦加拉派的辩证法家，优布利德斯（Eubulides）的继承者，斯多亚派芝诺的同时代人（鼎盛年约为公元前 300 年前后）。围绕修辞术、荷马诗篇，尤其斯多亚派的各种论题进行反驳。

〔2〕 阿基洛科斯（Archilochus），公元前 7 世纪的抒情诗人。另在 *M* 7. 128 中，塞克斯都引述过他的一句诗。

〔3〕 阿里斯塔尔克斯（Aristarchus），鼎盛年约为公元前 150 年，亚历山大利亚的著名语法家和语文批评家。

[111] 此外，斯多亚派和那些与之观点一致者（sumpneontes）[1]尝试由宇宙的运动建立神的实在性。所有人都会承认宇宙是运动的，因为由许多东西可达致这个结论。[112] 那么，它或由于自然运动，或由于意愿（hupo proaireseōs）运动，或由于基于必然性的涡旋运动。然而，它由于基于必然性的涡旋运动是不合理的。因为涡旋（dinē）或是无序的或是有序的。如果是无序的，它是不可能使任何东西有序运动的；如果它以有序和谐的方式使某物运动，它将是神性的（theia）和像神的（daimonios）；[113] 因为如果它不是有心智的和神性的，它就永远不会使宇宙万物有序和安全可靠地（sōtēriōs）运动。如果是这样，它将不再是一种涡旋，因为这是无序而短暂的东西。因此，正如德谟克里特所说，宇宙不是由于基于必然性的涡旋运动的。[114] 它也不是由于盲目的（aphantastōi）[2]自然运动的，仅就有心智的自然比这种东西更好而言。而我们可以看到，这种自然包含在宇宙中，所以它自身必然具有这种有心智的自然，由之而有序地运动，这直接就是神。

[115] 再者，凡自我运动的装置比并非如此的东西更神奇。因此，当我们看到"阿基米德球"[3]，太阳、月亮和其他星体在其中运动，我们会受到强烈震撼。因为，以神的名义，我们吃惊的不在于这个木制品或它的运动，而在于工匠和运动的原因。在程度上感

---

[1] sumpneontes 一词来自动词 sumpneō，原指"共呼吸"或"息息相通"，引申为"意见一致"。

[2] 原意指"无表象的"，也即"无感知的"或"无意识的"。

[3] 一种模拟星体运动的天象仪。阿基米德（Archimedes，约公元前250—前212年），数学家、科学家。

觉者比感觉对象神奇，在同等程度上使前者运动的原因比使后者运动的神奇。[116]因为既然马比植物神奇，马的运动原因则比植物的神奇；既然大象比马神奇，大象的运动原因，可运送非常多的物品，则比马的神奇。[117]那么，在最高类别上，比所有这些东西神奇的是太阳、月亮和星体的运动原因。比这些还神奇的，作为其原因的，是宇宙的自然。因为部分的原因并非延展（diateinei）至整体，并不是它的原因，而整体的原因延展至部分，所以比部分的原因神奇。[118]因此，既然宇宙的自然是整个宇宙秩序的原因，那它一定会是部分的原因。如果这样，它就是最卓越的。如果是最卓越的，它就是理性的和有心智的，此外还是永恒的。而这样的自然与神相同。所以神存在。

[119]再者，在所有多部分的和由自然支配的物体中，存在着某个主宰者（to kurieuon），正如就我们自身而言，这种东西被说成或位于心脏，或位于大脑，或位于肉体的其他某个部分；对植物来说，其方式并非相同，有些居于根部，有些居于叶子，有些居于果核。[120]因此，既然宇宙也是多部分的和由自然支配的，其中也将存在某个主宰者，最先引起运动。此物不可能是任何东西，除了存在物的自然，也就是神。所以神存在。

[121]但或许有人会说，这个论证可归结为：土是宇宙中最具主导性和主宰性的力量，甚至气是更具主导性和主宰性的力量，因为没有这些东西，宇宙是不可能构建的。因此我们说土和气是神。[122]但这是愚蠢的，这好比说墙是房屋中最具主宰性和主导性的力量，因为离开它房屋是无法建成的。然而正像在这个事例中，没有墙房屋的确不能建立，但墙不具备超越性（huperphere），它不

比房屋的主人更好，因此就宇宙而言，尽管离开土和气，万物的构建是不可能发生的，但这些东西无法超越支配宇宙的自然，而后者与神无异。所以神存在。

[123] 此类论证[1]就是这样的。接下来，让我们考察一下由否弃神圣者（to theion）[2]推出的荒谬结论。如果神不存在，虔敬（eusebeia）则不存在[，这是唯一与之相关的德性][3]。因为虔敬是一种侍奉神的知识，而对非存在之物是不可能有任何侍奉的，因此也就不会有任何这个方面的知识；正像不可能有侍奉"马人"的知识，因为他们是不存在的，同样也不会有任何侍奉神的知识，如果他们是不存在的。因此，如果神不存在，则虔敬是不存在的；而虔敬存在；所以必须说神存在。[124] 再者，如果神不存在，则圣洁（hē hosiotēs），一种对神的公正就不存在；但根据所有人的一般观念（ennoia）和常识（prolēpsis），圣洁存在，据此，某种圣洁之物也存在；所以神圣者存在。[125] 再者，如果神不存在，则智慧，那种有关神圣者和人的事物的知识就会被否弃；正像没有任何一种有关人和"马人"的事物的知识，因为人存在而"马人"不存在，因此也将不会有关于神圣者和人的事物的知识，如果人是真实的（huparchontōn）而神是非实在的（huphestōtōn）[4]。但声称智慧

─────────

〔1〕指第二种，即根据宇宙的有序安排推出神存在的论证类型。

〔2〕本卷自此以下，to theion 与 ho theos 两者几乎作为同义词交替使用。前者是由定冠词（to）加形容词（theion）构成的抽象名词，侧重"神性"或"神圣性"之意。对应文本，我们把前者译为"神圣者"或"神圣的东西"，指示代词用"它（们）"；后者译为"神"，指示代词用"他（们）"。

〔3〕这里文本似有缺失，Teubner 本提供了几种不确定的补缀意见，如 monon tōn airetōn（唯一值得选择的），mono peri toutous aretē（唯一有关它的德性）等，Bett 译本则没有补缀。

〔4〕这里 huparchontōn 和 huphestōtōn 基本属于同义词，仅有修辞意义上的区别。但在斯多亚哲学中，两者似乎有细微差异，前者强调"真实性"，后者侧重"实在性"或"实体性"。参见 PH 2. 80。

不存在是荒谬的；所以宣称神不存在也是荒谬的。

〔126〕再者，既然正义是基于人类之间和人神之间的相互联系或交往（epiplochē）引入的，如果神不存在，正义也就不会产生；这是荒谬的。〔127〕实际，毕达戈拉斯、恩培多克勒和另外意大利的一帮人声称，不仅我们之间、我们与神之间，而且我们与非理性动物之间也存在某种共通性（koinōnia）。因为有一个"普纽玛"（pneuma）[1]，像灵魂一样贯穿充斥（diēkon）整个宇宙，使我们与之融为一体。〔128〕因而如果我们杀戮它们，以其肉为食，我们就像消灭自己的血亲那样不义不敬。因此，这些哲学家劝诫人们禁食动物，声称这些人是不虔敬的，他们

以牺牲品的热血染红了被福佑的神坛。

〔129〕恩培多克勒在某处也说：

难道你们停不下屠宰的嚎叫？难道你们看不见
你们以冷漠的心灵相互吞噬？

又说：

一位父亲，高高举起他的爱子，形貌早已改变，
祈祷完极其愚蠢地将其杀戮；人们一路前行（hoi de

---

〔1〕 斯多亚派术语，指一种神圣的气息，由纯净的火气性质的元素构成。但值得注意，该词这里为毕达戈拉斯派所用，或许斯多亚派对后期毕达戈拉斯派产生了一定的影响。

poreuntai)[1],

把乞求者送上祭坛。而他，对呼喊声听而不闻，

屠杀后在他的厅堂备下罪恶的盛宴。

同样，儿子选中父亲，孩子选中母亲，

剥夺他们的性命，以亲人的血肉为饕餮大餐。

[130] 这即为毕达戈拉斯的劝诫，但是错误的。因为并非如果有某种"普纽玛"充斥于我们与它们之间，我们对非理性动物直接就有某种正义。因为你看，有某种"普纽玛"贯穿于石头和植物之间，以至于我们与之结合在一起，但我们对植物和石头不存在正义，当切割和锯断此类物体时，我们并非不义（adikoumen）。[131] 那么，为什么斯多亚派说我们相互之间、我们与神之间具有某种正义和交往关系（epiplochē）？这并非仅当"普纽玛"穿行于万物之中，如果那样，我们对非理性动物就会存留（esōzeto）某种正义，而是因为我们拥有延展（diateinonta）至我们之间、延展至神的理性，而非理性动物既然不分有这种东西，对我们就不会有任何正义。因此，如果正义是根据人类之间和人神之间的某种共通性（koinōnia）而被思想的，那么如果神不存在，正义也一定不会存在。但正义的确存在；所以必须说神存在。

[132] 此外，如果神不存在，神谕（mantikē）就不存在，既然它是观察和解释神给予人们的那些记号（sēmeiōn）的知识，通

---

[1] 对本句的考训存在较大分歧。一种训为 hoi de poreuntai（他们上路或前行），一种训为 hoi d'aporeuntai（他们迟疑彷徨）。这里采用前一种意见（参见 Bett 译本，p. 28，n. 91）。

灵术和占星术也不存在，预言术（thutikē）[1]和圆梦术也都不存在。然而，否弃如此之多为所有人所相信的东西是荒谬的。所以神存在。

［133］芝诺也提出这种论证："人们会以充分理由（eulogōs）敬仰神；但不会以充分理由敬仰不存在的东西；所以神存在。"针对这个论证，有人提出对比性论证，声称："人们会以充分理由敬仰智者；但不会以充分理由敬仰不存在的东西；所以智者存在。"但这个结论不会让斯多亚派感到愉快，因为时至今日，基于他们的理解的智者尚未被发现。［134］为反驳这一对比论证，巴比伦的第欧根尼[2]声称，芝诺的论证的第二个前提实际上（tē dunamei）是这样的："人们不会以充分理由敬仰本性上（pephukotas）不存在的东西。"因为一旦接受这个前提，显然神本性上存在。［135］如果这样，则他们真实（ēdē）存在。因为如果他们曾几何时存在，他们当下也存在。正像原子过去存在，现在也存在。因为基于有关此类物体的概念，它们是不死的和非生成的。因此，论证将得出合乎推理的（kata akolouthon）结论。而智者则并非因为他们本性上存在而真实（ēdē）存在。［136］但有些人说，芝诺的第一个前提，即"人们会以充分理由敬仰神"是模棱两可的。因为它一方面表示"人们会以充分理由敬仰神"，另一方面表示"怀有敬意"[3]。正是

---

〔1〕 此处文本有异议。Teubner 本读作 logikē，Loeb 本读作 thutikē，前者意思似乎不通，这里译文从后者。

〔2〕 巴比伦的第欧根尼（Diogenes of Babylon，约公元前 240—前 150 年），斯多亚派第五代领袖。在公元前 156—前 155 年访问罗马期间，把斯多亚派学说介绍给罗马人。

〔3〕 即前者指敬奉（伴有供奉、祭祀等），后者仅仅意味着尊敬或心怀敬意（timētikōs echoi）。

第一个意思被设定为前提，但就智者而言，其为假。

[137]由斯多亚和其他学派所提供的有关神存在的论证在特征上就是这样。同样，我们必须表明，那些传授神不存在的人就其说服力的等效性而言并不亚于前者。[1][138]那么，如果神存在，则它们是生命物；而运用与斯多亚派表明宇宙是生命物相同的论证，人们也会建立神是生命物的论证。因为生命物比非生命物好；但没有任何东西比神好；所以神是生命物——而人们的普通观念也有助这一论证，因为日常生活、诗人和多数最优秀的哲学家都证实神是生命物。因此，论证的融贯性是得以保证的（sōzesthai ta tēs akolouthias）。[2][139]因为如果神存在，他们就是生命物，如果是生命物，他们就有感觉；而所有生命物正是因分有感觉而被思想为生命物的。如果他们有感觉，就会感到苦和甜；因为他们如不通过味觉，也就不通过其他任何感觉感知所感之物。因此，简单地剥夺神的这种或任何一种感觉是完全不可信的。[140]因为如果人[3]有更多的感觉就会比他更好。因此，正如卡尔内亚德[4]所说，

---

〔1〕 本句表明怀疑论的目的在于建立矛盾命题之间的等效性（isostheneia），即两者的可信度是相等的。

〔2〕 这里"融贯性"（akolouthia）一词，是塞克斯都文本使用频率极高的逻辑术语，根据语境也可译为"可推性""逻辑性""继随性""统一性""一致性"等，其动词为akloutheō，指"跟着""继随""推出""得出"。该词的相关用法，参见 PH 1. 16；2. 145，146，152，155 及 M 7. 213，392；8. 112。

〔3〕 Bekker 删除了"人"（ho anthropos）。这里我们从 Teubner 本意见，予以保留。如果删除"人"，就会导致后边的主语"他"指代不清。

〔4〕 卡尔内亚德（Carneades，公元前214—前129年），昔勒尼人，第三代学园派领袖。复兴学园派领袖阿尔克西劳的怀疑论，主张"可信性"学说。公元前155年，代表雅典出使罗马，展示赞同自然正义和反驳自然正义的正反论证。他追随阿尔克西劳和苏格拉底，没有留下任何著述。参见 PH 1. 220，230；M 7. 159-165。

我们应当做的并非使这五种残缺，而是宁肯把其他多余的感觉连同属于所有人的五种一起归于（prosmarturein）他，以便他能感知更多的对象。因此，我们必须说神有味觉，他由之感知滋味。[141] 但如果由味觉感知，他就会感到甜和苦；如果感到甜和苦，他将满意于某些东西而不满意于某些东西；如果不满意于某些东西，他就会烦恼和向坏处转变。如果这样，他就是有死的。所以如果神存在，则他们是有死的。所以神不存在。

[142] 那么再者，如果神存在，则他是生命物。如果是生命物，他就有感觉。因为生命物除了通过感觉，不会通过其他任何东西与非生命物区别开来。如果有感觉，则他听、看、嗅、触。[143] 如果这样，则存在某种基于每种感觉的与之相亲近的（oikeionta）或与之相疏离的（allotriounta）东西。比如基于视觉，有合乎尺度的或并非相反的对象；基于听觉，有悦耳动听的或并非不是这样的声音；至于其他感觉，也同样如此。如果这样，就有某种烦扰神的东西；如果有某种烦扰神的东西，神则向坏处变化，因此也趋于腐朽。所以神是有死的。但这与有关他的一般概念相悖。所以神圣者不存在。

[144] 而把论证建立在一种感觉上，比如视觉，效果会更佳。因为如果神圣者存在，则它是生命物。如果是生命物，那么它看。因为

> 它作为一个整体看，作为一个整体思，作为一个整体听。[1]

---

[1] 来自克塞若芬尼（Xenophanes），参见 DK 21B24。另在 DL 9.19 中有高度相近的段落。

［145］如果它看，则看白的和黑的东西。而既然白是视觉的分离，黑是视觉的混合[1]，那么神的视觉也会被分离和混合。如果他接受分离和混合，他也接受有死性。因此，如果神圣者存在，则它是有死的。但它不是有死的；所以它不存在。

［146］再者，感觉是一种改变（heteroiōsis）；因为就通过某种感觉进行感知的东西而言，不发生改变，依然处于像感知前所处的那种状态是不可能的。那么如果神有感觉，则他发生改变；如果发生改变，则他改变和变化；［147］如果变化，他当然会向坏处变化。如果这样，他就是有死的。然而说神是有死的是荒谬的；所以，宣称他存在也是荒谬的。

［148］此外，如果某个神圣者存在，则它或是有限定的或是无限定的[2]。它不会是无限定的，因为那样它将是不运动的和无灵魂的。如果无限定者（to apeiron）运动，则它从场所到场所移动；如果从场所到场所移动，它就在场所中，如果在场所中，它就有限定（peperastai）。所以如果任何无限定者存在，则它是不运动的；或如果运动，它就不是无限定的。［149］同样，它也是无灵魂的。因为如果它是由灵魂聚合的，则一定是通过从中心到末端和从末端到中心的运行（pheromenon）聚合的。[3]但在无限定的东西里面既无中心也无末端；因此，无限定者是没有灵魂的。出于这个原因，如果神圣者是无限定的，则它既不运动也没有灵魂。但神圣者的确

---

〔1〕 类似的观点参见 Plato, *Timaeus* 67 D-E。

〔2〕 peperasmenon 和 apeiron 两词在这里译作"有限定的"和"无限定的"，从文本中可以看出，希腊哲学对这两个词的理解明显不同于今天使用的"有限的"和"无限的"。

〔3〕 斯多亚派的观点，指通过"普纽玛"（pneuma）从"中枢"（to hēgemonikon，位于心脏）到肢端穿行，维系生命同一体的各种活动。

运动，被认为分有灵魂；所以神圣者不是无限定的。[150] 它也不是有限定的。因为既然有限定者是无限定者的一部分，而整体优于部分，那么显然，无限定者将优于神圣者，并将支配神圣者的本性。然而，声称某物优于神并支配神的本性是荒谬的；因此神圣者不是有限定的。而如果它既不是无限定的也不是有限定的，此外无法设想第三种可能，那么神圣者将不存在。

[151] 再者，如果有神圣者这种东西，则它或是物体或是无形的；但它不是无形的，既然无形的东西是无灵魂的、没有感觉的和不能活动的；它也不是物体，因为所有物体是可变化的和有死的，而神圣者是不死的；因此神圣者不存在。

[152] 那么，如果神圣者存在，它当然是生命物。如果是生命物，它当然是全德的（panareton）和幸福的，因为离开德性，幸福是不可能真实存在的。如果它是全德的，则有一切德性。但它不会有一切德性，除非它有自制（egkrateia）和忍耐（karteria）。但它不会有这些德性，除非存在某些对神来说难以拒斥和难以忍受的东西。[153] 因为自制是一种不逾越那些基于正当理由的东西的状态，或是一种使我们克服那些似乎难以拒斥的东西的德性。[1] 他们称一个男人是自制的，并非当他拒斥一位风烛残年的老妪，而是当他能够享受拉爱伊丝（Lais）和弗吕奈（Phryne）[2] 或某个这样的女人，却予以拒斥。[154] 忍耐是有关能够承受或不能承受的东西的知识，或是一种使我们超越那些似乎难以承受的东西的德性。因

---

〔1〕 该定义是斯多亚派给出的，以下几段有关德性的若干概念界定均来自斯多亚派，参见 DL 7. 93。

〔2〕 希腊化时代的两位容貌出众的名妓。

为正是那种遭受刀割和火烧，但仍能保持克制的人体现出忍耐，而不是那种正在喝甜酒的人。[155]因此，将存在某些对神来说难以承受和难以拒斥的东西。因为如果没有这些东西，他就不会有这些德性，即自制和忍耐。[156]但如果他没有这些德性，而在德性与恶之间不存在任何居中者，〔1〕那么他就会有与这些德性相对立的恶，诸如软弱和无节制。正像不健康者有病，同样，无自制和无忍耐者处于对立的恶，但这样谈论神是荒谬的。[157]如果对神来说存在某些难以拒斥和难以承受的东西，也就存在某些使之变坏和烦恼的东西。但如果这样，神就会烦恼和向坏处转变，因而也就会腐朽。因此，如果神存在，则他是有死的；但并非第二，所以并非第一。〔2〕

[158]除以上所述，如果神是全德的，则有勇气；如有勇气，他就有关于害怕的和不害怕的以及介于两者之间的东西的知识。如果这样，则存在某种让神害怕的东西。[159]因为勇敢者之所以是勇敢的，不在于他具有何种让邻人害怕的东西的知识，而在于他具有让自己害怕的东西的知识，这些东西与那些让邻人害怕的东西是不同的。因此既然神是勇敢的，就存在某种让他害怕的东西。[160]如果存在某种让神害怕的东西，也就存在某种让神烦恼的东西。如果这样，他就会烦恼，因而也就会腐朽。因此如果神圣者存在，则它是有死的；但它不是有死的；所以它不存在。

---

〔1〕 主流斯多亚派所坚持的二元善恶观。认为德性（善）与恶、智者与愚者绝对对立，要么善要么恶，一善俱善一恶俱恶，不存在改进状态或程度大小，参见 DL 7. 127。两者之间的东西被称为"无差别之物"（adiaphora），即没有绝对的善恶，仅有相对不同语境下的倾向性选择，参见 DL 7. 102-107。

〔2〕 本句即斯多亚派所谓的推理"形式"（troipoi）或"图式"（schēmata），用"第一"和"第二"指代具体命题。参见 M 8. 227。

［161］再者，如果神圣者是全德的，则有宽容之心（megalopsuchia）。如有宽容之心，它就有使自己超越所发生的事情的知识。如果这样，则存在某种发生在它身上而为它所超越的事情。如果这样，也就存在某种发生在它身上而让它烦恼的事情。因此它将是有死的。但这点并非如此；所以开始的命题[1]也并非如此。

［162］此外，如果神有一切德性，则有明智（phronēsis）。如有明智，他就有关于善、恶和无差别之物的知识。如有这些知识，他就知道什么是善的、恶的和无差别的东西。［163］既然痛苦是一种无差别之物，因此他知道痛苦及其本性是什么。如果这样，则他遇到过它；如果未曾遇到，就不会有它的概念，而会像由于天生残疾而从未遇见过白色和黑色的人那样，不可能有颜色的概念。同样，如果神没有遇到过痛苦，也就不可能有它的概念。［164］因为我们这些经常遇到它的人都不能清楚地辨识痛风患者的痛苦特征，也不能由人们的描述做出猜想，也不能从遭遇痛苦者那里听到一致的说法，因为不同的人以不同的方式解释，有人说伴随他们的像"扭伤"，有人说像"骨折"，有人说像"刀刺"，那么，完全没有遇到过痛苦的神如何会有痛苦的概念？[2]［165］他们说，以神的名义，他遇到的不是痛苦而是快乐，他根据后者形成前者的概念。但这是愚蠢的。因为首先，没有尝过痛苦是不可能获得快乐的概念的，正是基于所有痛苦的解除，快乐才从本性上得以确立。[3]

---

〔1〕 to ex archēs，指开始提出的"神存在"这一命题。

〔2〕 这里从 Bett 和 Inwood 译本，读作反问句，而非否定陈述句。

〔3〕 这一观点源于伊壁鸠鲁派。伊壁鸠鲁说："快乐的最大限度（horos）来自所有痛苦的解除。"（KD 3）

［166］其次，一旦承认这点，就会再次推出神是有死的。因为如果神会有这样一种愉悦（diachusis），他就会向坏处转变，并且是有死的。但实际上并非如此，所以开始的命题也并非如此。

［167］再者，如果神圣者是全德的且有明智，则它有慎思（eubolia），既然慎思是一种关乎所思虑之物（ta bouleuta）的明智。如有慎思，则它有所思虑（bouleuetai）。［168］如有所思虑，则存在某种对它而言的非显明之物；因为如果没有某种对它而言的非显明之物，则它不会有所思虑，也不具有慎思，既然思虑（boulē）在于诉诸某种非显明之物，是一种有关我们当下如何正确行动的究问。然而神无所思虑，不具有慎思是荒谬的。因此他具有这种德性，存在某种对他而言的非显明之物。［169］如果存在某种对神而言的非显明之物，则不可能有其他某种对神而言的非显明之物，除非像这样一种，即在无限定者之中的某种能毁灭他的东西。而如果这就是对他而言的非显明之物，那么鉴于对这些能毁灭他的，将使他由之陷入惴惴不安、躁动烦乱的东西的预料（prosdokia），他一定会感到恐惧。［170］如果陷入这种躁动烦乱，他就会向坏处的转变，因此将是有死的。由此推出他根本不存在。

［171］另外，如果对神来说不存在任何非显明之物，而能直接由其本性理解一切，则他无技艺。正像我们不应说本性上会游泳的青蛙或海豚有游泳的技艺，同样，我们也不应说出于本性就能理解一切的神有技艺，因为技艺涉及某种非显明的和并非直接被理解的东西。［172］但如果神无技艺，也将不会有生活的技艺，如果这样，也将不会有德性。如果神无德性，则他是非真实存在的。再者，既然神是理性的，如无德性，则他当然就有对立的恶。［173］

但他无对立的恶；所以神有技艺，存在某种对神而言的非显明之物。由此推出神是有死的，正如我们前面所推论的那样。但他不是有死的；所以他不存在。

[174] 如果他无明智，如我们以上所述[1]，他就无节制（sōphrosunē）。因为节制是一种在选择和规避方面保持明智判断的状态（hexis）。[175] 此外，如果没有任何东西会激发神的渴求，也没有任何东西会吸引神，那我们如何会说他是节制的，既然我们按照这种说法思考？正像我们不能说柱子是节制的，同样，我们也一定不能说神是节制的。如果他被剥夺了这些德性，也就被剥夺了正义和其他德性。但如果神不具有德性，则他是非真实存在的。而的确前件；所以后件。[2]

[176] 再者，如果神圣者存在，则它或有德性或无德性。如无德性，则神圣者是糟糕的和不幸的（kakodaimonikon），但这是荒谬的；如有德性，则存在某种比神好的东西。因为正像马的德性比马本身好，人的德性比其拥有者好，同样，神的德性将比神本身好。[177] 如果比神好，则他显然因有缺陷将是糟糕的和有死的。而如果在对立者之间没有任何东西，且发现神并非陷入对立者任何一方，则必须说神不存在。

[178] 再者，如果他存在，则他或是会说话的或是不会说话的。但声称神不会说话则完全是荒谬的，同一般观念相左；如果他会说话，则使用语言，具有发音器官，诸如肺、喉、舌、嘴。但

---

〔1〕 即本卷第162—166段。

〔2〕 "前件"（hēgoumenon）和"后件"（lēgon），条件命题的逻辑术语。参见拙译《反逻辑学家》第2卷，商务印书馆2023年版。

这是荒谬的，几近于伊壁鸠鲁的神话（muthologia）。因此必须说神并非真实存在。[179]再者，如果他使用语言，则他进行交谈（homilei）。如果进行交谈，则他肯定用某种方言进行交谈。如果这样，他为什么用希腊语而不是蛮语？如果用希腊语，为什么用伊奥尼亚（Ionic）方言而不是埃奥里斯（Aeolic）或某种其他方言？[1]当然，他并非用其所有，因此也并非用其一种。因为如果他用希腊语，那他如何会用蛮语？除非有人教他。[但某人将如何教他？][2]除非他有类似在我们这里能做翻译的译者。那么必须说，神圣者不使用语言，因此它是非真实存在的。

[180]再者，如果神圣者存在，它或是物体或是无形的。但由于我们前面提到的原因[3]，它不会是无形的。如果它是物体，那么它或是简单元素的结合物，或是简单的和元素性的物体。如果是结合物，则它是有死的，因为所有基于某些东西的聚合构成的事物必然因解体而灭亡。[181]如果它是简单物体，那么它或是火，或是气，或是水，或是土。但无论它是其中哪一种，都是无灵魂的和非理性的，这是荒谬的。如果神既不是结合物，也不是简单物体，此外无任何东西，那么必须说神不是任何东西。

[182]这些论证的形式就是这样的。还有一些论证是由卡尔内亚德以"连锁推理"（sōritēs）[4]的方式提出的，他的朋友科利托马

---

〔1〕 古希腊方言（dialect）于爱琴海一带诸多地区为人使用，主要有三类：东部的伊奥尼亚（Ionic），西部的多里亚（Doric）和南部的埃奥里斯（Aeolic）。

〔2〕 此处似有缺失，根据 Bekker 补缀。Mutschmann 补缀为"但如果他用蛮语，他将如何与我们交谈？"。

〔3〕 即本卷第151段。

〔4〕 这种推理又称"谷堆辩"，即"多少谷粒构成谷堆"。参见 *PH* 2. 253, 3. 80; *M* 7. 416; DL 7. 82, 192。

库斯将之作为最好的和最有效力的论证记载下来，具有如下形式。如果宙斯是神，波塞冬也是神：

> 我们是三兄弟，由克洛诺斯（Cronos）和瑞亚（Rhea）所生，
>
> 宙斯和我，以及老三哈得斯，地府的主宰。
>
> 所有东西一分为三，每人享有自己的那份荣耀。[1]

因此，如果宙斯是神，则作为他的兄弟的波塞冬也将是神。[183] 如果波塞冬是神，则阿克罗俄斯河（Achelous）[2]也将是神；如果阿克罗俄斯河，则尼罗河；如果尼罗河，则所有河；如果所有河，则溪流也将是神；如果溪流，则湍流。但溪流不是神；所以宙斯不是神。但如果诸神[3]存在，宙斯就会是神。所以诸神不存在。[184] 再者，如果太阳是神，则日也将是神，因为日不过是大地上的太阳；如果日是神，则月也将是神，因为它是日的结集；如果月是神，则年也将是神，因为年是月的结集。但这不是；则开始的命题也不是。此外，他们说，把日称为神，而非晨、午、昏，是荒谬的。[185] 再者，如果阿尔忒弥斯（Artemis）是神，则爱诺狄亚（Enodia）[4]也将是神，因为她与前者同样被认为是神；[如果]爱诺狄亚[是神][5]，

---

[1] *Iliad* 15. 187-189.

[2] 希腊最长的河，正像尼罗河之于埃及。

[3] 这里"神"用的是复数，译成"诸神"以突出后边一系列推论不成立，从而否定宙斯是神这个第一前提。

[4] Enodia 构词意义指"在路上"，即"路边之神"。

[5] 此处似有缺失，根据 Heintz 补缀。

则普罗图瑞狄亚（Prothuridia）、埃披谬里俄斯（Epimulios）和埃披科利巴尼俄斯（Epiclibanios）[1] 也都是。但这不是；所以开始的命题也不是。[186] 再者，如果我们称阿佛洛狄忒（Aphrodite）是神，则厄洛斯（Eros）作为阿佛洛狄忒之子也将是神；[187] 但如果厄洛斯是神，则厄莱俄斯（Eleos）也将是神，因为两者都是灵魂的感受[2]，厄莱俄斯与厄洛斯一样受到敬奉，无论如何，在雅典人那里有一些厄莱俄斯神庙。[188] 如果厄莱俄斯是神，则福波斯（Phobos）也是，

> 我的样子最不好看，因为我是恐怖，
>
> 那个所有神中至少分享了美的神。[3]

如果福波斯是神，则所有灵魂的其他感受都是。但这些不是神；所以阿佛洛狄忒不是神。但如果他们是神，阿佛洛狄忒也会是神，所以他们不是神。[189] 再者，如果德墨忒尔（Dēmētēr）是神，则该亚（Gē）也是神，因为他们说德墨忒尔不过是"地母"（Gē-mētēr）；如果该亚是神，则崇山峻岭和所有石头都将会是神。但这些不是，所以开始的命题也不是。[190] 对于神不存在，卡尔内亚德还提出其他一些诸如此类的"连锁"推论。其一般特征由上述例子已足够清楚。

[191] 那么，这些就是独断论哲学家对于神存在和不存在所使

---

〔1〕 这三个词的构词意义分别指"门厅前的""磨坊的"和"炉灶的"。或可译为"门神""磨坊神"和"灶神"。三者和"路边之神"均为阿尔忒弥斯的别名。

〔2〕 Eros 和 Eleos 意思是"爱欲"和"怜悯"。

〔3〕 出自无名喜剧。Phobos，希腊语中有"恐怖"或"恐惧"之意。战神阿瑞斯（Ares）和爱神阿佛洛狄忒之子。

用的反驳性论证。由之可达致怀疑派的存疑（epochē），尤其当我们为其附加了日常生活中有关神的种种分歧。[192]因为对于神，不同的人有不同的和不尽一致的理解，由于其矛盾性并非都是可信的，由于其等效性也并非某些是可信的，而这点也为来自神学家和诗人的神话杜撰所进一步确证，因为它充满各种不敬。[193]因此，克塞诺芬尼在其批判荷马和赫西俄德的段落中说道：

> 荷马和赫西俄德把一切归于神，
> 那些人世间羞于启齿和受到谴责的事情，
> 偷窃、通奸和相互欺骗。[1]

[194]那么，既然我们业已确立：存疑伴随着有关能动本原的独断论证而来，接下来让我们以更为怀疑的态度（skeptikōteron）表明，有关被动质料的论证同有关主动原因的论证是同样困难的。

---

〔1〕 DK 21B11. 克塞诺芬尼的这几行文字仅见于此处。

希腊学案[*]

王树枏[1] 陈 威[2] 点校

《希腊学案》一书，家大人令中卫[3]时所著也。癸卯之岁[4]，甘肃崧制军藩[5]保荐循良赴都引见，兼应经济特科之举。八月，

---

* 《希腊学案》，王树枏于光绪二十八年（1902年）写成，共四卷，现存三卷。记载了从泰勒斯到亚里士多德间的希腊哲学家的事迹和思想，并凭借其丰厚的中学修养对其进行了比较研究，是中国学人最早对希腊哲学史进行研究的作品之一。原河北大学哲学系教授王维庭（1904—1995）称"中国学者用比较方法研究西方哲学流派，当以先生为最早"。该书1908年被带至日本，教育家佐藤小吉还为其作诗一首。如果想要了解中国学界对西方哲学的接受史，或清末中国学人对西方思想的理解，此书将是非常重要的材料。

〔1〕 王树枏（1851—1936），字晋卿，号陶庐，河北新城县人。出身书香门第，家学深厚。清同治十三年（1874年）被聘为畿辅通志馆修纂，后为信都书院山长。光绪十二年（1886年）成为进士，曾任四川青神、资阳、铜梁、富顺和宁夏中卫等县知县，官至新疆布政使。辛亥革命后弃官还乡。王树枏著述颇丰，有大量诗文传世，经学、子学的研究著作亦为数不少，在地方史志文献编纂方面也具有奠基性地位。尤其值得关注的是，甲午战争前后，面对国家危机的加深，王树枏以"中体西用""经世致用"为宗旨，开始了对欧洲史的编修、纂写和记录，如《欧洲列国战事本末》《欧洲族类源流略》《希腊学案》《希腊春秋》《彼得兴俄记》等，是最早对西方国家进行深入研究的中国学人之一。

〔2〕 陈威，四川大学哲学系博士生。本篇所有脚注均为点校者所加。为保证文言原意，部分通假字或别字予以保留。另，文中小括号内文字为底本所有，中括号内文字为点校者所加，以便于理解。

〔3〕 今宁夏中卫市，清时为宁夏府中卫县。王树枏曾于该县任县令。

〔4〕 即公元1903年，清光绪二十九年。

〔5〕 崧蕃（1837—1905），字锡侯，满族人，曾于1900—1905年任陕甘总督。制军，明清时对总督的称呼，又称制台、制帅等。

眷属自中卫回兰州省垣，晓渡黄河，舟破于石，衣箱书医半为水浸。学案第四卷及他笔记霉湿胶黏，不可开解。家大人回兰，堆置行笥中十余年，遂尔遗失，久思补辑，未暇也。家大人所著之书，多不自收拾，及身而亡者九种矣。此书三卷，别无副本，谨先校付梓人以防亡佚云。己未十二月立春日，男勇敷谨识。

卷一

米勒森学案原作米勒都[1]，亦作伊阿尼亚、亦作爱阿尼。案，米勒都，为推里司所居之地，米勒森为推里司学派之名。

推里司[2]

推里司，一作廷礼，一作德黎，一作他里斯，一作他勒，一作兑喇士，一作西尔士，一作德列斯。腓尼基大族，后迁希腊新开地之米勒都，遂为希人。幼好天学，常夜观天象，失足堕沟中，有老妪援之出曰："何为视天不察地耶？"曰："吾足踏地，妪幸勿使吾头上触星辰也。"时希人文艺蔚兴，无治天学者，独推里司与其徒喜谈天。总角时出门访道，从名师游，居埃及数年，学算数、通格致之学及弧角丈量之法，凡天文之理多创获者，又长于政治，后人谓其大有力于当时社会，其教人之道则谓：一言一行，皆有上帝监之，上帝者，万物之本原也，故人莫要于尽本分，知一己之身心而后知一己之本分。盖约年，理学中之最质实者。当弱冠时，母命之娶，辞曰

---

〔1〕 今译作米利都，位于今土耳其艾登省境内。
〔2〕 今译作泰勒斯。

游学弗暇也。及老终不复娶，西元前五百四十四年卒。或云卒于前五百五十年。年九十有六，是为希腊七贤之首。

初，希人航海者，皆谓北斗为北极，推里司始以极星为北极。推得太阳平径亦密合焉，遂倡言地为球体，月亦似球而小。预推西元前五百八十五年五月二十八日日蚀及某月日当月蚀，届期皆验。又谓三百六十五日当为一年，肇创几何学，设种种定理以明日月蚀之原因，此皆西士所创闻者。

尝言：人之灵魂，永存不灭。或问曰：人之作事，当如何？曰：中而已矣。中者，无过不及之谓也。尝究造物生生之妙术，积思日久，遂恍然于水为万物之本。曰：凡陆地之山岭原隰，五谷草木之所以花实，人兽禽虫鱼鳖之所以胎卵，皆水之潮湿为之也。但历年久远，其原理不可得闻。或有谓水虽流动体，有变为固体与蒸气体者，惜其著述之不传于世也。

〔推〕氏又谓：日力引水化而为雨，雨降而万物资以生长，赖以肥沃，此即所谓蒸气体也。

米勒森学派祖推里司原作廷礼。曰：原理有二种，一有形之物质，一无形之精神，吾人在今日，虽见有千万之现象呈显宇宙间，然考其元初，惟有万物原质之一种物体而已，其体又非有方圆曲直之定形也。盖物有方圆曲直之定形者，由原质变化而成，故推里司以水为万物之原质，是物质之本体也。然又有无形无质而能呈灵妙奇变之作用者，即如动力、生力、智力是也，因名之曰精神。推里司著有物心二元论。

　　树枏案，《管子·水地篇》云："是故具者何也？水是也。

杨倞注云：言水无理不具也。万物莫不以生，唯知其讬者能为之正，具者，水是也。注云：讬，依也。能知水理之所依者，能正于万物，故理之具者，水也。故曰：水者何也？万物之本原也，诸生之宗室也，美恶贤不肖愚俊之所产也。"又云："集于天地而藏于万物，产于金石，集于诸生，故曰水神。注云：莫不有水焉，不知其所，故谓之神也。集于草木，根得其度，华得其数，实得其量，鸟兽得之，形体肥大，羽毛丰茂，文理明著，万物莫不尽其几。注云：几，谓从无以适有也。反其常者，注云：常谓长育之长数也。水之内度适也。注云：内度，谓潜润之度也。"据此，则管子盖亦以水为万物之原。故曰：人皆服之而管子则之，人皆有之而管子以之。不意中西数万里，哲学理想竟有不约而同者，推里司以水为万物原质，本于埃及先知之说，埃及先知分为六等，一等先知于神出游抱大水瓶以随之，示不忘本，以水为万物源也。其论本属不纯不备，故当时无信之者，然物心二元并举，则论理学家所取裁也。推里司观察自然之现象以推见其原理，哲学家谓之归纳法，《中庸》之"自明诚"，归纳法也；"自诚明"，演绎法也。日本井上圆了[1]谓其论精神之本原至以本体为神体，则论理之缺点。

《太平御览》引《物理论》曰："所以立天地者，水也。夫水，地之本也。吐元气、发日月、经星辰，皆由水而兴。"据此则中国儒先盖早有是说。

---

[1] 井上圆了（1858—1919），日本佛教学者、教育家，原名岸丸，号甫水。著有《佛教哲学体系论》《妖怪学讲义录》等书。

亚那机曼的[1]

亚那机曼的，一作亚诺芝曼德，一作亚那基西孟的洛斯，一作亚那西慢突，一作阿那吉米大，一作唵那雪漫的，一作安那西米尼。《希腊春秋》[2]作唵那昔漫的，米勒都人，推里司之弟子。或云推里司之友。生于西元前六百十年。哲学史谓生于前六百十一年。研求弧角勾股之法，创制罗镜土圭，凡日月之远近，星辰之大小，皆有术以测之。尝言：地自转；月无光，其光乃日所照也。西元前五百六十八年，始创舆地学，绘地图一幅，山川陵阜水陆远近，望之了然；而海岛人物土产尤详志之，此为泰西舆地学之始。后偕众去米勒都，居亚革斯，执国政，握希腊大权，其于哲学尤多创解，西元前五百四十六年卒。

[亚]氏名宇宙之原理为亚摆罗，或译作阿屯。亚摆罗者，无定限之义。万有者，由无定限而来而又归之者也。不然，既非无限，则渐灭其原，终必归于尽耳。亚摆罗之为物，无始无终，不随物为生死，其量无限，其质无定，使有物以运动之，则渐次分离而生万有。其始分寒温为二，次则此二者生湿气、热气，生土、生木、生火。土之初虽为流动体，后渐凝干，而生生物。生物者，由热力而进化者也。故陆地动物始为鱼形，后因土地干燥乃各呈其象。其学说如此。[亚]氏又尝言，生命若空气，著有《天然论》，其书尚存。

> 树枬案，井上圆了云："亚那机曼的以物质之本源不在水体，而如无涯之空虚，因以无形无质之体定万物之原理。然其弊也于绝对无质。"蟹江义丸[3]则谓："[亚]氏云阿屯，用抽

---

〔1〕 今译作阿那克西曼德。

〔2〕 王树枬的另一作品，叙述自公元前2089—前145年希腊发生的重大事件。

〔3〕 蟹江义丸（1872—1904），日本明治时期哲学家，以引入西方哲学方法研究东方哲学著称。著有《孔子研究》《日本伦理汇编》，并曾将康德、包尔生等西方哲学家的著作译为日文。

象之概念为宇宙原理，其说虽不完全，然说明宇宙发生之过程，比之推里司已进一层精细之域。"今案，［亚］氏之说与周子《太极图说》颇相类，其所谓亚摆罗，即周子之"无极而太极"也。其所谓分而生寒、生温，即周子之"动而生阳，静而生阴"也。其所谓生土、生木、生火，即周子之"阳变阴合而生水火木金土"也。《太极图》授之陈希夷而不谓泰西一千年前已有此说也。陆象山谓无极之说，近于老氏。近世论者谓亚摆罗之说，失之空虚。不知我国三代以前，本以道为宗教，自孔子教世，始切而求诸物理人事之际，故子贡谓"夫子之言天道，不可得闻"。后儒笃守师说，凡于圣经之所未尝言者，概目之为异端，不敢别开一解以昌言于世，此哲学之理想所由晦塞澌灭以至今日也。朱子曰："周子灼见道体，迥出常情，不顾旁人是非，不计自己得失，勇往直前，说出人不敢说底道理。"此周子所以卓然超出于宋儒之上也。窃谓中国道学之传，逮于孔子则变为儒，入于西域则流为佛。希腊之学，出于印度、波斯、埃及诸邦，故当时西贤之说多与中国古教相同，并非千圣不传之秘。亚摆罗之说，古之言道者大半如是，特亚那机曼的专就气质生化而言，实不如周子、朱子之义为完粹也。

亚那机蔑尼［1］

亚那机蔑尼，一作阿那基美内士，一作亚那基西曼内斯，一作亚诺芝绵尼，《希腊春秋》作德黎米力士。米勒都人，生于西元前五百八十八年，

---

［1］ 今译作阿那克西美尼。

《希腊春秋》云:《古教汇参》[1]谓生于前五百二十年，是其生在亚那机曼的卒后二十余年矣，或谓其弟子，殊为不合。今据哲学史改正。幼学推里司之道，精天文，首创黄赤道之说，后世宗之。西元前五百二十四年卒。

亚那机蔻尼亦不信水为物原之说，谓人之身心必有物焉存乎其中，以运动而知觉之，是岂水之能为耶？因究呼吸之理，遍察五谷之畅茂、百卉之荣生、飞禽走兽之胎卵，遂恍然曰：万物之本、生命之原、天下之主宰，一言以蔽之曰：气而已矣。空气弥纶宇宙之间，终始运动而变化生焉，其空气乃又由运动而生二者之变化，则收缩与膨胀是也。膨胀生热，收缩成风，终乃生木石诸物焉。

> 树栅案，[亚]氏以有一定性质之空气说明世界一切，即庄子所谓"杂乎芒芴之间，变而有气，气变而有形，形变而有生"之义也。其说盖折衷于推里司、亚那机曼的二者之间。《易》言"天地氤氲，万物化醇"，亦言气也。

狄拉知内士[2]

狄拉知内士，一作敌恶知内士。亚伯罗米亚[3]人，亚那机蔻尼弟子，生于西元前四百九十年。言月面有山谷、平原与地面同。著书甚富，多创论。世人称哲学家之一。

狄拉知内士亦以气为万物之本，积思既久，乃恍然曰：物生于气，气生于魂，魂先而气后，则气非物本，魂乃物本也。继而曰：

---

[1] 清咸丰年间英国赴华传教士韦廉臣所撰宗教著作，内容涉及基督教诞生前的多种"古教"的概况。

[2] 今译作第欧根尼（或阿波罗尼亚的第欧根尼，以与犬儒学派的第欧根尼区别）。

[3] 今译作阿波罗尼亚，位于今保加利亚布尔加斯州索佐波尔附近。

物必能生而后有魂，生先而魂后，则魂非物本，生生不已乃物本也。继而又曰：物不能自生，必有主宰之者，而后能生生不已，所谓灵也。灵先而生后，则生非物本，灵乃真物本也。

尝谓天地之间，万物散殊，莫非呼吸为之。中有灵魂，亦有肺腑，与人无异。海岸之雾，日出而散，是其吸也；日入而出，是其呼也。至于气血之伦，饥而思食，是其吸也；食足而厌，是其呼也。万物有相亲相爱之心，是犹物之有吸力，万物有相克相残之意，是犹物之有呼力。推之一物一事，莫不皆然。有难之者曰：人之肺腑在腹中，宇宙之肺腑果何在乎？答曰：在星辰之间。又曰：气虽一，而清浊不同，地气皆浊，天气皆清。故畜类之首向下，其吸气浊，故愚而蠢。人之首向上，其吸气清，故智而灵。

树枏案，《易》曰："神也者，妙万物而为言者也。"神者，灵也。《中庸》曰："视之而不见，听之而不闻，体物而不可遗。此神之作用也。"《老子》曰："精神生于道，形本生于精。"《庄子·知北游篇》引孔子曰："有先天地生者，物邪？物物者非物，物出不得先物也，犹其有物也。"故古时中外学者论生生之本，不曰神则曰灵。所谓真宰是也。狄拉知内士考究物之本体，较之前说更进一层，安那萨哥拉名实在智能之精神曰奴斯，亦此义也。

意大利学案

比撒卧拉斯

比撒卧拉斯，一作比多古罗，一作皮他各拉，一作闭他卧剌，一作毕达哥拉斯，一作巴蛤国拉士。撒摩斯[1]人，生于西元前六百三十一年。哲学史谓生于西元前五百七八十年间，《迈尔通史》[2]谓生于前五百八十年。幼受父教，明音律，工诗歌，善辩，有勇力，战无不胜，名冠当时。然思为名世之学。尝游埃及，埃王荐之国中大庙，祭司秘其学，不肯纳。转荐别寺，寺人送之南鄙刹中，其祭司惧逆王意也。故难之曰：庙规重苦练，就学者须割额上皮乃许入，比撒卧拉斯欣然就割，居二十二年，尽得其学。继游巴比伦，习天文、医学。复往波斯、印度，从游于道学专家。殚见洽闻，号为通儒。开协会于意大利之南鄙哥多纳。一作罗多南，一作罗脱纳。设讲堂，分内外以教弟子，外舍仅教读书识字，五年择其优者升诸内舍，所学皆高深机秘，不轻为人言。尝言：人能嗜学，则道理实于心，私欲自无容留之地。人当以天下为己任，非仅独善己也。每日立言行功过格，以自省察。及门者踵相接，敬之如神，有数年不得觌面者。有过则严责之不贷，其能悔艾者亦必须之二年而后诲之。后弟子散处四方，各以书札问讯辨难，卒后弟子汇其言行，勒为一书，后世所传者仅此而已。比撒卧拉斯教人男女并重，曰男职外女职内，无相踰也。且古忠臣孝子文士名儒多成于内助，奈何轻视之耶？命其妻并建讲舍，以教妇女弟子，有名于时者三百余人。亦各建立讲堂，传其教，由是教会日兴，聚徒益众。官民交忌，群起攻之，杀其弟子数十人，逐比撒卧拉斯出境。西元前五百五十四年，卒于哥多纳之美太逢冬，年七十有八。比撒卧拉斯学务实践，于学无所不窥，戒弟子食鱼及豌

---

〔1〕 今译作萨摩斯岛，仍属希腊管辖。

〔2〕 美国历史学家菲利普·范·N.迈尔（1846—1937）所著世界通史作品，清光绪年间在华出版后，在清末民国初的较长一段时期内流传颇广。

豆，禁杀牲畜，日早起必沐浴拜神，出门传教着盛服，仪象都伟，貌严语挚。尝言：饮食必求其精，衣服必求其洁，一为养身，一为彰身也，是为希腊七贤之一。

比撒卧拉斯学问深博，尤精于格致，创论算学、几何要理，能知形学众九十度之三角形一面方与两面方相称。谓万数起于一，一必函二，所谓有奇必有耦也。万物由真宰而生，宇覆于上，宙奠于下，日轮丽于中央，万物皆绕之而行。真宰之宝座也，永静而不动，其中含四象焉：一曰太空，二曰物，三曰时，四曰命。四象既定，万物乃分。物数自五，递推五为死物，六为植物，七为动物，八为人，九为来生，十为神，世且更。即此计数，以定万物之重轻，曰：一者万物之元也，二自一生，一二相生而成数，数生号，号生形，有虚形即有实迹，有实迹即有知觉。知觉之中厥函四行，一曰火，二曰水，三曰土，四曰气。四行相合成地如球，地球为宇宙之心，昼夜推迁，运动不息。人与物生于地球，上下而不坠落者，地心吸聚之力也。

天上行星五，五星相去远近不易，绕地而行，如琴徽之有定位。由地球至月球是为全部，由月至水星、由水星至金星为半部，由土星至恒星则为一部有半。行星及地球转旋有声如乐，特相隔远，人不得闻耳。泰西人之以天学名家者，闻其说遂知启明、长庚系一金星。

又言，数由一而至十，中有等差，其最重者为一、为三、为七、为十，且恃此而生之形，学亦随之而加重。厥后弟子同衍其学，因言：一、三、七、十诸数，有相和者，有不相和者。如律吕学中之宫、商、角，能和少宫、少商、少角是也。

宇宙有一定之秩序，为调和一切事物，悉依数理之关系而顺次排列。数有奇偶之别，奇数者不可二分，而偶数则可得二分者也。前者为有限，后者为无限，奇数及偶数即有限数与无限数，为一切事物根本之成分。希腊人以有限者即有形式，无限者即无形式。于比撒卧拉斯之学说亦以奇数比偶数为更进一层之数。其根本反对之性质有十种：一，有限与无限；二，奇与偶；三，一与多；四，右与左；五，男姓与女姓；六，静与动；七，直线与曲线；八，明与暗；九，善与恶；十，平方与直角。此数理之关系，不论何物性质，悉以原理一贯之，复杂中之统一即是也。是宇宙有事物之秩序，为调和之所，由此其数理论也。

比撒卧拉斯以数理为根本，故于一切现象世界事物，悉以数理说明。数理论之应用极乱杂，且甚任意。往往以种种之数说明同一之对象，以同一之数说明种种之现象。然举其最整顿之部分，则从一至十之数，为根本之数。各数皆具特有之势力及其意义，就中十数最圆满且最广大也。

树枏案，天地万物皆本于数，故孔子系《易》，特发明之。曰："天一地二，天三地四，天五地六，天七地八，天九地十。前汉《律历志》、卫元嵩[1]《元苞·运蓍篇》引此段在天数五之上，今本盖脱简于下者。天数五，地数五，五位相得而各有合。天数二十有五，地数三十，凡天地之数五十有五。此所以成变化而行鬼神也。"盖只此十数而天地事物千变万化之理无所不包、无所不举。约言之不外一奇一偶，极言之则天之道、民之故，幽明、

---

[1] 卫元嵩，生卒年不详，南北朝时期人。年少为佛家弟子，后还俗，并曾上书推动北周武帝排佛。其作品《元苞》(或称《元包经》)是研究《易经》的作品，分为"太阴""太阳""少阴""少阳""仲阴""仲阳""孟阴""孟阳""运蓍""说源"十个部分。

死生之说，鬼神之情状皆具于是。故曰："参伍以变，错综其数。通其变，遂成天地之文；极其数，遂定天下之象。"《易》与天地准，故言数理者莫精于《易》。比撒卧拉斯准数理以推事物，必有合于易道者，惜其书不传，无由证其说之得失耳。

人物之分有三灵焉，一曰觉，二曰理，三曰心君。觉与心君，动物之所同具，而理则独具于人。君在心中，觉与理在脑中，人之五官特灵之分现者耳。觉与心君，日久随五官而并灭，而理则永不能灭。灵为血所养，觉与理为灵之气。灵无形，觉与理与心君三者皆无形，无以拟之，其意达乎？意达译言宇宙之微气也。灵之所舍在血管、脑管，西医家译言脑气筋。其盛也无为，无为之为，在于言行。人之灵，身死而不灭者也，善则盛而传人，恶则衰而传畜。

又言，万物之原种，含藏万物于绝对唯一之理体中，其原体即称元子。盖物心二体，其初在于元子之中，和合而常存，未见差别。然无差别之纯理，可开发而为万差之诸象，万差者即宇宙之森罗现象也，其被缚于现象中者，即吾人之精神，精神一被缠缚，即不能常住。欲脱其缠缚，则赖吾人本来固有之智力，以破万差之迷境，开唯一之真理也。人之修学求道，其目的唯在养成此智力，而脱离缠缚而已。然一有情欲，即被缚于迷境中，既入迷境，何能自由？故吾人之所务，又在脱去情欲，而使其心游于自由之境也。智力之目的，在破差别之迷见；心志之目的，在断虚妄之欲念。

树栭案，陆子静云："人有一段血气，便有一段精神，精神不运则愚，血气不运则病。"又云："心不可泪一事，只自立心。人心本来无事，胡乱被事物牵将去。若是有精神，即时便出便好。若一向去，便坏了。"又云："人精神在外，至死也劳攘，须收拾作主宰，收得精神在内。"此可与比撒卧拉斯精神之说相为发明。

又案，米勒森学派以物理为本，由形而下论及形而上，用归纳法。意大利学派以纯理为本，由形而上论及形而下，用演绎法。二者全异其方针。比撒卧拉斯言纯理可发为万象，即《易》所谓殊途而同归，一致而百虑也。其遏欲存理之功，更有合于圣人崇德、修慝、辨惑之旨，盖学之醇乎其醇者。而教人之法内外递升，男女并重，尤为今日学堂之先范，惟狃于埃及、印度之妄说，则为哲人所不道耳。

尝出门，有人问曰：尔何人？曰：吾爱道人也。曰：何为爱道？曰：子不见夫国中大祭乎？竞诗歌、矜武勇、角谈辨，皆爱名之徒也。商者、贾者，网货殖财，皆爱利之徒也。今有人于此，不为名拽、不为利夺，探性命之本原、揭乾坤之奥窔，洪纤毕具，以饷来学，可不谓爱道人乎？尝过铁肆，闻攻铁声，有清浊高下之殊，遂恍然曰：五音之理具于此矣。

树枏案，比撒卧拉斯之言数学及天文学，皆出时流，而音乐之微言奥旨及地动诸说尤关重要，洵希腊哲学之杰出者，惟［比］氏尝言人之灵魂历久不变，死则或托诸禽兽，而吾之精神尝凭孔雀而存。其说盖本之印度。考周初，印度有贤人名蛤必拉[1]者，

---

[1] 即迦毗罗，大约生活于公元前 6 世纪或前 7 世纪，相传为数论派创始人。在后来的婆罗门教中，迦毗罗被描述为仙人。

立山基亚[1]教会，尝谓灵魂落在犬身便是犬，落在牛身便是牛，落在人身便是人，轮回无定，不可拘泥。而卫世努[2]又有十世之说，[比]氏亦袭之。自言轮回凡四世，一世名大利兑[3]，二世为军人，名于福布[4]，三世名希莫提母[5]，四世为渔人，名白二[6]。又一日，闻犬吠之声，曰：此吾前生知己也。语尤妄诞，盖假婆罗门之教以眩人者。至其教弟子禁杀牲畜、忌食鱼及豌豆，则又本埃及祭司终身不食猪、鱼、葱、豆之说，君子无讥焉尔。

菲罗拉[7]

菲罗拉，一作裴洛拉，一作非禄老。比撒卧拉斯弟子，笃守师说，谓世间万有，有形、无形皆由数理而成，如点生线，线生面，面生物体，物体生生命，生命生意识，意识生精神。故宇宙久而不敝，而有全知全能之神以权衡之。神者，永远无量而不变者也。比撒卧拉斯之学多菲罗拉所发明者，惜其著作亡佚，传世者非真本也。

树枏案，英人伟烈亚力[8]《西国天学源流》[9]言，比撒卧

---

[1] 即数论派，印度早期哲学重要派别，婆罗门教正统六派哲学之一。

[2] 今译作毗湿奴。

[3] 即埃塔利德斯（Aethalides），是赫耳墨斯之子。

[4] 即欧福尔布斯（Euphorbus）。

[5] 即赫尔墨提姆斯（Hermotimus）。

[6] 应为裴鲁斯（Pyrrhus）。

[7] 今译作菲洛劳斯。

[8] 伟烈亚力（1815—1887），1846 年来华的传教士。

[9] 原书为英国天文学家约翰·弗雷德里希·威廉·赫歇尔于 1849 年所著的《天文浅说》，由伟烈亚力翻译，清末政论家王韬（1828—1897）笔录。该书记录了从希腊到近现代的二十余位天文学者的事迹。

拉斯倡地球必绕太阳之说，菲罗拉本其说恒畅论于广座之间，比撒卧拉斯之门人皆言，五星、彗星俱绕太阳，非飞行空中无定则者。人多疑焉，以与亚拉斯德[1]之说异，历一千八百余年无信比撒卧拉斯之学者。是时，诸游学士群立，一说言地为天心，诸星皆行平圆以平速绕地球，彗星乃地气中所生，亚拉斯德本其说。人以其与目见合，故信之甚笃。或言亚拉斯德之师百拉多[2]晚年颇悔其说，谓地球非最大者，不当为天心。天心必别有大于地球者。然当是时，有信推里司及比撒卧拉斯之说者，有司辄收之，亚那机内士坐此当死，赖救之者得免，流之黑勒斯奔，终身不赦。菲罗拉坐言地球绕日，亦见逐。盖在上者恐此说一兴，人心好异，变乱旧章焉。案，中古之世，二三讲学者流多遭遏抑逐戮之祸，学问之道，遏之愈甚，则发之愈光，此其权非在上者所能左右之也。吾观西国文明之盛，至于今日极矣，而溯其源，皆滥觞于希腊，岂第歌白尼之天学已哉？

伊利亚[3]学案

仁诺法兰斯[4]

仁诺法兰斯，一作仁诺法内士，一作猪诺非尼，一作芝诺芬尼，一作克诺分尼。沟罗汾[5]一作哥罗峰，一作哥罗寒。或云，其地在雅典，或云在小亚西亚。人，生于西元前六百十八年。或云生于前五百十余年间，或云

---

〔1〕今译作亚里士多德。
〔2〕今译作柏拉图。
〔3〕亦译作埃利亚，位于今意大利坎帕尼亚区奇伦托。
〔4〕今译作色诺芬尼，或科洛封的色诺芬尼。
〔5〕今译作科洛封，位于今土耳其伊兹密尔省门德雷斯区。

西元前四五两世纪之人。幼好学，精究万物之理，不喜蹈人窠臼，工诗歌，说道尤精，能发前人所未发，名贤议论多匡正之。尝赋霍曼洛斯及海索德诗，描刻其人性质，名震当时。且驳多神说曰：唯一为无上之神，永远无限而又永远无所变化。他神之不足为神者，其耳目心思不能支配一切之物，力斥希腊诗人歌咏鬼神淫荡之事为怪诞诬世。历游希腊诸都市，国有大祭、大会，登高赋诗，观者如堵。有嫉之者，讼诸官，流之远方。敝衣粗食，而以传道，为务怡然，不易其素也。初，居西齐里，后至意大利东鄙之伊利亚，一作英利亚底，一作哀黎亚，一作哀列亚。年百岁而卒。或云年九十二岁。仁诺法兰斯谓推里司以水谓万物之本，比撒卧拉斯以数为万物之基，不知未有本、未有基时，必有一主宰，创造此本与基者。彼二贤者，既知太初以前有上帝，则直言上帝足矣，而何又别立一本、别立一基乎？

　　树枏案，仁诺法兰斯所称理体，谓之赫加伊本，即一而多。后世哲学家皆引用之，此中国相传之旧说，其原盖出于道家老子之言，曰："有物混成，先天地生，寂兮寥兮[1]，独立而不改，周行而不殆，可以为天地母。吾不知其名，故强字之曰道。""道之为物，惟恍惟惚。惚兮恍兮，其中有象；恍兮惚兮，其中有物。窈兮冥兮，其中有精；其精甚真，其中有信。自古及今，其名不去，以阅众甫。众甫，物之始也。吾何以知众甫之状哉？以此。"《管子》之言曰："凡道无根无茎，无叶无

---

[1] 今本多作"寂兮寥兮"。

荣，万物以生，万物以成，命之曰道。"庄子之言曰："夫道有情有信，无为无形，可传而不可受，可得而不可见。自本自根，未有天地，自古以固存。神鬼神帝，生天生地。"孔子不轻言天道，而其系《易》则专言太极生生、乾元变化之理。盖儒家、道家之说，本出一原，特其说有所偏重，而其教遂若异趋。后世儒者，排老而尊儒，宋之大贤若陆子静而犹以《太极图说》为非周子之书，吾不知所谓此心同，此理同者，果何道也。《易》曰："天下之动，贞夫一者也。"《论语》曰："吾道一以贯之。"《中庸》曰："天地之道一言可尽也，其为物不贰，则其生物不测。"《吕氏春秋》云："凡彼万形，得一后成。"《说文》云："惟初太始，道立于一，造分天地，化生万物。"仁诺法兰斯所论唯一之理体，正是此旨。朱子曰："'上天之载，无声无臭'，实造化之枢纽，品汇之根柢"。此与道家之说又何以异？紫阳[1]所谓"不顾旁人是非"者也。

比撒卧拉斯教必择人而施，谓读书明道者，四民之中惟士为能。仁诺法兰斯则谓人同此心，心同此理，特患不教耳。聪明以用而出，才能以用而增，虽愚可以智，虽柔可以强，不必过为区别，阻人向学之诚也。德成而上，艺成而下，国其庶几乎。

树枏案，此即孔子有教无类之旨，比撒卧拉斯似子夏，仁诺法兰斯似子张。

---

〔1〕 朱子世称"紫阳先生"。

巴门义兑[1]

巴门义兑，一作扒蔽尼的，一作巴弥匿智，一作巴曼尼的斯。曼地尼人，生于西元前五百三十六年，幼时不守父教，稍长折节读书，殚精刻意，以明道为务，与黑拉克利底齐名。为本地牧，有政声，著律例一书，民悦而遵之，相谓曰："吾侪行事，但求无违巴门义兑之律足矣。"其为人信慕如此。

巴门义兑谓：凡物先有身，后有心，有如何之身而后有如何之心。犬之善吠者，非心之能吠也，以有犬之身也。牛之善触者，非牛［心］之能触也，以有牛之身也。人之知觉与运动，其本于身者亦犹是耳。

又谓万物之生，皆地中热力为之，草木非热不生，果食非热不熟。即以人而论，非暖气无以生、无以长、无以发其灵明。故人暖气少则多睡，过少则易老，尽则死矣。

又谓人之智慧有二，一有定，一无定。有定者，发之于心；无定者，受之于五官、百体。有定之智慧一曰数，有奇即有偶是也。二曰弧角平线等，三弧角折之，共知为两直角，平线两端知此端相去之远近，即知彼端相去之远近是也。三曰良知，如孩提知爱，稍长知敬是也。之三者，不虑而知，不学而能，此智慧之发于心者也。故曰：有定无定之智慧，亦不一。如目能察物之美恶，然安知察为美者之非恶？察为恶者之非美？抑且视为美矣，使更有美者并列，则前之所谓美者又变而为恶。视为恶矣，使更有恶者并列，则前之所谓恶者又变而为美。目之视物如是，则声、香、味、触亦何莫不如是，故曰无定。

---

[1] 今译作巴门尼德。

又谓万物之森列于吾人耳目之前者，皆为幻相，由生至死，如在梦中。其中有灵机焉，无始无终，无限无量，最纯粹，最洁净，寂然不动，感而遂通，称之为神，不可也。称之为帝，不可也。命之曰一，其庶几乎？一者，实在而已，实在者，唯一而不可分割。其为体也，可由吾人之思维得正确之智识，是之谓理性。一切事物之驳杂及其消灭变化，从吾感官所生者，皆其虚谬者也。

蟹江义丸曰："巴门义兑学说，主形而上立论，所谓为本体论之祖。"

巴门义兑论究诸象之无实体，证明诸物不外唯一体之原理，乃考其理于心理学，以从感觉来之，诸想不可为真理之基址。非有形而上之纯理，不足以表明真理也。

树枏案，巴门义兑论有定之智慧，颇与象山、姚江相近，其道在扩充本来之良知，使此心有主以应天地万物之变。苟本体不明，而徒致功于外索，是无源之水也。[巴]氏之为此说，盖以救当时驰心物界口耳支离之学。其言物之无定，则庄子所谓"彼一是非，此一是非"之旨。《管子》云："不以物乱官，不以官乱心，是谓中得。"即此意也。

又案，佛书《唯识论》曰："实无外境，唯有心识似外境生。"《起信论》曰："一切诸法，唯依妄念而有差别。若离心念，即无一切境界之相。"此即巴门义兑思维之说也。

仁诺 [1]

仁诺，一作随那，一作揩诺，一作宰诺痕。伊利亚人，巴门义兑弟子，生于西元前五百年，家素丰，有权力，名重一乡。然性喜读书，杜门不预世事，得一新理，拳拳如获拱璧。素有胆识而望之如不能及，至利害之交，虽赴汤火不顾也。其学以利物济人为务，尝言自反不怍，何恤人言。笃信其师，有非之者，辄抗辨不少屈。年二十五，始著书，明正道、黜淫词，后世辨论家宗之。年三十后，随巴门义兑至雅典，与诸大儒游，数年不返。适闻伊利亚米二极 [2] 乱作，僭称王，乃使人告其族党，曰：能助我者，当歼此贼，族人许之。即回国与贼战，败而被执，贼诘所与谋，则牵其左右以诬之。米二极怒，鞫以酷刑，仁诺嚼其舌以血喷贼，贼置之臼中以石杵碎之。民闻其死也，噪而起，卒杀米二极以报仁诺。论者谓仁诺以死胜贼也。

仁诺之学说有二，一谓实在者，一而已矣。一谓宇宙者，无运动也。乃作破事物复杂论。一，数多者，单元集者也。单元不能分割，不能分割即不有量，不有量虽集合如何之多，亦不能成一定量。二，数多者，其数虽可得言有限，又可得言无限。何以云有限耶？谓其包含之单元有一定数故也。又何以云无限耶？谓单元与单元区分则不能无第三之单元与第四之单元，由是而永远无际限也。又作破运动论。其言甚辨，至今推为辨论家之祖。

　　树枏案，井上圆了谓仁诺排弃物界之从实验而来诸法则，

---

〔1〕 今译作芝诺。
〔2〕 即 Νέαρχος，今译作尼阿库斯或尼尔科斯。

而考定从心内所生理想之性法，始构成论理学之基础。

美利撒[1]

美利撒，一作美丽晒。撒摩斯人，巴门义兑弟子，守其师说，其论宇宙之实在，谓唯一无限不变而又无情者也。

树栩案，以上四氏为伊利亚之形而上学派。

勒基博斯[2]，迭莫理斯[3]

勒基博斯，一作柳西扒斯，一作刘西濮。或谓答拉西[4]人，或谓伊利亚及米勒都人。生卒年月不详，于史与温白德尔、安那萨哥拉同时，相传生于西元前四百六十年间，享年甚高。受业于仁诺之门，特母克理底[5]则其弟子也。尝游埃及、巴比伦，其学以原子说明宇宙，称之为原子论，而畅发其旨者，则其弟子迭莫理斯一作的莫理斯。也。凡物皆由原子而出，定实在之复杂与运动及集合体之生灭变化，以非实在不能思维实在，置轻重于实在与非实在之间。实在也者，充满空间之谓也。非实在也者，空虚之谓也。万物由原子、空虚充满而成，原子为物之本体，空虚为无，充满为有。前者于量无限，后者于数无限也。充满者，不可分之原子也。其性质平等，原无差别，其有差别者，仅由其分量之互异也。原子不变

---

[1] 今译作麦里梭。
[2] 今译作留基伯。
[3] 应指后文中的特母克理底。
[4] 应指色雷斯阿布德拉，位于今希腊西色雷斯克桑西区。
[5] 今译作德谟克里特。

化而有外延，不能分割而有大小、形状及轻重之异。一重量之物体，而以大小之有异者构物体。一切事物发生，即从分离之原子集合；其消灭，从集合之原子分离；而其变化，依构成之原子转换位置。物体互受影响，全为器械的，而不外于压迫冲突。远隔之二物体相互影响，如磁石与铁、光线与眼之感应，以其原子之流出相接触。故一切物体之性质，依构成之原子形状、大小、位置与其顺序也。

原子者，有重量，永劫于无限空间为降下运动，大原子比小原子重，其降下之速力亦大。大而重之原子，其降下与小而轻之原子冲突，放掷之于上方，于是起向上向下两种之运动，其结果为旋回运动，是原子集合体，即为世界。然运动者，无始无终，原子与空间亦无限界，而世界过去、现在、未来之三时，其数无量，其形状有千差万别。吾人之世界，亦是此等世界之一，而在空气中，为浮动之圆形平面体。日月星辰之转回，其周围有机体即从泥土中发生，而人类在有机物中为最高等。人类之精神，成自细微平滑之原子，盖即成自火也。视听臭味之特殊能力，其位置占有一定之机关，精神原子从身体中不绝飞散，依呼吸而从空气中补足之。飞散殆尽之时，是之为死。感觉也者，乃从感官流出之精神原子，与从对象流出之原子刺击而生，思维亦然。

其伦理学说为快乐主义，但不仅为身体之快乐，即精神之快乐亦奖励也。

树枏案，以上二氏为伊利亚之形而下学派。蟹江义丸云，原子论者在古代哲学其势力甚微弱，至近世则影响及于自然科学及物理学。井上圆了云，勒基博斯等有见于仁诺法兰斯等学派偏于形而上有灭绝物界之弊，欲矫其弊而别开一派，故其所主从感觉实验而用归纳之一法。其先米勒森学派虽已用归纳法，然其所论则从人所共知以及于人所不知。此则考索真理于感觉范围之中，其论非有隐而不可知者。其为说则云，物界之诸象，从物之变化而生，究明其变化之原理者为哲学。从来定此原理有二说，第一于本来绝对唯一之理体，有自具之内力而现呈万象之变化。第二谓有构造物质数种之元素，一聚一散而营变化。今在伊利亚学派，为第二说，则排第一说。夫第一说所谓内力者，其本来无形象，则断无从其中能发生形象之理，若理体果有一定之形象，则既有一定之形象，又必无能变化物质之理。勒基博斯及其弟子迭莫理斯，为排内力论而作元素论，于是分子成物之说起。分子者，其数无量，而变化又无量，而其体有聚散离合之作用者，由其有天然之动力也。盖分子之说，起于勒基博斯，其理至迭莫理斯而益明。伊璧鸠鲁出，乃愈加详尽也。迭莫理斯用此理而论心理、伦理等学，至以感觉上之快乐而定其基址。伊璧鸠鲁之快乐主义，盖本于此。要之，伊利亚之形上、形下二学派，不免各局于一偏之弊，故得起中正之论者不能不有待于后之哲学也。虽然，两派之说为希腊后世期诸学之根柢固无容疑也。今案，原子之说《周易》开卷即已言之，而孔子畅论之。其于形上、形下无所不包，心理、物理无所不备，非若希腊诸子之局于一偏之见也。乾之《彖》曰："大哉乾元，万物资始，乃统天。"坤之《彖》曰："至哉坤元，万物资生，乃顺承天。"乾元者，即哲学家所谓原子是也。乾元无始无终，无限量，"范围天地之道而不过，曲成万物而不遗"，故曰"大哉乾元"。《系辞》传曰："二篇之策，万有一千五百二十，当万物之数。"荀爽云："万一千五百二十策，皆取时于乾元，坤之元即乾元之元也。""乾知大始，坤作成物"，乾流坤形，万物以成，故曰"乃顺承天"。乾元之用在于六子，《说卦》曰："动万物者莫疾乎雷，桡万物者莫疾乎风，燥万物者莫熯乎火，说万物者莫说乎泽，润万物者莫润乎水，终万物、始万物者莫盛乎艮。故水火相逮，雷风不相悖，山泽通气，然后能变化，既成万物也。"此即分子之用也。乾坤六子互之为六十四卦，衍之为三百八十四爻，阴阳总合为万有一千五百二十策，以类万物之数，盖备言乾元变化之事也。故曰："《易》广矣大矣，以言乎天地之间则备矣。"又曰："天地设位，而《易》行乎其中矣"。孔子神明易道，其于幽明之说、死生之故、天人之理反复发明，乾坤之蕴尽于是矣。希腊诸儒之说各执一方，所谓仁者见之谓之仁，智者见之谓之智耳。

又案，"刚健中正纯粹以精"是为乾元之德，"变动不拘，周流六虚，上下无常，唯变所适"是为乾元之象，"寂然不动，感而遂通，不疾而速，不行而至"是为乾元之体，"立天之道曰阴与阳，立地之道曰柔与刚，立人之道曰仁与义"是为乾元之用，"精气为物，游魂为变"则乾元聚散之理也。

执中派学案

黑拉克利底[1]

黑拉克利底,一作额拉吉来图,一作希拉革雷都,一作希拉基都士,一作歇拉里,一作海拉克里都。以弗所[2]人,生于西元前五百三十五年,《古教汇参》谓幼受业于仁诺法兰斯。《西史纲目》[3]记其生在前五百三年,距仁诺法兰斯生年相去一百十五年矣。今从《天演论》。父比利士[4]拥厚赀,黑拉克利底独嗜学向道,幼受业于仁诺法兰斯之门,书过目辄不忘。壮游波斯、印度、埃及诸国,见世道人心日益浇薄,因果报应常乖盭不足凭,与人言辄哭,时人称之为流涕贤人。以弗所王召之为相,掩耳而走,曰:"富若贵,溺王心矣。又欲污吾耳耶?"波斯王大流士既灭以弗所,聘之,不往,曰:"吾闻之,非义之人不食其谷,无道之世不践其土,况尊我乎?人生富贵如电光石火,忽焉而已。吾将鹑居而鷇食,纵履而天行,与世绝矣,幸勿漫我以天吾年。"遂去国,入深山中,授徒讲道,聆其言者多善悲,故世讥之为暗教。其生平著作微言精义,号称难读,实为欧洲天演学家之初祖。后入山洞中,食草木根以终,后人称之为七贤之一。

常言:"万物之生,气为之主。始也气生之,继也气长之,终也气运而动之。"故能作聪明职万物。气属煖,以火为根,火能变化万物,不受万物之变化,不第变化万物已也,能使物之弱者强、短者长、小者大。日惟火体,故受其光者,万物蕃昌,生生不已。

---

[1] 今译作赫拉克利特。
[2] 遗址位于今土耳其伊兹密尔城以南约50公里。
[3] 晚清士人周维翰根据中文翻译材料写作的世界古代史,出版于1901年。
[4] 今译作伯洛松。

即下至炉中之火，犹可以之炊爨，养人不夭不折。世界为永生不死之物，为具有灵性之火故也。

黑拉克利底为转化论，而转化之秘机则在于火。一切事物变火，又火变一切事物，犹货物之化货币，货币之化货物。此永远之活火，又云神火，为宇宙根本之原理。无其成形而极易变形，其火并包含熖、温水、蒸气、呼吸于内。变化之事有二，即火生水，水生土之谓。反之则土成水，水归于火是也。由火成土谓之向下，归于火谓之向上。凡物皆有此下而上之变化，即以全地而论其始，亦由于火而渐成为水，终乃成为土。故世界有向上之变化，终乃至于烧点也。人之精神即神火之一部分，是之谓心火。心火若干燥，则纯粹而为贤哲。若湿润，则粗杂而为愚人。心火亦变化不绝，飞散外部，依感官及呼吸，不可不从空气中补足。

树枬案，近日泰西格致家言，极古之前，初止日耳，盘旋抛展，掷气一团，以沸荡天空，绕日而转，为地球初生之始。久之渐凉、渐缩，乃成浑圆，嗣成软体，终为劲壳，然热汁仍裹于内，其凉者特外层耳。外层既凉，则周围湿气随之而凉，如是为云为雨，为泽为海。此极古之年，以算理推之，约五千万年为有水陆之洪荒世。地为行星之一则，外而火、木、土、天王、海王，内而金、水，小而武女、谷女，盖莫非日中抛出之热汁。其言盖本之黑拉克利底火生水、水生土之说，而益推阐之以尽其致耳。

尝谓人生斯世有过去、未来，并无现在。譬如濯足，长流抽足再入，已非前水，是混混者，未尝待也。方云一事，为今而言之，之今已古，且精而核之，岂仅言之之时已哉？当其涉想，所谓今者固已逝矣。

　　树枏案，此即电光石火之谓，其间并无稍留之一隙。天地之道，有动而无静，人心亦然。静而不动，则乾坤息矣。动则变，变则化，《易》主变化，故曰："乾坤息则无以见易。"《易》之《系辞》曰："往者屈也，来者信也，屈信相感而利生焉。"孔子盖亦言往来而不言现在，故曰："逝者如斯夫，不舍昼夜。"黑拉克利底立转化之论，盖深知动之时义者也。

　　又谓一切流，又谓一切从唯一成，唯一者成自一切。又谓神者，为日夜、为冬夏、为战争与和平、为满腹与空腹。米勒森派知存在而不知实在，见复杂而不见唯一。伊利亚派知实在而不知存在，见唯一而不见复杂。彼则说变化而不说不变化，此则论不变化而不论变化。是黑拉克利底之转化论所由来也。转化者，调和实在与存在，合一唯一与复杂，熔化不变化与变化者也。

　　希腊诸国皆拜偶像，黑拉克利底谓此与家中墙壁同一泥涂耳。又力辟婆罗门苦炼之谬，谓不能洁其心而徒苦其身，如浴于泥水之中，求洁而反垢也。

　　树枏案，神道设教，中国圣人制礼，亦同此意。三代以前，并无偶像，而淫祠亦不见于书。秦汉而后，始有立像祀神之制，非先王意也。希腊诸国创立多神以愚黔首，奢丽淫秽不可究诘。当时贤哲抱道之士昌言刺讥多被诛逐，浸淫至于罗马，遂有偶像之战，而生灵之祸极矣。民愚则神道盛，民智则神道衰，君子于此觇国势焉。

又谓人生而神死，人死而神生，人之与神不相并立。

树枬案，此与庄子"死生成毁"之说同旨，印度山基亚教云"外体死，内体生"，[黑] 氏之说盖本此也。

巴门义兑谓，人之智慧发之于心者，有定；受之五官百体者，无定。黑拉克利底则谓，心之智慧亦属无定，一人之心思才力因应万事，常虑其不足，必合千万人之心思才力而成一人之心思才力，以之为学而学无不精，以之为国而国无不治，群学之不可以已，实心之智慧消长之枢也。

树枬案，《周书·谥法篇》云："从之成群曰君。"《白虎通·号篇》云："君之为言，群也。"此古圣之微言也。《庄子·天道篇》言："用人群之道。"《荀子·君道篇》言："能群之统。"[1] 古昔圣帝贤王修己治人之要举不外此。故不能群者，孟子谓之"一夫"，荀子谓之"匹夫"。君子自称曰一人、曰寡人、曰孤，皆对乎群而言之，警惕之词也。黑拉克利底倡言

---

[1] 应出自："君者，何也？曰：能群也。能群也者，何也？曰：善生养人者也，善班治人者也，善显设人者也，善藩饰人者也。善生养人者，人亲之；善班治人者，人安之；善显设人者，人乐之；善藩饰人者，人荣之。四统者具而天下归之，夫是之谓能群。"

群学群治，赫胥黎、斯宾塞尔[1]之徒，更衍其绪，论著为书，以昌言之，而西欧之治遂驾于天下，日本学者易其名词曰"团体"，亦此义也。

又案，英人赫胥黎《天演论》云：黑拉克利底生与释迦相接，其学苞六合、阐造化，为数千年格致之先声，而不龂龂于民生日用、修己治人之事。洎乎数传之后，明哲挺生，咸殚思于人道治理之中，以黑拉氏为穷高务远，其所谓检押大宇，囊括万类之学，亦随之而不可见矣。黑拉氏为天演学宗，惟特母克理底为独得其传，但其时民智未开，阿伯智拉特母克理底所生之地。所倡高言尚未为众心所止，至斯多噶之徒出，乃大辟径涂，上接黑拉氏宗派，为天演家中兴之主。然斯多噶所为造物真宰之说，则又黑拉氏之所未言。黑拉氏之论以火化为宇宙万物根本，皆出于火，皆入于火，由火生成，由火毁灭，盈虚终始。如海滨小儿聚沙作垒，任情划筑，成坏循环。初不必有物焉，以网维张弛之也。自斯多噶之徒兴，乃谓宇宙冥顽中有真宰，其德力无穷，其悲智并大，无所不能，窅然居万物之先，而永为之主。此则黑拉氏之学所本无，而纯为后起之说也。今案，印度蛤必拉山基亚教谓天地万物自然而生，别无主宰。即黑拉克利底聚沙作垒、任情划筑之义。巴旦照理[2]之越蛤教，则谓宇宙形形色色，皆至尊之主宰经营惨淡而成。所谓主宰者，乃一完全真神，在物先亦在物外，能造物而不泥于物者也。无论飞潜动植灵蠢，无不任其鼓荡。不惟创造万物，抑且

〔1〕今译作赫伯特·斯宾塞。
〔2〕应是帕坦伽利，瑜伽哲学的创始人之一。

诱迪万物，其名曰奥牢，此即斯多噶等之所本也。井上圆了开辟论有创造、开发二说，可以破神人别体之言。

温白德尔^[1]

温白德尔，一作唵披铎黎，一作恩多比吉立士，一作恩备德革利，一作爱倍度古来斯，一作庵别多籬。西齐里^[2]之叙拉古斯^[3]一作亚格利干，一作亚葛力冬。人，七贤中之一也。生于西元前四百八十年或谓生于前四百九十年间，世为贵族西洋哲学史谓继其爹麦屯为亚尔干，富而嗜书，游学东方，工诗，善医药、卜筮，有生知之目，喜施与贫民。长于政治雄辩，为共和党魁。岛民举为王，不屑就。其貌魁伟，服饰甚都，金带珠履，常戴橄榄冠，望之俨然。年老狂诞，信轮回之说，禁牺牲，不肉食。自言有神术，能呼唤风雨，颠倒万物，不疾而速，不行而至。一日设宴饮，亲朋忽失所在。或曰：天降宝座，温白德尔乘之去矣。后埃德纳火山崩，得其所着铜底一履，人始悟其投火而死，欲人之神之也。或云：失国人望，客死于伯罗奔尼苏^[4]。时西元前四百三十年也。据上古哲学史。

温白德尔不信无数元质之说，谓天地间元质地水火风，或作土气水火，或作土水木火。四者而已。四者互相调和，无物不生，无物不成，奚俟此无数之元质为耶？元质之位置，有干济而不恃乎干济，有智慧而不恃乎智慧，则爱之原动力也。试观五谷百果，有何

---

〔1〕 今译作恩培多克勒。
〔2〕 今译作西西里岛。
〔3〕 今译作阿克拉加斯，或阿格里琴托。
〔4〕 今译作伯罗奔尼撒。

干济？有何智慧？而乃饥而食，食而饱。其中滋味咀嚼不厌，非有爱之心存乎其中，乌能使人若是哉？难者曰：万物之生成，皆爱之原动力为之，若伤残万物、灭亡万物者，谁耶？曰：此憎之原动力也。或曰：憎之原动力有神主之乎？曰：有爱之神，有憎之神，自古相与为敌者。同一人也，一欲其生，一欲其死；同一物也，一欲其成，一欲其败。即此二神为之也。爱之主宰虽无四支五官，而固无所不见，无所不闻，无所不至也。盖无目而一身皆目，无耳而一身皆耳，无手足而一身皆手足，所由以简御繁、以一统万，而有管理世界之能也。

爱之原动力主结合，憎之原动力主分离，故宇宙皆由此二者之作用而生。吾人可于其原素之密切吾身者推知之也。人之精神与天地之万物，皆由同种之原素结成，故和合于两者之间。然真理须认人之理性，非感观所能感觉也。观此可知人类知识之起原及天地万物之本体。

温白德尔折衷米勒森、伊利亚二派及黑拉克利底之学说，而立四元二力。[温]氏与巴门义兑同以严格意义定无生灭，与黑拉克利底同论定变化。地水火风之四元素虽为不生灭、不变化，然依爱憎二力结合、分离，事物之发生即依其结合，事物之消灭即依其分离，一部分结合、一部分分离为事物之变化。盖地水火风者，性质上虽相异，分量上可分割也。[温]氏又本黑拉克利底世界定期生灭之说，谓四元素于一定时期中，依爱而结合；又于一定时代中，依憎而分离；由是而反复，无可终极矣。

树栤案，井上原了云：黑拉克利底及温白德尔所论之大要，与伊利亚学派相同而又少异，其异如何？第一以火为万物之原质，第二其原质变则现万象。本此二种之原则者，有和与不和之作用，如人之有爱憎二情，物理学之有吸拒二力也。其说物理虽同于米勒森学派及伊利亚形而下之学派，而于物质之外立精神界，则又与此两学派不同，而又与伊利亚形而上学派有所异也，故称为执中学派。黑拉克利底本普通之道理，谓世间所通信者可为真理，一人之私说非真理也。盖［黑］氏有见于前诸人之学派各持己见、偏倚于物心二端而失中正之弊也。温白德尔之说亦不外此义，然之二人者，虽欲正前学派之僻见，别立新说，而其结果也实开怀疑学及诡辨学派之端也。今案，地水火风之说，本之印度哲学，而爱憎二力，则婆罗门教之卫世努与息罢[1]二神也。卫世努者，生养万物者也；息罢者，剥落万物者也。五洲诸教，以婆罗门教为最古，希腊诸士，皆衍其绪论倡为学派，以开通后世者也。余谓爱憎二力，即《易》所云"一阴一阳之谓道也"。亚那机蒄尼之膨胀、收缩，狄拉知内士之呼吸，皆是此义，特变其词耳。

安那萨哥拉学案

安那萨哥拉[2]

安那萨哥拉，一作阿那哥拉士，一作阿拿客沙哥喇，一作思萨哥拉，一作亚那机沙哥拉，一作亚那古索克拉斯。吕底亚[3]一作克拉凿们尼，一作克

---

[1] 今译作湿婆。
[2] 今译作阿那克萨戈拉。
[3] 位于今土耳其安纳托利亚半岛。

拉查美尼。人，生于西元前五百年。家富厚有势，然刻志攻学，不役于物，波斯战后，移居雅典。上古哲学史云，自西元前四百六十四年至六十二年间游学雅典府。知名士见者皆倾倒，引为忘年交，无敢以师礼自处，而与其友比哩吉[1]为政敌。学成家落，衣食常不给，曰："田之荒（第）困吾身，心之荒则窒吾神。吾宁饥吾身，必不使塞吾心也。"乃立讲堂，以教生徒，英才辈出，索克拉的[2]、毕立吉等皆出其门，唱原子论，后世化学家宗之。雅典以其不拜神，忌者构之，逮诸狱论死。毕立吉以贵绅力救之，得减为流。哲学史云，四百三十三四年间，因[安]氏敌视国教被逐。有嘲之者曰："非我弃雅典，雅典弃我也。穷达死生，夫何损于我哉？正恐无益于雅典人耳。"后病笃，门人请立碑，志其教，安那萨哥拉曰："汝曹于吾去世之日，岁解馆休息一日，志哀思足矣。"西元前四百二十八年卒于梅细亚之拉布萨克斯[3]。一作伦普塞苟。年七十三，门人厚葬之。立碑于其墓道之旁，初哲学之士多居小亚西亚及意大利诸地，自安那萨哥拉移居雅典，希腊哲学遂号一时之盛云。

安那萨哥拉谓万物之原素有无数性质，即万物之种子也，至无而含至有，至小而成至大。万物之始，原质为之，万物之终，亦原质为之。然世界原始之初，其原质混淆而无次序，使无至聪至明者位置其间，亦不能合小大精粗而无不贯也。其中有形、有神，形显而顽，神纯而全，此灵明之府，所以为贵也。万物之本原，或谓之水，或谓之火，或谓之气，不知水、火、气三者皆蠢物也，乌能布

---

[1] 与下文"毕立吉"应为同一人，今译作伯里克利。

[2] 今译作苏格拉底。

[3] 今译作兰普萨库斯，位于今土耳其恰纳卡莱省拉普塞基。

置此无万体质，使之厘然各当耶？盖有至大、至妙、至一之神以主之也。

又曰：温白德尔及勒基博斯以严格意义定无生灭变化，谓物质不过为结合分离，然物质结合分离，其运动之者，不能说明之于器械的也。温白德尔之爱憎二力，虽近于精神，然为比喻之辞，毕竟不外结合分离之二力。[安]氏以为物质结合分离，其运动之者，实有整然之秩序也。宇宙者，有一定之目的，其构造甚美，起此秩序整然之运动、有一定目的之原理，决不能为器械的、物质的，必具非常实在智能之精神，可名此实在曰奴斯。案，此即埃及所谓天地万物内有一绝大灵魂，生成世宙万物暨神与人。厥名为努斯，奴与努盖同音之异译也。奴斯者，睿知之谓也，物质虽驳杂，而睿知为单纯。睿知者，分割驳杂物质之作用。物质原无睿知，为混沌之团块，森罗万象即从此混沌之团块依睿知而被分割者。然如勒基博斯之说，从同性质之元素，必不成立。温白德尔论四元素之混合亦非。盖万物之成，成自不生、不灭、不变之无数分子，各分子又各具固有之性质。于黄金，有黄金之分子；于肉，有肉之分子；于骨，有骨之分子。名此分子曰斯卑麦得[1]，或云休来麦得，或云化米华曼黎亚伊。睿知者，终此等分子之作用，旋回运动，先分化为二种团块，一则为温暖干燥光明稀薄，一则为寒冷湿润暗黑浓厚。前者为精气，后者为空气。或为蒸发气，或为雾。旋回运动者无终极，万物之分割依旋回运动，而精气飞散于周围，空气聚集于中央，空气生土，土生石，石从地球飞而散乱于精气中者为星辰。

---

[1] 今译作种子（Panspermia）。

树枬案，［安］氏分物质为无量数，特母克利底、伊壁鸠鲁则言物质之数有限而可得剖分，剖分至极微，以不可剖为限，命之曰阿屯。后世化学家七十余元子之说，盖本于安氏。其言二种团块，即《易》"太极生两仪"也。老子曰："一生二，二生三，三生万物。万物负阴而襄阳。"《淮南子》之言精神也，曰："别为阴阳，离为八极，刚柔相成，万物乃形。"盖天地万物，未有不本乎阴阳者。［安］氏之二种团块，亦即阴阳之谓也。蟹江义丸云：希腊哲学安那萨哥拉为第一期殿军，综合以前诸学说者，米勒都无限之物质即［安］氏混沌物质之团块。伊利亚之实在为［安］氏睿知之观念。黑拉克利底之转化、温白德尔之二力，在［安］氏学说则为睿知所有创造安排之能力。而勒基博斯之原子，乃变而为［安］氏之化米华曼黎亚伊也。

［安］氏论心之智慧，折衷仁诺法兰斯、黑拉克利底二子之说，谓心之智慧非耳目之官。无自入耳目之官，非心无自察，如外有熏蒸之气，目见为烟，实心知为烟故也，使心不在焉，则所见之烟与云雾同不可得而辨也。外有鼓吹之声，耳闻为乐，实心知为乐故也，使心不在焉，则所闻之乐与牛鸣、犬吠同不可得而分也。［安］氏善谈名理、数学、星学，亦有名于世。

安那萨哥拉以诸氏学说各执一端，因祖推里司之物心二元论，又考定神力而明示万象之所以变化。［安］氏之所论虽无异于推里司，而愈加详密，且论神力之作用即神学之基础也。

树栅案，以上三氏为调和学派。议论互相冲突思想，遂以发生。后日科学之勃兴，大都皆滥觞于希腊。希腊哲学从巴比伦、埃及、波斯、印度诸国而来，先及于小亚西亚洲，而后入于希腊，而心传所在则得于印度者尤多。吾观婆罗门教之肥大司，此土经所载八明三位之义，独一无二之神曰八明，八明分三位，一曰巴马，创万物者也。一曰卫世努，生养万物者也。一曰息罢，剥落万物者也。多与希腊学说相出入，而印度哲学创论天地万物之原，分地水火风空五派，而空派之绪余，有言天地万物皆由无而生有者，是为第一期哲学。后则为方论、时论二派。方论之说，谓先生上下四方而生人，自人而成天地；时论之说，谓时为万物一切之原。由是变为声论、非声论二派，主声论者以声为常留不变，善恶之报赖以显著；非声论者则谓两间要道，无声无臭，不可求之于迹象间。二说相反，时多辨论，是为第二期哲学。此二期者，皆以物理及性质为天地万物之原因，是为客观哲学。至三期，则专究心理，是为主观哲学。其学分十二派，一曰议论，谓天地万物，我有意识以周之。二曰阿赖含藏之意。论，谓上下万物，我有此身以包之。三曰知者论，谓人生苦乐，我有知识以分之。四曰见者论，谓一切色相，我有眼识以鉴之。五曰内知论，谓事物变幻，我有内知以定之。六曰外知论，谓境遇杂遝，我有外知以应之。七曰能执论，谓身之中、心之外，万物万理，我能执之。八曰所执论，盖能执者，止执之于心，非执之于境，此派则以所执之境为指归。九曰摩纳婆胜我之意。论，于身心之中求有所以胜我者为宗旨。十曰常生论，谓天地自然之理，有常生无更生。十一曰补特伽罗论，言轮回及灵魂不死之理。十二曰瑜伽我论，言内心相应以解脱为学派。至第四期哲学，则折衷于前三期各派，而研究其心界、物界之异，学派甚多，大者凡四。一曰数论，谓理不敌数，主心界、物界为一体。二曰胜论，谓数不敌理，主心界、物界为异体。三曰尼涟子无结之意。论，谓人由修行可离烦恼之结。四曰若提子论，谓心界、物界非一体，亦非异体。以上各派，佛经所称九十六外道者也，希腊诸氏窃其绪论，研究心理、物理之原。人主出，奴各为一派，然未有能出印度之范围者，欧人所由称为东来学也。

希腊学案卷一终。

卷二

所肥[1]**学案**所肥者，智慧之称，日本人谓之诡辨学派。

博德古拉斯[2]

博德古拉斯，一作柏罗推哥拉，一作朴罗他其哥拉。亚布的拉[3]一作亚蒲德拉。人，生于西元前四百八十一年。年三十，历游希腊诸国，以实用新知教授弟子，名望隆（隆）冠当世，慕其学者踵门而至。

---

〔1〕 今译作智者或智术师。
〔2〕 今译作普罗泰戈拉。
〔3〕 今译作阿布德拉。

居雅典府，设讲筵，政事名家比哩吉、诗人欧利披台士[1]等皆乐与之交，常著无神论。雅典以其违国教逐之，至西齐里，溺水而死，时西元前四百十一年也。年七十一，生平著述为政府所焚，其关于文法、论理、政治、宗教诸书至今无一存者，传于世者仅断简残编而已。

博德古拉斯学说为单纯主观论，谓人者，为一切事物之度量，人人各异其所见，甲论真理而乙以为非，乙论真理而甲以为妄。今之所见，既与古殊。夕之所究，又与朝异。千变万化，莫知其极。以是知普通真理、伦理之标准决非存于客观者也。不然，则吾人无所认识绝对原理之能力矣。安那萨哥拉之主观论即相对论，黑拉克利底万有皆为转化之说，适用于人事之现象、万物变迁之原理，悉为伦理之应用。此但一人之关系，非普通真理、伦理之原理也。

葛尔基亚[2]

葛尔基亚，一作郭嘉士，一作哥鲁植。西齐里之龙铁尼[3]人，生于西元前四百八十五年。四百二十七年为龙铁尼大使赴雅典，以善辩修辞倾动全府，一时学士皆效其文体，历史名家都基底底[4]一作助克苗德。亦慕与之交，雅典文学遂由此大进。后游行诸地，以博广新艺诱迪后生，晚年居德沙利之拉里支[5]。一作莱列塞。西元前三百八十年病殁，著述皆亡失，无一存者。

葛尔基亚以伊利亚之仁诺学派为基础，其要则主单纯之虚无论

---

[1] 今译作欧里庇得斯。
[2] 今译作高尔吉亚。
[3] 今译作伦蒂尼，位于今意大利锡拉库萨省。
[4] 今译作修昔底德。
[5] 今译作塞萨利的拉里萨，为今希腊塞萨利大区首府。

者也。其教理有三：第一，实在者，虚无也。第二，使实在为现存，吾人亦不得认之。第三，使实在为现存，吾人又得认之，则吾人之智识，不能传达于他人也。何以云实在者，虚无也？若以为现存则其实在为永存者乎？抑将为派生者乎？二者必居其一，而实在者殆现存者也。此现存者由实在不能为派生，故实在者不得为派生者。又不能为永存者，若为永存者，则不得为非无限者，然无限者不能依己而存立，又不能依他物而存立，固无可依存立之地者也。既无可依存立之地，是不得不谓之虚无也。何以云使实在者为现存，吾人亦不得认之也？盖使能明认实在，则凡吾人之能思维者为现存，不能思维者不得不谓之非现存也。何以云使吾人得实在为现存，其知识不能传达于他人也？盖万物各有记号以代表真理，记号各异。万物因以显明言语者，记号也。然耳目虽主视听，何以吾人所认之真理得由言语而通于他耶？如存于吾人心中之色、之智识，何以得通于他人耶？吾之观念达于他人之心，其故安在哉？同一物焉，既有于甲之心中，不能同时复有于乙之心中者，无自明之理故也。

树枏案，井上圆了云：诡辨学派中有二种，第一种研究言语词章之学，第二种研究论说敏辨之法，而哲学上所当论者，其第二种也。第二种主倡者葛尔基亚及博德古拉斯，葛尔基亚本于伊利亚之形而上学派，博德古拉斯本于伊利亚之形而下学派。两氏之论共陷于怀疑，徒争空见而失实理。夫哲学上所定之论，其理有二种，本独物界之实验者，谓之客观之推理。本全心界之思维者，谓之主观之推理。古来哲学思想之进步，每于此主客两观之间，定正理之向背焉。希腊哲学乏客观之考证，诡辩学派其最甚者也。主观之推理落于空想，有不适实际之弊，诡辩学盛而哲学之气运势不至衰歇不止，此所以索克拉的出而矫正其弊也。今案，希腊自推里司讲求哲学以来，继起之士各张其学说，彼矛此盾，甲论乙驳，由是诡辩学派勃然而兴，所在唱道怀疑之论，当时学者靡然从之。其为说也，使人多疑而少信，博辨而无实。盖战国时公孙龙、惠施、毛公之流，亚庄子所谓饰人之心、易人之意，能胜人之口，不能服人之心，盖存雄而无术者也。然词章之学模绝一时，所以开西欧之文界者，不可谓非当世之巨子也。

义比亚[1]

义比亚，一作黑拔士。依利斯[2]一作哀力斯。人，与博德古拉斯同时而年稍弱焉。历游希腊诸邦，以传学授徒为事，设讲席于雅典府中，多闻博识，犹长于数学、星学、古物学，惜其著述无一存者。

博德古拉斯及曷尔基亚其说专主学理，而义比亚则用之实践。谓法律者，所以压制人类者也。区别天然法与人为法，天然法者，无论何时何地皆当遵守，此普通法也。人为法者，随时与地而异其义务，无一定之轨者也。又于权利之中分天权、法权二种，其说甚精。后之为诡辩论者谓天权者，强者之权也。强者保护自身利益，而遂成专制之法律，故权利者不外于治者之利益，被治者不知其由，徒信法律为宜必守之物，是亦其流弊也。

---

[1] 今译作希庇阿斯，或伊利斯的希庇阿斯，与僭主希庇阿斯（希庇亚斯）相区分。
[2] 今译作伊利斯，位于伯罗奔尼撒半岛西北部，今有部分遗迹留存。

树枬案，礼言有可与民变革、不可与民变革[1]者，即天然法、人为法之说也。泰西法家若虎哥俄拉、费发得耳等，分别性法、公法、内外、理例诸端。及后世所谓自然法及人定法者，其滥觞皆本于义比亚天然、人为二法。天权者，即康德、李拔尔等所谓自由权也。自后世强权之说出，于是统治者及被统治者皆得自由平等之权。天演家之生存竞争、优胜劣败即强权之所由起也。

伯罗的哥[2]

伯罗的哥，一作伯罗笛苟。柯斯[3]人，或谓博德古拉斯、曷尔基亚弟子，亦当时诡辨之徒也。

伯罗的哥尝论德行与幸福，为世人所注意，又谓人生每多痛苦，救吾人之痛苦者惟死而已。盖生者为未死之物，不知死之苦境。死者为既死之物，即知死之苦境者也。是不啻以死救苦出于苦境之外矣。

树枬案，此即庄子"以生为附赘悬疣，以死为决疣溃痈"之旨。蟹江义丸云：诡辨论者知从来学说之互相矛盾，而于主观一面又复自生矛盾，不知客观之普遍性质，至于流入怀疑一派，排斥一切学术。若用其议论，则政治、道德之实践无普通法律，其破坏名教非浅鲜也。

---

〔1〕出自《礼记·大传》，原文为："立权度量，考文章，改正朔，易服色，殊徽号，异器械，别衣服，此其所得与民变革者也。其不可得变革者则有矣：亲亲也，尊尊也，长长也，男女有别，此其不可得与民变革者也。"

〔2〕今译作普罗狄克斯。

〔3〕今称凯阿（κέα）岛或基亚（kea）岛，位于今希腊东希腊半岛南方海域。

索克拉的学案

索克拉的

索克拉的，一作苏克拉第，一作所蛤达底，一作校嘎第弟，一作琐格底，一作梭格拉底，一作革拉低，一作索家棣，一作琐格拉底。雅典人，生于西元前四百六十九年，或云四百七十年。貌奇丑，皮皱、面黑、鼻反孔、眼突、唇厚不掩齿、躯短、腹垂下至膝、步履踇欹。父索克尼古斯[1]一作琐佛鲁尼斯，一作梭发龙士苟。为雕刻师，母法伊那代[2]一作肥拿勒的，一作泛爱利德。业产姥。索克拉的幼习父艺，尤精巧，世人宝之。然家贫好学，年十七，雅典富人吉多爱其才，资之读书，才性颖异，有操行。娶妻散尺伯[3]，生三子，性凶悍，常詈索克拉的，有嘲之者则曰："此天励我以进修之益也。"西元前四百三十二年，雅典、斯巴达各搂同盟诸国相构兵，索克拉的凡三从军，四百三十二年、四百二十四年、四百二十二年。骁勇善战，统将奇其功，称为无敌将军，赐之橄榄冠，不受。会大雪，天气寒栗，士卒皆蜷伏不出。索克拉的拥敝衣，抱膝长吟，声琅琅出营外，怡如也。无事辄至僻区静坐，澄心思道，常忘寝食。一日恍然有所悟，向天拜谢，辞军而归，其于学无所不通，能深究事物之理。年四十，为希腊大儒，尝谓天地六合之大，事理广赜，决非生人知虑所能周。穷神竭精，何裨日用？故格致气质之学，皆存而不论，专以事天修己、忠国爱人为切要之图，时有欧洲圣人之目。教育后进子弟谓为吾身重大之天职，勤勤然至老而不倦。其教育弟子之法，

---

[1] 今译作索佛洛尼斯科斯。

[2] 今译作费纳瑞特。

[3] 今译作克桑蒂贝。

一反雅典旧有之习惯法则，以造新国民。犯当时守旧诸徒所忌，且好辨，遇人之过，恒面斥之，虽权贵不稍假，议事神敽俗尤丛谤于众。有善为诙谐诗人阿丽思秃发倪[1]者，一作亚利士德劳士，一作亚利托弗勒，一作亚里士透内斯，一作亚利士德发耐士。为守旧魁与索克拉的议不合，因撰一诗曰《云痕》以刺之，付之优人演为戏剧。或作索克拉的升天求道状，或为捉蚤庄论状，极情尽态，狎侮百端，人多疑之者，而国家不之禁也。年六十三，乡人举之仕鞠狱平允。有贵官命执撒拉米[2]人李昂[3]，索克拉的争之不从，乃使他人拘之。利参特海军之役贵绅阵亡者，舟载其尸回国，覆于飓风，尸家控之。论者欲罪统帅，索克拉的曰：“此天意也，于统帅何与？”论者竟置统帅于法，索克拉的曰：“刑法不中，何以为国？”乃谢病，归雅典。既衰，国人皆求福于神，索克拉的曰：“人事之不修而听命于神，土木何知？适速其亡耳。”国人恶之，有米力大、一作梅勒多斯，一作美拉德士，一作曼列都。恩德士、一作亚尼都，一作亚尼多斯。黎克一作露公，一作孛过。三人[4]劾［索］氏不奉国教、信新神、蛊后进子弟三罪，摘阿丽思秃发倪诗中“神不可信，万物必衷诸理”数语以实之。法曹指为谤毁国神、陷溺子弟，定以死刑，使自诬服。索克拉的曰：“余讲道三十余年，律己教人，无一非为国育才耳。不知其他，今日死。其感我、敬我、爱我、惜我必有逾于生前者。生死一也，何诬服为哉？”其弟子百拉多并立堂下，以古事为讽，乃

---

〔1〕 今译作阿里斯托芬。
〔2〕 今译作萨拉米斯岛，是希腊萨龙湾中最大的一个岛屿，位于雅典以西。
〔3〕 今译作莱昂。
〔4〕 今分别译作梅雷多、安虞多、吕贡。

囚之。有明于希腊律法者，作一论以贻索克拉的，并语之曰："持此以抗政府，狱当缓。"索克拉的谢而却之，辩对从容，不欲为高论亢言，恐激动民心仇视政府。惟曰："世不我容，死无所憾，何必问罪之有无也。"希俗岁遣使泛海求贡神珍品于海岛，底罗岛。使贡船返，始可行刑，故索克拉的之死得缓三十日。百拉多以重金赎之，不能得。诸弟子贿狱卒，使出奔。索克拉的不可，曰："余非贪生畏死者，遵道而行，居易俟命可也。"及期，弟子群至狱与之诀，其妻携幼子亦来哭诀。从容讲道，自辰至申，曰："人之灵魂永存不灭，吾与汝固守此道，生死不渝，区区世网，何足惧哉？"刑人执野胡萝葡酒至，悲不自胜。索克拉的坦然受而饮之，弟子皆哭，叱曰："何为者？"行步良久，疲而倒，毒大发，两足寒如冰，气息才属，张目谓门人曰："汝第为吾供一雄鸡于耶士古利布[1]。"遂卒，年七十一，时西元前三百九十九年也。雅人闻之，如丧考妣，法官旋亦悔之，诛诬者数人。雅人为作巨像，视之如神。索克拉的不从事于著作，其遗书罕有存者，今考究其学说者，特据其弟子色诺芬所记 [索] 氏之言行书，名曰《曼谟雷别立亚》[2] 小册子。百拉多所记之问答体而已。然色诺芬仅为辨护冤案，非专发明其哲学者，特其从游最久，读其书可以知其人。百拉多所记何者为 [索] 氏之说，何者为百之说，亦难区别，然其哲学之大旨，主张伦理而论及研究之法，可考而知也。

树枏案，米力大为诗人之子，其言政治执阿丽思秃发倪保

---

〔1〕 今译作阿斯克勒庇俄斯，为希腊神话中的医术之神。
〔2〕 应为 Memorabilia 之音译，今译作《回忆苏格拉底》。

守主义，与［索］氏为反对。恩德士为民政党之一，黎克有雄辩才，妒贤嫉能，故辅米力大讼［索］氏，以鸣得意。论者谓［索］氏之肉体守旧，诸徒能害之，［索］氏之精神则为百拉多、为亚拉斯德、为泰西哲学史，守旧者无如之何也。孔子所谓杀身以成仁者与？当时其对质法廷也，以辩护为君子所耻，曰："真理者，居最后之胜势，人之辩护不足恃，足恃者，天而已。"故从容具答，但述真理以明讼者非法，无一语为解冤地者。乌虖，可谓信道舍命，至死不变者矣。

希腊学派甚多，而以黑拉克利底、特母克理底之二派为极盛，入主出奴，相掊相轧，其时有谓世界之理无定，人心之智无定，学问之醇疵亦无定。又有谓心之知觉皆物之形象，所感在外，非在内也，其中真伪莫辨，虚实无凭。又有谓天地间形本无形，色本无色，其觉为何形、何色者，皆五官误之。如世人病黄者，则目之所见无色非黄；病耳鸣者，则耳之所闻无物不鸣。吾人之目遇之而成色，吾人之耳得之而为声，亦如是而已。又有谓世间事理不但是非无定，即善恶亦无可凭。同一事也，此见之以为是，彼或以为非。此行之以为公，彼或以为私。同一法也，置之此地而有益，置之彼地而或有损。行之古时而有利，行之近世而或有害。哓哓聚讼，莫折一衷。于是诡辩学者出，别立一教，专以论辩为学，不求其本原，而取辨于巧佞。一人曰是则众人皆曰是，一人曰非则众人皆曰非，一人称善则众人皆称善，一人称恶则众人皆称恶。不问其心之安不安，而视其口之利不利。流风既广，衍为学派，其名曰所肥。即智慧之称。索克拉的深恶之，辩斥犹力，所肥好言天，索克拉的曰："何为天？其日月乎？其星辰乎？亦苍苍者乎？有目能视乎？有耳能听乎？有心能知善恶乎？"所肥言"无能生有"，索克拉的置一物于前，曰："此中无金，能使之生金乎？此中无水，能使之生水乎？无金无水即不能生金生水，恶乎其无能生有也？"所肥言"世无真是非，但取信一时足矣"，索克拉的曰："求之高远是非诚不可定，然求之浅近则是非自有定而不可易者。故君子之道，己之所好者使人有之，己之所恶者使人无之。"所肥宗比撒卧拉斯之说，以一生二至十，各有偶，以生万物：一曰终始，二曰奇耦，三曰分合，四曰左右，五曰阴阳，六曰动静，七曰曲直，八曰明暗，九曰善恶，十曰横纵。索克拉的曰："十者即能生万物，试问土生于何数，水生于何数？"所肥曰："其动静乎？"曰："动静何以生水土？如何动？如何静？且人生何数？"所肥曰："阴阳之气为之。"曰："阴阳有体质乎？何者为阴体质？何者为阳体质？体质在阴阳前乎？在阴阳后乎？"所肥曰："体质先于阴阳。"曰："然则体质又何由生耶？"又问所肥曰："何为一？"所肥曰："阿尔胡。"犹中国之言太极之谓也。曰："何为阿尔胡？阿尔胡何由生？"所肥曰："生于无极。"曰："何为无极？生者、死者乎？精者、粗者乎？"所肥不能对。索克拉的乃言曰："一者，宇宙间之主宰是也，至聪明、至能干，尊无与上，贵无与并，天地万物悉托始于此，上帝之谓也。无上帝则乾坤或几乎息矣。"又一日，所肥论善恶之道，谓："善恶无定解，亦观其有益无益耳。如子之于亲，孝与不孝，本无分于善恶。然人以孝为善、不孝为恶者，诚以孝者能养父母为有益，不孝者不能养父母为无益耳。"索克拉的曰："如为人子者，旨甘无缺，不可谓非无益于亲也，而侮厥父母，伤厥考心，子亦谓之善乎？"所肥曰："然。"索克拉的曰："以吾观之，其不善莫大于是。"所肥又曰："人有与我为友者，亦有与我为敌者，报施之道，因之而殊。如诅咒人、挟持人、虏掠人之子女、劫夺人之货财，若施之于与我为敌者，未始非报怨之道也，是之谓无背于善。"索克拉的曰："是道也，所谓道其所道也，使尔我势不相能，或于尔诅咒之、挟持之、且虏掠而劫夺之，亦可谓善乎？"所肥曰："非此之谓也。"索克拉的曰："道本大公，不分畛域，能施之于人者，即能加之于尔。不然者胡可谓之道耶。"所肥之徒有欲仕者，索克拉的力阻之，曰："夫夫也，乌可与人家国事也。"

树枬案，希腊哲学第一期研究客观之世界，所肥之徒反之为主观之学。索克拉的专究自己之本质，与所肥同。所肥论道德法律之起源而究其性质，不宜尽从国家命令，索克拉的亦主此义。但所肥谓道德法律者非万世不易，普通之原理、法律之起源全出于人为，道德亦由于风俗习惯而起，索克拉的则谓其诠索原因不精不确，又误认人之本性为感性，以人类无普通之真理。不知人之性不但感性而已，感性之外有一定不变之真理，决不容有彼此相违之意见，此其所以异也。日本内山正如[1]云：[索]氏抱盖世之才，博洽之学，崛起于诡辨学之间，创立一家教法，掊击诡辨家不遗余力，复以讨索宇宙之元理为无益于人世，专心考究自家内部，遂终开伦理哲学基础，史家以[索]氏为哲学中兴之祖，良有由也。

---

[1] 内山正如（1865—1922），日本新义真言宗智山派僧人，著有《日本之舆论》。

索克拉的讲究主观世界即自己之本质也，其讲究自己之本质不仅在学理上言之，且在实践上行之，其伦理论专论道德之事，探究宇宙成立之原因。盖所肥主张宇宙之成立无或道理，索克拉的以其乱德坏道，故为此论以挽回之。

索克拉的蔑视自然哲学及数学，谓于人世无直接之关系，其道德之研究不外伦理学，伦理研究之法实在于自知，尝引狄弗伊[1]之言曰："余一无所优于他人，唯仅自知其无知也。"

所肥之徒，每依感觉立论，索克拉的独表章理性，加意一切平等事相。谓吾人感觉以外有思维，思维者为知普通之能力，故吾人以之发见客观之真理，为行为之标准。夫道德之义务，及道德之行为，皆基于人之大同。此概念论所以兴也，概念者，理性所认之真理，所以发表事物本质者也。

尝谓事物非由概念不得认为真理，求正确之概念必以反省为始，反省者，以正确知识认自己之心象，然后比较他人之概念，以求其所以相通之由。夫正确之知识，不能不由于概念；正确之概念，不能仅由自己所经验而成，必广而征于人人所经验，信其为普通之理而始成者也。此〔索〕氏之研究法也。

树枏案，概念者，如物之种类或阶级，个个皆有特殊之具体，从此具体上之想念抽出共通之点而构成。此想念即概念也，其所谓共通之点，犹孟子之言"四端"，由己之心象以比较他人之概念，即大学之所谓"絜矩"也。

---

〔1〕 今译作德尔斐。

索克拉的道德论大旨以智识为道德之本体，无智无识非道德也。人之行善行恶本于智识之有无，智识之人，其行必适于善，合于道德。盖有智识者，知善之关于人类之名誉及人类之幸福，则非曰行之，且必不得不行之。故以有智识者而行恶事，此理之所绝无者。反此而行恶事者，必其无智识以辨别善恶，误认恶为善而行之。即其所行亦有合于善道者，然出于偶然，非能真知其善而行之也。虽然，不知恶而为恶，犹非恶也，知恶而为恶，斯恶矣。要之，善恶之因视诸智识之有无，而所以启发人之智识者，则在教育，启发智识而后能使人去恶而归于善也。人之降生天赋虽殊，然受以教育则无不能发达其智识者，此人之所以为人也。由是观之，教育者为吾人所当注意之事，若方法一误，即入邪途，为违道背德之人矣。此道德智识合一论之大旨也。

　　树枏案，索氏之所谓智德合一，颇与姚江知行合一之说相近。姚江云："行之明觉精察处便是知，知之真切笃实处便是行。若行而不能明觉精察，便是冥行，便是'学而不思则罔'，所以必须说个知。知而不能真切笃实便是罔想，便是'思而不学则殆'，所以必须说个行。原来只是一个工夫，凡古人说知行皆是就一个工夫上补偏救弊说，不似今人截然分作两件事做。"又曰："孟子云'是非之心，智也''是非之心，人皆有之'，即所谓良知也，孰无是良知乎？但不能致之耳，曷谓'知至，至之'，知至者，知也；至之者，致之也。此知行之所以一也。"索氏谓真知善恶未有不行善而去恶者，此即所谓道德也，亦即阳明之所谓致良知也。孔子曰："人皆曰'予知'，驱而纳之罟擭陷阱之中，而莫之知辟也。人皆曰'予知'，择乎中庸，而不能期月守也。"

此言不知而误行与？知而不能行者，皆不得谓之知，既知未有不守夫德者，故曰"诚则明矣，明则诚矣"，此亦智德合一之谓也。法国哲家恭德[1]谓斯民德之纠纷由智愚乖错之所致，识之能诚而无妄则行之，自是而无非。盖亦本索氏之说。

道德无二种道德者，终始唯一者也，不因老幼男女之别而变，不因时与地而殊，自古迄今，随时随地一而已矣。

人之所以为人者，有灵妙之精神故也，精神为人类理性之所存，而理性为人类之最贵者也。故保精神之纯固、催精神之发达者，正且善也，美德也。害之妨之者，邪恶也，非德也。而欲维持之、发达之者，惟教育而已矣。教育之价值、快乐、利益之多少无定，其所以发达精神者则有定也。

实利为善恶之标准，取实利主义，而生实益是为善，反是则为恶。犹之节制者为善，放恣者为恶；谦逊者为美德，傲慢者为背德。盖放恣者终生痛苦，傲慢者必遭耻辱也。又曰，人宜求友，有友则获益必大。又曰，吾人不可辞公务。盖利社会者，即利自己也。遵守国家之法律，从而顺之，小则利己，大则利国。由是而尽个人之职分，终当受神人之护持，此皆本实利主义而言者也。

树枏案，此为色诺芬所记，亦儒书所谓善降祥，不善降殃之义。教人为善，说至实利益，其结果必归于此。索氏特就事理推论及之耳，论者必以此为索氏之目的，所谓"固哉，高叟之为诗也"。

---

〔1〕 今译作孔德。

存诚为学之急务，诚与诚合无间彼此，苟知诚之原本，则人未有不好善者。人而不可须臾离者，良心也，良心所生之理，如抛专委地，无不实在如二二成四，不可虚假，天地万物皆至诚无伪者也。

树枏案，索氏存诚之学与孔孟无异，《中庸》曰："诚者，物之终始，不诚无物。"孟子曰："反身而诚，乐莫大焉。"此学之本也。王阳明云："近时与朋友论学，惟说立诚二字。杀人须就咽喉上着刀，吾人为学当从心髓入微处用力，自然笃实辉光。虽私欲之萌，如红炉点雪，天下之大本立矣。"周子云"诚无为"便是心髓入微处，良知即从此发窍者，故谓之立天下之大本，看来良知犹是第二义也。索氏之学，可谓能从心髓入微处用力者矣。

道德为善行之本，其纯德之体，名之曰神，即诸善诸行之主宰也。其德在吾人之身体者为心灵，故神之本体终始无生无灭。

道德有三种要义，曰智识，曰正义，曰敬信。智识以对吾人自身为本分，正义以对他人为本分，敬信以对天神为本分。

无父母不能生子女，无主宰不能生万物，故修己之事，莫要于尊上帝、孝父母、爱人民、戒欺妄。有以上帝为疑者，曰："天地四时万物，使无主之者，则位育行生，乌能不悖不害若此？譬之五体五官，虽各具其力，苟无灵魂主宰之，未有不相凌躐者，上帝之不可知，犹灵魂之不可见也。"

树枏案，上帝主宰之说，西国传为宗教，其言时与中国圣贤垂戒之旨相出入。然孔孟以天道归之人事之间，宋儒申之曰

"天即理也"，最为简实，非若西人以苍苍中实有若人之上帝以主持万物也。自后世格物之学兴，于是天乃退而无权，而上帝获息肩之所。索氏推尊上帝，谓天文物理皆天命之，流行吉凶灾祥所垂戒，以区区生人之智而欲与此秘者，必病狂之夫也。此盖蔽于所学而不睹后世格致昌期之感也。

索克拉的每开讲筵，语人曰："余不能教导诸君，诸君欲求学，但去一己之私见，听众人之言，指摘其瑕疵，订正其谬误，舍我之短，取人之长，以求真理可也。"其与人谈论，凡关于道德智识上之事，随时随地口讲指画，由简易而入于远大，由一人而利及社会，从游之士，罔不惬服者。

> 树枏案，孔子曰："为之不厌，诲人不倦。"索氏可以当之，其言"欲觉天下者必先自觉"，尤圣人反身之学也。

索克拉的教人，或于街衢市肆之中，或人之居第，以二术施之。一自云无知而请教于人，又发种种问难，令人思量如何结果而不得，而自愧其愚。一因人含此意而不能自伸，则为之徐行而出之，迎机而导之，使人豁然省悟，而自矜其智。前之法为消极之方面，后之法为积极之方面也。

索克拉的尝曰："予之天职有真理之产姆也。发明真理，犹之产生真理，故不得他人之补助，不能发明真理。助他人之出产者，即真理之产姆也。予之职业与吾母同，特吾母助肉体上之出产，予则助精神上之出产者也。"此［索］氏之产姆术也。

索克拉的于问答之际，必次第论结之，盖以俗人错杂支离之思充满脑中，反正诘问之以去其虚妄、解其繁结，使其人恍然自悟而生一种联贯通辙之概念，所谓归纳论理法也。归纳法也者，比较普通特殊之理，区别偶然之分子与必然之分子，明示本质之所存，以达普通之真理。约言之，则从特殊写象构成概念是也。索克拉的发明真理，引起思想界一大变化，实得此论法之力也。

树枏案，索氏教人之法，与孔孟略同，而反正教喻以示此理之大同，而导之以归于正道，尤与孟子相类。其辟邪说、放淫词，而以道德自任，所以挽人心之洪水猛兽者，其功盖不在禹下，所谓天民之先觉者也。罗马西塞路[1]之言曰：“吾泰西有索克拉的出，能以天界之哲学降于地上，遂使人世之思想日出不穷，其功伟哉。”吾观索氏感化力之广大，哲学之士罕有匹者，其概念论传之百拉多、亚拉斯德，遂以开万世文明之运，非偶然也。

希腊学案卷二终。

卷三

梅革拉[2]学案
于吉立[3]

于吉立，一作犹该第，一作育历德，一作欧克立德。生于西元前

---

〔1〕 今译作西塞罗。

〔2〕 今译作麦加拉。

〔3〕 今译作墨伽拉的欧几里得，以与数学家欧几里得区分。

四百四十四年，家居雅典三十里之梅革拉。一作曼格拉，一作米蛤拉，一作蔻卡拉，一作麦嘎腊。性嗜学，幼喜读巴门义兑及仁诺诸书，以雄辨闻。弱冠闻索克拉的之道，大悦之，时雅典官吏仇视梅革拉人，遇辄杀之，于吉立夜服妇人衣入城，无觉之者。索克拉的死，其门弟子避国难者移居梅革拉，多受业于其门。著书六种，亦问答体。

于吉立谓惟一者至高至善，为永远不变之实在，人之或称天神、或称天理，实一物也，特异其名词而已。吾人道德上之目的终始惟一，所云天神与天理者，觉悟此至高至善者也。惟一之实在，永远不变，故吾人所认之真理，凡关于此者，为实在之知识，由感官知觉所得万有之知识，若无关于永远不变之实在知识则非真理，可知矣。

　　树枏案，于氏惟一实在之论，盖本之伊利亚形而上学派，而天神、天理则参之以索克拉的之说者也。

天地间惟一无二之真宰，其聪明无穷，尽其作用无偏倚，其心悠而久、公而溥。人能法之则为善，反之则为恶，为善则心逸而祥降，如金之在冶炼而益精；为恶则心劳而殃集，如源之不澄流而益浊。

　　树枏案，此论与中国儒家法天之说相合，盖尽人以合天之学也。

伊利斯学案

百罗[1]

百罗，一作鄙罗，一作布伦，一作彼沱。伊利斯一作哀力斯，一作埃利斯。人，生于西元前三百七十六年。家贫，幼嗜丹青及读特母克理底书，遂辍旧业而师事之。初从所肥人游，谓人生智慧无定，后从马其顿王亚历山德[2]征印度，入八马教，益信人之智慧乃真无定，其说不可易也。回里后，为乡人优礼，奉为国中第一祭司长。年九十卒，国人为之勒碑，平生无撰述，惟赞亚历山德王诗一篇行世。

树枏案，上古哲学史谓百罗，原作彼沱。为索克拉的亲爱高弟，索克拉的殁后，与弟子辈入伊利斯开一学派。考索克拉的之殁在西元前三百九十九年，百罗之生已隔二十四年矣，谓其为亲爱高弟，殊失其实，特母克理底生于前四百六十年，卒年一百有五，百罗之从游其门盖在二十一二岁也。

人无一定之智慧，外而五官，内而心志，俱无定向。人各持一见，各执一说，不能符合，无能辨其真伪也。盖万物之功能，视五官之智慧为准，而五官之智慧，尤视万物之功能为归。如取一果至，入于口知其甘也，入于鼻知其香也，入于目知其红也，入于耳知其脆也，入于手知其滑也。然使人止有口鼻目之官，则但知其甘耳、香耳、红耳，不知其脆也、滑也。使五官外再加以数官，则其

---

〔1〕今译作皮浪。

〔2〕今译作亚历山大。

果之所见当又不止此五者，可知万物之功用无定，而五官之智慧亦无常也。况食味别声被色，皆属于外，而在内之能干岂可限量哉。故视听言动心思皆无定也，是为有疑无信之教。

树栩案，井上圆了谓：百罗学派其所论，杂取索克拉的与所肥学派之说者也。有疑无信之教，盖自索克拉的死后始倡，此派之哲学至百罗而其教遂渐昌，逮四大学派兴而其教又渐失。厥后百拉多、亚拉斯德诸氏学派衰微，怀疑之学再兴于世，今所称新旧二派者也。

什匿克学案世谓之犬儒派。

安得臣[1]

安得臣，一作恩铁曾尼，一作安的兑内士，一作安霁堵尼。雅典人，生于西元前四百四十六年。初从所肥曷尔基亚游，开堂讲学。既闻索克拉的说，恍然曰："道在是矣。"立散其弟子，尽弃其所学而学之，恶衣疏食，问难不倦。然性亢峻、好陵人，索克拉的斥其骄曰："尔之骄气已自衣缝中流出矣。"然不能悛也。索克拉的死，安得臣辟射圃于雅典城外东鄙，立讲堂，名什匿克，一作雪纳克，一作皆讷刹积，一作些匿克。即其学派也。弟子学成多散去，惟直窝尼士[2]事之终其身。著述多问答体，反复发明进德与背德之事，辨多神假神说犹力，谓上帝为独一之真神。生平不近女色，尝言万恶淫为首，人而溺色不如痴子之无知也。人

---

[1] 今译作安提斯泰尼，或安提西尼。
[2] 今译作第欧根尼，或锡诺普的第欧根尼。

有誉之者，蹙然曰："吾何辜，乃至此？夫今世所称道而慕颂之者，皆恶人也。奈何无故而加于我哉。"西元前三百七十六年卒，年七十。

　　　　树栅案，什匿克以绝欲遗世、克己励行为宗旨，不为幽渺高深之学，世情、人事悍然而不之顾，荡然而不之检。庄子所谓"敖倪万物""謑髁无任"[1]者也。

　　安得臣信索克拉的至高善者为德之说，谓德者，至高善者也，人以快乐为标准，则恶矣。德之本性禁（言）欲而其体则惟一也。

　　人之所以为人，有理性而无情感，故合于此本性者为德，反之者即背德，且有妨乎进德为善者，莫甚于从感性而起之快乐，故吾人宜力制感情，绝灭其所生之快乐。吾人幸福，德也，非快乐也。德之外，无与于人真正之幸福。进德者为善，背德者为恶，故善与德为同一，背德与恶亦同一也。凡吾人之见闻，关于吾人之利害者，唯进德与背德而已。欲进于德，须不介意于富贵贫贱、名誉耻辱之交，轻生死若毫毛、视苦乐若土芥，惟孜孜求达于真正之自由，真正之幸福而已。

　　德何以进？在乎增长其智识。所谓智识者，保固克己之精神者也。故关于精神之智识，皆当进而求之。学问之事，择其有益于德性者为之，外此皆在不必研究之列也。

---

〔1〕分别出自《庄子·天下篇》之"独与天地精神往来而不敖倪于万物，不谴是非，以与世俗处"与"謑髁无任，而笑天下之尚贤也；纵脱无行，而非天下之大圣"两句。

世上之人别为有德与背德二类，然有德之人其数恒少，盖进于德者，必有禁欲之精神在也。

树枏案，安氏之说偏主于索克拉的之智慧论，更不问世情人事何如，禁欲主义即实行索克拉的之克己功夫，以幸福为德，以快乐为背德，刻苦坚卓，用以策其进德之精神。然索氏之所谓至高善者，终属偏而不备也。

直窝尼士

直窝尼士，一作地俄革尼，一作地傲皆内士，一作戴阿揵尼。白阿西[1]人，希腊七贤之一也。生于西元前四百一十二年，家素丰，其父充银行遇诳坠业，遁雅典。直窝尼士累累无所归，闻安得臣名，踵门受业不纳，强之，击以杖。直窝尼士曰："杖能击我，杖不能逐我也。"安得臣受之。安氏之教，以动心忍性、坚苦困厄为至贵德行。直窝尼士刻苦励学过其师，夏卧于热沙，冬坐于冰雪，衣仅长衫一袭，寒暑不易，冻则叠折衣之。食咽粗恶，人不能堪。手一杖，腰一囊。其饮也，初以瓢，后则弃其瓢以手掬而饮之。其寝也，置木槽一于通衢之中，昼则荷之以行，谈学讲道立于槽上，溲溺不避人。与人言辄争，如犬之见人而吠。世多恶之，目之为犬，呼什匿克为犬窝。方其哓哓然讲昼时，观者辄惊叱笑骂，漠然不顾也。其言曰，今之儒者，占毕而已，考日月星辰而已，而身心之要弗察也。工商之流，自利而已，利人利国弗

[1] 今译作锡诺普，为今土耳其北海岸之重要港口。

知也。尝白昼持烛，环雅典府而走，人询其故，曰："吾足遍此城，不见一男子，直可悲也。雅典皆妇人耳，无丈夫也，白阿西皆童子耳，无成人也。"一日，忽出槽呼曰："人来，人来。"闻者趋而观之，则又怒曰："去去，吾呼者人耳，非尔曹也。"百拉多宴客，客皆衣冠至，直窝尼士大踏步闯入其室，踞上座曰："吾闻百拉多傲，吾将折之。"百拉多曰："子谓我傲，今铮铮然入人之室，屋瓦皆震矣，果孰傲者？"遂相与携手大笑。后为盗掠去，鬻之哥林多[1]为奴，主人廉其为雅典大儒，使课其子。马其顿王亚历山德之伐哥林多也，贵绅倾城而出谒诸道，独直窝尼士不往。亚历山德闻其名，就见之，直窝尼士修槽不顾，亚历山德曰："先生毋乃太苦乎？"直窝尼士曰："尔为中国最尊之亚历山德，吾为槽中最尊之直窝尼士，尔营尔国，吾修吾槽，王其速去，勿蔽我日光，使人寒闷也。"亚历山德叹息而去，曰："吾威加海内，而不能屈一直窝尼士，今而后知士之贵也。"年至九十，蒙袂卧人檐下而卒。有谓其自尽者，有谓其日前食一生牛蹄而死者。

树枏案，直窝尼士克己之功过于其师，而骄蹇纵脱之行较其师尤甚。盖其流弊必至于此，厥后希人之闻其教者，乃更慕其名而遗其实，专为欺谩刺讥轻薄之语，以取憎于世，斯为下矣。直窝尼士身处污世，而欲以亢节畸行矫厉卑俗，盖圣门"狂简之士，不知所裁者也"。

---

[1] 今多译作科林斯，位于今雅典伯罗奔尼撒大区科林斯市西南约3公里。

古利奈学案 [1]

阿里的巴 [2]

阿里的巴，一作亚力吉濮，一作亚力斯多，一作亚里斯霁巴。亚非利驾之古利奈一作西利奈，一作西林，一作些列匿克，一作塞林，一作楷勒雷。人，其人亦希种。其地人民富饶，俗尚奢靡，阿里的巴又生长贵族，家丰于财，肆酒渔色，狂荡不知检束。然性嗜读，从所肥博德古拉斯学，善谈辨，巧捷如流。巡游诸地，设讲筵，诱后进子弟。及泛舟至希腊，闻索克拉的名，一见大悦，曰："吾未之前闻也。"以巨金为贽，索克拉的却之而留其受业于门。然放于酒色，索克拉的屡诫之而不能悛。索克拉的死，遂去之埃及，狎一官妓名蕊宣 [3] 者，携赴小亚洲至罗底岛 [4]，飓覆其舟，挟蕊宣凫水登岸，四顾无人烟，几饿毙。忽见岸旁有弧角算法，狂喜曰："是必有宿学居此者，天赐我也。"访之果然，遂得救。因从之，求弧角法并圆锥曲线之理，尽得其术。后至塔雷西，其王喜贤下士，阿里的巴风流跌荡，好诙谐，得王欢心。一富者持金碗三示阿里的巴曰："愿纳一于君，请择其精者。"阿里的巴曰："三者皆精，无可择也。"富人悉赠之。王有司库名西帑者，居室华丽，甲一都，延阿里的巴观之，阿里的巴嗽而唾其面，主人怒，阿里的巴曰："君之室内外上下华洁，无可施吾唾者，只有君之面耳。"有好友罹法当流，阿里的巴缓颊于

---

[1] 今译作昔勒尼或克兰尼，其学派别称享乐主义学派，昔勒尼其地则位于今利比亚东部绿山省。

[2] 今译作阿瑞斯提普斯。

[3] 英文名 Laias 或 Lais（希 Λαΐς 或 Λαΐδα），无以知此译名之来由也。

[4] 今译作罗德岛，或罗德斯岛，位于希腊南爱琴大区，为希腊所辖最东之岛，距土耳其仅 18 公里。

王，王不允，屈膝恳之，为同人所让，阿里的巴曰："诸君独不思王之耳与吾后踵善乎？"众皆鼓掌。一日假银于王，王曰："尔不足者，请言其故。"阿里的巴曰："先与我而后言之。"从之，阿里的巴以手指银曰："向患不足，今乃足矣。"其滑稽类如此。暮年旋里教授生徒以终，希腊天文家推里司、比撒卧拉斯之说为有司所禁，阿里的巴力主时人之说，著书言其理，弟子甚众，各国皆奉为金科玉律，无敢议其非者，历一千八百余年，西国天学始复大明于世。

树枏案，《古教汇参》谓阿里的巴之生在西元前三百七十年，计去索克拉的之死二十九年矣。其时阿里氏尚未生，万无受业于门之事。然哲学诸书皆言其为索克拉的弟子，必其生年纪有舛误耳。《西史纲目》据《古教汇参》纂入而易索克拉的为百拉多，不知何据。百拉多之学全与阿里氏相反，恐不实也。

其学说谓人之本性，感情也。快乐者，由静稳之运动而生者也；苦痛者，由激烈之运动而生者也，故运动少者苦乐之境不觉焉。人之知识，单止于感觉，其原因人不得而知，盖由于同一之物，有时而快乐，有时而痛苦，又有时全不觉快乐痛苦故也。明夫若何之行为生若何之苦乐，随时即事物之感觉以增加其知识，是为急务。

树枏案，阿里的巴以本性为感情，盖所肥家之教育。故亚拉斯德以诡辨论者呼之，后虽受业于索克拉的之门，而其学未尽弃也。

又谓至高善者，快乐也。快乐者，人人之所求，故不可不尽全力以谋眼前之快乐。若终身之快乐，则人之不可得而知者也。盖吾人所得分享者，仅此现在之快乐而已，过去之快乐既已销亡，未来之快乐尚难逆亿，以未来之快乐为忧者，愚之至者也。故快乐之真而且确者，莫如眼前人能尽力以增此快乐即为本分也。

树枏案，此派学说盖本于索克拉的实利主义而歧焉者也。［阿里］氏之所教无一不与师相背，其制行立品尤无足道者，此颇与告子"食色谓性"、杨子"为我"之说相类，其后传此说者伊壁鸠鲁是也。以上四派各得索氏之一端，近世谓之小索克拉的学派。

又案，阿里的巴快乐学说全与杨朱相类，《列子·杨朱篇》载其说曰："百年寿之大齐，得百年者千无一焉，设有一者，孩抱以逮昏老，几居其半矣。夜眠之所弭，昼觉之所遗，又几居其半矣。痛疾哀苦，亡失忧惧，又几居其半矣。量十数年之中，逌然而自得、亡介焉之虑者，亦亡一时之中尔。则人之生也，奚为哉？奚乐哉？为美厚尔，为声色尔，而美厚复不可常厌足，声色不可常玩闻。乃复为刑赏之所禁劝，名法之所进退；遑遑尔竞一时之虚誉，规死后之余荣；偊偊尔慎耳目之观听，惜身意之是非；徒失当年之至乐，不能自肆于一时。重囚叠桎，何以异哉？太古之人知生之暂来，知死之暂往，故从心而动，不违自然所好。当身之娱，非所去也，故不为名所劝，从性而游，不逆万物所好。死后之名，非所取也，故不为刑所及。名誉先后，年命多少，非所量也。"又曰："恣耳之所欲听，恣目之所欲视，恣鼻之所欲向，恣口之所欲言，恣体之所欲安，恣意之所欲行。夫耳之所欲闻者音声而不得听，谓之阏聪；目之所欲见者美色而不得视，谓之阏明；鼻之所欲向者椒兰而不得嗅，谓之阏颤；口之所欲道者是非而不得言，谓之阏智；体之所欲安者美厚而不得从，谓之阏适；意之所欲为者放逸而不得行，谓之阏性。凡此诸阏，废虐之主，去废虐之主，熙熙然以俟死，一日一月一年十年，吾所谓养。拘此废虐之主，录而不舍，戚戚然以至久生，百年千年万年，非吾所谓养。"诸如此说，皆阿里氏快乐一派也。是派最为学术人性之害，其说若行则纵恣放逸，必至荡检逾闲而无所不至，不问是非、不顾善恶，凡有可以供吾快乐者，则逾墙钻穴、毁瓦画墁之事，皆无所顾忌，是尚复有人道哉，此孟子所为以禽兽斥之也。

亚克特美学案

百拉多

百拉多，一作浦赖透，一作百拉图，一作雅里大吉，一作拉的，一作弗拉的。雅典梭伦之后，西元前四百二十七年生于哀基那[1]。一作爱奇纳。父曰亚利士董[2]，母曰伯利格星[3]。或称潘耐。百拉多生而状

---

〔1〕 今多译作埃伊纳岛，或爱琴娜岛，位于今希腊阿提卡大区。

〔2〕 今译作阿里斯通。

〔3〕 今译作伯里提俄涅。

魁梧，膂力兼人，少习武事，精体操击刺、超距搏跃之技，冠其曹。初从其祖名称亚利士多格拉[1]，后其师字之曰百拉多，译言大膊也。百拉多生长富贵之家，然折节为学，能诗歌，兼攻米勒都、意大利、伊利亚诸哲学，好比撒卧拉斯、黑拉克利底、安那萨哥拉诸家之说，专以任己天职为务。年二十，闻索克拉的之道，遂从之游。会有军事，战而胜，凯旋授之官，与俗吏处，鄙其狡狯，弃官而归。事索克拉的十年，师死为讼冤，国人疾之，而守其师说，益笃以坚。复谒于吉立于梅革拉，访提约多嚫于西齐里，得其师微言秘旨。既游埃及、古利奈，走意大利，尽交其贤豪长者。还雅典，潜招有志之士以哲学、数理教授之。三百八十八年再游西齐里，以生平政策干叙拉古斯[2]但英第一[3]，一作台翁叔士第一。怒其谤讪无理，送之斯巴达，其大使潘利士一作颇黎士。奉王旨，鬻于哀基那为奴，主人恩尼吉利士[4]，什匿克学中人也，知其为雅典大儒，释之还国。三百六十八年，但英第二继为叙拉古斯王，遣使厚币招之，以与王义弟不和，说不果行。有为比撒卧拉斯学派者曰：亚尔可达士助之赀，始归雅典。三百六十一年复至叙拉古斯，其政策仍不获施，始绝志不复出，居亚克特美园[5]，一作阿加达米耶，一作阿蛤地美。设讲幄，园距城三里。不受人修脯，学者担簦负粮走数千里从之。其教人重在法，得其法自能知所未知，及门之士不肯用苦心者则拒而不纳，标其塾门曰"非知形学者不可入吾室也"。后人重之，

---

〔1〕 今译作亚里斯多克勒斯。

〔2〕 今译作叙拉古。

〔3〕 今多译作狄奥尼修斯一世。

〔4〕 今多译作安尼舍里斯。

〔5〕 今译作阿卡德米学园。

即以其园为学号，著作繁富奥衍，多称师说，杂出己意，其文作主客问答体，答者索克拉的也。至今欧洲言古学者，必称索、百。三百四十八年卒，年八十，《希腊春秋》作卒年八十三，误。世称希腊七贤之一。百拉多平生不娶妻，无嗣，不入城市，不履戏场，惟孜孜以讲学为事，后西谚云："愁如百拉多矣。"百拉多负衡人鉴，品第精当，后人操月旦者珍视其书，若采金之矿穴。初，希腊沿巴比伦法分一日为十二时，百拉多始创滴漏之法，是为西方滴漏定时之始。百拉多虽创滴漏之法，然平民则分日为七分，昼四夜三，日之四分一为黎明，一为上午，一为日中，一为日晡；夜之三分一为灯时，一为半夜，一为将晓。

树枬案，百拉多哲学大兴于埃及都城，历一千年之久。再阅千年，欧洲之人惟天主教是从，无讲哲学者。至明时，土耳其据罗马都城，希腊名士多迁往欧西各国，于是哲学再兴，而皆以百拉多之说为本。欧人谓地球古今名人之著者十人，百拉多必与其列，其学如金星在天庭之中心，普照大宇，诸国之奉为师者二千余年不绝也。美国大儒艾森默曰："百拉多即理学，理学即百拉多。"盖言历代之言理学者无能出其范围也。今案，百氏虽笃信其师索克拉的之说，然损益而补正之者，则较其师说犹为完备。索氏有概念论，[百]氏则因之而创为观念论。索氏有知德合一论，[百]氏则因之而创为伦理学及政治学。至所论之人间学、物理学，则犹索氏所未尝道者，哲学思想之宏深伟大，荀子所谓"青胜于蓝""冰寒于水"者也。

百拉多著述宏富，传于今者曰《亚尔雪伯台第一》、曰《亚尔雪伯台第二》、曰《恩瑞拉士推》、曰《哀浦罗茄》、曰《雀密台》、曰《葛力多封》、曰《康维奉》、曰《柯勒推拉》、曰《柯力戴》、《柯力图》、曰《爱毕脑密》、曰《欧塞台麦》、曰《欧塞弗龙》、曰《高茄》、曰《喀色鸠》、曰《喀霸大》、曰《喀霸小》、曰《宥何》、曰《赖克》、曰《拉葛》、曰《来雪》、曰《曼耐芝纳》、曰《曼那》、曰《密脑》、曰《巴麦尼台》、曰《彼沱》、曰《彼特勒》、曰《非拉伯》、曰《潘力的克》、曰《柏罗推哥拉》、曰《来伯勃力驾》一作赖保利克，共和国之意、曰《梭非士太》、曰《塞奇》、曰《才脱德》、曰《铁马何》。此外复有尺牍十三通、或云十八通。问答书七种，恐非真作也。[1]

　　树枏案，以上所传百氏所著之书，真伪异同，古今辨者甚多。中岛力造[2]哲学史云：英人郭罗德谓今所传者皆为真书，并无伪作。德国学者萧杞密德谓［百］氏之真书惟《彼特勒》《柏罗推哥拉》《康维奉》《高茄》《来伯勃力驾》《铁马何》《才脱德》《彼沱》《拉葛》九种而已。温德耳盆沱则以《哀浦罗茄》《彼沱》《欧塞弗龙》《来雪》《赖克》《雀密台》《喀霸小》《亚尔雪伯台第一》《柏罗推哥拉》《高茄》《欧塞台麦》《柯勒推拉》《曼那》《才脱德》《彼特勒》《康维奉》《非拉伯》《来伯勃力驾》《铁马何》《拉葛》《柯力戴》为真书。柴拉则以《来伯勃力驾》《铁马何》《拉葛》《彼沱》《高茄》《喀霸》《才脱德》《柏拉推

---

〔1〕关于柏拉图作品全集的译名，可参见王太庆《柏拉图对话集》等。
〔2〕中岛力造（1858—1918），日本近代学院派伦理思想家，京都府天田郡福地山町人。著有《伦理学十回讲义》《教育的伦理学讲义》等作品。

哥拉》为真书。以上所定，由其论旨及文体考之，且亚拉斯德书中多引，以为考证者是可信也。又有以《梭非士太》《潘力的克》《非拉伯》《曼那》《来雪》《雀密台》《赖克》《柯勒推拉》《欧塞台麦》《巴麦尼台》《欧塞弗龙》《喀霸小》《柯力戴》《哀浦罗茄》《柯力图》为真书者，亦近是也。宥伯伟曰：百拉多书之真伪，应于亚拉斯德所引用者论定之，其最确者为《来伯勃力驾》《铁马何》《拉葛》三书，亚拉斯德明言为百氏之著作而引用者也。次则《彼沱》《康维奉》《彼特勒》《高茄》四书，其名见于亚拉斯德书中，虽未明言为百氏之作，而已暗示之。此则《曼那》《喀霸小》《曼耐芝纳》三书，亦见于亚拉斯德书中，而未言为谁氏之作。次又引用《才脱德》《非拉伯》之语，而未言及书名。又次类似《梭非士太》，之论旨虽有所暗示以为百氏之口述，殆为教弟子而引用之者也。又《潘力的儿》《哀浦罗茄》《来雪》《赖克》及《疑柏罗哥拉》之诸书，亚拉斯德并其书其人而暗示之。《欧塞台麦》及《柯勒推拉》证据亦同。以上言人人殊，甚难判定，然斯学专门辈出考究百氏之学说而定其为真书者，曰《高茄》、曰《彼特勒》、曰《彼沱》、曰《才脱德》、曰《来伯勃力驾》、曰《铁马何》，考百氏书之传于今，皆五十年间所笔记，其书意见各异、前后不同，何者为百氏之真书，何书为何时所著，均无确证，故其哲学上之确说亦不能定也。

百拉多之哲学分为三部，曰论理学，即观念论；曰物理学；曰伦理学。索克拉的之概念论以概念为真正智识，百氏则曰概念者，由于事物而后成就，为根本之实在，是名观念。盖百氏常究心巴门义兑之学，深明感觉与对象之理，故以观念之实在为认识理性之可能性。人之感觉变化无常，而所谓不杂他物、永远不变之实在则非感官所能把捉，当赖理性——认识，积一切个物，以渐次达于无极，现象之目的。故个物者，决不能为观念，既名观念，当是常住而无变化，谓之永劫之型，谓之真正之实在，其数无量。如是观念乃以普遍概念为实在之形而上学，凡构成普遍之概念者，无不有相当之观念。非惟实体有是观念，性质、能力亦复如是；非惟自然无有是观念，而制造物亦复如是；非惟贵重物有是观念，而污贱物亦复如是。百氏晚年谓观念最高等者，是名为善。一切实在、一切思维皆以善之观念为目的云。

　　树栅案，井上圆了云：百氏因索克拉的之智德本源以定心界之理想，而更起一种之说者也。百氏分人智之本源为感觉、总念、理想三种。感觉者，自外物之实验而来；总念者，因万觉而生；独理想之本体则本来不生不灭，非因感觉经验而来者。感觉者，人人差异；理想则一理平等，人人所有无不相同也。且从感觉所生之理念，可从心内除出，而本内所有之理想，不能灭绝，所谓常住不变者也。故理想者，为诸学、诸想之基础，而感、总者，不过基表象一部分也。盖百氏言人智之本源全在理想，其理想之本体名之曰神，因此理而说论理、物理、伦理之三学。论理学者，论理想之本质；物理学者，论万物上所及之作用；伦理学者，论人心所及之关系也。案，理想即观念，盖开后世唯心一派而乏客观之考证也。

又曰，吾人五官之感触，特知物之粗迹耳，至于物之本质，非穷究无以知之。何也？凡五官之所感触者，终不外世界之幻相。今有一地窖焉，积罪人若干系缚其中，相向围坐，外间之日光不得入也。久之，外间之光由隙而入，于是黑暗之中微露幻影，罪人等见之，徐徐焉、于于焉，稍能分别物之大小异同。而试问之曰，某物系何质所成？可作何等才料？而罪人不知也。此吾人在斯世观物之景状也，所谓地窖者，世界也；幻影者，庶物也；火光者，太阳也；而常人之认幻影以为真实相，有如此者，此吾人六根所得之学识也。

树栩案，百氏为学之要重在思，谓思非偶然而有，即上帝示人之式也。先有式而后有思，思者实理，其余皆虚物，即不虚，亦不过思之骨干耳。其说颇与释教相出入，孔子曰"学而不思则罔，思而不学则殆"，其斯为执中而无颇者与？

百氏采用索克拉的之归纳推论法，且发明分解法、总合法、概括法、汇类法，用之以为哲学上之研究。分解法者，分全部小部一一检点之以确定全部之观念。总合法者，推究各小部分而合之得全体观念之法。概括法者，异中认同。汇类法者，同中求异。以此研究真理，终组成哲学之全系。故认识是等观念之法，［百］氏名之为辨证法，所以言其顺序也。

树栩案，百氏之论理用总合法，亚拉斯德则用分析法。百氏以观念照合原理，判断事物之真伪，亚氏则就一事一物而点检之，以发见其原理。百氏自抽象而下及于事物，亚氏则自实物而尚及于抽象。盖百氏用主观法，亚氏用客观法也。古代哲学大半偏执于主观之一法，自亚氏始出而补正之。

时人有聚讼万物有定无定而不决者，百氏曰：试置物于此，或圆或方，形物定也；或黑或白，色无定也。然形色无定而著其形形色色之象，以反照于心者，则有定，但恐智慧无定，则不能必物之皆有定耳。

树枏案，百氏谓万物皆有以真者在焉，凡人目之所能见者，皆幻也。人必尽取其目前可见之幻，以求其不可见之真，其为学大旨如此。

其物理学曰，观念唯一者也，个物多者也；观念永动不变，个物时时生灭变化，不可思议；观念纯粹，个物驳杂；观念有完全之实在，个物存于实在、非实在之间；此其辨也。夫个物者，观念与物质结合而成者也，物质无有定限，变化无常，非实在，非理性。观念与物质其性质全相反，不能直接以相结合，其中有传二者之作用者，名曰世界精神。世界精神有运动能力，统摄一切现象及一切生命，凡现象之有秩序者，即人之理性所由立也。是故世界精神位于观念与现象界之中，为界限（云）。世界有种种生物，最杰出者是为人类，非植动诸物比也。人类自世界精神而生，其本质与世界精神同一，因于无形以起一种之能力，而为身体运动及精神于生命之观念。是观念者，永永存在，无始无终，一切众生自高等世界降为肉体，其人纯粹无疵则身后当复还居高等世界，其不纯粹者则堕落入于人体或动物体。吾人于过去后常生种种思维，盖现世之所接触而为观念者，皆为过去之所经验，因记忆力而为回想，是为百氏之记忆说也。

神者作万有心灵，由三种之异原素而成，一为不得分解之单纯性，二为不能变化之物，而分解之、而变化之，三为存于前此两者之间者。神以此三者作万有心灵，而配分于宇宙之全体。其后由楔形之原素以作土，由金字塔形之原素以造火，由二十面之原素以生水，由八面之原素以造空气。而人体之精神亦若万有心灵之世界精神，由三原素而成。精神之位列于头部，人类精神之中有不得分解之原素，为人之感性机关；存于此二者之间之原素，为胆力之器具。人之精神有三能力，曰胆力、曰情欲、曰理性，前二者属于感性，后一者属于心灵。属于心灵之理性生于人生之前世界，是为不朽之物，感性为现世相而有生死。理性之对象是名观念，感性之客体是为事物，此百氏世界观之大意也。

其伦理学以形而上及人间学为基础，以为吾人精神由其本质论之则属于超感性之世界。人生而为善者，乃得上升于超感性世界。身体者，精神之牢狱也，为一切欲望、一切能力之障碍。故人生必藉德、智与神合一，以不害精神之发达为限，不必排斥肉欲，惟当节制快乐、痛苦而已。幸福之必然限制在于精神之与道德，我无礼于人，其耻甚于人之无礼加我；犯过失而不守法，其耻甚于罚也。盖二者皆失精神之平和，故不能有幸福。

人类之精神以至善为目的，盖精神备诸种之能力者也。其能力作用适不适之原因，起于人之德不德，欲判别精神之真伪，须兼智力，谓之智力备，智力与目的相适则生聪明之德。又人之精神为勇所以备，胆力也，谓之胆力备，故勇气足以起德。更有由情欲备者，情欲不失其度则生节制之德。故智者，理性之德，为精神之君，以统摄诸能力。勇者，感情之德，服从于理性之命令，以与快乐、痛苦相战。节制者，情欲之德，亦服从理性之命令，以制御其感情能力。各守其职，而调和此三者之间，则为公正之德。公正者，对于至善之神，故又起敬虔之德。凡此诸德，皆发于人之天性，故吾人须黾勉以赴其目的而已。此百氏之伦理说也。

树枏案，百拉多调和小索克拉的之三教，以执其中，绝嗜欲，去妄伪，以冥合天神，内而不蔽于欲，外而不染于物，不流于无度之快乐，不偏于克己之修行，冲漠希夷，出尘绝俗，反本然之性，以达其理想，此其目的也。其伦理学由索氏之说而进于观念论，使伦理独立为科学，[百]氏之功为多。唯宇宙性质论，往往混以神语，多有抵牾者，至所谓世界之原理为善，而有一定目的，则不易之论也。

百氏善言天人之际，谓上帝是无始无终之主宰，其智慧无穷，其能力无尽，以至强不息创造万物本来之善，与后来之恶相与为敌。譬如苗有莠芸，莠者而去之，而苗乃益茂也。人之灵魂发而为聪明，人之聪明运而为能力。人一小天地，与上帝一体者也。上帝以仁人心界之人，人当完仁人心，充仁人量，以还之上帝，否则非上帝人也。

百氏谓神之创造世界，凡其可以至于至善者，皆已尽之，假令于此世界之外又有一世界，亦必不能出于此世界之上者，且所谓害恶者，乃所以致福利之途，此未足为神咎也。

　　树枏案，有神无神之说，后世学者言人人殊，不知神道设教其力最大，而其化最神。地球之上诸国，无论其政治礼俗何若，莫不以此为开化之先。盖人人心中皆有此意象，故学者因而主张之，以为劝善惩恶之助，而齐一宗教保持道德，亦莫不以此为范焉。

百氏尝言精神之爱比躯壳之爱所产生为更大，其间轻重不可同日而语。何以言之？如人之躯壳，虽有产生，生时则荣，殁时已焉。若精神之所产生，可以垂美名于千载，故吾人之学问事功要在使气魄绝大，千古如生，固不啻永遗贤嗣也。

其论教育之宗旨曰：教育者，所以使人之身心随其资质高下各至于美备之法也。又以兴味诱导生徒之心，使乐于成就之巧法也。但专用诱导者，亦有流弊，故为父者不可姑息，宜令小儿尝试艰苦，专投小儿之好乃害小儿之道也。

　　树枏案，以兴味诱生徒之法，今日教育家皆主此义，而姑息之弊实所不免。孔子曰："爱之能无劳乎？"韩非子曰："慈母有败子。"然则百氏之言为不可易也。

百氏于教育之法重体操与音乐，其于智育则令习算数、几何、天文、修辞、哲学等，以磨淬其高深之智力；于德育则说神、亲、国、法之当尊敬，大抵以宗教之感应养人伦之道德；而美术犹要，人之灵魂从美而进乎善也，善与美者同一观念，是故美术有大势力乃能诱起一切感情，隶于哲学而为教育之辅。诗歌、音乐皆当改正，受政府监督而禁其不正者，为社会道德之基。此其教育之大意也。

树枏案，百氏教术与三代略同，《周礼》大司徒以六艺教万民，礼乐即德育之事，书数即智育之事，射御即体育之事，而化民成俗犹以礼乐为本，百氏可谓深明其故者矣。今日欧洲诸国学校教人之法，皆扩张百氏之说也。

百氏谓欲养成人物，因论述理想上之教育。夫理想上之教育，凡不合真理之事皆不以为教，虽历史有出于真理外者，亦摈斥之，是即［百］氏之所谓与关于观念之知识，不可无目的之说也。然事有非个人所能为者，则国家宜设法律以促之，其为主权者，抑为军人者，皆不可不以其人之天性而教之，以适于处身涉世之的。

树枏案，此后世国民强迫教育之所由立也。

其政治学与其伦理学有密接之关系，盖以伦理为主，政治为从。人当先修其身而后及于国家，国家当以国人之德育为先，一切之德皆以哲学为之基础。故欲构成完全之国，必令哲学者操主权以行政治，一切人民不能哲学则不可使得参政之权，以阻害国政。然哲学之人世不多觏，故完全之国不可不由寡头政体而进化。又所以保持国家防御外侮者，军人是也，下此农工商贾乃被治者，不能参政。故国中有三阶级，一治者，二军人之佐治者，三被治者，是可比于精神之三能力焉，治者为理性，军人为感情，被治者为欲望。治者之主德为智，军人之主德为勇，被治者之主德为节制。国家欲国民各尽其职，不可不施之以教育，政府当选身体精神相等之男女而昏配之，其举子也，教之以音乐及体操之术，以养成军人，更授以数学及辨证论，使可以有治人之资格，年至十五始令参与国家之政治。

树枬案，国民天演之事，由分而之合，由驳而之纯，自洪荒开辟以后，合总总不齐之众以成为一群，其杰出者遂出而为一群之酋，于是国民始分，而主治与受治、能制与所制者，判然而不能相合。演之既久，而事使之分益，著君民之谊，益明其政治之权。又复递析迭分，厘为百工，不相侵越。盖民之分由于民之驳，而天演之浅深层累，实默为转运于其间，当民德、民品演进之程未足与于高深之故，而骤欲使之参政权、谋国事，非徒无益而弊且随之，吾观希腊日言民政，而上下抢攘沸乱，适足为强宗霸主窃夺之资。百氏有鉴于此，故厘国民为三级，先即其驳者而分之，而后以教育之术变易民心，以为由分而合、由驳而纯之地。此盖天演自然之公例，而非有所左右于其间也。

又曰国家能善保其纲纪与个人相似，凡个人伤其一指则全身知痛，国家亦然。故个人小国家也，国家大个人也。

> 树枏案，后世伯伦知理等倡国家有机体之说，其滥觞则自
> 百氏发之也。

百氏之法律论以家长政治为国家之起原，而其论社会之开始则
归于经济上之分业。其说曰：人之所需者千种万类，一人之力必
不能应其所求，于是协力合作于无数公共职业之中执其一业，故社
会其焉。而其所谓公共必需之职业，则仅分四种：一农夫、二泥
水工、三缝人、四履人。农夫之所耕，不仅足供一身之需，并三等
人之事物而亦产焉。泥水工以造家产，缝人以治衣服，履人意造履
具，皆四部其一人所需之物而供他人之用。如此则有三利焉：一，
人各有能、有不能，各职一业则能事其所长；二，人各职一业而不
分务于他事，则其所得结果必大；三，人时日可节省、机致可活
泼，则物产因之益多，因之完全而容易。而其分业之法，则不任个
人之自由而待国家之裁制，且所谓分业，不但行于经济上，又可用
之于政治，凡社会之组织，宜根于个人之品性。故人不可不具此四
德，所谓智、勇、节制、公正是也。

> 树枏案，论者谓百氏论分业之效与斯密亚丹[1]同，斯氏以
> 为人之天性概为平等，或为劳动者，或为哲学家，皆不外分业
> 之结果，而不知其所以分业之因。则百氏之说，视斯氏为犹

---

〔1〕今译作亚当·斯密。

精也。孟子所谓"劳心治人，劳力治于人"及"通工易事以羡补不足"之说，皆百氏义也。

百氏又以治人者与被治者之别、男与女之别，皆根于天然之差等，不可强之使平。人有三等，或为金性，或为银性，或为铁性，而鉴别其性以使之各职其业，则治人者之责任也。治人者既因其天性而与以职业，则其人宜终身从事于此，不可改图，故有多才多艺出于众人者，则为众之害，宜放之于国外。俳优能拟种种人物，不适于各职一业之法，亦宜逐而禁之，故其分业法不仅因各人之便，益于人格之发达，亦所必需也。

树枏案，《荀子·富国篇》云："百技所成，所以养一人也。而能不能兼技，人不能兼官，离居不相待则穷，群居而无分则争，穷者患也，争者祸也。救患除祸，则莫若明分使群矣。"此与百氏之说相类，但百氏谓人之多才多艺为众人之害，则压制国民不得使有出众之才，殊为偏执，又优人虽能效种种人物，乃其所业当然此，亦何能为分业害乎？真谬见也。

百氏之理想以为财产、妻子皆治人者之所共有也。国之小儿，生存之种子也，然父母或溺于私爱，或因子而贪利，或因子而好名，或偏爱其妻，皆社会之蟊贼。一国共财产，则国无盗贼，警察、裁判皆可废而不用。一国共妻子，则私情偏爱之弊绝，而奸淫不兴。故个人不得有财产，不得有妻子，皆归于国家。于是国家检查男女之性质，而使之相婚，刚悍之女配之以柔和之男，刚悍之男妻之以柔和之女，刚柔相合以育良善之新国民，则争夺讼狱以及一切社会不平之事可以绝矣。其理想之国家如此。

树枏案，百氏统一家族财产之说，其弟子亚拉斯德驳之，以为破小家族以建立大家族，非惟上古獉狉家族制度最简之时势有不能，即使文明进步皆能破除家族思想，亦不能破小家族而归于统一也。盖形质之统一，或为乱政之媒，精神之统一，斯则共和政体之上乘也。且财产既归统一，人人用意，窃谓必有他人任之，我可无庸致力。由是我不致力，人亦如我，徒开怨门荒废之弊，不但无益于政，且有害于国家也。案，[百]氏之理想无一可行，王道不外人情，未有拂乎人情而能立其国者。《[礼]记》曰："饮食男女，人之大欲存焉。"善立国者使人人各给其所欲，人人各遂其所生，斯上下相安于无事之天，而国家自致夫大同之盛。顾亭林所谓"积众人之私以成天下之公"是也。《礼运》言"大同之治，不独亲其亲，不独子其子"，盖即孟子"老吾老以及人之老，幼吾幼以及人之幼"之义，故曰："老有所终，壮有所用，幼有所长，矜寡孤独废疾者皆有所养，男有分，女有归。"此天下一家、中国一人之理想，非若百氏之共财产、共妻子之妄说也。后世奸人倡均财共产以启大乱者，史不绝书。若并妻子而亦共之，则礼义廉耻扫地而尽，是率天下为禽兽矣。且男女婚姻必由国家强势以配合之，非惟无此政体，亦失男女自由之性矣。"天何言哉？四时行焉，百物生焉。"氤氲化醇，又何容心于其间也。况配合虽善，其效未必国应者，以瞽瞍父母之顽嚚，而生舜之大圣，以舜与娥皇之贤淑，而生商均之不才，则有何说也。以此迂疏之政策，而欲见之施行，宜为岛主之所不容也。

百氏知其理想之国家难于实行，唯立法者以此理想为的，则法律渐有益于人民。此理想国家可称为贤者政治，实贵族政治之一种也。此种国家一堕落，则成为富族政治，于时功名利欲之心起，人民重武术而事于剽窃政治者，轻哲学而热于政权。则国家又堕落而成为寡数政治，时则德义扫地，黄金握万能之力，国生反对之二种，一为恭富者，一为极贫者，贫者犯罪日多，惧于形辟；富者奢侈无度，不事生业，于是下等社会起不平之愤，而革命之祸生。遂为民主政治，时则自由平等之说兴，父子、师弟、主奴之制破，而继世者则为僭主制度。盖因民民制[1]过度，反动力生，遂至伪政治家篡国政权，极端之自由主义变为极端之奴隶主义，而政体之最恶者无过此矣。

树枏案，希腊之世日言民政，蜩螗沸羹，岁无宁宇，而豪猾之徒卒至乘间窃国易为代兰得之制，生民之祸，斯为烈矣，读史者至今有余痛焉。百氏生丁其际，故心构以大同之国家，虽知其说之难行而不惜苦口辱身以强聒不已者，盖欲一挽当时之弊也。其所著法律诸书，后遂稍趋切实，然犹欲制限田作之市民，禁止早婚之习俗及政府监督农工商业诸议，盖虽许有私

---

〔1〕 即民主制。

财，而实欲限制干涉之，以求平等也。战国之时，中国儒者蒿目世变，皆各出其理想之国家，著书立说，以熵天下。庄子之理想在以上古至德之治、玄同之化，移易其民，其说颇与百氏大同之义相类。而荀子则在法后王，尊王制，定上下之等，明事使之义，其言曰："分均则不偏，执齐则不壹，众齐则不使。有天有地而上下有差，明王始立而处国有制，夫两贵之不能相事，两贱之不能相使，是天数也。执位齐而欲恶同，物不能澹则必争。杨琼注云，澹读为赡，谓物不能足也。争则必乱，乱则穷矣。先王恶其乱也，故制礼义以分之，使有贫富贵贱之等，足以相兼临者，是养天下之本也。"其说盖与百氏分民三等、法律限制之论相近。东西诸国之理想多有不谋而合者，所谓"此心同，此理同"也。

百氏既以国家之政治随人民之品行而变更，又以为政治者世界最高之艺术也。盖艺术之高下由其能便于他艺他术之能力而定，政治之为艺术，即凡百艺术之目的也。其经画国事，又欲一国内之给，能应一国内之求，严限国之领土，禁早婚、弃小儿，以防人口之增加，盖务求社会之分配财产日趋于均平也。

树枬案，马尔达谓万类生生皆用几何级数，使灭亡之数不远于所存，瞬息之间，地球乃无隙地。此等识见与百氏皆不免野蛮残酷之心，彼氏自谓"上帝以仁人心畀之人，人当完仁人心，充仁人量，以还之上帝"者，然则仁人之政顾如此哉？

百氏又谓邦国得享幸福，众民之福，非所问也。

树枬案，百氏尊国而抑民，盖当时豪族积习而不顾其说之不安也。亚拉斯德曰："邦国者，众民相合而成者也。"舍众民之福以求邦国之福，所谓福者，果何在乎？如行专制之政，能为邦国福，则可使众民供专制之牺牲乎？可陷众民于深热之水火乎？百氏此论，诚难索解矣。百氏又往往视邦国与家属混而为一，夫邦国之本，出于家属，是固然矣。但二者之性质不同，不可一概而论。家属者，以尊统卑至不平等，父令子从、夫唱妇随是也。若夫邦国，则人人平等，而官吏之发号施令，亦不过以平等之人莅平等之人，非家属之尊卑可比也；官吏之任，其职有年岁之限制，非传之无穷可比也。故或居君之位，或膺臣之职，或令或从，循环无定，即谓政府由民之委任可也，官吏即民之仆隶可也。何得以邦国与家属混同为一乎。案，百氏主国权而亚氏主民政，二者方针互异。百氏盖有鉴于当日民政纷更抢攘之变，愤激而为此言，而不知其政策之失也。《书》曰"民为邦本，本固邦宁，未有民不安而能安其国者"，则亚氏之言为不可易也。但家国相通之故，亚氏犹未达一间耳。

百氏又言：吾之算法，非欲人用之事物。事物，迹也。藉此以求其精者焉，学以穷理为指归，以法律为政策，以工艺为非治国之要图。其友爱刻特尝用量法造一机器，百氏戒之曰："此工艺之事，非格致之事也。"

树枏案，百氏之言格致，颇与中国后世儒者相类，盖彼之学务乎其大者，故形而下之器不屑致意，而不知道与器二者不容偏废也。

百氏著经济学，凡关于当时生活之状态，皆缕记而详述之，其于各种生业之中独推崇农学，而制造与商业亦重视之。尝考察贸易、制造之状态，而研究其所以然之故，俾其日益发达，谓国家之保护全恃此二者以维持之也。其论货币性质也，谓物品交换，货币即交易之媒介物，则因是而输出货币，安足为国家之病哉？故与他国贸易，极望其发达，遇外商必郑重礼遇之，曰彼等皆吾富国之具也。判断商人之诉讼，必以和平迅速出之，务使不受冤，抑以之为招徕之术。

树枏案，希腊诸国当日多轻视商业，而斯巴达犹施禁绝锢闭之术，盖国未开通之世大半积习若此。百氏目击其弊，故一一反之。论者谓经济学之诞生，实在西历一千七百七十六年，以斯密亚丹之《原富》[1]是岁始显于世也。不知天演之事物，未有突然而生，无其因而有其果者。有人群即有分业，有分业即有交易，有交易即有货币，其种种演进之象，实为滥觞，斯密氏则其汇归之瀛海也。

百氏于奴隶制度直认许之，曰所以使岁入之加增也。此等奴隶

[1]　今译作《国富论》。

宜待以严法，防其逃逸，则施烙刑以为之识，而更以所得之利循环鬻买，以增加其数使之服役。于货财所从出，分少许以给之，士人则安坐以考究政治学术，不可使有营作以分其心也。

　　树栅案，奴隶制度盛行于希腊，当时大儒若百拉多、亚拉斯德皆以奴隶视同马牛，所谓习俗移人，贤者不免也。此最不仁之甚者也。

希腊学案卷三终。

卷四

亚拉斯德学案

亚拉斯德

　　亚拉斯德，一作亚里大德，一作阿里士多得，一作培耳代喀，一作亚力士多特，一作亚力多得，一作雅礼师托忒，一作雅里大各。希腊北鄙人。父蘖柯迈苟[1]为马其顿王御医，著医学、动物学二书，西元前三百八十四年生亚拉斯德于施大加拉[2]。一作士大智拉，一作郹大垦拉，哲学史云施推加拉，为希腊施德拉谟克湾一良港，希腊人多殖民于此，与谟赛独尼亚国境相距不远，谟赛独尼亚即马其顿也。幼时随父入宫，因与腓立[3]善。年十七，父母殁，遗产饶富，依父执某以居。性嗜书，

───────

〔1〕今译作尼各马可。
〔2〕今译作斯塔基拉，古城已毁，遗址位于今斯塔基拉以东约8公里处。
〔3〕今译作腓力。

尝以金一千五百购书一部，慕百拉多名入雅典，适百拉多游西齐里，待之三年，百拉多归，因从之游，凡十七年。十七年盖自亚拉斯德从学之年至百拉多殁年计之。好学深思，夜读书，手握一球置铜器上，倦则球落器中有声戛然，破睡再读，众称之为学塾之心，而诸生则百体之从令也。亚拉斯德身短瘦、目深而小，善谈辨，杂以诙谐口吻，翕张有声，如咀嚼食物者。其学虽出于百拉多，而时有异同，往复辨难。或诘之曰："非敢故违师说也，疑故问，问故明，道虽万殊，理归一致，吾之往复辨难，所以求其真而祛其惑也。"因自立学堂，教授弟子，且以己之学派多有与百拉多异者，而百拉多之学遂归于其甥施潘雪濮[1]。亚拉斯德与论学，不相容，遂偕其友仁诺哈拉底士一作芝诺克拉德。赴小亚洲之亚端牛，居三年，国王希尔米拉士[2]一作梅挨，一作海尔密阿，一作海弥雅士。将授之政，以其妹妻之。或云王之侄女。会王为波斯人所杀且夺其国，亚拉斯德与芝诺哈拉底士逃至美克奈[3]，一作米地利尼，一作庙奇来耐。淹留者二三年。按《古教汇参》云，二人携希尔米亚士女逃至米地利尼，芝诺哈拉底士娶以为妻，期年后生一女，其妻旋卒，后娶妾仍居米地利尼云云，不言亚拉斯德娶王妹之事，不知是一是二也，俟考。马其顿王腓立第二招之，还国教其太子亚历山德，时太子年十四矣。是年为西元前三百四十三年，亚拉斯德年四十二岁，去百拉多之殁五年矣。构一精舍于山水竹林之会，朝夕讲习其中，尽以所学霸王之术授之，卒成帝业。亚历山德尝曰："生我身者吾父母也，生我神者吾师亚拉斯德也。"

---

〔1〕今译作斯彪西波。
〔2〕今译作赫米阿斯。
〔3〕今译作米提利尼。

西元前三百三十六年，腓立被弑，亚历山德立，从事东征。亚拉斯德寓书戒之曰："马上皇帝不足训也。"年五十，再返雅典立学堂于来西亨之亚波罗祠侧，开讲筵于其内之逍遥所。亚历山德奉银六十六万六千两或云赠金八百苔连多，或云合中国龙元二百万。为研究格致之资，其在军中得珍禽异兽，必致诸其家，为之服役者日尝数千人。居雅典十三年，专心学术，其著述皆成于此。亚历山德雕白石像于其府内事之，及东征而后骄淫暴戾，敬师之道、礼遇渐疏，故有杀其甥开力曼一作加罗尼斯特。之事。西元前三百二十三年，亚历山德卒，雅典之人以怒王故迁怒于亚拉斯德，谋杀之，诬以不敬神之罪。初施潘雪濮传百拉多学，殁后仁诺哈拉底士继之，开学堂于雅典西部之亚克台谟，一作亚克底迷。笃守师说，恶亚拉斯德之持异议也，至是亦排之甚力。亚拉斯德不得已逸入犹庇亚之高奇斯[1]，一作加路格思。曰"吾不忍雅典之人重被以杀圣人之名也"，乃自著书明无罪，雅典士师卒判以死，会病卒，年六十三。其所著书凡一百四十六种，今存者十九种云。

树枏案，亚氏仓猝遘祸出雅典，其所藏之书及其服用诸物均留寄于其高弟曹弗拉图[2]之家，亚氏殁后，曹弗拉图搜集遗书，未刊而殁。有再传弟子耐留者，携归小亚洲甘浦雪斯乡间，值剔加摩王开图书馆，括民间藏书，耐留恐为所夺取，隐置穴中，凡百五十余年，而亚氏全书遂湮于世。西元前百年，有雅典人亚伯力公者，传亚氏之学，购其残稿。罗马继作，占

---

〔1〕 今译作卡尔基斯。

〔2〕 今译作狄奥弗拉斯图。

据亚洲，亚伯力公所得之书，悉为罗人持去，纳诸王府，希腊学者施禄戴伦涅及罗沱之恩独罗尼，苟奉政府之命，校订其书，刊行于世，今所传者，仅此而已。然而真赝之间，学者复不能无疑焉，是可惜也。

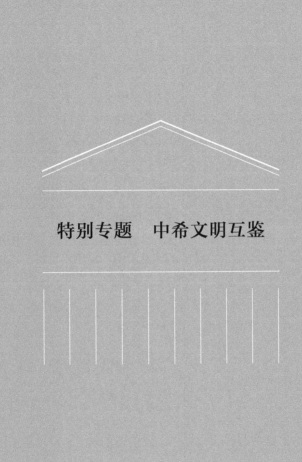

特别专题 中希文明互鉴

古代希腊与古代中国：比较视野下的中希古典文明研究[*]

Jeremy Tanner　冯则程[1]　译　张绪强[2]　校

　　有关比较研究，古典学家一直抱持着一种谨慎的态度[3]，部分原因是人们习惯上认为"古典时期"是文明的最高形式，除此之外难再有出其右者，受此观点影响甚大；也有一部分原因是已经进行的研究存在着许多的问题，难以提供可资借鉴的有效启示。剑桥学者中的 J. G. 弗雷泽（J. G. Frazer）和简·哈里森（Jane Harrison）等人类学家的观点，无论被接受与否，都是对这一问题的一种反映。有意思的是，巴黎学派路易·热内中心（Centre Louis Gernet）的比较研究虽然对纯粹的希腊研究很有创见，影响巨大，但是，在

---

[*]　感谢 Felix Budelmann、Jas Elsner、Robin Osborne 和《希腊研究》的一位读者对我早期草稿的有益评价；感谢 Melissa Lane 和 Nick Bunnin 提供了 2006 年牛津会议上关于比较希腊和中国哲学的材料；同时，也感谢《希腊研究》的编辑们对我最初提出这篇文章构思的热情回应。【中译注】本文为西南大学重点教改项目"中希文明互鉴视野下创造性学习理论在历史教学中的运用——以《古希腊史专题》为例"的阶段性成果。
[1]　冯则程，西北师范大学历史文化学院研究生。
[2]　张绪强，西南大学历史文化学院副教授。
[3]　关于我的标题，请参见 S. Shankman and Durrant（eds.），*Early China / Ancient Greece：Thinking Through Comparisons*，Albany，NY，2002。

法国之外却并没有多少人予以关注。原因可能是韦尔南的马克思主义框架发生了转变，[1] 或者是韦尔南最初的马克思主义理论转向了结构主义，而结构主义更看重不同文化传统自身的独特性。在前者的马克思主义理论下，社会是可以——从进化社会学的角度——比较的，而后者的结构主义则强调不同文化传统的独特性。[2] 然而，后结构主义和后现代主义更加强调古典世界的独特性，它们以最鲜明的形式说明，文化和语言一样，本质上是不可取公约数的，它们无法为外人所知，更不用说比较了。[3] 事实上，后结构主义的影响非常广泛，我们原本可以借助比较方法的学科，如比较宗教学，直至今日才鼓起勇气，开始"比较宗教现象、神学或艺术品，不再仅

〔1〕 关于巴黎学派早期工作的马克思主义背景，见 D. A. Curtis, "Translator's Foreword", in P. Leveque and P. Vidal-Naquet, *Cleisthenes the Athenian: An Essay on the Representation of Space and Time in Greek Political Thought from the End of the Sixth Century to the Death of Plato*, Atlantic Highlands, New Jersey, 1997, pp. xvi-xxii; 关于悲剧主体性，见 J.-P. Vernant, "The Tragic Subject: Historicity and Transhistoricity", in J.-P. Vernant and P. Vidal-Naquet (eds.), *Myth and Tragedy in Ancient Greece*, New York, 1988 (o. v. 1979), pp. 237-247, 见 J.-P. Vernant and J. Gernet, "Social History and the Evolution of Ideas in China and Greece from the Sixth to the Second Centuries BC", in J.-P. Vernant (ed.), *Myth and Society in Ancient Greece*, Atlantic Highlands, New Jersey, 1980 (o. v. 1964), pp. 71-91。

〔2〕 参见 Branham 等人 1997 年中美国心理学会比较文学小组讨论中 Giulia Sissa, 167-172 的论述。最近倡导或发展古典世界比较方法的研究包括 M. Detienne, *The Greeks and Us: A Comparative Anthropology of Ancient Greece*, Cambridge, 2007; S. Settis, *The Future of the Classical*, A. Cameron (trans.), Cambridge, 2006; 以及 S. Blakely, *Myth, Ritual and Metallurgy in Ancient Greece and Recent Africa*, Cambridge, 2006; E. Csapo and M. C. Miller (eds.), *The Origins of the Theatre in Ancient Greece and Beyond: From Ritual to Drama*, Cambridge, 2007 的纲领性声明。

〔3〕 请对比 K. C. Patton and B. C. Ray, "Introduction", in K. C. Patton and B. C. Ray (eds.), *A Magic Still Dwells: Comparative Religion in the Postmodern Age*, Berkeley, 2000, pp. 1-19 中，对民族志的探讨 (p. 7)，这一探讨发生在一部寻求在比较宗教领域焕发活力的文集的背景下。在 20 世纪 80 年代和 90 年代，这一领域主要分化成"狭窄地区研究"。

限于脚注或受到严格规定约束的结语部分"。[1]

这一背景下，中希文明研究领域的发展为古典学家开展比较研究提供了特别有利的环境，他们既可以开展比较研究，也可以借鉴彼此的模式，设计一些比较研究的课题。大多数读者都能够通过杰弗里·劳埃德（Geoffrey Lloyd）在科学史和医学史方面的著作了解到希腊和中国的对比。但劳埃德的研究只代表了正在发展的研究领域的一部分，该领域还包括文学与历史学、哲学、宗教、法律、文化史等方面的比较研究。[2]除了劳埃德的著作之外，从书评规模来看，几乎见不到古典学家对于中国—希腊的研究，这也侧面反映了古典学的封闭性。[3]本文介绍了中希研究中的一些主要贡献和

---

〔1〕 K. C. Patton, "Juggling Torches: Why We Still Need Comparative Religion", in *Patton and Ray*, 2000, pp. 153-171.

〔2〕 这些领域包括科学、哲学和文学；但读者也可能对 K. Turner, "Sage Kings and Laws in the Chinese and Greek Traditions", in P. S. Ropp (ed.), *Heritage of China: Contemporary Perspectives on Chinese Civilization*, Berkeley, 1990, pp. 86-111 关于法律的研究感兴趣；Y. Wang, "The Ethical Power of Music: Ancient Greek and Chinese Thoughts", *Journal of Aesthetic Education* 38/1, 2004, pp. 89-104 关于音乐的著作；Y. Zhou, "Word and Music: Conviviality, Self-Sufficiency and Spontaneity in Classical Athens and Song China", in Eric Ziolkowski(ed.), *Literature, Religion and East/West Comparison: Essays in Honour of Anthony C. Yu*, Cranbury, NJ, 2005, pp. 202-222 关于音乐和欢乐饮酒；M. J. Puett, *To Become a God: Cosmology, Sacrifice and Self-Divinization in Early China*, Harvard Yenching Institute Monograph Series 57, Cambridge, Mass., 2002a; "Humans and God: the Theme of Self-Divinization in Early China and Early Greece", in Shankman and Durrant, 2002, pp. 55-74 关于早期希腊和中国的自我神格化；还要注意 C. Harbsmeier, *Science and Civilisation in Ancient China*, vol. 7, part I: *Language and Logic*, Cambridge, 1998 关于中国语言和逻辑的研究，其中还包括与希腊的深入比较。我还未能看到该领域的最新成果——H. Kim, *Ethnicity and Foreigners in Ancient Greece and China*, London, 2009, 该书比较了早期希腊和中国历史书写中的外国人形象。

〔3〕 Hankman 和 Durrant（2002）的著作被认为是最全面的中希研究综览，然而在古典研究领域几乎被忽视，或许是因为它发表在"中国哲学与文化"系列中。除了 Lloyd 的著作外，我在下文所讨论的另外大约六本书，只有 Francois Jullien 的 *Detour and Access*（2000）获得了主流古典学术期刊中的多个评论，其他大多数研究则未受到关注。类似的情况在古典文学和哲学领域的中希研究文章的引用中无疑也会存在。

有争论的地方。撰写此文有两个目的：第一，展示中希研究内在的知识趣味，特别是说明这类研究如何丰富和加深我们对古典世界的理解；第二，对中希研究中不同子领域特有的千差万别的比较方法进行批判性概述，从而富有成效地为古典研究提供一个范例。相应地，我的评述也是按科学和医学、哲学、比较文学等领域划分的。

一、道与逻各斯：从心态史到古代科学的文化社会学

杰弗里·劳埃德在希腊与中国科学比较研究方面的贡献为探索中希研究提供了最佳起点。他的文章可能是本刊读者最易懂的，而且在某些方面也是他早期希腊科学研究的逻辑延伸。此外，这些文章在方法论上是对中希研究最具反思性的贡献之一，也为其他方式的比较性研究提供了一种基准。

为了理解劳埃德研究转向中国的意义，我们需要将其置于他早期希腊科学研究的发展背景中。在这一阶段的研究中，劳埃德试图对希腊科学的发展和特征进行更复杂的阐述，而不是像早先那样诉诸心态的变化或"希腊奇迹"。他广泛借鉴了当代人类学关于理性和认知的研究成果，无论是对列维-施特劳斯"具体科学"（传统医学、植物分类）的研究，还是对杰克·古迪关于识字技术（尤其是字母表）在传统知识变革中的作用的研究。劳埃德认为，早期希腊"科学家"与其说是在交流技术或知识内容上有别于当地和近东的前人，不如说是他们在探究过程中的自我意识。这种自我意识体现在与竞争对手的论战中，并通过论战得到发展。这种论战仿效了关键的民主政治机构——法院和议会——交流中特有的说服和使用证

据的方式。将这些交流方式运用到新的环境中，鼓励了我们的科学所特有的研究模式。例如，"自然"和"病因"等概念的发展有助于确定或者排除对疾病的某些解释，从而将希波克拉底医生与神庙医士区分开来，并说服听众将自己的健康托付给医学。[1]中国提供了一个有吸引力的比较对象，用来验证劳埃德在早期研究中对于传播背景和风格的普遍重视。战国和先秦时期（公元前5世纪至公元3世纪），类似古典希腊的知识探索（医学、天文学、数学、伦理学）得到了发展，但其背景是君主制而非民主政治制度。这就为测试先前研究的初步假设提供了机会，以便证实或否定这些假设。[2]

劳埃德阐述了一系列原则，这些原则为他的比较研究提供了指导。[3]首先，他强调了以偏概全的危险。将"希腊科学"与"中国

---

〔1〕 G. E. R. Lloyd, *Demystifying Mentalities*, Cambridge, 1990, pp. 7-8, 14-15 的摘要; *Magic, Reason and Experience*：*Studies in the Origin and Development of Greek Science*, Cambridge, 1979, pp. 1-9, 10-58; *Science, Folklore and Ideology*：*Studies in the Life Sciences in Ancient Greece*, Cambridge, 1983 对最初的研究项目更完整的阐述。

〔2〕 G. E. R. Lloyd, *Demystifying Mentalities*, Cambridge, 1990, pp. 10-13; cf. "Divination：Traditions and Controversies, Chinese and Greek", *Extreme-Orient, Extreme-Occident* 21, 1999, pp. 155-165.

〔3〕 尽管下面的讨论主要基于 G. E. R. Lloyd, "Methodological Issues in the Comparison of East and West", in H. Numata and S. Kawada (eds.), *Is it Possible to Compare East and West?*, Tokyo, 1994b, pp. 23-36 和 *Adversaries and Authorities*：*Investigations into Ancient Greek and Chinese Science*, Cambridge, 1996a, 特别简洁的关于 Lloyd 方法论取向的描述可以在 *Extreme-Orient, Extreme-Occident* 的系列期刊中找到。在这些期刊中，Lloyd 受邀对东方学者关于占卜历史到空间概念等各种主题的研究提供了比较—希腊的评论：Lloyd, "The Agora Perspective", *Extreme-Orient, Extreme-Occident* 14, 1992, pp. 185-198; "Learning by Numbers", *Extreme-Orient, Extreme-Occident* 16, 1994c, pp. 153-167; "Putting the Greeks in Their Place", *Extreme-Orient, Extreme-Occident* 18, 1996b, pp. 177-187; "Divination：Traditions and Controversies, Chinese and Greek", *Extreme-Orient, Extreme-Occident* 21, 1999, pp. 155-165. 其中许多主题在 Lloyd, *The Ambitions of Curiosity*：*Understanding the World in Ancient Greece and China*, Cambridge, 2002; G. Lloyd and N. Sivin, *The Way and the Word*：*Science and Medicine in Early Greece and China*, New Haven, 2002 中有更详细的论述。

科学"进行全球比较只会导致"心智论"的回归，而且会忽视不同研究领域（例如数学与天文学）之间以及领域内部（希波克拉底医学与克尼迪医学）的环境和发展模式的差异。其次，劳埃德坚持反概括原则。我们不能把单个理论，例如希腊的元素理论和中国的五行理论，作为对同一个（可能是现代的）"现实的本质"问题的竞争性答案进行比较。相反，我们必须问的是，中国和希腊人认为这些答案是令人满意的答案的问题一般来说有什么不同。对基本问题的强调使我们回到了探究的目的，从而回到了探究者本身、他们的社会角色以及他们在特定社会环境中开展活动的特有兴趣。以这种方式进行调查有助于使我们的分析非传统化（我们可能太容易想当然地认为我们所继承的许多希腊概念和实践是自然而然的），同时也有助于完善和加强将希腊和中国科学与其社会背景联系起来的解释图式。

这在实践中是如何发挥作用的呢？自相矛盾的是，劳埃德恰恰利用了他所批评的那种简单的对比作为出发点，并据此展开自己的分析，从而获益匪浅。自19世纪以来，布克哈特的希腊人与伏尔泰的中国人形成了鲜明对比。劳埃德在《对手与权威》[1]一文中，首先探讨了支持这种对立的证据。事实证明，在古希腊，对同时代人、前辈甚至自己的老师进行猛烈的批评似乎是完全合乎规矩的；就连荷马也难逃诋毁。中国早期知识分子对前人的评价则较为宽容，即使是批评性的评价也是正面的：x虽有短处，却得风气

---

[1] Lloyd, *Adversaries and Authorities*: *Investigations into Ancient Greek and Chinese Science* Cambridge, 1996a, pp. 20-46; Lloyd 的一个修正，"Adversaries and Authorities", *PCPhS* n.s.40, 1994a, pp. 27-48。

之先，y功不可没。然而，这绝非全貌。孔子的一些后继者，尤其是庄子，对孔子的评价堪称讽刺。相反，在希腊和罗马时代，柏拉图、希波克拉底和亚里士多德等人物越来越成为权威的象征。盖伦强调自己与他们的和谐一致，正是为了将自己平和的性情与他那些痴迷于创新的对手们的狂妄自大形成对比。

两种文化背景下的这种差异表明，任何从文化心态角度做出的解释都是不充分的。为了解决这一更为复杂的问题，劳埃德重新提出了一个问题，即如何解释希腊和中国知识分子的主要交流方式的不同特点。为了回答这个问题，劳埃德将重点放在希腊和中国学习和说服背景的差异上。在中国，学习是在"家承"或"师承"的背景下进行的，其作用是通过死记硬背来传播夫子的教义或经文。人们对"家"的忠诚和尊重与在真正的王族中表现出来的类似。相应地，希腊人认为简单的辩证法，他们的中国同行却认为是"辩"，而"论"只不过是对权威的阐释。与此相反，希腊学生可以自由地追随不止一位老师，甚至可以批评他们，希腊哲学流派所称的"教派"或"选择"（choices）的领袖之间激烈的公开辩论是这些团体的主要手段。这些团体的领导人试图通过激烈的公开辩论来展示他们的技能和招募新的追随者。[1]

劳埃德采用了类似的论证方式，将他的比较方法从交流模式更直接地延伸到希腊和中国科学家和哲学家知识体系的实际内容和

---

[1] Lloyd, *Adversaries and Authorities*: *Investigations into Ancient Greek and Chinese Science*, Cambridge, 1996a, pp. 20-46, 有关比较希腊和中国科学社会制度基础的充分发展，请参阅 G. Lloyd and N. Sivin, *The Way and the Word*: *Science and Medicine in Early Greece and China*, New Haven, 2002, pp. 16-81, 82-139。

概念基础，例如因果关系的概念。[1]研究希腊科学的学生有时会想当然地认为"因果"概念是科学思想的必要条件，因此它在古希腊世界的发展代表了从"神话"到"逻各斯"变化的自然必然结果。研究中国思想的学者，最著名的是马塞尔·格拉内特（Marcel Granet）[2]，他认为中国思想摒弃了因果论，而是从宇宙不同维度之间的相关性或共鸣出发，例如颜色、器官和五行相生相克的系统三者之间的相关性或共鸣，比如说，根据病人面色发黄，医生可能会诊断出脾脏有病，并预测春天的死亡（与土行对应的颜色是黄色）。[3]与中国相关思想的对比使我们对希腊的"因果"概念有了新的认识，认为它并非不证自明，而是需要解释的。

随后，劳埃德开始检验希腊因果思想和中国关联思想之间公认的两极性及其隐含的文化心理差异在多大程度上成立（反概括）。事实上，希腊人对相关性思维并不陌生，毕达哥拉斯对立表就是证明：右对左、男对女、热对冷等。相反，类似因果思想的东西对中国人来说也并非完全陌生。尤其是公元前4世纪的墨家，他们似乎一直关注区分特定事件发生的必要条件和充分条件。

如果希腊人能够具有相关性思维，而中国人也能具有因果性思维，那么我们就不可能诉诸不同的思维方式。我们需要寻找一些其他因素，这些因素可能在每种文化中对两种潜在的认知模式进行了不同的选择或偏爱其中的一种。劳埃德首先仔细研究了希腊哲学和科学中的因果关系词汇及其来源。我们翻译为"因果"的

〔1〕 Lloyd 1996a, 93-117; Lloyd and Sivin 2002, 157-165.

〔2〕 M. Granet, *La Pensee Chinoise*, Paris, 1934.

〔3〕 Lloyd 1996a, 112.

希腊语词"aitia"来自法律语境，与责任归属有关。它似乎与"自然"（physis）的概念一起进入了科学话语，作为区分医学理论家对疾病（自然）的描述与宗教医学家将责任归于神灵的描述的一种方式。与此同时，证据（tekmerion, marturion——"证人"）、检验证据（basanizein——通过折磨奴隶来检验他们作为证人的可靠性）和思想评价（dokimazein——来自地方法官的审查）等术语也出现了。

来自中国的资料可以进一步证实与法律相关的概念和交流方式在很大程度上影响了希腊人对因果分析的关注这一假设。墨家有限的因果词汇与法律语境无关。中国的民法并不发达，因为人们对诉讼持怀疑态度，更倾向于通过地方官的讨论或仲裁来解决问题。此外，相关的思维模式在希腊世界中起到了原因概念的解释作用，而在早期帝制中国的思想和制度形成过程中，相关的思维模式实际上已经具体化，在某些方面与古典希腊的法律制度在确保社会和政治一体化方面起到了对应作用。作为宇宙论基础的阴阳理论协调了自然秩序和政治秩序。正如皇帝调解天地之间的关系一样，他的大臣和官员也调解他与人民之间的关系。类似的"孝"的态度在理想状态下指导着各个层次的上下级之间的和谐关系，以取代竞争性的法律框架，而竞争性的法律框架在希腊的社会关系调节中发挥着巨大作用。[1]

因此，劳埃德利用与中国的比较既有启发作用，又有解释作用。它加强了他早先初步提出的古希腊科学努力与社会组织之间的

---

[1] 有关阴阳合成的理论，参见 Lloyd 1996a，108-115；有关其历史发展的理论，参见 Lloyd and Sivin 2002，253-271（附录）。

关联。它对希腊科学的某些方面提出了质疑，而希腊人由于狭隘的眼界，甚至认为这些方面不需要解释。通过对来自中国的对应材料进行严格的比较分析，我们可以对这些新发现的问题做出更系统、更有说服力的解释，这比仅仅分析希腊证据要容易得多。在本文的后面部分，我们将看到劳埃德阐述的一些原则如何与比较哲学和比较文学等其他比较研究领域的讨论相关联。

尽管劳埃德的方法很有说服力，但它绝不是当前比较希腊和中国科学的唯一框架。日本学者栗山重久（Shigehisa Kuriyama）在其《身体的表现力与希腊和中国医学的分歧》（1999）中提出了一个同样有趣而有效的替代方案。与劳埃德一样，栗山利用中国与希腊材料的比较，让我们反思我们认为不言而喻的身体感知的某些真理，即希腊人的遗产：盖伦发现的脉搏，古典希腊艺术家和医生发现（据称）的解剖学和肌肉学。与中国的比较表明，这些与其说是对既定现实的发现，不如说是对身体存在方式的文化建构。这些存在方式都有其非常特殊的历史，但从出发点来看，希腊和中国似乎更加相似而非不同。以把脉为例。希腊和中国的医生都发现了用手指按压手腕来倾听人体生命的方法。但是，盖伦发现了适合几何分析的特征——大小、速度、节奏——简而言之就是我们的"脉搏"，而他的中国同行则发现了时而粗糙，时而滑腻，时而"如云在天"、"如木在水"的浮力。从这一分歧出发，栗山带领我们参观了一系列文化类比，探索了希腊和中国的其他身体实践和表现形式，这些都反映了相应的体现模式。结构衔接是希腊世界诠释身体的一种"经常性方法"。古希腊运动员身上的筋肉使他们有别于不善言辞的野蛮人（身体上和语言上——anarthroi），但只有当这些筋肉代表

"自主运动的器官"、能动性指数时，才被盖伦归类为"肌肉"。[1]
解剖人体时，他们追求的不是结构而是数量——口腔的大小、胃的
重量。在身体表面，他们看到的不是表达理性和意志的肌肉，而是
颜色和色调，"精神之花"，表达生命力的光泽或预示死亡的阴暗
色调。

栗山的其他探索也有类似的风格：同一时间起源，随后产生分
歧，最终形成两种独特的连贯模式，组织起广泛的身体体验。放
血在早期帝制中国和古希腊很常见，在实践细节上也很相似。在希
腊，放血逐渐流行起来，与强调努力（ponos gymnazei to pneuma）
和去除赘肉的运动疗法相结合，产生了一种清晰的解剖学。[2]中
国人的锻炼方法以"宽松充盈"为特征，在腹部积聚元气，并采用
针灸（代替放血），以最大限度地降低元气从身体任何部位流失的
风险。早期希腊和中国的思想都认为人体的气息与体外的风相互渗
透；虽然两者都认识到体内和体外气的不同。在中国，人们的关注
点在于呼吸的集中和保持，而在希腊（盖伦），则是通过解剖发现
内息显示器官结构的能力。[3]

栗山为我们提供了一种与劳埃德截然不同的比较方式。劳埃德
的比较通常是静态的，侧重于特定时期，将希腊和中国科学的特点
与制度和社会结构的特征联系起来。栗山关注的是悠久的文化史当
中"长时段"的问题，即东西方文化中感官知觉的构建方式和身体

〔1〕 S. Kuriyama, *The Expressiveness of the Body and the Divergence of Greek and Chinese Medicine*, New York, 1999, p. 144.
〔2〕 Kuriyama 1999, 195-231.
〔3〕 Kuriyama 1999, 233-270.

体验的持续差异。然而，他的分析并不意味着本质主义。事实上，他将变化置于其比较方法的中心[1]，以古希腊和中国的共同潜能、共同概念在同一时间的实践为切入点，进而叙述分歧的长期发展，并以此为标志，表征在"医学想象的地理学"中分开的地点之间的距离[2]。对劳埃德来说，比较分析的主要收获是对文化差异做出连贯而令人信服的解释，而这种解释主要是从"中时段"概念中社会和制度配置的选择性压力的角度来阐释的。栗山在他的"对身体历史的比较研究"中的目标更接近于比较文学的目标，即拓宽我们的感知，不断重新评估我们自己的感知和情感的习惯，并想象不同的存在可能性，以便重新体验这个世界。[3]

二、比较哲学

1. 论证可比性

我们可以得到一个合理的观点，即希腊和中国的科学和医学在某种程度上是可比较的，即使不以现代科学的定义为基础，至少它们可以被视为对物质世界或社会之外领域的探究。希腊和中国的科学与医学即使不是现代意义上的"科学"，至少也是对物理世界或社会之外的世界的探索，这一点是有道理的。至于哲学，情况就不那么清楚了。孔子、孟子等传统大师的经典著作直到 20 世纪初才

---

[1] Kuriyama 1999，198："事实证明，不同传统之间的比较与对各传统内部变化的研究密不可分。"

[2] Kuriyama 1999，9.

[3] Kuriyama 1999，272.

被归类为"哲学"（这个新词由 19 世纪的日本学者翻译）。[1] 在民国初年中国向西方开放的背景下，像冯友兰这样的思想家既试图使中国传统思想现代化，又试图表明中国的传统哲学可以为全人类共有的哲学遗产做出贡献。这就需要对中国思想的制度传承进行大规模的变革。[2] 士大夫们以"家"（世系）为单位传承下来的传统学说——对他们来说，绘画、书法、诗歌都是与典章制度并列的文人文化的一部分——变成了以西方模式在大学院系教授的学术哲学。通过西方哲学的范畴对传统教义进行重新思考，使其成为一个足够系统的思想体系，并充分面向与西方对应的相同问题，从而被冠以"哲学"的称号，这种混合模式的地位存在争议。并非所有西方哲学家都承认中国哲学是"真正的"哲学，因此，中国哲学更多地被作为汉学课程而非哲学课程的一部分来教授。许多研究中国哲学的专家关注的是如何剔除这种西方外衣，以便更好地理解中国思想的本源特征及其与其他传统的潜在关联。一些当代中国思想家甚至认为，被贴上"中国哲学"标签的文献代表了一套专门的中国文化话语，与西方哲学毫无关联。即使确实存在可与希腊哲学比较的中国哲学，中希比较哲学在本质上也比科学比较史更具争议性。科学史学者并不太关心为自己的研究课题提出真理主张，而比较哲学如果要超越单纯的思想史，就必须既评价古希腊和中国哲学家思想的一

〔1〕 基于 C. Defoort, "Is There Such a Thing as Chinese Philosophy?", *Philosophy East and West* 51/3, 2001, pp. 393-413 和 "Is 'Chinese Philosophy' a Proper Name?", *Philosophy East and West* 56/4, 2006, pp. 625-660 的讨论。

〔2〕 Y. Fung, *A Short History of Chinese Philosophy*, D. Bodde（ed.）, New York, 1966; *A History of Chinese Philosophy*, Volumes I and II, D. Bodde（trans.）, Princeton, NJ, 1983.

致性和丰硕成果，又提出某种主张，为当代思想的发展做出贡献。不同风格的希腊和中国哲学比较与截然不同的观念相关，这些观念涉及这种比较如何、是否以及在多大程度上能够推动哲学的发展。

2. 作为跨文化哲学的比较哲学

最成熟的中希哲学研究计划在很大程度上继承了冯友兰著作的传统，将中国的经典文献视为与希腊人开创的西方哲学传统相同的思想努力的一部分。通常情况下，这类著作会确定当代哲学中的一个问题领域，描述和分析相关希腊哲学家和中国哲学家的贡献，并根据当代哲学的标准对这些贡献进行评价，讨论中国和希腊思想家通常互补的优缺点，并指出综合每个传统中所包含的部分真理的可能性。[1] 这种方法是系统的哲学方法，与劳埃德的科学著作相比，很少涉及历史背景的重建。这一传统的研究涉及一系列重要问题。余纪元结合当代美德伦理学，特别是苏珊·沃尔夫（Susan Wolf）关于道德完美与个人完美的区分，比较了亚里士多德与孔孟的思想。[2] 范瑞平从亚里士多德和儒家关于理想社会关系的论述出发，探讨了代理决策老年人事宜的问题。[3] 丽莎·拉法尔斯（Lisa Raphals）探

---

[1] 这在 N. Bunnin and J. Yu, "Saving the Phenomena: an Aristotelian Method in Comparative Philosophy", in B. Mou（ed.）, *Two Roads to Wisdom? Chinese and Analytic Philosophical Traditions*, Chicago, 2001, pp. 293-312 中得到了最清楚的阐释，这是 Lane 批评的具体对象，见下文。

[2] J. Yu, "Virtue: Confucius and Aristotle", *Philosophy East and West* 48/2, 1998, pp. 323-347; "The Moral Self and the Perfect Self in Aristotle and Mencius", *Journal of Chinese Philosophy* 28/3, 2001, pp. 235-256; "The Aristotelian Mean and the Confucian Mean", *Journal of Chinese Philosophy* 28/3, 2002, pp. 337-354; 以及他最近出版的专著 *The Ethics of Confucius and Aristotle: Mirrors of Virtue*, London, 2007。

[3] R. Fan, "Reconsidering Surrogate Decision Making: Aristotelianism and Confucianism on Ideal Human Relations", *Philosophy East and West* 52/3, 2002, pp. 346-372.

讨了早期希腊和中国哲学中性别与美德的关系，她提出，与当前有时用来合法化压制女性的"亚洲价值观"论点相反，古代中国哲学与古希腊一样，为主张妇女权利与其他现代公民自由提供了依据。[1]

然而，这种方法可能会受到一系列的批评，其中，梅丽莎·莱恩（Melissa Lane）的批评最为有力。[2]莱恩认为，直接比较古代

---

〔1〕 L. Raphals, "Gender and Virtue in Greece and China", *Journal of Chinese Philosophy* 29/3, 2002, pp. 415-436, 其他近期有趣的研究包括：X. Jiang, "What Kind of Knowledge Does a Weak-Willed Person Have? A Comparative Study of Aristotle and the Ch'eng-Chu School", *Philosophy East and West* 50/2, 2000, pp. 242-253；A. Plaks, "Means and Means: A Comparative Reading of Aristotle's *Ethics* and the Zhongyong", in S. Shankman and S. W. Durrant 2002: 187-206；B. P. Sypniewski, "Notes Comparing Aristotelian Reasoning with that of the Early Confucian School", *Journal of Chinese Philosophy* 28/3, 2001, pp. 257-274；K. Dorter, "The Concept of the Mean in Confucius and Plato", *Journal of Chinese Philosophy* 29/3, 2002, pp. 317-335；A. C. Yu, "*Cratylus and Xunzi* on Names", in Shankman and Durrant 2002: 235-250；M. Chandler, "Meno and Mencius: Two Philosophical Dramas", *Philosophy East and West* 53/3, 2003, pp. 367-398. 这些作品主要发表在 *Chinese Philosophy*, 不时会有专门的中希研究专题（例如2002年第29卷第3期，由 Chung-ying Cheng 和 Jiyuan Yu 编辑），以及 *Philosophy East and West* 期刊。在更广泛的比较哲学讨论中，特别值得注意的还有：A. E. Gare, "Understanding Oriental Cultures", *Philosophy East and West* 45/3, 1995, pp. 309-328；D. L. Hall, "Just How Provincial is Western Philosophy? 'Truth' in Comparative Context", *Social Epistemology* 15/4, 2001, pp. 285-297；R. T. Ames, "Thinking through Comparisons: Analytic and Narrative Methods for Cultural Under-standing", in Shankman and Durrant, 2002, pp. 93-110；J. Fleming, "Comparative Philosophy: Its Methods and Aims", *Journal of Chinese Philosophy* 30/2, 2003, pp. 259-270；E. Slingerland, "Conceptions of the Self in the 'Zhuangzi': Conceptual Metaphor Analysis and Comparative Thought", *Philosophy East and West* 54/3, 2004, pp. 322-342；T. Botz-Bornstein, "Ethnophilosophy, Comparative Philosophy, Pragmatism: Toward a Philosophy of Ethnoscapes", *Philosophy East and West* 56/1, 2006, pp. 153-171。

〔2〕 M. Lane, "Reason, Feeling and Ethics in Plato's *Republic*", paper given at the conference Topics in *Ancient Philosophy: Greek and Chinese* (Institute for Chinese Studies, University of Oxford, 22-24 June 2006), pp. 1-6；遵循 Skinner 在一系列经典的文章中详细阐述的原则，这些文章重新印刷在 J. Tully and Q. Skinner, *Meaning and Context: Quentin Skinner and his Critics*, Cambridge, 1998。

文本对所谓的永恒问题——道德完善、性别平等、知识的本质——的表面答案，不可避免地会歪曲这些文本的核心哲学内涵，忽略了它们在本土传统发展过程中所针对的原始问题语境。此外，由于这些文本时常嵌入了各自传统中根本不同的假设，她怀疑是否可以从它们的比较中产生任何综合性的"真理"，而不是某种"替代的精神世界语言"，其对于任何一种传统的信仰者来说都几乎不具有文化或智力吸引力。

戴维·霍尔（David Hall）和罗杰·艾姆斯（Roger Ames）的著作对此类批评做出了回应。[1]他们认为，阿拉斯戴尔·麦金太尔（Alasdair MacIntyre）和梅丽莎·莱恩对"真理"的关注是错误的[2]，他们支持的是"创新性年代错位"。首先，认为可以在以自己的文化和哲学视角进行解释之前，以某种方式客观地"按其自身的术语"理解一种文化或文化文献的观念是不切实际的。相反，正是从西方哲学文化的问题出发，我们才能接触到孔子这样的哲学家的思想，"发现他的哲学事业的特点和主旨"，而不是像历史主义方法那样[3]，把《论语》视为"仅仅是一个与中国古典文化的起源和

---

[1] D. L. Hall and R. T. Ames, *Thinking Through Confucius*, SUNY Series in Systematic Philosophy, Albany, NY, 1987, pp. 1-8 为他们的研究项目提供了初步说明；*Anticipating China: Thinking through the Narratives of Chinese and Western Culture*, Albany, NY, 1995 重点关注两个传统在其古典时期所特有的"估价矩阵"的发展；*Thinking from the Han: Self, Truth and Transcendence in Chinese and Western Culture*, Albany, NY, 1998, pp. xi-xvii 回应对麦金太尔和劳埃德的批评，为他们的实用主义方法辩护。

[2] A. MacIntyre, "Incommensurability, Truth and the Conversation between Confucians and Aristotelians about Virtue", in E. Deutsch (ed.), *Culture and Modernity: East-West Philosophic Perspectives*, Honolulu, 1991, pp. 104-122.

[3] D. L. Hall and R. T. Ames, *Thinking Through Confucius*, SUNY Series in Systematic Philosophy, Albany, NY, 1987, pp. 6-8.

发展相关的、受文化束缚的伦理规范的宝库"。相应地，比较哲学的目标不是某种超验的真理，而是更加务实的目标，即能够在不同传统之间展开对话，并使对话能够继续下去，在致力于对话和发展相互理解的共同基础上，建立和调解异同。

梅（May）和西姆（Sim）的作品《与亚里士多德和孔子重塑道德》(*Remastering Morals with Aristotle and Confucius*) 是在这一框架内开展工作的最新实例。[1]西姆以当代美德伦理问题为背景，展开了孔子哲学与亚里士多德哲学之间的对话。自始至终，西姆都在不遗余力地展示，即使没有一一对应的术语，最具文化特定性的概念也可以在不同文化之间得到理解。因此，对于只习惯于君主制的儒生来说，民主政体的概念是可以理解的，只要向他解释两者共同的范畴：基于时间和空间上的政治结构联系；统治者和被统治者之间的区别；以及优秀统治者的性格和品质。[2]事实上，正是因为不同文化间的概念和框架无法完全互译，所以每种传统都可以通过综合的方式为对方提供一些东西，其中每种传统都可以借鉴对方的长处来减轻自身的不足，正如西姆在比较孔子的孙子的伦理著作《中庸》和亚里士多德的《尼各马可伦理学》时提出的观点。事实证明，要以适合现代和不断变化的世界的方式重建儒家伦理概念——例如《中庸》——是很困难的，因为儒家伦理的基础是礼仪化的角色和上天赋予权威但不明确的秩序（天）的概念，这两者实际上都是无可非议的。亚里士多德将神的概念视为"首要的物质或形式"，这证明他对理性灵魂的描述是正确的，因此，《中庸》的概

---

[1] M. Sim, *Remastering Morals with Aristotle and Confucius*, Cambridge, 2007.

[2] Sim 2007, 59-69.

念和其伦理蕴含的推理辩论也是正确的。[1]相反,《中庸》认为,美德可以在比亚里士多德所关注的政治生活更广泛的环境中行使,最显著的是在家庭中,以及在阐明人类与其大自然环境之间的和谐关系时,这种观点在很大程度上摆脱了以人类为中心的亚里士多德哲学,但却是当代道德哲学的一个关键问题。[2]

3. 作为文化批评的比较哲学:从外部审视我们自己

弗朗索瓦·朱利安(François Jullien)不是在西方哲学的既定框架内与中国思想进行对话,而是通过将中国哲学与希腊哲学并置来"打开一个视角",让我们"从外部质疑自己"。[3]朱利安认为,西方哲学内部的自我批判一直局限在相当狭窄的范围内,这个范围主要是由希腊哲学设定的。经过千年来的相似发展,它现在似乎卡在了"死胡同"中。通过与中国哲学的对比,我们更能看到受到希腊哲学传统影响的哲学范式的局限性,从而"解开"当代西方哲学中存在的无法解决的难题,同时也可以通过吸收中国思维方式,启发我们解决西方哲学无法很好处理的知识问题,从而"激发我们的思维活力"。[4]

朱利安关注的不是对概念的传统哲学阐释,而是遵循他所谓的"意义策略"(strategies of meaning),即可能涉及广泛领域的思维模式。因此,他的方法往往有意"间接而蜿蜒,充满转折和回

〔1〕 Sim 2007, 130.

〔2〕 Sim 2007, 8-18, chapter 5 esp.127-133.

〔3〕 Jullien, *Detour and Access: Strategies of Meaning in China and Greece*, S. Hawkes (trans.), New York, 2000, p. 371.

〔4〕 Jullien, *A Treatise on Efficacy: Between Western Thinking and Chinese Thinking*, J. Lloyd (trans.), Honolulu, 2004, pp. vi-vii, 1-14, 15-20, quotations viii, 15.

归"。[1] 因此，在《万物之兴》(*The Propensity of Things*) 一书中，他追踪了一种思想风格，这种风格强调现象是如何在没有外部有意的因果干预的情况下自发展开的，这是"……事物本身的处置所产生的那种潜能（势）"的结果。[2] 他将这一点与希腊的因果思想进行了对比，并引用了中国文人有关兵法和将领、书法和文学、风水和山水画等主题的著作，而不仅仅是那些在西方人看来是"哲学"的著作。与劳埃德的反概括原则形成鲜明对比的是，朱利安强调"异托邦"(capacity of heterotopic) 视角的能力——从中国视角看我们自己的思想，从西方视角看中国思想——使我们能够在不断变化的"话语构型"中"感知在文化内部并不明显的永恒性和同一性模式"。[3]

朱利安最持续的中希比较著作是《迁回与通达：中国和希腊的意义策略》。[4] 在这本书中，他以 20 世纪初一位美国传教士对中国人缺乏直率、偏好间接的偶然观察为出发点，进而打开了一条文化"裂缝"，回到了中国和古希腊早期"意义策略"的根源。通过一系列比较，他强调了中希思想和实践在多个领域的结构性差异的共同模式。在奥提斯莫斯（Othismos）战术中，古希腊战争的理想形式是两支重装步兵军队之间的正面决战，是城邦之间男子汉力量的对

〔1〕 Jullien, *Detour and Access*: *Strategies of Meaning in China and Greece*, S. Hawkes (trans.), New York, 2000, p. 10.

〔2〕 Jullien, *The Propensity of Things*: *Toward a History of Efficacy in China*, J. Lloyd (trans.), New York, 1995, quotation 13.

〔3〕 Jullien 1995, 15.

〔4〕 Jullien 2000. *The Propensity of Things*（1995）更多地以希腊思想作为对比，来探讨中国思想中"士"的概念，并在 Jullien 2004 中进一步进行了与希腊哲学更持久的比较。

决。相比之下，中国的战略家则主张声东击西和迂回战术，这样，在序列战斗结束时仍"留有计谋"的将领甚至可以"不战而屈人之兵"。[1]尽管希腊人意识到智谋（metis）的可能性和运用佯攻的方法，但这种智慧并没有像在中国那样被系统理论化，而佯攻策略也没有成为希腊战争的基础。随后，朱利安探讨了外交接触中的沟通方式，比较了修昔底德对雅典人与美利安人相遇的描述，以及中国最早的历史文献之一《左传》中列国之间的对话。在前者中，雅典人直接向美利安人发出最后通牒，并主张权力和利益，这在历史上是臭名昭著的。与此相反，在《左传》中，我们发现王公们通过吟诵《诗经》中的经典诗句来传达他们的利益，这些诗句"暗示［他们的］立场，但不会导致对抗"：这种暗示的模糊性使双方都有更多的活动自由，而传统公式则具有更直接的个人交流所缺乏的隐秘力量。

同样的结构性差异也存在于早期希腊和中国的主导文学形式中，一种是追求"尽可能贴近其对象"的"逻辑"，另一种是保持"对所看对象的暗示距离"的"文化"（模式／文化）。[2]中国山水诗通过"感发"（性）来运作，它不是要表现山，而是通过典故，在读者或听众心中煽起山在诗人心中激起的情绪，创造出一种值得品味的氛围。朱利安基于这一点将中国古诗词与早期文学和修辞批评中的希腊史诗做了鲜明对比。在这里，所有的重点都放在表现

---

[1] Jullien 2000, 35-53. 这是 Jullien 的首选起点，参见 1995, 25-38；2004, 18-24, 41-45, 47-54，这些地方以更持续的方式深入阐述了希腊和中国不同战争风格在更广泛的文化和哲学意义上的重要性。

[2] Jullien, *Detour and Access: Strategies of Meaning in China and Greece*, S. Hawkes（trans.）, New York, 2000, p. 47.

（模仿）上，给人的印象是所表现的物体或行为与读者或者听众同时存在。"这种概念上的差异，"朱利安认为，"可以追溯到每种文化最初采用的诗歌体裁之间的差异：诗歌在希腊本质上是叙事性和描述性的，而在中国则是抒情性的。"[1]

这种简单的概括似乎表明，朱利安非常接近劳埃德所批评的那种"心智"方法。朱利安不遗余力地反驳这种指控[2]，但他与劳埃德在比较风格上的差异，可以从他们各自对希腊和中国的因果关系/倾向性概念的论述中得到很好的说明。两人都发现了本质上相同的对立思维模式：希腊哲学家将不同类型的外因——最终原因、有效原因等——作为变化的解释，而在中国思想的过程中，内部的阴阳相关互动自然而然地导致变化。正如我们所看到的，劳埃德从社会背景的角度解释了这种差异：知识交流的直接环境和政治结构的更广泛的背景。这两者都有利于特定的交流方式和与之相适应的概念的形成。与之相反，朱利安更喜欢构建一个谱系，向上追溯到思想传统分歧的根源。[3] 有时，这种谱系是历史性的，近乎文化本质

---

〔1〕 Jullien 2000, 163. 这些论点在 Jullien 的著作中更加详细的阐述见 «L'œuvre et l'univers: imitation ou déploiement. Limites à une conception mimétique de la création littéraire dans la tradition chinoise», *Extreme-Orient, Extreme-Occident* 3, 1985, p. 37-88；«Naissance de "l'imagination"：essai de problematique au travers de la reflexion litteraire de la Chine et de l'Occident», *Extreme-Orient, Extreme-Occident* 6, 1989, p. 23-81。

〔2〕 例如，Jullien 2000, 67 指出，在希腊世界也出现了斜向交流，尽管它发生在有限的语境中，如德尔斐的阿波罗洛西亚斯的神谕回应，而不是像在中国那样代表一种主流规范。尽管如此，反驳并不总是令人信服的：在"The Impossible Nude"这篇艺术哲学论文中，我们被要求从公元 3 世纪普罗提诺哲学的角度来理解公元前 5 世纪阿尔特米辛青铜器的解剖结构（Jullien, *The Impossible Nude：Chinese Art and Western Aesthetics*, Chicago, 2007, p. 65）！

〔3〕 Jullien, *The Propensity of Things：Toward a History of Efficacy in China*, J. Lloyd（trans.）, New York, 1995, p. 253 提到"逆流而上"，p. 249 提到追溯到分裂前的某一点。

论。中国没有可与希腊赫西俄德相媲美的起源神话；中国现存最早的文字——商代甲骨文——体现了一种推理风格，根据这种风格，裂缝被解释为揭示了宇宙组成部分的排列及其变化的趋势，这种洞察力"与因果关系中的演绎次序形成强烈对比"[1]，换句话说，希腊人和中国人的思维方式总是不同的，有时，谱系是理论性的，近乎循环论证。希腊人从因果关系的角度思考问题，因为在亚里士多德看来，对立面是相互排斥的，不能直接作用于对方或变成对方；因此，必须有某种潜在的物质（hypokeimenon）受到外因的作用，这一事物才能变成另一事物。相反，根据中国的阴阳理论，对立面"相互包容"，彼此促成对方的实现，这是一种相互作用的过程，既包括物质层面又包括形式层面，两者不可分割。[2]两者的区别在于哲学上的不同。朱利安研究方法的优势在于，它能够非常精妙地揭示出中西文化在很长一段时间内截然不同的整合模式；其不足之处在于，它缺乏劳埃德的社会学分析方法的分析深度和解释能力。[3]

4. 理性和相对主义：可比较性问题

迄今为止，我们的研究大都关注对文化差异的探索。但是目前，哲学作为一门目的是制造普遍的知识主张的学科，中国哲学和

---

[1] Jullien 1995, 220-221.

[2] Jullien 1995, 249-252.

[3] Lloyd 和 Jullien 对文化历史中的"为什么"问题的理解存在差异。Jullien 分析了中国精英文化实践中许多领域的一致性模式，指出核心文化模式一旦确立，就会影响随后的文化发展，因此结构上的同源性会在各个领域扩散，而不存在 Lloyd 所援引的那种直接的社会背景原因。Lloyd 在最近的著作中开始探讨这一问题，并称之为"动力效应"（*The Ambitions of Curiosity*：*Understanding the World in Ancient Greece and China*，Cambridge，2002，pp. 142-144）。与 Lloyd 广义上的涂尔干框架相比，从韦伯框架来分析此类过程或许更好；参见 M. S. Archer, *Culture and Agency*, Cambridge，1988。

西方哲学之间明显不可调和的存在似乎有些不合时宜：特别是，这似乎与支撑哲学事业的人类理性的基本统一的假设相矛盾。[1]这一问题为罗伯特·沃迪（Robert Wardy）的作品《亚里士多德在中国》和让-保罗·雷丁（Jean-Paul Reding）的作品《早期希腊和早期中国的理性思维比较论文》中的中希比较哲学提供了一个独特的出发点。[2]

雷丁认为，严谨的比较哲学必须假设可比性。与其问为什么中国和希腊的理性有区别（different），我们应该问为什么两者不一样（not same）。按照类似于历史语言学的原则，我们需要探索共同的条件（对雷丁来说，这包括社会和语言方面）如何在不同的配置下组成运行的初始条件（理性的统一），以产生不同的进化链——就像河流多样的蜿蜒是由相同的物理定律在不同的条件（地质基质的性质，降雨量等）下形成的。[3]因此，雷丁的重点是寻找中国哲学和希腊哲学面临类似问题的实例，并说明它们解决这些问题的方法是如何以共同的理性为前提的，并通过语言结构或形成共同认知见解的特定话语语境等共同参数的变化而有所体现。

在这一系列章节中，雷丁展示了相同的认知洞察力是如何在希腊和中国思想的多个不同方面发展的。关于矛盾的不可能性的相同

〔1〕 R. J. Bernstein, "Incommensurability and Otherness Revisited", in Eliot Deutsch（ed.）, *Culture and Modernity*: *East-West Philosophic Perspectives*, Honolulu, 1991, pp. 85-110, 关于被滥用已久的可比性概念。

〔2〕 R. Wardy, *Aristotle in China*: *Language*, *Categories and Translation*, Cambridge, 2000; J. P. Reding, *Comparative Essays in Early Greek and Early Chinese Rational Thinking*, Aldershot, 2004.

〔3〕 J. P. Reding, *Comparative Essays in Early Greek and Early Chinese Rational Thinking*, Aldershot, 2004, pp. 1-16, 4 个关于河流的类比。

悖论在中国和希腊的逻辑学家那里都有所发展，不同之处在于希腊哲学家将这个问题视为认识论的问题，而中国的哲学家则将这个问题发展为政治问题，即人类行为的不一致性："执无鬼而学祭礼……是犹无鱼而为鱼罟也。"[1] 这是一个典型的类比表达方式，雷丁展示了中国思想家如何将这种方法系统化，并以一种同样有用但截然不同的方式来解决希腊思想中通过形式逻辑处理的逻辑问题。[2]

雷丁认为，中国和希腊理性解决逻辑问题的方式不同，部分原因在于语言结构的差异，因为中文是一种逻辑性更强的语言，思想家不会遇到逻辑和语法之间的分歧，而希腊思想中的形式逻辑和语法分析正是由此产生的。[3] 对于同样的认知问题，在同样有效的解决方案中存在语言上的差异，但这并不意味着语言决定思想，因此本体论、存在论只能在古希腊发展起来，原因在于动词"einai"的特殊性，尤其是它在谓词和存在的陈述中的使用。查尔斯·卡恩（Charles Kahn）和汉学家安格斯·格雷厄姆（Angus Graham）都提出了这一观点——卡恩认为，希腊语将真理、知识和现实联系在一起，因而成为哲学的自然语言；而汉学家安格斯·格雷厄姆则将谓词和存在陈述的语言区分视为中国对形而上学的应对方式（antidote）。雷丁认为，这两种观点都不完全正确。中国修辞学家公孙龙通过"坚白论"探讨了"物非其物"的问题："坚白（TI）"中是包含"坚（T）"，还是在形成新的统一体时"坚（T）"消失了？然而，对公孙龙来说，这只是一个修辞上的悖论。两者潜在的

---

[1]《墨子》第 48 章，收录在 Reding 2004，27。
[2] Reding 2004，17-30——矛盾；31-48——逻辑。
[3] Reding 2004，8.

认知洞察力是相同的，但在希腊思想中变得更为重要，因为它是在认识论的背景下发展起来的。[1]

与雷丁一样，沃迪也非常关注语言与思维之间的关系，尤其是萨丕尔·沃尔夫假说，即语言在很大程度上决定了思维的轮廓。沃迪追溯这一观点，将其称为"指导和限制"，并且回溯了洪堡的语言学理论。洪堡认为，与希腊语或梵语等转折语言相比，古汉语缺乏词类和语法范畴，这在逻辑和演绎推理的发展方面明显处于劣势。这一观点通过马塞尔·格拉内特（Marcel Granet）以及最近安格斯·格雷厄姆的工作影响了对中国思想的研究。特别是，格雷厄姆认为不可能将希腊哲学中的某些基本区别（如存在与本质的区别）翻译成古典中文。事实上，格雷厄姆提出，一位中国的亚里士多德在思维结构的基本范畴方面会与亚里士多德不同，这是因为中国语言的不同结构特性。[2]如果真是这样，沃迪担心，亚里士多德的《范畴篇》，这本西方形而上学史上最有影响力的著作，会被尴尬地视为一种语言（或语系）及其特质的地方性产物而已。[3]

一个偶然的机会，耶稣会士早期来华传教的过程中产生了一部著作，它似乎是对这一论点的完美检验，而这正是沃迪研究的重点。《名理探》出版于17世纪初的中国。该书由耶稣会传教士傅泛际（Francois Furtado）和文学家李之藻合力完成，是约翰内斯·阿吉洛普洛斯（Johannes Argyropulos）对亚里士多德《范畴篇》拉丁

〔1〕 Reding 2004, 167-194.

〔2〕 A. C. Graham, *Disputers of the Tao：Philosophical Argument in Ancient China*, Chicago, 1989, 389-428.

〔3〕 R. Wardy, *Aristotle in China：Language, Categories and Translation*, Cambridge, 2000, p. 150；更早的版本见 "Chinese Whispers", *PCPhS* n.s.38, 1992, pp. 149-170。

文译本的部分中文翻译。虽然中译本对一些概念的翻译似乎不够充分（尤其是逻各斯/比率），但在其他情况下，沃迪能够证明中译本在捕捉古典希腊文的区别方面优于拉丁文译本。[1] 例如，中文的"自立体"比拉丁文的"实体"（substantia）更适合翻译 ousia，后者只抓住了概念的一个维度，即基质（hypokeimenon）。与拉丁文对应词不同，中文翻译的数量和质量保持了希腊文 poson 和 poion 的疑问性质。正如语言创新使希腊哲学的本体论术语成为可能一样，它也可以在古代汉语中（在明代李谭那里）出现。

三、海妖与圣贤：中希研究与比较文学

中希比较研究中，比较文学领域对比较模式的尝试最多，这也许并不令人惊讶，因为与古代哲学或科学史等领域相比，这个领域的学科目标不太明确。与列举流行的各种方法相比，找出不受欢迎的比较风格更为容易。其中有两种方式尤为突出。首先，在中国寻找西方文学形式的对应者——例如史诗在中国的对应者——以及直接将西方批评范畴强加于中国文学的做法都不受欢迎。[2] 其次，早期认为西方文学模仿史诗写作，而中国文学以抒情表达为特征的对

---

[1] 最佳例子在 Wardy 2000, 131-134 中；有关讨论可参考 M. R. Johnson, "Review of W.-R. Mann, *The Discovery of Things*: *Aristotle's Categories and their Context and R. Wardy, Aristotle in China*: *Language, Categories and Translation*", *Ancient Philosophy* 21, 2001, pp. 188-198。

[2] Z. Cai, *Configurations of Comparative Poetics*: *Three Perspectives on Western and Chinese Literary Criticism*, Honolulu, 2002, pp. 34-35, 批评 James Liu 在分析中国文学时使用 Abrams 在 *The Mirror and the Lamp*（1953）中提出的四个批评坐标，在 *The Mirror and the Lamp* 中的相关内容可见 pp. 108-110, 246-248。

比也受到了严厉批评[1]，相反，出现了一系列更为精细聚焦、不同于本质主义或欧洲中心主义的方法。

丽莎·拉法尔斯（Lisa Raphals）在《知言：希腊和中国古典传统中的智慧与狡猾》一书中，采用了德蒂安和韦尔南的观点。[2]"巧妙的智慧"（希腊语中的 metis）代表了一种智慧的普遍模式，作为比较性探究希腊和中国的智谋（metis）的基础。由于中文中并不存在"metis"这一概念，因此她通过语义分析，确定在中文中与"metis"相对应的概念。[3]然后，她探讨了古典儒家思想、墨家思想和道家思想对"巧妙的智慧"的不同评价。与雷丁对理性的分析相比，她的比较研究既表明了"巧妙的智慧"作为一种思维模式的一致性，也表明了它是如何因为与之相联系的希腊和中国的各种思想的不同价值取向和认识论前提而被认为是有问题的或可以接受的。

拉法尔斯认为，"metis"作为一种思维模式具有普遍性，因此她不得不进行概括，选择了年代大相径庭的文本进行比较研究：《伊利亚特》《奥德赛》和中国明代小说。[4]就像《伊里亚特》中的

---

[1] M. D. Gu, "Is Mimetic Theory in Literature and Art Universal?", *Poetics Today* 26/3, 2005, pp. 459-498.

[2] L. Raphals, *Knowing Words: Wisdom and Cunning in the Classical Traditions of Greece and China*, Ithaca, NY, 1992.

[3] L. Raphals, "Fate, Fortune, Chance and Luck in Chinese and Greek: A Comparative Semantic History", *Philosophy East and West* 53/4, 2003, pp. 537-574; "Craft Analogies in Chinese and Greek Argumentation", in E. Ziolkowski (ed.), *Literature, Religion and East/West Comparison: Essays in Honour of Anthony C. Yu*, Cranbury, NJ, 2005, pp. 181-201 在对 fate 和 craft 的概念进行比较研究时，也采用了同样的方法。

[4] 基特利（Keightley）将希腊史诗中的英雄概念与中国早期的英雄概念——圣贤君王与官僚将领——进行了比较（1990；1993）。

奥德修斯一样，诸葛亮（《三国演义》中的军事谋略家和大臣）更倾向于使用策略而非武力，并在刘备建立王权的过程中扮演了与奥德修斯在与阿伽门农的关系中相似的角色。[1]《西游记》和《奥德赛》中的英雄——孙悟空（心猿意马、妙计横生的猴子）和奥德修斯（老谋深算的奥德修斯），都是凭借自己巧妙的智慧和一位女神（观音和雅典娜）的支持完成了他们的探险并安全返回家园的。[2]通过比较，我们发现了"巧妙的智慧"的一个新的方面，即女性有机的 metis，包括对变化的灵活应对，这是观音和珀涅罗珀的特点，与德提安和弗南发现的控制性技术 metis 形成对比。[3]

在《海妖与圣贤：希腊和中国古典传统中的知识与智慧》一书中，商克曼和杜兰特从"意向性"和"参与性"之间的哲学张力入手。他们发现《道德经》和柏拉图的《会饮》都阐明了这一点。借助文学批评的方法，他们通过对比分析，探讨了希腊和中国文学中可比较的经典文本，以揭示这种紧张关系如何以不同方式在作品中被呈现，希腊文学强调"意向性"，而中国文学则强调"参与性"。[4]《诗经》和《奥德赛》这样的早期文本，表现出了在主导的参与性背景下个体差异最初的迹象。在《荷马史诗》中，这一背景是神的世界，而在《诗经》中，则是自然与祖宗的家庭。[5]这种不

---

〔1〕 Raphals 1992, 188-207.

〔2〕 Raphals 1992, 208-225.

〔3〕 Raphals 1992, 229-230.

〔4〕 Shankman and Durrant, *The Siren and the Sage*：*Knowledge and Wisdom in Ancient Greece and China* London, 2000；此外还可以查阅 Chandler, "*Meno and Mencius*：*Two Philosophical Dramas*", *Philosophy East and West* 53/3, 2003, pp. 367-398, 以文学方法对比《美诺》和《孟子》作为哲学戏剧的内容。

〔5〕 Shankman and Durrant 2000, 19-77.

断变化的平衡贯穿了一系列主题：家庭与社会、父亲与母亲、自然世界。奥德修斯实现其英雄命运的一个条件是与母亲和父亲在情感上有一定程度的疏离，而《诗经》则反复回到士兵的主题，他在离开时担心父母的忧虑。在《诗经》中，英雄是农业英雄，自然与社会世界和个人经验和谐相关。在《奥德赛》中，大自然的诱惑，如海妖的乐园、卡吕普索的花园，威胁着英雄的意向性追求，可能导致英雄的参与和失败。

第二组比较涉及希腊和中国的历史写作，尤其是希罗多德和修昔底德与汉代史学家司马迁的比较。[1]商克曼和杜兰特将希腊历史学家强烈的意图主义立场与司马迁更多的参与性取向进行了对比。希腊历史学家以强烈的主观意识开始他们的作品，强调自身身份和主题的重要性，而司马迁则作为宫廷历史编纂者，仅在叙述祖先历史后才提及自己的生平。希腊历史强调客观性，关注合理的因果分析，最典型的例子可能是修昔底德对自己在伯罗奔尼撒战争中的客观叙述。相比之下，司马迁在描述事件时加入感情色彩，甚至记录了参观某一遗址时总是因为不被重用的官员屈原的自杀而流泪。商克曼和杜兰特的结论是，希腊和中国哲学的兴起代表了同一时间不同特点的尝试，试图在早期铁器时代社会出现结构分化和社会崩溃的情况下，恢复更强调参与性的导向。儒家圣人更注重在人际关系中实现的仁爱，而柏拉图式哲学家则强调通过对"形式"的沉思来实现对宇宙的神秘参与。[2]这些比较也许不如劳埃德对社会背景的细致关注或比较哲学家的严谨分析，但这样的批评忽略了关键之处：

---

〔1〕 Shankman and Durrant 2000, 79-156.

〔2〕 Shankman and Durrant 2000, 157-223.

通过相互对照阅读商克曼和杜兰特所探讨的各种文本，我们的理解得到了极大的丰富，我们的文化共鸣和敏感度也得到了相应的提高。

比较文学研究中较为严谨的研究选择的重点不是广泛的主题，而是在希腊和中国密切平行的文学流派或过程。朱利克·安德森（Julic Anderson）和亚历山大·比克罗夫特（Alexander Beecroft）选择比较希腊抒情诗和中国抒情诗，并将两者置于共同的背景之下，以便更准确地探讨两种文学文化之间的差异。安德森探讨了希腊—罗马和中国诗歌中的言辞特征，以及它们与希腊和中国不同的书写系统特征之间的关系。[1] 她认为，希腊字母文字适合用于记录口语，并被看作对口语的模仿。"无意义的音节"，如诗歌中的"o"，指示并呈现了诗歌之外的言辞，有时是神明，有时是特定的听众。相反，中国汉字被看作从自然界中衍生出来的图案，相应的感叹词是拟声词，如"关关雎鸠""营营青蝇"，在诗人与自然之间架起了桥梁。这为对抒情诗中的言辞——从萨福和《诗经》到奥维德和中国公元4世纪的隐士诗人陶潜——进行一系列比较分析提供了背景。比克罗夫特将希腊与中国的抒情诗作为诗歌从口头过渡到书面的早期表现形式进行了比较，并且特别探讨了作者这一概念的发展与历史文本化之间的关系。[2] 他发现，希腊传统专注于发展和特定风俗相关的作家谱系，每个作家都有自己的传记，传记由一系列传统题材构成，用于阐释与其名字相关的诗歌。相比之下，《诗

---

[1] J. T. Anderson, *To Whom it May Concern: The Dynamics of Address in Ancient Roman, Greek and Chinese Poetry*, Ph. D. Diss. Berkeley, 2003.

[2] A. J. Beecroft, *The Birth of the Author: Oral Traditions and the Construction of Authorial Identity in Ancient Greece and China*, Ph. D. Diss. Harvard, 2003.

经》的抒情诗最初被认为是由政府官员收集，以了解民情。传统注疏并不把诗歌的创作归于特定的作者，而是记录特定诗歌在特定政治背景下的权威性表现，将其作为一种赞扬或训诫的方式。在这两种传统中，与通常认为的"希腊模仿中国表达方式"的刻板印象相反，诗歌通过其"情感力量……为无序的世界带来秩序"，推动着政治变革。[1]

在普鲁赛克（Prusek）的这篇开创性文章之后，出现了一系列对希腊和中国历史写作的比较研究，[2]其中最有说服力的是 E.-H. 穆施勒（E.-H. Mutschler）[3]的研究。穆施勒继承了普鲁塞克的观点，指出了早期希腊和中国历史书写的关注点和结构之间的广泛联系，即《伊利亚特》与《诗经》之间的关系，以及它们与早期诗歌传统的特点。战争是希腊历史书写的核心，但即使在中国的同类作品中，战争也不是详细描述的重点。相反，中国的历史书写更关注为政以善、造福于民。与史诗一样，希腊（和罗马）的历史书写有很强的叙事性。相比之下，司马迁的《史记》与《诗经》一样，是

〔1〕 Beecroft 2003, 50-51.

〔2〕 参见 J. Prusek, "History and Epics in China and in the West: A Study of Differences in Conception of the Human Story", in J. Prusek（ed.）, *Chinese History and Literature: Collection of Studies*, Dordrecht, 1970, pp. 17-34; D. Schaberg, "Travel, Geography and the Imperial Imagination in Fifth Century Athens and Han China", *CompLit* 51/1, 1999, pp. 152-191; Lloyd, *The Ambitions of Curiosity: Understanding the World in Ancient Greece and China*, Cambridge, 2002。

〔3〕 E.-H. Mutschler, „Vergleichende Beobachtungen zur griechisch-römischen und altchinesischen Geschichtsschreibung", *Saeculum* 48, 1997, S. 213-253; „Zu Sinnhorizont und Funktion griechischer, römischer und altchinesischer Geshichtsschreibung", in K. J. Holkeskamp, J. Risen, E. Stein-Holkeskamp und H. T. Gritter（hgs.）, *Sinn（in）der Antike: Orientierungssysteme, Leitbilder and Wertkonzepte im Altertum*, Mainz, 2003, S. 33-45.

以社会为基础组织的，首先是帝王本纪，然后是表、书、世家，最后是列传。此外，它还具有非常强烈的道德主义特征，赞扬好的统治者，指责坏的统治者，这与希腊历史写作的理性主义形成鲜明对比，后者着眼于对人类行为因果关系理解的未来效用。不过，穆施勒建议不要在东西方历史意识之间形成某种本质上的文化对立。在强烈的道德取向上，以及在其有限的范围内（相对于世界史的国家史），中国的历史书写与罗马的非常相似。就像劳埃德对科学的看法一样，穆施勒认为，罗马和中国历史书写的相似之处，以及它们与希腊历史写作的不同之处，至少部分归因于生产方式和传播背景的特点。希罗多德、修昔底德和波利比乌斯拥有客观性和普遍性倾向，是因为他们都是作为流亡者离开自己的家乡，并为全希腊的读者写作的。而中国的史官（士）最初负责记录各种可能对统治者有用的信息，如历法、甲骨文档等，并在担任统治者谋士的背景下撰写历史。穆施勒认为，早期的罗马编年史尽管是在共和制的背景下，仍具有类似的特点和功能。历史写作仍然是执政阶层的垄断领域，早期的杰出历史学家中有两位负责国家道德监察的前任审查官，这一点很有说服力。

从比较方法论的角度来看，蔡宗齐的比较诗学研究提供了一个特别有趣的贡献。他将我们已经接触到的多种不同比较方法融合到一个更全面的研究方案中，尽管这个方案不仅限于中希研究，而是涉及从古至今的中西方文学批评。蔡宗齐认为，比较文学批评必须结合三种方法。[1]首先，它必须采用"文化内视角"，从传统自身

---

[1] Cai, *Configurations of Comparative Poetics*: *Three Perspectives on Western and Chinese Literary Criticism*, Honolulu, 2002, pp. 3-5.

的角度来审视传统，而不是"将批评问题从其自身的文化背景中抽离出来"，并经常将我们自己的异质视角强加于它们之上（参见上文劳埃德的"反概括性"）。只有这样，作为第二层次的分析，我们才能采用跨文化的方法，避免过早争议性地将其归因于相似和不同，这种异同归因往往以一种传统对另一种传统核心内容的"缺乏"为特征。最后，以"跨文化"视角寻求一种更具包容性的解释视野，在此视野下，文学表现中的异同可被视为在我们"共通人性"（参见上文雷丁关于理性的论述）所赋予的普遍潜力背景下的特定选择。蔡宗齐勾勒了西方和中国的文学批评传统，首先对各自进行独立审视，然后进行比较。这提供了一个与朱利安相似的"异托邦"视角，并凸显了他认为的每个传统的长期共同点：在西方传统中，对真理的追求可以追溯到赫西俄德和柏拉图；在中国传统中，文学被看作一个和谐的过程。[1] 每个传统中的批评理论序列都有"差异"：在西方，对宇宙、艺术家、作品、读者的关注不断变化；在中国传统中，对天、地、人之间和谐关系的关注不断变化。这些共同点和不同点都根植于基本的宇宙范式：西方（柏拉图）的二元论蕴含着"造物"或"创世"的诗学；而中国的宇宙观则认为宇宙是阴阳互补而非对立的自我调节过程。对于希腊人来说，蔡宗齐对柏拉图和孔子的"和谐诗学"的比较具有最直接的相关性，[2] 而后面几章探讨想象力（Wordsworth 和 Liu Xin）、语言和本体论（德里达和中国佛教批评家）等其他方面的批评理论。

这种方法的魅力在于，蔡宗齐能够以发展的角度来看待问题，

---

〔1〕 Cai 2002，9-32，33-70.

〔2〕 Cai 2002，113-141.

而劳埃德等人却无法做到这一点，同时，蔡又没有陷入朱利安的分析中经常出现的本质主义陷阱。当他以跨文化维度作为比较不同文化间诗歌传统的基础时，尽管毫无疑问，其他评论家会对此提出质疑，但他也为跨文化对话提供了一个可与前面讨论过的跨文化哲学家的对话相媲美的基础。蔡所讨论的不同批评范式，对于社会坐标的不断变化并没有给予太多的关注，但在一本书的范围内，除了他已经覆盖的如此广泛的历史时期，要对这个层面进行分析几乎是不可行的。

结论：为什么是中国？为什么是现在？

这篇文章已明确展示了中希古典研究的水平，并且以一种全新的方式阐释了此类研究对于古典世界各个方面的认识能力，在没有比较参与的情况下，这些任务是难以实现的。中希比较研究的重要性也应放在更广泛的学科和历史背景中加以考量。正如最近的研究使我们意识到的，古典学作为一门学科的形成和崛起，与西欧国家新的社会和文化精英的形成密切相关，它伴随着从农业经济向工业经济的转变，以及海外帝国的发展。[1] 在 18 世纪末和 19 世纪初之前，希腊作为进步知识分子典范的角色部分由中国取代。例如，18 世纪中叶，伏尔泰曾赞赏中国通过考试选拔政府官员的做法，他认为这是对君主专制的一种制衡，是西方模仿的榜样。到了 19 世纪中期，1839—1842 年鸦片战争之后，罗伯特·诺克斯在他的《人

---

〔1〕 J. Bowen, "Education, Ideology and the Ruling Class", in G. Clarke (ed.), *Rediscovering Hellenism: The Hellenic Inheritance and the English Imagination*, Cambridge, 1989, pp. 161-186.

种》研究中将中国人归类为（古典）理想欧洲白人的对立面之一：他认为，"半开化的中国人"属于"黑暗人种……（是）活在今日的动物……不关心明天"。[1]

中国的衰落与希腊的崛起几乎同时发生，伴随着东方主义的崛起，这种态度影响了浪漫的希腊主义和欧洲经济、军事实力在近东和远东的扩张。[2]古典学作为统治阶级意识形态的黏合剂，其特殊地位使它保持教育体系的完整性，19世纪末和20世纪初的大学部门设立（如艺术史、考古学和语言学等领域）也没能破坏其学科完整性。这一特殊地位的代价却是某种程度上的知识封闭。虽然古典学在上一代失去了其特权地位，但知识视野的扩展弥补了这一缺陷，因为许多古典学家在非古典学系（考古学、艺术史、文学、社会学、人类学等）授课，并与这些学科同样紧密相关。西方文化和社会与崛起中的中国的相遇，将是新千年人文和社会科学最紧迫的问题之一。与西方一样，中国也有自己的古典传统，而对这些传统的根源和特征进行比较的探索应在这一交流中发挥重要作用。中国的崛起和中国研究的发展，以及古典研究的开放，为古希腊和早期

---

〔1〕 R. Knox, *The Races of Man: A Philosophical Inquiry into the Influence of Race over Destinies of Nations*, London, 1962, p. 283, 449-450, 由 H.-E. Hung, "Orientalist Knowledge and Social Theories: China and European Conceptions of East-West Differences from 1600 to 1900", *Sociological Theory* 21/3, 2003, pp. 245-280, p. 265 引用。

〔2〕 M. Bernal, *Black Athena. The Afroasiatic Roots of Classical Civilization*, Volume 1: *The Fabrication of Ancient Greece 1785-1985*, London, 1987, 特别是 pp. 172, 190, 237-240; G. Blue, "China and Western Social Thought in the Modern Period", in T. Brook and G. Blue (eds.), *China and Historical Capitalism: Genealogies of Sinological Knowledge*, Cambridge, 1999, pp. 57-109; H.-E. Hung, "Orientalist Knowledge and Social Theories: China and European Conceptions of East-West Differences from 1600 to 1900", *Sociological Theory* 21/3, 2003, pp. 245-280。

中国的比较提供了一个特别有利的契机，在这种比较中，两种文化具有同等的重要性。中希研究完全有可能成为古典学和汉学中最具活力的学科分支之一。

明智的人（PHRONIMOS）：伦理领域的"匠师"*

Stelios Virvidakis[1]　张鹏举[2]　译

　　亚里士多德关于道德知识的观点无疑与他的道德知识所应依循的关于实在的观点联系在一起。无论如何，伦理学研究的方法论和认识论必须与我们追求幸福所面临的 πρακτα（现实）层面的本体论相符合。因此，当我们寻找认识论问题的答案时，比如我们问"当我们渴望过上 αρετη（道德）且 φρόνησις（明智）的生活时，我们究竟需要知道什么以及知道多少？"，我们可能不得不处理更普遍的形而上学问题，例如"伦理领域的事实是什么？以及它们与自然世界的事实如何联系在一起？"。当然，我们将得到的答案，以及对它们相互依赖关系的理解可能存在差异，不仅是因为我们对相

*　　本文选自 Dimitris Papadis（ed.），*Aristotle's Moral Philosophy*：*The Nicomachean Ethics*，Athens：Travlos Publications，2006，pp. 115-130。我要感谢 Georgia Anagnostopoulou、Andreas、Graeser、Helen Kalokerinou、Dimitris Papadis 和 Dimitris Portidis 等教授，他们对本论文的初稿（于 2004 年 10 月 9 日在尼科西亚宣读）提出了有用的问题和意见。我也感谢我的同事 Pavlos Kalligas，他为我进一步研究我所试图探讨的议题提出了重要建议。

〔1〕　斯特里奥斯·维尔维达基斯（Stelios Virvidakis），中希文明互鉴中心指导委员会主席，雅典大学哲学系教授。
〔2〕　张鹏举，西南大学哲学系博士生，主要研究希腊化时代哲学。

关文本的解释不同，而且因为我们对亚里士多德道德哲学方法的总体建构也有所不同。需要判定的一个关键问题涉及道德探索——其目的主要不是获得"理论知识"（θεωρίας ενεκα），而是让我们能够"变得更好"（ινα αγαθοι γενώμεθα, *NE* 1103b26 ）[1]——在多大程度上是自主的，以及在多大程度上不需要任何形而上学的实质基础。该议题也许产生自对经典文本的解读，产生自我们对《尼各马可伦理学》（*Nicomachean Ethics*）和《欧台谟伦理学》（*Eudemean Ethics*）的研究过程。并且，鉴于道德实在论的持续争议，此议题具有特定的哲学意义，关乎道德客观性的认识论和形而上学基础。

事实上，大卫·查尔斯（David Charles）最近试图证明，亚里士多德关于"匠师"（αρχιτέκτων）的见解为我们提供了一个有趣的论证，[2]可为一种严格的本质主义实在观做辩护。[3]这一论证——他其实试图将其呈现为一种类似先验论证的东西，无论这

---

[1] 我会主要使用 Terence Irwin 的译本，即 Aristotle, *Nicomachean Ethics*, Indianapolis: Hackett, 1985。但是，我偶尔会参考由 David Ross 翻译，并由 J. L. Acrill 和 J. O. Urmson 校对的译本（Aristotle, *The Nicomachean Ethics*, Oxford: Oxford University Press, 1980 ），以及 Sarah Broadie & Christopher Rowe, Aristotle, *Nicomachean Ethics*, Oxford: Oxford University Press, 2002。【中译注】相关中译参考了亚里士多德：《尼各马可伦理学》，廖申白译注，商务印书馆 2003 年版。

[2] 【中译注】"αρχιτέκτων" 由 "αρχι-"（为首、起始、优越）和 "τέκτων"（匠人）组成，一般指总工程师、总建筑师，或者设计人和制造人。在亚里士多德的文本中，一般译为"匠师"（廖申白译《尼各马可伦理学》）或者"技师"（苗力田译《形而上学》）。这些译法凸显了"αρχιτέκτων"优于"χειροτέχναι"（普通匠人、体力劳动者）的特征。本文仍沿用惯用的"匠师"。

[3] 参见 David Charles, *Aristotle on Meaning and Essence*, Oxford: Oxford University Press, 2000, pp. 155-158, 348, 358-361, 368-370, 372。另见 "Wittgenstein's Builders and Aristotle's Craftsmen", in David Charles, William Child（eds.）, *Wittgensteinian Themes, Essays in Honour of David Pears*, Oxford: Clarendon Press, 2001, pp. 49-80。

种特殊形式与大多数先验论证有多大的不同[1]——从某种实践的专业知识的存在出发，到这种专业知识的认识论和形而上学前提的证明为止。现在，查尔斯明确提及亚里士多德思想中"匠师的角色"和有德性的人之间的类比关系。在本文中，我将对这种类比的合理性和局限性进行初步的分析，以期探究它对评估当代类型的道德实在论可能产生的影响。我会引用我在其他地方业已为之辩护的说法，支持查尔斯倾向于将亚里士多德在伦理学上的实在论解读为一种强有力的形而上学的观点，而不是一种以人类为中心的温和论点。[2]我的方法与其说是对解读亚里士多德的一种学术贡献，不如被解释为一种以系统的哲学讨论为目的的尝试，即从《尼各马可伦理学》重建适当的思路。

事实上，人们可以通过承认存在与行动领域相关的不同种类和水平的知识来展开关于亚里士多德道德认识论的分析，并且这种知

---

[1] 参见 Charles 的论文 "Aristotle on Definition and Demonstration"，该文于 2003 年 6 月在德尔斐召开的第四届 "雅典—匹兹堡研讨会"（Athens-Pittsburgh Symposium）上陈述。在研讨会上，我对 Charles 的论文做了批评性的评论。我试图表明，根据匠师的观点为实在论做辩护，这应该被解释为对最佳解释的一种推断，而不应被看作先验论证的一个例子。关于先验论证的描述（其解释了先验论证如何崩坏为对最佳解释的溯因推理），参见 Hamid Vahid, "The Nature and Significance of Transcendental Arguments", *Kant-Studien* 93, 2002, pp. 273-290。

[2] 参见 Charles 与 Stephen Everson 之间的辩论，以及他与 John McDowell 的讨论。David Charles, "Aristotle and Modern Realism", Stephen Everson, "Aristotle and the explanation of evaluation", John McDowell, "Eudaimonism and Realism in Aristotle's Ethics", in Robert Heinaman（ed.）, *Aristotle and Moral Realism*, London: University College London Press, 1995, pp. 135-172, 173-200, 201-218. 关于我的讨论，参见 Stelios Virvidakis, "Contemporary Approaches to Aristotle's Moral Realism", in Demetra Sfendoni-Mentzou, Jagdish Hattiangadi, David Johnson（eds.）, *Aristotle and Contemporary Science*, vol.2, New York: Peter Lang, 2001, pp. 252-262。

识可能对最终达成 ευδαιμονία（幸福）所必需的 ευπραξία（善行）或多或少是重要的。毫无疑问，应对日常生活中的偶发事件——其中"事情可能会是另一种情况"（ενδέχεται και άλλως εχειν）——所需的实践知识在于对明智的运用，其为德性所维系。这种知识应当与理论的、科学的知识区分开来，它是最宝贵的幸福这种最高的、静默的理想的必要组成部分；并且，由那些展现出理论智慧（σοφία）——这是灵魂至高的德性——的人以最纯粹和最完善的形式实现。此外，可以想见，我们今天归为道德行为的元伦理学所解释的东西——就这里的情况而言，由《尼各马可伦理学》的作者本人提供——无论我们认为它是科学的还是辩证的[1]，对于明智的人或道德高尚的人没有立竿见影的作用。经验之眼（το της εμπειρίας ομμα）的训练和适宜习惯（εξις）的力量确保对现实世界中的各种特殊挑战做出恰如其分的回应。然而，显而易见的是，ενάρετος（有道德的人）和 φρόνιμος（明智的人）在采取行动之前能够在任何情况下以正确的方式运用正确的理性（λόγον），并通过类似于感知（αισθησις）的心理活动把握"最终的事情"（εσχατα），他们的认知能力不能局限在某种无意识的技艺当中。哲学讨论关涉当下讨论的实践知识的确切性质和范围，并且关涉其对象的本体论地位。鉴于此，关注"匠师"的类比会被证明非常有用。

　　查尔斯强调，匠师展示的技艺必须既与科学知识（如几何学家所拥有的知识）区分开来，又与"普通匠人或体力劳动者"

---

〔1〕 我将回到关于这个在"元伦理学"层面所获得的知识的问题上来。

（χειροτέχναι）的表现区分开来。只要匠师对他作用的对象的特征展现出完全概念化的把握，哪怕他可能对这些对象更深层次的本质缺乏充分的理解，这类专门技艺仍可算作知识。他可被比作一位医术高超的医生，他可以"超越经验，掌握相关的普遍情况"，例如，"从意识到这一药物对这一疾病有效，转变为对所讨论的这种类型的疾病及其药物的看法"（*Metaphysics* A1 981a11-12）。他知道自己"触及了世界的真实本性"，"同时缺乏关于这种本性的基础是什么的理论观念……不知道是否存在一个将其联系在一起的潜在性质（它的本质）"。[1] 纯粹凭经验行事的医生或劳动者，因为是根据经验，相对于那些科学家而言，处理具体的事情会更有效率；科学家的知识完全是一般的，主要关涉普遍的事物及其关系，未涉及具体的事情。不过，最能应对现实生活情况的人正是那具有实践知识的人，他不仅知其然（οτι），而且知其所以然（διότι）。亚里士多德指出：

> 我们认为，各行各业的匠师比体力劳动者更受尊重，明白得更多，更加聪明，他们知道所做事情的原因，而后者如同没有生命的东西，做着事情，像火燃烧一样，但是，没有生命的东西按照本性做着每件事情，体力劳动者则依循习惯做事。（*Metaphysics* A1 981a30-b5）

尽管如此，从刚才提到的内容中，我们必须清楚地看到，这里

---

[1] Charles, *Aristotle on Meaning and Essence*, *op.cit.*, p. 153.

引起我们兴趣的"原因"（διότι）不必达致非常深刻的程度。按照查尔斯的分析，

> 一个熟练的木匠会认为榆木是多种木材中的一种，具备不同的性质，用于不同的用途。他的一部分技艺在于知道哪种类型的木材最适合用于哪种用途。但是，医生和木匠都不需要对统摄疾病、健康或木材的不同特征的东西（如果有的话）持有任何看法（例如，它们具有一个潜在性质，分子或进化的特征，这说明了它们具有许多相互关联的因果能力的原因）。然而，尽管他们可能从未提出过这个问题，但他们的确持有一种关于确定的自然类属的观念，这种类属有自身固有的性质，并独立于我们而存在。[1]

此外，根据查尔斯在其最近的论文中做出的解释，[2] 匠师和医生的熟练活动本身就展现了对概念的使用，这些概念为具有实在性的真条件的命题提供了材料，并且似乎预设了一个独立存在的、或多或少确定而有序的实在：

> 匠师拥有的那种思想是亚里士多德对命题——可（无条件地）判定为真和为假的宣称——的解释的基础，这符合他的著名格言"命题为真，当且仅当它说是者为是，或说非者为非"。

〔1〕 Charles, *Aristotle on Meaning and Essence*, *op.cit.*, p. 155.

〔2〕 "Wittgenstein's Builders and Aristotle's Craftsmen", "Aristotle on Definition and Demonstration", *op.cit.*

匠师怀有的概念是这类命题的要件。由于亚里士多德通常被视为实在论的创始人，我们应该假设，这些概念是关于疾病或木材类型的具有实在性的真条件的命题的要件……匠师的概念反映了他对其所处理的现象之本质的理解。有了这种理解，他可以解释为什么我们有某种行为方式而不是其他方式，并解释为什么我们认同自己的某些偏好而不是其他偏好……匠师对他遇到的各种现象的理解让他能够证明我们的一些工艺实践是正确的，并能够批评其他的工艺实践。事实上，这类被提及的证明似乎允许我们可能以实在论者最初设想的方式合法地使用我们的某些概念。因为我们现在可以看到世界结构如何决定我们所怀有的一些概念，决定我们一些语言表达的含义。若是如此，这些语言表达当且仅当反映（或复现）世界结构时才会被正确使用。在此，可以描述实在论（如此理解）与反对它的学说之间的真正区别：因为前者在理解我们周围的某类情况的基础上证明我们的实践（在所讨论的范围内的）是正确的，而后者则认为这样的证明行为是错误的（或者是不可能的）。因此，对于实在论者来说，各种可能性和不可能的根源在于我们周围的某类情况，而并非在于我们的实践（观念论者认为实践独立于我们周围的某种情况），也并非在于不可分割的关系网或者实践和对象……[1]

现在，如果我们转向伦理领域，我们立刻会意识到我们提到过

---

[1] "Wittgenstein's Builders and Aristotle's Craftsmen", *op.cit.*, pp. 63, 71.

的相似性：明智的人和有道德的人一定持有一些实践知识，这种知识既不是科学知识（επιστήμη），也不是简单的经验（εμπειπία）的东西。再次引用查尔斯的话：

有道德的人知道如何行动，并能够解释他们为何以这种方式行动，但不需要知道他们的行动方式得以正确的那种关乎人类福祉的基本原则。的确，他们可能不知道是否存在这类潜在的基本原则。因此，他们缺乏伦理哲学家才可能提供的那种解释，即解释为什么他们的行为是正确的。[1]

不幸的是，要理解可被归于明智的人的那种知识的特征和范围仍然相当困难。[2] 甚至更难以阐明的是，明智的人应当有能力认知伦理实在处在何种地位。它是自然的、形而上学的序列事物中的一部分，根本上独立于认知和行为主体吗？或者，它是一个"依赖反馈"的实体，被认为或多或少是一种以人为中心的层面的东西，无法从月下世界的基本本体论结构加以分析？或许，我们是否应该完全拒绝回答这些问题，认为它们是不合时宜的、非法的，因为它们出现在现代的、后笛卡尔的语境中，无关乎亚里士多德的哲学体

---

〔1〕 *Aristotle on Meaning and Essence*, *op.cit.*, p. 155.

〔2〕 关于"φρόνησις"（明智）确切的本质和功能问题，存在众多不同的解释方法，参见 Carlo Natali, *The Wisdom of Aristotle*, Gerald Parks（trans.）, Albany: State University of New York Press, 2001。一方面是有道德的人和有实践智慧的人所持有的实践知识，另一方面是亚里士多德伦理学著作中的道德认识论和本体论的理论解释中的哲学宣称，尤其关于这两方面之间区别的讨论，参见 *ibid.*, pp. 27-35。另见 Virvidakis, "Levels and Forms of Argumentation in the Nicomachean Ethics", *op.cit.*。

系？[1]正如查尔斯所承认的，"这里勾勒出的实在论模型"——可能是诉诸匠师专业技艺的内涵所维持的——"在多大程度上可以用来证明伦理学、美学或逻辑哲学等领域的实在论主张是正确的，仍然是一个悬而未决的问题"。[2]在下文中，我将考虑在伦理领域应用查尔斯阐述的模型是否可能。我将研究为明智所揭示的道德生活的一些主要方面，这些方面似乎印证了其与匠师专业技艺的相似性，以及二者之间存在的一些最明显的不相称和不相似之处，之后我会尝试对这两种实践知识进行比较评估，并就它们所提供的不同本体论维度得出一些初步结论。

仔细阅读亚里士多德的文本可以清楚地知道，道德德性和实践智慧是并行不悖的，它们可被描述为"智力结构和反思能力，以及为特定行为的正当性说明理由的能力"，[3]即使行为主体没有立刻明确地阐明这些理由。因此，它们可以与匠师和医生的技艺做类比，他们能够妥善应对新的情况，并能够解释他们为什么会这么做，哪怕他们可能不会对自己的实践进行深入的科学理论研究。[4]他们不是普通的劳动者或凭经验的治疗师，这些人设法处理特定事

---

[1] 该议题的具体讨论出现在第 179 页脚注 2 中提到的著作中。

[2] "Wittgenstein's Builders and Aristotle's Craftsmen", *op.cit.*, 71n.

[3] 参见 Julia Annas, "Virtue as a Skill", *International Journal of Philosophical Studies* 3, 1995, pp. 227-243。另见 Julia Annas, *The Morality of Happiness*, Oxford: Oxford University Press, 1993, pp. 56-69。

[4] 关于医生所具备的实践知识，以及更为宏观的古代哲学中医术的认识论地位，参见 Katerina Ierodiakonou, "Alexander Aphrodisias on Medicine as a Stochastic Art", in Ph. Van der Eijk at al. (eds.), *Ancient Medicine in Its Socio-Cultural Context*, vol.II, Clio Medica Series: Rodopi, Amsterdam, 1995, pp. 385-473。

务时却无法对自己的行为做出令人满意的、合理的解释。事实上，一个有道德的人知道，在他所处的环境中需要勇气、慷慨或节制，也知道如何确定对适宜行为至关重要的"适度状态"。

至此，亚里士多德对德性和技艺（τέχνη［匠人］实践中的各种水平的专业技艺——不仅仅是匠师的专业技艺）之间的比较有更为普遍的兴趣，并且确实承认它们之间存在重要的相似性。[1]例如，他指出，在这两种情况下，我们都需要通过习惯来获得和培养德性，这可以比作技艺的情况；并且，他认为优秀的匠人在工作中以适度为目标——就像那些展现出德性的人那样：

> 德性就"像其他技艺"。我们先使用它，才获得它。对于要学习才会做的事情，我们是通过做那些事情才学会的。例如，人们通过建造而成为建造师，通过演奏而成为音乐家。同理，我们通过做公正的事情而成为公正的人，通过节制而成为节制的人，通过勇敢做事而成为勇敢的人。（*EN* 1103a31-b2；引号为我所加，用以强调[2]）……人们对于一件好作品的一种通常的评论是，增一分太长，减一分太短，因为他们认为过度

---

[1] 德性与为苏格拉底和柏拉图发展的技艺之间的重要类比，参见 T. Irwin, *Plato's Ethics*, Oxford: Oxford University Press, 1995。

[2] 我在这里采用 Annas 的翻译，因为它更接近原文，实际上，这里似乎是将德性包含在"其他技艺"中——"τας δ'αρετάς ... ωσπερ και επι των αλλων τεχνων"（Annas, *Morality as Happiness*, *op.cit.*, p. 57）。正如 Annas 所观察到的，养成习惯的过程既不容易，也不机械，而且也不是无意识的："我必须继续领会我的行为是如何变化的，并以一种智力的方式观察态度和感觉的调整，如同它们在发展一般；因为如果让我的行为变得机械，那么就会破坏这个过程的目的；这一过程让我成为一个我所认可的人，而不是一种无意识的行为模式。"（*Ibid.*, p. 58）

和不及都会破坏完美，唯有适度才保存完美。优秀的匠人在生产他们的产品时也重视适度。（1106b10-15；trans. by Irwin）[1]

肯定的是，亚里士多德急于强调德性和技艺之间的差异，在多处文段中都是如此。当然，其关键的想法在于形而上学的重要事实，即 ποίησις（创制）与 πραξις（行动）不同。创制是一种不以自身为目的的活动——它以单独的创造或生产为目标——据此，我们得以承认它们何者具有与道德相关的优越性，即当我们确实达到幸福的最高形式的阶段，灵魂活动（εργον）的完满状态，尤其是灵魂最高部分的完满状态（1140b3-6）。[2]有很多要点表明，上述相似性应该被打破，这在一系列文本中得到了强调。[3]然而，如果我们试图采纳我们对相关概念的当代理解来判定这个问题，我们会同意保罗·布鲁姆菲尔德（Paul Bloomfield）的论证：

> ……要么亚里士多德就用以区分德性和技艺所掌握的事实与我们现在对德性和技艺的看法不一致，要么亚里士多德在哪里成功地发现了德性和技艺之间的真正差异，那么那

---

〔1〕在此，亚里士多德进一步说："因为德性像本性一般，它比任何技艺更好和更严格（τιμιωτέρα και ακριβεστέρα），那么它也以适度为目标。"并且，当我们接触到现实领域的本体论构成的问题时，我们也应当考虑到这一点。

〔2〕对此观点的详细而有力的辩护，从道德维度的现象学和本体论论述到评估性的结论，参见 Pavlos Kontos, *L'Action morale chez Aristote*, Paris: Presses Universitaires de France, 2002。

〔3〕除开 Bloomfield 的文本，相关的文本还有 *EN* 1099b21-24, 1106b8-16, 1104a5-11, 1105a26-b5, 1112a34-b31, 1120b13, 1122a34, 1129a11-16, 1133a14-16, 1140a1-b7, 1140b21-30, 1141b14-22, 1167b34, 1174a22-1174b2, 1179b33-1180b32。参见 Paul Bloomfield, *Moral Reality*, Oxford: Oxford University Press, 2001, 92ff.。

里便与德性是技艺的一个特殊子集的观点相一致，以至于亚里士多德指出的差异也仅仅是德性成为一种特殊技艺的原因。[1]

不管怎样，如果我们打算同意，正如我们在文章一开始建议的那样，相比我们的分析在文本解读方面的准确性，我们可能对哲学上的说服力和与前沿争论的相关性更感兴趣，那么我们便可以承认技艺和德性之间存在类比关系。[2]还有待考察的是，我们是否可以通过聚焦匠师的情况，对这个类比做出更为具体的说明。匠师不仅仅是一个普通的τεχνίτης（匠人），甚至可能不是一个作为明智的模范那类人有效率的αγαθός τεχνίτης（优秀的、普通的匠人）或χειροτέχνης（体力劳动者）。我们也许可以争辩明智的人清楚地展现出"一种把握真理，合乎理性，关心人类善恶的品质"（"εξιν

---

[1] Paul Bloomfield, *Moral Reality*, pp. 93-94. Bloomfield 详细研读了文本，并提出了反例来反驳亚里士多德关于下列所谓不一致性的主张。"因为大师操练技艺，他必须（1）知道自己从事这项技艺，而（2）有德性的人不需要知道自己在行善事。某项技艺的大师（3a）不必'决定'进行哪一种活动，也（3b）不必'为了自身'而进行这些活动，而（4a）有德性的人必须'决定'去做哪种活动，并且是'为了自身'来做出决定。最后，技艺大师（5）不必出于'稳定的、不变的品质'来展现自己的技艺，而有德性的人必须出于这种品质行事。"［根据 *EN* 1105a22-b6 重建的论证，］事实上，我们可以证明，一方面是匠人，另一方面是有德性的人——正如我们今天所认为的那样——他们都可以被认为具有那些亚里士多德所认为的他们一定缺乏的特征，或者缺乏他所认为的一些必要的特征。当然，有人可能会反驳称，Bloomfield 的方法是不合时宜的，因为他只是出于自己的哲学目的，而对亚里士多德的思想中适合的部分感兴趣。因此，他是将我们自己关于技艺和德性的观点强加到亚里士多德所谈论的角色身上。

[2] 参见 LSJ 253（Oxford：Clarendon Press, 1968）。αρχιτεκτονικη，即掌控全局的技艺或知识，规定了在它之下的所有技艺，正如"αρχιτέκτων"（匠师）对劳动者的关系一样，他们是"τους ταις διανοίαις αρχιτέκτων"——由思想来指导活动的人（*Politics* 1325b23）。

αληθη μετα λόγου πρακτικήν περι τα ανθρώπω αγαθα και κακα", 1140b4-6；这里参考了 Irwin 的译文），[1] 也拥有品德；只要他体现全面的、完全的、成熟的德性，那么他就能够承担一种类似首席匠人的角色。当然，我们可能想保留"完美"（τελεία）德性的概念——其关涉一种明显的智力本性——给 σοφός（智慧之人），一个具有理论智慧的人，他实现了幸福的最高理想。此外，我们是否能在道德领域找到与普通劳动者或匠人准确对应的类似角色，尚不清楚。然而，我们可能会认为，虽然年轻、稚嫩的人处在提升德性的过程中，但他们仍然疏于明智——它保证了伴随道德行为的智力结构和反思能力的运作；他们作为那些匠人的对应角色，或者仅仅作为那些凭经验的医生的对应角色，"偶尔"会设法以道德的方式行事，但仍不被相信能够恰当应对不可预见的困境。

事实上，值得注意的是，亚里士多德只使用术语"αρχιτέκτων"和"αρχιτεκτονικη"来指代实践知识，以及与政治相关的认知领域，这可被视为伦理学的自然延伸。凡从事政治的哲学研究的人，正是"αρχιτέκτων του τέλους"（划定目的的匠师）：

> 考察快乐和痛苦对政治哲学家来讲是适合的，因为他是匠师，划定作为我们善恶标准的目的。（του την πολιτικην φιλοσοφοφουντος θεωρησαι περι ηδονας και λύπας. *EN* 1152b2-3）

---

[1] 尽管存在文体上的缺陷，并且我也用"实践智慧"来表示"φρόνησις"，但相比 Irwin 的翻译，我更倾向于较早的和较后的译本，如"关怀人类福祉而行动的理智且真实的品质"（Ross），再如"一种真实的秉性，伴随理性的指导，关乎人类善恶的领域的行动"（Broadie and Rowe）。

因此，phronesis（明智）的匠人技艺是在政治层面运用的。[1]无论如何，我们仍要处理的问题涉及本体论维度，此维度应当有实践知识、伦理知识，尤其是政治取向的知识应用其中。明智的人能像匠师一般，就如同查尔斯所解释的那样，或多或少取决于稳定而全面的属性、个人的和他作为匠师的不可避免的社会生活的特征吗？他是否真的"查明"并"捕捉"了这些属性或特征，如此我们可以说他受到了一个自在维度之物的引导？在何种意义上，他是集中这些属性和特征的全部真相的κανων（模范）？然而，在开始寻找这些问题的答案之前，为了阐明道德形而上学（最终由道德"哲学家"——他不应该被算作明智的人——如《尼各马可伦理学》的作者本人的辩证论证和部分的科学论证构建起来的），我认为有必要做另一番单独的思考。我想说，这种考虑一方面关乎医学和健康的相似性，另一方面关乎道德理论与实践同幸福之间的相似性，而不涉及与其他类型的技艺的相似性，虽然这种技艺也是我们应当考虑的对象，因为由此我们可以成功地捍卫亚里士多德或多或少严格的道德实在论——这就算是在今天也能奏效。当然，这项任务不能在本文的语境下开展。尽管如此，我希望已经讲明，道德知识与某种形式的高超的技艺（τέχνη）——显然，该技艺涉及复杂的智能——之间相似性的实质能从更为深入的层次被继续考察。

---

[1] 术语"αρχιτέκτων"和"αρχιτεκτονικός"出现在亚里士多德的《政治学》（Politics）中，但并非是在 Charles 所谓的特定隐喻意义上使用的，如 1282a3 和 1325b："τους ταις διανοίαις αρχιτέκτων"（由思想来指导活动的人）。

希腊身份认同之谜[*]

Stelios Virvidakis　张鹏举　何臾熹[1] 译

一

　　有多种方法可以处理本文的话题。事实上，人们可能不仅对它的中心主题感兴趣，而且对我在研究中采用的视角也感兴趣。无论如何，读者可能已经在某种程度上思考过这些问题，即决定特殊的希腊身份认同（Greek identity）意识的主客观因素，以及在不同背景下经常引用的"希腊性"（Greekness）一词令人费解的特征。当然，要充分说明相关问题，就需要综合运用观念史学、社会学、社会心理学、政治学和文化人类学的概念工具和方法论。这里，因为我不是社会科学家，而且我没有关于整个希腊民众信仰、风俗和习惯的近来演变的可靠实证材料，所以我的讨论仅是一种导论，针对某些杰出的希腊知识分子——包括历史学家、艺术家、作家

---

[*]　本文选自 Shahin Aawani（ed.），Salik-i-Hikmat（The Wayfarer of Wisdom），Essays in Honour of Professor Gholamreza Aavani，Tehran：Iranian Institute of Philosophy and Iranian Philosophical Society，2014，pp. 95-107。
[1]　何臾熹，西南大学中希文明互鉴专项博士生，主要从事中希古代教育比较研究。

和哲学家的文化自我觉识进行批判性评估。就我个人而言，我力图关注本研究倡议的自我觉识（self-awareness）和自我认定（self-determination）等概念的哲学解释，但我将绕过抽象的哲学思考，主要借鉴现当代希腊观念史，以及现代欧洲观念史中的一些材料，它们提供了一种关于希腊及其过去的"外部"视角。我还应该承认我的分析具有规范性的意图，因为我将提到这种身份认同意识所涉及的伦理和政治层面的问题。

在下文中，我首先考虑构成特定**民族**认同（*national* identity）核心的独特**文化**认同（*cultural* identity）这一主导概念的意义。这种认同应该是在东地中海部分地区的长期历史发展中产生的，是融合一些基本要素和抵制外来文化同化的综合作用的结果。然后，我会集中讨论"希腊性"的特征，此特性为那些据说分享了相关认同并以不同方式表达这一认同的人所有。我考虑到一些独特的方法或态度，借此，我不仅会在理论上把握"希腊性"，而且也会考察它在希腊社群和个人生活中具体表现的可能形式。我在本文的最后一部分提出了一些建议，关于如何研究那些代表传统和当前主流观点的思想家对其中一种或多种态度的借鉴和使用情况。这样的研究可以帮助我们揭示他们在促成民族和文化自我觉识方面，以及在一定程度上塑造实际生活方式的方面所扮演的角色。正是在这一点上，我一再提醒这些态度的实际影响和伦理意义，由此斗胆提出自己的规范性建议。

二

事实上，指出可被称作希腊人或希腊民族（the Greek, Hellenic

nation）的那群人所持有的独特"认同"中的关键方面或要素，可能并不困难，真正困难的是评估它们彼此的重要程度，并说明它们是如何整合起来的。[1] 那些对 20 世纪和 21 世纪的希腊感兴趣的社会科学家、艺术家和知识分子针对"今天的希腊人是谁？""他们与其过去，与世界其他地方如何联系在一起？"等关键问题做了不同回答。首先，我们应该设法区分影响希腊人或多或少形成共同的自我理解的因素，以及决定外国人、近邻或远邻、中立观察家、希腊文化崇拜者、过去和现在的盟友和敌人观念变化的类似因素。即使有人接受关于民族认同的彻底的建构主义观念，而非本质主义观念，并且可能赞同本尼迪克特·安德森（Benedict Anderson）关于民族是"想象的共同体"的描述，[2] 他可能仍要进行谱系学上的研

---

[1] 一些希腊知识分子坚持使用古称"Hellas"和"Hellenic"，而非"Greece"和"Greek"。后者源自拉丁语（"Graecia""Graeci"），在某些语言和传统的特殊使用中包含贬义，而前者突出了与古希腊的联系。我们还应注意日常用语"Romioi"和"Romiosyni"，它们指代拜占庭时期之后的希腊人，其含义与奥斯曼统治下的痛苦经历有关。拜占庭帝国被称为"东罗马（Roman）帝国"，其臣民就被冠以"Romaioi"和"Romioi"之名。对穆斯林来说，这个帝国被称为"Rum"，土耳其人则称所有信奉伊斯兰教的希腊人为"Rumis"，而他们现在则称希腊为"Yunanistan"，该词源于"Yunan"（"Ionian"），即"古希腊"的意思。关于"Romiosyni"概念的重要性及其积极和消极方面的细微差别，参见 Patrik Leigh Fermor, *Roumeli: Travels in Northern Greece*, London: John Murray, 2004（1966），pp. 96-125。费尔默提到"古今希腊困境"（Helleno-Romaic dilemma），以表示现代希腊思想中的"对立"或"分裂"。"Hellene"代表亲西方的、朴素的理想，符合古典希腊的价值观，而"Romios"则代表更流行的、更现实的范型，体现了拜占庭时期和奥斯曼占领时期（1453—1821）的历史经验中出现的美德和邪恶。这些概念大致分别对应下文所述的第一种和第二种研究"希腊性"的方法。另一位在希腊生活多年的外国学者，对"西方的希腊之友"（Western Philhellenes）所信奉的"希腊主义"（Hellenism）持批判态度，其观点参见 Philip Sherrard, *The Wound of Greece. Studies in Neo-Hellenism*, London and Athens: Rex Collins & Anglo-Hellenic, 1978。

[2] 参见 Benedict Anderson, *Imagined Communities: Reflections on the Origins and Spread of Nationalism*, 2nd ed., London: Verso, 1991。

究，以寻求想象中建构"希腊性"的各种要素。之后，他将试图理解这些要素是如何组合在一起的。于是，他似乎面临着一个"谜题"，在某种意义上既是需要解释的谜团，也是需要以适当的方式组合起来的拼图。在本文的这一部分，我将展示这个"谜题"，以及在过去两个世纪里出现的主要"解决方案"。在这里，我的评估试图结合可能不相容的观点，一方面与我自己作为一个希腊人的主观意识有关，有意识和无意识地受到我在不同层次接受的教育的影响，另一方面很大程度上不带有主观的偏见，是一种纯粹的概念分析的哲学方法，既是描述性的，也是规范性的。

确实，希腊民族的情况通常被认为是相当特殊的。一般希腊人采纳的官方历史叙述强调了一种所谓跨越三千年的连续性，包括古代、中世纪（拜占庭时期）和现代时期。历史学家康斯坦丁·帕帕里戈普洛斯（Constantine Paparrigopoulos）在其《希腊民族史》（*History of the Greek Nation*，希腊语为 *Historia tou Ellinikou ethnious*，1850—1874）中详细阐述了这一点，作为对奥地利历史学家雅各布·菲利普·法尔梅雷耶（Jakob Philipp Falmereyer）否认这种连续性的回应。帕帕里戈普洛斯指出，法尔梅雷耶的论点适用于"种族"连续性，但就"文化"而言是无效的。[1] 首先，我们可以说希腊民族从古至今是同一的，因为明显的证据就是共同的语言，尽管有从古希腊语到现代希腊语的演变。[2] 其

---

[1] 关于希腊史学，参见 Alexander Kitroeff, "Continuity and Change in Contemporary Greek Historiography", in Martin Blikhorn and Thanos Veremis（eds.）, *Modern Greece: Nationalism and Nationality*, Athens: Sage-Eliamep, 1990, pp. 143-172.

[2] 事实上，希腊语本身的连续性问题仍存争议。这种连续性具有明确的意识形态意味，部分反映在其所呼吁的连续性的标准中。我们会在后文回到对这一点的讨论。

次，我们可以提到一种所谓的"核心认同"（core identity）的意识，这种认同起源于独特的、多方面的文明，最早出现在古代的巴尔干半岛，并很快传播到小亚细亚海岸、西西里岛和意大利南部。根据主流历史叙述，这种认同意识的内核据认为在拜占庭时期存留下来，直至19世纪初，经历了多次变异和危机。特别重要的是，在法国大革命前后欧洲的意识形态氛围的烘托下，18世纪逐渐产生了民族"觉醒"（national "awakening"）。因此，在反抗奥斯曼帝国的独立战争后建立起来的现代希腊国家可以宣告自己拥有辉煌的过去，恢复了在长达四个世纪的占领中被压制的认同意识。

过去两个世纪，众多的知识分子努力建立起这种连续性（continuity）的观念，反对那种令人不快的认同意识中断的观点，并据认为实现了一种综合，即将东西方对立的因素结成了一个整体。希腊的"民俗学"（laography, Volkskunde）是一种相对原始且意识形态充沛的社会科学，是基于田野调查和经验的文化人类学——研究民歌、仪式和习俗，旨在揭示可以追溯到古代的思想、风格主题以及社会生活的整体形式。知识分子阐明了在不同阶段对希腊思维（hellenic thinking）的重构，意在展现一种所谓的综合，即将异教的希腊世界观与基督教的正统世界观统一起来。事实上，"希腊—基督"（Helleno-Christian）文明这一概念，最早是在拜占庭帝国的文化机构中实现的，由学者斯皮里东·扎姆贝利奥斯（Spyridon Zambelios）明确提出并捍卫。他和"民族诗人"狄奥尼修斯·索洛莫斯（Dionysios Solomos）是一类人。这一概念成为现代希腊国家官方意识形态的核心组成部分。[1]

此外，艺术家、诗人和作家被认为有意或无意地竭力给出了关于"希腊性"（Hellinikotita）的新表达。在这里，应该主要提到一批"30后"的作家所做的贡献，他们在大多数情况下试图将独特的希腊身份认同的审美和文化观念与现代主义以及对政治世界主义的承诺相结合。[2]"希腊性"曾经被，也许仍要被某些思想家视为一种独有的精神体验的主要特征，以不同的方式反映在艺术的以及更普遍的文化表达中，甚至在日常生活方式中也可以看到。[3]因此，考古学家、艺术史学家和文学评论家进行了各种尝试，以求更准确

---

[1] 参见 Michael Herzfeld, *Ours Once More. Folklore, Ideology and the Making of Modern Greece*, New York：Pella, 1986。赫兹费尔德特别强调 "laografia" 的意识形态特征，并将其描述为 "一门关于民间风俗的国家学科"（p.13）。另见赫兹费尔德最近的论文：Michael Herzfeld, "National Spirit or the Breath of Nature? The Expropriation of Folk Positivism in the Discourse of Greek Nationalism", in Michael Silverstein and Graig Urban（eds.）, *Natural Histories of Discourse*, Chicago：The University of Chicago Press, 1996, pp. 277-298。我们应该注意到，关于 "希腊—基督教" 的文化综合，有许多哲学家认为古典希腊的 "世界观"（Weltanschauung）不能与基督教理想相调和。此外，可参见 Cornelius Castoriades, *Ce qui fait la Grèce. I. D'Homère à Héraclite. Séminaires 1982-1983. II. La Création humaine*, Paris：Seuil, 2004。该书讨论了民主与哲学之间的关系及它们在古希腊诞生的意义。

[2] 被称为 "30后" 一代人的作家和艺术家群体或多或少包括受到超现实主义启发的希腊诗人，如安德烈亚斯·埃姆比里科斯（Andreas Embirikos）、尼科斯·恩戈诺普洛斯（Nikos Engonopoulos）和奥德修斯·埃利提斯（Odysseus Elytis, 1978 年诺贝尔奖得主）、乔治·塞弗里斯（George Seferis, 1963 年诺贝尔奖得主）。他们受到保罗·瓦莱里（Paul Valéry）、T. S. 艾略特（T.S. Eliot）以及乔治·西奥托卡斯（George Theotokas）等散文作家的影响。

[3] "Greekness" 普遍用以翻译 "hellinikotita" 一词，尽管那些希望避免使用 "Greek" 派生词的人可能更倾向于使用 "hellenicity"（见第 193 页脚注 1）。关于考古学在阐述希腊身份认同概念方面的重要性，参见 Yannis Hamilakis, *The Nation and Its Ruins：Antiquity, Archaeology and the National Imagination in Greece*, Oxford：Oxford University Press, 2007；Dimitris Damaskos and Dimitris Plantzos, *A Singular Antiquity：Archaeology and Hellenic Identity in twentieth-century Greece*, Athens：Mouseio Benaki, 3d supplement, 2008。

地描述它，一些哲学家和神学家则尝试对其进行定义。[1] 最近，所谓的"新正教"（neo-orthodox）知识分子，那些直接或间接地受到俄罗斯侨民神学家影响的基督教思想家，形成了一个堪比俄罗斯的斯拉沃派的团体。[2] 不幸的是，他们经常强调希腊民族不仅独一无二，还具有所谓的文化优越性。在出色的哲学观伪装下，他们经常

---

[1] 这种独特的"思维和感觉方式"以多种方式，并通常以相互冲突的方式被描述。据认为，这些方式抓住了跨越诸世纪的希腊民族性格的特征。因此，它被描述为具有个人主义和创造力等特质，也与希腊民族的性格缺陷（如缺乏纪律、不服从权威、容易产生纷争和冲突、懒惰等）有关，但同时也表现出不忽视个体重要性的"以社会为中心的"政治承诺、有分寸感、人性、和谐、对立的和解、尊重"理性"、对限制和人的限度的意识、对生活的悲剧感、正义感、英雄主义、自主能力、热爱自由、对感官愉悦的恰当肯定、热情、自豪和慷慨。诗人，如奥德修斯·埃利蒂斯主张一种独特的"明度"（clarity）——不是浮于表面的、理性主义的性质——它伴随着"清澈"（limpidity）和"透光度"（transparent depth），并得益于自然中希腊光线充足的特殊事实。左翼历史学家尼科斯·斯沃罗诺斯（Nikos Svoronos）也谈到了一种"抵抗精神"，据说它激发出一系列面对东南欧交汇处的外部威胁和侵略者的同仇敌忾和英勇无畏。斯沃罗诺斯最初用法语撰写了他的短篇著作《现代希腊史》，参见 Nikos Svoronos, *Histoire de la Grèce moderne*, Paris：Presses Universitaires de France, 1972（1955）。他在一次采访中进一步阐述了这一思想，该采访被收录在他的著作《历史的方法》（*I Methodos tis Historias*）当中，参见 Nikos Svoronos, *The Method of History*, Athens：Agra Publications, 1995, pp. 159-160。上述所有特征通常被认为是经过数世纪的积累而形成的文化特性，可以归因于希腊人所处的特定地理区域的生活状况（与景观、自然资源、气候等相关），尤其与他们漫长而历经坎坷的历史经验相关，这些经验保存在集体记忆和大众想象中。

[2] 在这些"新正教"和"希腊中心论"（hellenocentric）的思想家中，最杰出的是神学家和哲学家克里斯托斯·雅纳拉斯（Christos Yannaràs，也常拼写为 Giannaràs）。他受到海德格尔等哲学家的影响，鼓吹超越西方形而上学传统，并广泛借鉴东正教神秘主义神学。他提出了一种独特的社群主义的政治愿景，这体现了一种存在主义"道德"。据说，其原型来自希腊东正教会的传统。雅纳拉斯著述颇丰，其主要作品的英译本包括《道德的自由》（Christos Yannaràs, *The Freedom of Morality*, New York：SVP, 1984）、《后现代形而上学》（Christos Yannaràs, *Postmodern Metaphysics*, Brookline, MA：H. C. Press, 2004）、《上帝的缺位和不可知性》（Christos Yannaràs, *On the Absence and Unknowability of God：Heidegger and the Areopagite*, London：Continuum, 2005）、《东正教和西方教派》（Christos Yannaràs, *Orthodoxy and the West*, Brookline, MA：H. C. Press, 2006）。

鼓吹民族主义的论调。[1] 有时，他们毫不犹豫地谈论希腊民族的特殊历史"命运"，这是德国哲学传统中危险的浪漫思想的回声。[2]

然而，历史学家反对上述认为存在超过三千年几乎不间断的连续性的观点，也反对存在一种如同藏匿于蚕茧中的"桑蚕"这一实体那般的身份认同（虽然经历变异，但仍保持其"深层的"核心）的观点，因为他们谴责其中潜在的本质主义和目的论意图，还担心其政治后果。人们经常指出，这些观点显露了未经证实的形而上学假设，而这些假设也应该从任何严肃的历史叙述中清除出去。甚至就"相同语言"的论证来说——假设希腊语从迈锡尼时代至今经历了许多阶段而存在不同的形式，语言学家大多基于语法、句法和语义上的考量对此进行驳斥，因为他们坚持了一种关于口头语言一致性的严格标准。事实上，许多当代语言学家在谈论古代、中世纪和现代希腊语时，更倾向于称它们是不同的语言。[3] 总之，将"希腊

---

[1] 关于这些问题，参见 Stelios Virvidakis, "Les droits de l'homme à l'épreuve de la politique", *Rue Descartes* 51, Janvier 2006, p. 47-58; 以及 Stelios Virvidakis, "National Identities, Epistemic and Moral Norms and Historical Narratives", forth-coming in *Proceedings of the Fifth Balkan Philosophy Seminar*, Maltepe.

[2] 然而，我们应注意到，"命运"一词通常在未对实质性的形而上学或目的论世界观做出承诺的情况下使用。参见 Kostas Axelos, "Le destin de la Grèce modern", *Esprit* 7, 1954. 阿克塞洛斯的文章对当代希腊社会提出了一些洞见，这些观点对于研究侨居海外的希腊人的文化自我觉识有参考价值。后来，阿克塞洛斯主要根据海德格尔的思想发展出一幅更为天马行空的哲学图景。

[3] 凡涉及希腊语言及其不同变异、它们之间的共同点，以及它们历经数世纪的演化的语言学和意识形态问题，对此研究的不同方法，可阅以下文献：Antonis Liakos, "'From Greek into our Common Language': Language and History in the Making of Modern Greece", in A. F. Christides (ed.), *A History of Ancient Greek: From the Beginnings to Late Antiquity*, Cambridge: Cambridge University Press, 2007, pp. 1287-1295; Peter Mackridge, "A Language in the Image of the Nation: Modern Greeks and Some Parallel Cases", in Roderick Beaton and David Ricks, *The Making of Modern Greece: Nationalism, Romanticism & the Uses of the Past (1797-1896)*, Farnham: Ashgate, 2009, pp. 177-187; Karen van Dyck, "The Language Question and the Diaspora", in Roderick Beaton and David Ricks, *The Making of Modern Greece: Nationalism, Romanticism & the Uses of the Past (1797-1896)*, Farnham: Ashgate, 2009, pp. 188-198; 另参见 Peter Mackridge, *Language and National Identity in Greece: 1766-1976*, Oxford: Oxford University Press.

性"的特征构想为一组跨越诸世纪的希腊文化的常性，充其量是艺术和哲学想象的投射或臆造——通常与常见的固有印象相关——它们可以并且应该成为批判性历史、社会学和人类学审查的对象。从自由的道德和政治观点来看，它们在民族主义的语境中玩弄意识形态，让人无法接受。

不过，人们可以不反对"在相当程度上"最终承认文化的连续性，对此也不必诉诸那些存有争议的形而上学的和评价性的假设。正如历史学家科斯塔斯·卡拉斯（Costas Carras）主张的那样，将独特的语言和文化"核心"发展成一个或多或少同质的希腊民族这一过程，可以被视为涉及"对早期民族和宗教认同的剪裁和修饰"。[1] 然而，形成民族实体所需的"剪裁"和"修饰"遵循了一种建构模式（远远超出了所谓原始元素的简单发现和组合），最终将在巴尔干半岛的某些地区确立其身份认同，并构成一个民族国家。其实，还存在着许多微妙的问题：这种身份认同的本质及其演化方向，以及与其他身份认同为争取被确认并强化自身在相同或相邻地域的影响力而产生的冲突。它在很大程度上是在与这些"他者"的冲突中被定义的。

三

根据迪米特里斯·齐奥瓦斯（Dimitris Tziovas）的观点，我们可以区分出几种不同的态度或观念。它们体现在前文总结的那些考察希

---

[1] 参见 Costas Carras, "Greek Identity: A Long View", in Maria Todorova（ed.）, *Balkan Identities: Nation and Memory*, London: Hurst and Company, 2004, pp. 294-326。

腊民族（the Greek nation）的产生及其遗产的主要传统方法中，[1] 包括：

第一，象征—考古学的观念（symbolist-archaeological conception），这一观念在很大程度上是从西方引进的，符合新古典主义理念，强调古希腊文化的"伟大"，并推崇其价值观。持这种观点的人——如 18 世纪和 19 世纪的外国希腊爱国者——经常表达自己的失望，因为当代的希腊人不能再现他们祖先的荣光。[2] 后者的成就是当今希腊人难以企及的典范。

第二，浪漫—有机的观念（romantic-organic conception）呼吁我们探索希腊民族从其古代起源后经数世纪至今的演化。这一观念构成主流历史叙述的基础，维系着希腊—基督教融合的观念，即从拜占庭时代末期开始，延续到奥斯曼统治的黑暗时期，其间，古典时代遗产与拜占庭传统相结合，由此造成现代复兴，最终形成了新欧洲国家的民族意识形态的基础。根据这一方法，"希腊性"不仅存在于过去的文物中，还存在于集体记忆、民间文化和普通人的生活方式中，只要这些都能够保留下来，而不被当代技术进步和消费主义思维所摧毁。[3]

---

〔1〕 迪米特里斯·齐奥瓦斯是伯明翰大学现代希腊研究所的教授。我以下的讨论基于他的文章《希腊性和"30 后"一代人》，参见 Dimitris Tziovas, "Greekness and the Generation of the 30s"（"Ellinikotita kai I genia tou'30"）, *Cogito* 6, May 2007, pp. 8-10。另见 Dimitris Tziovas, *The Transformations of Nationism and the Ideology of Greekness in the Interwar Period*（*I metamorfoseis tou ethnismou kai to ideologima tis ellinikotitas sto Mesopolem*）, Athens: Odysseas, 1989。

〔2〕 亚当安提奥斯·科莱斯（Adamantios Korais）是持有这种态度的典型学者。他是希腊启蒙运动的代表人物，生活在 18 世纪末和 19 世纪初的法国，即反抗土耳其的独立战争以前及战争期间。读者还可以研究那些游历希腊的人所写的见闻录。关于新古典主义理想的不同方法，请参阅上文中引用的著述以及谢拉德的著作。

〔3〕 第一种观念强调了希腊文化中"原生希腊"（hellenic）维度的重要性，而第二种观念则整合并强调了"东罗马帝国的"（Romaic）方面。可参见第 193 页脚注 1 和赫兹费尔德的《我们再次归来——民俗学、意识形态与现代希腊的塑造》。还可以参见上述比顿和瑞克斯的著作。关于现代希腊文学的一种有趣的批判性方法展示了与基督教东正派信仰有关的"浪漫—有机的观念"的版本，参见 Zisimos Lorentzatos, *The Lost Center and Other Essays in Greek Poetry*, Kay Cicellis（trans.）, Princeton: Princeton University Press, 1980。

第三，现代主义—美学的态度（modernist-aestheticist attitude），这一态度的阐发与"30后"一代人的文艺运动联系在一起。它将希腊性视为一个"动态的审美原型"，影响了共同享有希腊土地上自然资源的所有人的表达方式。据认为，对"希腊性"的把握是通过对潜在文化因素的共有继承物的觉识实现的。关于"希腊性"与共同希腊遗产的可能关系，其支持者表达了一种更为微妙、更为宽泛的观点，并没有预设"希腊性"的本质主义、形而上学的解释。但不幸的是，它仍可能导致不同的，但也许同样存在问题的保守审美的神话版本。[1]

第四，现在，齐奥瓦斯倾向于有第四种态度，即后现代的态度，他将其称为批判性或讽刺性的态度，这种态度或许可以在更早的作家中找到其迹象，比如康斯坦丁·卡瓦菲（Constantine Cavafy），他可以说是最伟大的现代希腊诗人。[2]"希腊性"因此被相对化，似乎甚至被剥夺了构成现代主义美学观点特征的那种抽象的和动态的统一性。它可能被视为一个开放但实际上空洞的概念，与我们当代的多元身份（如欧洲人、世界公民、国际主义者等）相

---

〔1〕 要了解这种方法的典型表达，可参见塞费里斯的论文，即 George Seferis, *On the Greek Style*, *Selected Essays in Poetry and Hellenism*, Rex Warner and Th. D. Frangopoulos（trans.）, with an Introduction by Rex Warner, Athens: Denise Harvey & Company, 1982。另外，还可以参考塞费里斯与哲学家康斯坦丁·萨索斯（Constantine Tsatsos）的辩论中所表达的关于现代诗歌的观点。在这场辩论中，萨索斯大体上捍卫一种本质主义的希腊性观念，宣称这是希腊艺术创作从古代一直延续到 20 世纪的特征。参见 G. Seferis and C. Tsatsos, *A Dialogue on Poetry*（*Enas Dialogos gia tin Poiisi*）, L. Kousoulas（ed.）, Athens: Hermes, 1988。

〔2〕 当然，对卡瓦菲的这种后现代主义解读需要阐释，而这种阐释的方法论前提饱受争议。对卡瓦菲诗歌的相关解释，可参见 Gregory Jusdanis, *The Poetics of Cavafy*: *Textuality*, *Eroticism*, *History*, Princeton: Princeton University Press, 1987。

符。所以，它也不再能成为任何反动的民族主义意识形态的基础。问题是，这样的观念会不会导致"希腊性"的完全消失或崩塌，从而损害了对其发现、阐发和最终秉承的一切兴趣。难道我们甘愿支持这种全面解构的尝试？

四

我认为，我们应该专注于阐述和应用上述第三种或第四种方法，或者两者兼用。我们必须问自己，当我们要解决希腊身份认同这一谜题的时候，这些方法是否可以作为规范性思想，以帮助我们更好地、批判性地理解希腊的遗产及其在今天的重要性，无论这种重要性是对于希腊人还是非希腊人，在欧洲还是在欧洲之外。值得考虑的是，试着将二者在灵活而融贯的立场上结合起来有没有意义。然而，这是一个规范性建议，我们将在讨论的最后回到这个问题。对此，尽管在本文引言中表达了一些保留意见，我们仍可以试图探讨上述所有方法在决定文化自我觉识方面发挥重要作用的不同方式和程度，这不仅关于知识分子的，也关于不同社会阶层的希腊人的觉识。此外，也许我们可以设想这种自我觉识是如何反映在他们的生活方式中的，并思考其更广泛的伦理意义。当然，这样一个复杂的任务无法在几页纸上完成，我们在这里要讨论的内容应该被认为是对新问题的考虑、对今后研究原则的一种思考。

事实上，人们必须考虑到对待希腊性的前两种态度，即象征—考古学的观念和浪漫—有机的观念，它们仍然以不同的方式和不同的层面，通过国民教育体系、一部分希腊东正教会神职人员的传道、大众传媒和政治话语，直接或间接地灌输给年轻一代。第三种现代主义—美学的方法也主要通过艺术和文学教化传播，通常表现为更精致的教育。可以说，尽管这些态度之间看起来不兼容，也不互补，但它们如今已经在不同的阶段和程度上被官方保守意识形态所秉持。现在，第一种观念已经部分过时，但第二种观念仍然非常活跃，并为教会介入国家事务提供了意识形态基础，这是不幸的。[1]甚至一些老派的左翼思想家和政治家，他们想要抵制资本主义经济全球化的上升势头，有时会诉诸一种爱国主义，鼓吹希腊民族具有连续性这种价值观，声称拥有某种重要的有机统一体。不幸的是，他们最终与排外的民族主义者结盟。自由派政治家和精明的知识分子更青睐现代主义观点，他们希望维护和捍卫一个可接受且灵活的"希腊性"概念，而这个概念可以融入当代开放的欧洲身份认同的框架。

但是，思想更激进的知识分子认为，避免或对抗民族主义的唯一途径是采取后现代主义、批判的立场，这有助于我们解构模糊的"希腊性"概念，无论它如何被臆造出来。根据他们的观点，我们的自我觉识是作为开放民主国家的公民，致力于推动真正的世界主义且拥有不断发展的文化，根本不需要封闭和同质的民族认同。因

---

[1] 我们必须指出，一些神学家和神职人员谴责了希腊东正教会展现的民族主义倾向，拒斥他们强调的"希腊主义"（Hellenism），并将其视为一种民族主义—种族主义的异端邪说。关于这些人士，我们可以提到君士坦丁堡的希腊宗主教巴尔多洛买（Bartholomaios）和阿尔巴尼亚的希腊大主教阿纳斯塔西奥斯（Anastasios）。相反，希腊塞浦路斯东正教会的神职人员则表现出某种民族主义态度。实际上，许多保守的信徒都奉行这样一种观点，即信仰基督教东正教并参与教会生活正是现代希腊身份认同的一种基本特征。另见第197页脚注2中提到的雅纳拉斯的著作。

此，我们完全承认需要用多元、多样化的身份认同丰富我们的传统遗产。希腊不仅是东西方的交界地和文明的交汇点，还是多民族、多宗教和多社会元素的火热熔炉，因而没有明确的"希腊性"属性可寻。不过，尽管这种立场具有吸引力，但目前，它不仅不被代表着官方国家意识形态，寻求纯洁、稳定和一致性的人所接受，而且不为多数希腊人所接受，因为他们感到自己关键的心理维度面临缺失，而它是根植于内心的自我概念，即对自己是谁的理解。可以说，希腊人没有准备好颠覆已经根深蒂固的假设，这些假设影响了维系许多社会部门和教育实践的意识形态。更重要的是，他们或许不愿意摒弃一种安全感（尽管可能具有误导性），这种安全感因一种强烈的情感——觉识到拥有共同的民族认同，并属于同一个明确界定的文化传统——而存在。实际上，在这个处于严重的财政和伦理危机，且国家发现很难容纳越来越多的近东地区的移民的时代，这一点可能尤为正确。

现在，如我之前所提到的，我无法评估民族和文化的固有印象在希腊人的普遍想象中再现，在何种程度上通过国家的意识形态机制加强，这一程度不仅决定了个体的自我意识，而且仍在流行于当代社会的共同生活方式中得到体现。这样的任务需要精确的社会学和人类学的实地研究，再辅以有关这些固有印象在日常生活中的实际影响的心理学研究。显然，居于主流的消费主义和拜物主义的价值观流行于世，技术的迅速进步影响社会的各个方面并促进全球交流，互联网的应用对全球的影响以及大众传媒不断加强的话语权，都使得保护和弘扬独特的民族文化遗产变得非常困难。尽管如此，我们可以猜测，某些习惯、风俗和流行的活动，关于所谓"真正"

的传统价值观的信仰和信念，对外国影响的惯常反应模式，在现代城市和农村的建筑和工艺品中体现的表达形式，那些塑造了我们所认为的特定生活方式的审美偏好和道德觉察，都可能会透露指向特定历史起源的文化根源的存在，这些根源应该以系统的方式得到考察。因此，我们可以期待确定当今希腊人的"希腊性"，无论它是如何构想的，是否具有共同历史的一以贯之的特征。[1]

在结束这个不可避免的粗略的分析之前，我们应该简要回顾一下讨论中提到的规范性问题。对于寻找希腊文化认同，我们应该采取什么样的立场？我们应该如何对待关于这样一种臆想之物的心理需求，它吸收并整合了从漫长的历史经验中继承下来的不同要素？有没有一种方法可以让我们保持相对纯粹的传统生活方式的特殊性，拒斥世界全面一体化的模式，因为这可能会带来乏味和平庸的社会一致性，使希腊人成为同质化的全球共同体的成员？我们的人文教育是否可以追求一个复合的"全球本土化"（Glocal）的社会生活理想，形成文化的自我觉识和自我确认，在不断发展的多样性和传统中依旧保持其身份认同，并形成一个将来自过去的丰富遗产融入面向未来的、外向的国际共同体的合作模式？这种教育理想又会有多大的实际效用呢？

当然，以本文简短的篇幅，我连开始讨论这些复杂的问题都不可能。这些问题需要跨学科和比较研究，涉及哲学、历史和社会科学的合作，并涵盖许多国家和不同地域文化传统的类似问题。我中意一种立场，这种立场在尊重普遍的伦理规范和价值观的同时，也

---

[1] "希腊性"相关的种种典型固有印象，它们由知识分子阐发，并在普遍流行的叙述中再现，参见第197页脚注1。

允许我们对待这一主张（我们某些方面的民族文化遗产具有与众不同的性质）的重要性持有扬弃的态度。[1]换句话说，正如我已经提到的，我不愿意一味地追求具有讽刺意味的做法，即解构和摒弃有关"希腊性"的所有观念，但也不愿意选择复辟本质主义和目的论，或者纵容那种要求忠诚真正原型的排外政治观。[2]这种方法的一致性、稳定性和实际成果将是另一项深入而费力的研究课题。[3]

---

[1] 就此问题，我的立场接近夸梅·安东尼·阿皮亚（Kwame Anthony Appiah）在他的著作中阐述和捍卫的观点。参见 Kwame Anthony Appiah, *The Ethics of Identity*, Princeton：Princeton University Press, 2005；Kwame Anthony Appiah, *Cosmopolitanism：Ethics in a World of Strangers*, London：Penguin Books, 2006。

[2] 我意识到这一谨慎而中庸的观点需要得到进一步解释和阐发，从而探索一个我们最终可能采纳的开放的、无咎的和宽泛的"希腊性"概念。无论如何，即使我们接受关于民族和文化认同的那种彻底的反现实主义的观点，甚至接受解构主义的观点，我们仍然会在基本的认知和伦理规范方面拒绝这两种类似的方法，因为它们可能导致某种害人害己的虚无主义。对道德规范的一种基于现实的、中立的解释，可参见 Stelios Virvidakis, *La robustesse du bien*, Nîmes：Éditions Jacqueline Chambon, 1996。

[3] 本论文的初稿于 2010 年 9 月在雅典举行的欧洲文化议会分会上陈述。该会的总体主题是"欧洲及其希腊遗产"（"Europe and Its Greek Legacy"）。我要感谢与会者，特别是佩尔·斯滕巴克（Pär Stenback）对本文的提问和点评。我感谢各位同事和朋友，特别是文淑辩（Moon Suk Byeon）、弗拉基米尔·格拉代夫（Vladimir Gradev）、丹尼斯拉娃·伊利耶娃（Denislava Ilieva）、瓦索·金（Vasso Kindi）、凯特·帕帕里（Kate Papari）和安娜·瓦西拉基（Anna Vasilaki）。感谢他们对本文修改的建议，并为我提供了重要的文献资料。完善后的论文于 2010 年 10 月在北京的"中国社会科学院论坛"以及 2011 年 5 月在雅典的挪威研究所作为参会论文。我还要感谢在此之后继续参与讨论的朋友，感谢他们提出的问题和意见，我将会在未来的研究中做出思考。

知色与知耻

——"羞耻"在苏格拉底与孔子哲学教育中的地位

梁中和[1]

一、知色：脸红、羞耻的阶梯与进德之途

苏格拉底和孔子都很会看人脸色，也就是通过表情观察人内心的道德情感，这本来是一项人人具备的生活能力，特别是脸红，是交谈双方尴尬的信号。一般人们会在红灯亮起时停下来，但苏格拉底不光不停，反而更进一步，趁势追击，引导学生进入哲学或者说爱智慧的道路；孔子则不光观察脸面的颜色，更会看表情，如果发现谈话人表情做作，伪装自己的真实情感，则会提醒甚至贬损对方为小人之态。

下面我们分别看几个这样的例子，然后再分析他们为什么会这样做：

（一）优秀青年何以脸红（έρυθριάω）？

1. 希伯塔勒斯和吕西斯的脸红

在《吕西斯》中，希伯塔勒斯正在爱恋吕西斯，在被问到认为

---

[1] 梁中和，哲学博士，四川大学哲学系教授。

谁是美人时脸红了，苏格拉底由这样的脸红知道，他不光爱上了，而且走得很远（《吕西斯》204b5）。但是，苏格拉底后面的话让希伯塔勒斯开始怀疑，自己是否认识自己所爱的人，自己的爱人有什么值得自己爱的地方，自己又有什么值得对方爱的。

而吕西斯也不比盲目爱他的人好多少，因为他不能说出自认为知道的"友谊"的准确含义，但是他的脸红却意味着他在哲学谈话中意识到了自己的无知：

> "我看是这样，苏格拉底。"吕西斯说，话音未落他就脸红了。
>
> 在我看来，这些话是他情不自禁冒出来的，因为，他的全副身心都沉浸在我们刚才的谈话中，显然，他全部都听进去了。(d5)[1]

可见，吕西斯脸红是因为他意识到了自己在知识方面有所欠缺，在后面的谈话中还意识到了自己其实没什么特别值得引以为傲的东西，并没有让别人追求和爱恋的内在价值。

这正是苏格拉底希望达到的效果，即通过谈话，让青年意识到自身的无知，并激发他们热爱智慧的愿望。在《卡尔米德》中也有类似的例子。

2. 卡尔米德的脸红

另一位贵族美少年卡尔米德在接受苏格拉底的盘问后，也陷入窘境，他脸红，是因为他意识到自己无论说什么都是错的：

---

[1] 本文中柏拉图译文除《理想国》用顾寿观译本（岳麓书社 2010 年版）外，均采用溥林译本和刘小枫主编"柏拉图全集"版本。

> 卡尔米德先是脸红起来，看上去还更美了，因为他这个年纪正适合害羞。（158c5）

然后他才真正鼓起勇气，说出自己的观点：

> 于是他停下来，非常勇敢地审视了自己，"依我看，"他说，"明智让人感到惭愧和害羞，而且明智就是羞耻心所是的东西。"（160e）

可惜的是，卡尔米德的羞耻心很快就被他堂哥传授的教条和他自己的不诚实掩盖掉了，因为他开始用其他人说的一些他自己并不知道其真正含义的话（162b10），也就是说，用其他人的话来抵挡苏格拉底的盘问。他的羞耻心并没有像吕西斯那样保留到对话的最后，可想而知，他的羞耻产生的求知动力也会小很多。

（二）羞耻的阶梯：苏格拉底为什么爱看青年脸红？

基于柏拉图对话的文本，我总结了一个类似于《会饮》中美的阶梯的"羞耻之梯"或者说"进德之梯"，它是这样的：

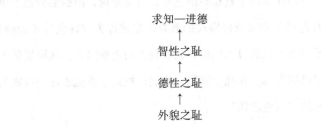

$$求知—进德$$
$$\uparrow$$
$$智性之耻$$
$$\uparrow$$
$$德性之耻$$
$$\uparrow$$
$$外貌之耻$$

下面对这个阶梯稍作解释：

苏格拉底遇到青年时，首先会让对方意识到自己外貌的丑陋或者姣好，如果他们意识到自己外貌丑陋或者很普通，那么就会思考自己凭什么被人爱。如果相貌姣好，那么他会引导他们思考自己除了外貌还有什么值得别人爱的东西，这就是让青年自知其美的缺乏。其次，苏格拉底通过哲学对话，很快就让谈话者意识到自己外貌未必好，而且德性方面也有欠缺，就算外貌好，他们也会意识到自己的德性与外貌并不匹配，因为他们在道德行为方面并不杰出，这是让青年自知其善的缺乏。再次，苏格拉底让青年意识到，之所以德性有缺乏，是因为他们没有德性的知识，并不知道真正的德性是什么，也就无从做起，所做的也都是似是而非的或者习俗养成的，并非道德自觉的行动，这就让青年自知其知识上的缺乏。最后，由这三种缺乏，苏格拉底得以激发他们追求美、善和知识的道路，也就是开启追求智慧的道路。

（三）孔子知色：容貌、面色与德性

首先，"色"字在中文中有多重含义，最主要的是脸的颜色（"颜色"一词在汉语中就指脸的色彩，也就是说，由脸的颜色引申出了所有色彩）和对姣好容貌的喜好，也被称为"好色"。《论语》中的孔子往往可以通过人们的容貌看到人的道德内在，从而提醒人们注意自己的言行。在孔子那里，我们也找到了类似于苏格拉底的羞耻之梯的"颜色之梯"：

正色好礼
↑
易色进德
↑
由好知人
↑
由色识人

如何理解这一颜色之梯呢？

首先，孔子强调切忌"巧言令色"，也就是说，不能伪装自己的言语和表情，这是小人的表现。因为这样的人很少有仁德，他们的表情如果是伪装的和颜悦色，那就是在讨好谈话者并掩藏自己的真实想法。类似地，愤怒也只是掩饰内心怯懦的外在表现而已：

> 子曰："色厉而内荏，譬诸小人，其犹穿窬之盗也与？"
> （《论语·阳货》）

这就是由色识人。

其次，孔子发现大多数人爱好美色胜过爱好德性："子曰：吾未见好德如好色者也。"（《论语·子罕／卫灵公》）这虽然是一个事实，但并非不可改变，他希望青年能戒色，因为"少之时，血气未定"（《论语·季氏》），人们年少时不知道自己真正的志向是什么，不知道什么值得喜欢，所以应该警惕对美色的爱好。同样，通过人们喜爱的事物，我们也可以判断一个人的道德状况。这就是由好知人。

那么接下来应该做的就是，引导青年从爱好美色到爱好美德。所谓"贤贤易色"（《论语·学而》），就是说要亲近贤能的人，而不是追逐美貌艳丽的人，因为真正值得追求的是成为有德性的人，而非沉溺于以性爱为代表的欲望满足中。

以上这三点与苏格拉底的羞耻之梯相似，但在第四阶，孔子并没有导向对德性知识的理智探求或者说认识论和概念性思考。孔子直接过渡到要求人们观察在礼仪中正当的容貌表现是怎么样的，人们通过这样的外貌来学习在什么情况下应该处于怎样的道德情感中：

> 君召使摈，色勃如也，足躩如也。揖所与立，左右手。衣前后，襜如也。趋进，翼如也……。出，降一等，逞颜色，怡怡如也。……勃如战色，足蹜蹜，如有循。享礼，有容色。（《论语·乡党》）

同时，孔子强调在与人交往时不光应该注意自己的容貌行止，而且也要观察辨别他人的脸色，来决定自己的言行：

> 侍于君子有三愆：言未及之而言谓之躁，言及之而不言谓之隐，未见颜色而言谓之瞽。（《论语·季氏》）

为什么要察言观色呢？孔子认为这样才能有恰当的反馈行为，通过脸色容貌知人，也知道如何应对这样的人，但这一切都基于道义，而非利益。因此，他这样回应子张的问题：

> 子张问："士何如斯可谓之达矣？"子曰："何哉，尔所谓

达者?"子张对曰:"在邦必闻,在家必闻。"子曰:"是闻也,非达也。夫达也者,质直而好义,察言而观色,虑以下人。在邦必达,在家必达。夫闻也者,色取仁而行违,居之不疑。在邦必闻,在家必闻。"(《论语·颜渊》)

因此,孔子认为,君子不论是自己注意容貌脸色,还是观察他人的容貌脸色,目的都在于保持自己的道德水平,君子要思考的是在言语、外貌、行动、情感等诸多方面保持稳定的良好的道德状态:

君子有九思:视思明,听思聪,色思温,貌思恭,言思忠,事思敬,疑思问,忿思难,见得思义。(《论语·季氏》)

二、知耻:羞耻之为追寻德性和知识的开端与动力

上文简要解释了苏格拉底和孔子对脸色和容貌的重视,以及通过它们向上攀登的路径。下面我们将解释,苏格拉底的"羞耻之梯"和孔子的"颜色之梯"背后的哲学教育原理,并分析苏格拉底和孔子是如何激发人们的羞耻心来求知和追求道德进步的。

(一)德性与羞耻(αίσχύνω, αίσχυνη)

苏格拉底和人们交谈时,一般会让人们意识到世俗的羞耻,也就是对谈者违背当时习俗和道德的羞耻,但很快,他会纠正这类羞耻,因为它们并非真正值得赞赏的羞耻,只有出于对自己违背四种

主要德性的羞耻，才是真正有价值的羞耻。因此，人们内在的追求德性的渴望是感受到羞耻的一个重要来源。

通过梳理柏拉图文本，我们发现以下德性与羞耻的关联：

1. 世俗之耻、背德之耻

柏拉图对话文本中提到过一些当时的世俗羞耻，其中最常见的是性爱造成的羞耻心，这件事情最令人快乐，但又是丑陋的，见不得人，人们羞于说它是美的（《希琵阿斯前篇》299a，《斐勒布》66a），娈童的性爱更是其中最可耻的（《高尔吉亚》494e）。也有在财物方面与他人攀比带来的羞耻（《阿尔喀比亚德前篇》122c），给家族带来的羞耻（《美涅克塞努斯》246d）等，当然，最主要的还是违背当时通行的道德习俗或习惯而来的羞耻，比如遇到苏格拉底的诘问时，"高尔吉亚觉得羞耻，就出于人们的习惯，承认自己会教授，因为，要是有人说不教授，他们就会恼怒"（《高尔吉亚》482d）。

但是，这类羞耻并非苏格拉底重视的羞耻，因为他们害怕的是别人的外在的批评，而非内在的约束。对苏格拉底而言，他要激发的是大家对自身德性缺失的感受，同时激发因羞耻而感觉到的某种德性的可贵。

2. 勇敢与羞耻

懦弱或者说不勇敢最容易激发羞耻心，苏格拉底临终时提醒朋友要坚强要勇敢，朋友们感到了羞耻，并止住了哭声（《斐多》110e）。苏格拉底批评克力同，他拒绝逃跑，也将勇敢与羞耻联系起来，他说："一个人应该选择一个优秀的和勇敢的男人会选择的那些做法，尤其当他声称整个一生都在关心德性时。所以，我的确既为你也为我们这些你的挚友感到羞耻，免得关于你的整个事情被认为是由于我们的某种怯懦而被做成了的。"（《克力同》45d-e）苏格拉底更多强调的是回答哲学问题时的勇敢，他以此批评智者："正因如此，卡利克勒斯噢，我吓住了珀洛斯和高尔吉亚，还让他们自感羞耻呢，但你嘛，你既不会惊慌失措，也不会自感羞耻：因为你勇敢呀。得了，你就只管回答吧！"（《高尔吉亚》494d）苏格拉底也在《申辩》中鼓励控告者勇敢回答问题。这些都是苏格拉底对改变人们以往不敢质疑传统习俗，或者利用修辞技艺来获取利益而非通过言辞追求真理的希望。因此，追求真理，说真话，真诚回答问题和审视自己是需要勇气的，这是真正的勇气，而非习俗中的鲁莽或者胆大。

3. 节制与羞耻

羞耻也会激发节制的美德，特别是在《卡尔米德》中，卡尔米德通过自己的经验和感受，意识到了"明智让人感到惭愧和害羞，而且明智就是羞耻心所是的东西"（160e）。同时，人类的世俗欲望，特别是性欲、嗜杀欲、放纵的食欲等都表明，羞耻与节制相关："我说，那些在睡梦中被唤醒的欲望。当灵魂的那另一半，也就是说，那属于理性的、温和的并且是管理着前者的那一半，入睡了，而那兽性的、粗野的一半，在酒醉饭饱之后，就蠢然活跃起来，它摆脱了睡眠，试图走出来，要去满足它自己的本能；你知道，在这种情形下，它是一切都敢做的，就像是解脱了，抛弃了一切羞耻和明智一样。因为它，在朦胧臆想中，甚至无所顾忌地要试着去和母亲同床，或是和其他的不论是人还是神还是兽，它能去犯不论是什么样的血腥的谋害，不避忌吃什么食品；总之一句话，任何鲁莽冒渎和羞愧无廉耻的事，它都是无所不为的。"(《理想国》571c）节制有助于我们维护人性的正常或善良。

4. 正义与羞耻

在《普罗泰戈拉》的神话中，羞耻与正义是一起分配给所有人的："由于担心我们这个族类会整个儿灭掉，宙斯吩咐赫尔墨斯把羞耻以及正义带给世人，以便既会有城邦秩序又会有结盟的友爱纽带。于是，赫尔墨斯问宙斯，他应当以怎样的方式把正义和羞耻带给世人：'我是否该像分配技艺那样来分配这些，也就是这样来分配，即一个人拥有医术对于多数常人已经足够，其他手艺人也如此。我是不是该这样子让世人具备正义和羞耻，抑或应当分给所有人？''得分给所有人，'宙斯说，'让所有人都分有；毕竟，倘若极少数人才分有，就像其他技艺那样，恐怕就不会有城邦。而且，得依我的命令立下一条法律：把凡没能力分有羞耻和正义的人当作城邦的祸害杀掉。'"(《普罗泰戈拉》322c-d）为什么普罗泰戈拉强调正义与羞耻是宙斯的礼物呢？因为羞耻在众人中是维护正义的内在保障。阿尔喀比亚德从小的正义感正是苏格拉底挑选他做培养和教育对象的原因。(《阿尔喀比亚德前篇》110b5）

5. 智慧与羞耻

泰阿泰德总结过人们的两类羞耻和丑陋（αἶσχος），一类是前文讲的德性之耻，一类就是苏格拉底特别看重的无知之耻，他说："的确必须同意——尽管当你刚才说时我还怀疑过——恶的两个家族是在灵魂中；并且，一方面，懦弱、放纵以及不义，它们全都必须被视为在我们中的疾病，另一方面，许许多多且形形色色的无知之情状，则必须被确定为丑陋。"(《智者》228e3-6）这也再次证实柏拉图对无耻的分类以及羞耻与德性的关联。

但是感受到羞耻不等于能够化解羞耻带来的尴尬和困境，那么我们又该如何应对羞耻呢？苏格拉底认为需要一种净化，净化靠的是知识，后者至少是对自己无知的认识。更进一步，由此还可以识别出智者或者其他人宣称有知识或有智慧但其实一无所知的状况，也因此可以在无知之知的引领下，坚定、真诚而勇敢地开启热爱智慧、探求真知的旅程。

（二）知识与羞耻

我们发现知识与无耻也有几种关系：

1. 无知而无耻

有一类人自身无知，但并不以此为耻，习以为常。他们错误地追求欲望的满足或放纵欲望，而忽略德性的重要性，也自然忽略了对自身道德状况的认知的重要性，因此，《申辩》中的苏格拉底呼吁人们结束这种颠倒的生活。

2. 无知而有耻

这类羞耻是苏格拉底运用最多的，他最擅长激发青年对话者的这类羞耻，也就是让大家和他一样，处于自知无知的状态，与他不同的是，他的对谈者处于无知时会羞耻，而苏格拉底自己并没有羞耻，而是从自知无知中获得了一种免于羞耻的能力，即开始求知。一旦人们开始真正地求知，就不会有世俗的羞耻之心，也不会埋怨自己无知，而是奋起努力，获得知识。从检验自己开始，讨论自己未知的问题。这样的例子在柏拉图对话中俯拾即是，比如《卡尔米德》169d，《阿尔喀比亚德前篇》122c，《情敌》139a，《尤绪德漠》295b、303d，《高尔吉亚》455c，《斐勒布》58b、23a，《泰阿泰德》183e、190e。其中最有代表性的是：

> 苏格拉底：我不会告诉你，在我尝试从各方面进行考察之前。因为我会为我们感到羞愧，如果我们由于处在我们所困惑的东西中而被迫同意我所说的那些事情的话。但是，如果我们找到出路并且变得自由了，那么，从那时起我们将谈论其他人，仿佛他们在遭受它们似的，而我们自己则立于可笑的东西之外。然而，如果我们处处都感到困惑，那么我认为，我们只好像那些晕船的人一样委曲求全。(《泰阿泰德》190e-191a）

这种自由就是免于无知所带来的羞耻的自由，《希琵阿斯后篇》也说明了求知的不可耻：

> 求知不可耻：我不同意聪明人的意见，还能有什么更大的证据能证明我的无知呢？但我神奇地拥有的一项良好品质救了我，我学习而不怕羞耻。我询问和提问，对回答我的问题的人抱着深深的感激之情，从来不会忘了向他们表示感谢。(《希琵阿斯后篇》372c）

3. 智者之耻：自称有知而实则无知

与上文苏格拉底赞同的羞耻恰恰相反的是智者的表面羞耻实则无耻。《高尔吉亚》487b 和《普罗泰戈拉》348b 都记述了两位大智者被苏格拉底追问后露出的尴尬和羞愧，但这是因为他们当众出丑，特别是当着他们收费招收的学生和慕名而来的可能客户出丑。因此他们恼羞成怒，甚至贬低他人以便掩盖自己的无知。他们不愿意暴露自己的无知，这种羞耻只会让他们继续为其他目的维持虚假的知识状态，而非追求真理。柏拉图在《理想国》495b-c 中很好地描述了这类人的境况：

> 他们这些人，他们原本是哲学的最亲的亲属，既然这样背离了哲学而堕落了，他们就抛下了她，那孤苦的、无伴的她，而自己也就过着一种既不配称也不真实的生活，而她，作为一个失去了亲属的孤女，那些无价值的其他人就乘机插进来，凌辱玷污她，为她招来种种诅咒和责难，就像你说的那样，说，凡是和她相交往的人，一部分是一些一无所能的人，而另一部分，作为其中的大多数，他们该当遭受任何厄运。

4. 哲人之耻：自知无知

因此，哲学家必须肩负起追求真知的重任，他们自知无知，但并不停留在无知中，而是奋起求知，用智慧转化德性，以净化过的德性去求得真正的知识，而非看起来像的知识或者用来售卖、蛊惑人心的修辞技艺。求真知的过程有三个步骤：说实话、求真理、践行所知的真理，只有如此才不会羞耻。即使有错，也能在求知的道路上试错，及时改正以继续前行。

（三）孔子知耻：羞耻与道德实践

1. 知耻

孔子认为意识到羞耻是很重要的，除了之前我们提到过的"巧言令色"可耻以外，他还说，真诚地对待自己正当的喜好，求贤而不因利益与人交往，才可以免于耻辱。友谊的基础是有共同的善好追求，为了利益放弃这种追求是可耻的：

> 子曰："巧言、令色、足恭，左丘明耻之，丘亦耻之。匿怨而友其人，左丘明耻之，丘亦耻之。"（《论语·公冶长》）

孔子还引用《易经》上的话说："不恒其德，或承之羞。"（《论语·子路》）没恒心的人注定一事无成，在德性这件事上也是如此，长久地保持德性才会免于各种耻辱。

此外，孔子认为人们不可以以世俗的荣辱为标准，拥有财富和地位有时意味着可耻："子曰：笃信好学，守死善道。危邦不入，乱邦不居。天下有道则见，无道则隐。邦有道，贫且贱焉，耻也；邦无道，富且贵焉，耻也。"（《论语·泰伯》）"子曰：邦有道，谷；邦无道，谷，耻也。"（《论语·宪问》）更重要的是坚持学习和守持德性。如何守持德性呢？有两个方面可以保证：第一是好学，学习各种知识，可以免于羞耻；第二是守礼，守护合宜的礼法，可以让人民和自己都免于陷入羞耻的境地而不自知。这是从内在和外在两个方面维系德性，也是一个成德之人的两方面表现。

下面我们就从这两个方面，看孔子如何解释它们与羞耻的关系。

2. 好学而力行

孔子认为，好学深思，敢于向不同的人提问和学习不可耻，反而是文化所要求的，也是文化之人的标志。也就是说，无知不可耻，停留在无知中才可怕："子曰：敏而好学，不耻下问，是以谓之文也。"（《论语·公冶长》）而且人一旦好学，就不再关注对欲望的满足，所以"子曰：士志于道，而耻恶衣恶食者，未足与议也"（《论语·里仁》），这也是一种价值排序。结合上一节所述，价值中最低的是食欲、物欲的满足，其次是财富、名誉、地位，最高的是学习以及由学习而来的德性。但德性不只是对书面知识的学习，也是在行动中成就的，因此，行动的德性才处于这个价值序列的顶端。所以孔子才说：

君子耻其言而过其行。（《论语·宪问》）

古者言之不出，耻躬之不逮也。（《论语·里仁》）

行己有耻，使于四方，不辱君命，可谓士矣。（《论语·子路》）

3. 守礼远耻

在对士的要求下，大多数人又应该如何远离耻辱呢？孔子认为，应该兼顾道德和礼仪，不可偏废，因为人们既要理论上的善好，也要能够在行动中合宜地实现道德，那就需要礼仪来规范和帮助。所以孔子说："道之以德，齐之以礼，有耻且格。"（《论语·为政》）孔子的弟子也学到了这一点，说："恭近于礼，远耻辱也。"（《论语·学而》）也就是说，礼可以让人避免无知带来的羞耻，至于礼背后的道理和道德，则要通过学习才能进一步领会。因此，守礼是经验上的起点和教育的末端，求知、据德和实践才是终点。

结　论

对观苏格拉底与孔子对待和利用羞耻心的理论和实践，我们可以简要地得出以下几个结论：（1）他们都重视羞耻心在哲学教育中的地位，都将其当作道德教育的起点。（2）他们都认为羞耻心很重要，人们应该保持羞耻心。（3）他们都认为在一种情况下可以安全地去除羞耻心，即学习和求知时，作为学习者的无知是不可耻的。（4）他们都认为羞耻心会持续激励人们追求道德和真理。（5）他们的不同在于，苏格拉底更强调羞耻心带来的理智上的耻辱，求知是羞耻心激发的最重要方面，而孔子认为成德和践行才是羞耻心激发的最重要方面。这个不同点源于两人的道德哲学基础不同，苏格拉底是理智德性论者，认为无德源于无知，而孔子认为无知只是一方面，更重要的是行动上的道德，而非理论概念。（6）苏格拉底蔑视世俗的羞耻及其背后的习俗生活，孔子则认为要移风易俗，而不是否定习俗，应该用道德知识具象化后的礼来引导人们的日常道德生活。

由类比到本原

——亚里士多德与朱子的类比思想

程宇松[1]

摘要：

亚里士多德和朱子的类比思想具有相似的理路。事物具有多样性，把握事物结构相似的类比为理解世界提供了一条道路。类比不仅是把握具体事物的方法，而且是探究世界本原的途径。基于类比，万物都以善为目的，世界的本原是至善。他们学说的不同在于，亚里士多德的类比更侧重理论研究，而朱子的类比更侧重内在感悟。通过对比亚里士多德和朱子的类比思想，我们不仅能够深入理解他们的方法论和本体论，而且可以窥见中国哲学和古希腊哲学的同一与差异。

关键词：

亚里士多德；朱子；类比；本原；目的论

亚里士多德和朱子分别在古希腊哲学和中国哲学中占有至关重

---

[1] 程宇松，比利时鲁汶大学哲学系硕士生。

要的地位。他们总结了前人的学说，建立了规模宏大的思想体系，回应了纷繁复杂的理论问题。由于亚里士多德和朱子来自不同的哲学传统，他们使用的概念、建立的论证和达成的结论都难免有差异。但是，从类比的角度进行考察，可以发现亚里士多德和朱子之间惊人的一致性。首先，事物的多样性使得类比成为必要，因为寻求结构相似的类比能够把握最广泛的事物；其次，通过类比，我们不仅能够认识具体事物，而且可以探究万物背后的本原；最后，根据类比，人类和事物在本质上都追求善，世界的本原就是最高的善。由此可以看出，亚里士多德和朱子在运用类比理解本原这方面具有诸多共通之处。当然，他们的思路也有些许差别。亚里士多德的类比是一种理论方法，朱子的类比是一种感悟途径。从各自的思路出发，亚里士多德认为，事物的差异来自形式而非质料，第一推动者分离于万物；朱子则认为，万物从根本来说是一体的，天理就体现在每个事物之中。

一、类比的方法

类比的必要性来自世界的多样性。无论是古希腊的哲学家和还是古代中国的儒者，对于世界的多样性都有着深切领会。一与多的问题构成了古希腊哲学的一条线索，从早期希腊哲学开始就得到了讨论。再看中国哲学，《易》云："天下同归而殊途，一致而百虑。"（《周易·系辞下》）孟子说："夫物之不齐，物之情也。"（《孟子·滕文公上》）个人的气质、社会的等级、万物的特性，这些都有着不容忽视的差异。儒家尊重世界的差等，相信世界的统一性是和谐而非等同。亚里士多德和朱子沿袭了各自的传统，相信世间万物纷繁复杂，不能简单地归为一类。追求统一性时必须首先认识到差异性，这样才能真正理解世界。为此，他们寻求在差异性中把握统一性的方法，类比被证明最适于这个任务。

　　亚里士多德对于世间万物的差异性有着清晰的认识。他在《范畴篇》的开篇说："同名异义（ὁμώνυμα）说的是仅仅名称相同，但与名称对应的解释（λόγος）不同。"（Cat. 1a1-2）[1] 在同名异义和同名同义之中，亚里士多德优先讨论的是同名异义。在辛普里丘（Simplicius）看来，这是"因为存在（τὸ ὄν）同名异义地（ὁμωνόμως）属于十范畴"（33.23-24）。[2] 根据这种理解，亚里士多德首先讨论同名异义，这可能暗示了存在的差异是值得优先考虑的。根据十个范畴就可以区分出存在的十种模式（Cat. 1b25-27），但这还不是存在的全部差异。亚里士多德说："因为无限定的（ἁπλῶς）存在具有多种含义，一种是偶性的；另一种是真，而非存在是假；除此之外还有范畴的形态、本质、性质、数量、地点、时间以及存在具有的任何类似的含义；除了所有这些，还有潜能的和现实的。"（Met. 1026a33-b2）由此可见，存在具有多么丰富的含义。对于多样的存在，当然不可能以单一的方式把握，所以亚里士多德认为，有多少种存在就有多少种哲学（Met. 1004a2-3）。亚里

---

〔1〕 亚里士多德原文根据牛津古代文本（Oxford Classical Text）或洛布丛书（The Loeb Library）的希腊文译出，参考 Jonathan Barnes 编辑的全集（*The Complete Works of Aristotle*）英译文。

〔2〕 希腊文和行码参见 Simplicii, *In Aristoteles Categorias commentarium*, Carolus Kalbfleisch（ed.）；英译参见 Simplicius, *On Aristotle Categories 1-4*, Michael Chase（trans.）, London: Bloomsbury, 2003, p. 48。

士多德将事物细致区分为很多种类，由此划分了不同学科：自然科学处理不分离而运动的事物，数学处理不分离而不运动的事物，神学则处理分离而不运动的事物（*Met.* 1026a13-16）。由此可见，亚里士多德对于世界的多样性有着深刻理解。

什么样的方法最适于把握多样的事物呢？在亚里士多德看来，这种方法正是类比。类比最大限度地包容了事物的差异，所以能够把握最广泛的事物。亚里士多德说：

> 一些事物在数量上（κατ᾽ ἀριθμόν）是一，其他的在种上（κατ᾽ εἶδος）是一，其他的在属上（κατὰ γένος）是一，其他的在类比上（κατ᾽ ἀναλογίαν）是一。在数量上是一的事物质料是一，在种上是一的事物解释（λόγος）是一，在属上是一的事物谓项是一，在类比上是一的事物就像一个事物对于另一个事物。在前一个中总是可以找到后一个。在数量上是一的事物在种上是一，而在种上是一的不都在数量上是一。在种上是一的全都在属上是一，而在属上是一的不都在种上是一，不过都在类比上是一。类比上是一的不都在属上是一。（*Met.* 1016b31-1017a3）

亚里士多德区分了四种统一性。在数量上是一的事物就是个体，这个事物属于一定的种，这个种不仅包含这个事物，对于属和类比来说也是同理。所以，数量的一是最个别的一，而类比的一是最普遍的一。类比可以超越个体、种和属的限制，因此可以把握更加广泛的事物。如果要在广泛的事物中找到统一性，那么最适当的方法就是类比。

为什么类比能够把握最广泛的事物？因为类比以事物之间的结构相似为对象。运用类比认识世界，便是在承认事物本质差异的基础上寻求结构的共性。亚里士多德说：

> 在属于不同属（γένεσιν）的事物中，相似性（ὁμοιότητα）应该最先得到研究。A 对于 B（πρὸς…τι）是怎样，C 对于 D 就是怎样。例如，知识对于知识对象是怎样，感知对于可感对象就是怎样。或者，A 在 B 中（ἐν…τινί）是怎样，C 在 D 中就是怎样。例如，视力在眼睛中是怎样，理智在灵魂中就是怎样；冷在海中是怎样，无风在气中就是怎样。（Top. 108a7-12）

亚里士多德在这里提出寻找不同属的事物的相似性，这实际上就是要把握事物的类比关系。[1] 亚里士多德举出了类比的两个基本形式，一个是"A 对于 B"，一个是"A 在 B 中"。这两种形式其实是一致的，它们都表示事物之间存在着某种关系。[2] 类比的形式是四项关系（four-term relationship），得到比较的不是事物本身，而是 ABCD 四个事物之间的关系。事物之间具有类比关系，就是两个事物的关系和另外两个事物的关系具有一致性，即使事物具有各不相同的本质。可以说，类比学说提供了这样一种可能性：既建立

---

〔1〕 Aristotle, *Topics Book I and VIII with excerpts from related texts*, Robin Smith（trans. and comm.），Oxford：Oxford University Press, p. 100.

〔2〕 至少在本体论中，这两个形式是一致的。如果是认识论中的类比，亚里士多德更多使用"对于"这个形式。参见刘鑫：《亚里士多德的类比学说》，《清华西方哲学研究》2015 年第 1 期，第 413—414 页。

统一的概念，又不舍弃事物的差异。[1] 这就是为什么亚里士多德在物理学、生物学和心理学的作品中广泛使用类比方法。[2]

朱子对于世界万物的差异同样有着精到的辨析。朱子说："则阴阳也，君臣父子也，皆事物也，人之所行者也，形而下者也，万象纷罗者也。"(《朱文正公文集》卷四十八)[3] 形而下者就是具体事物，它们具有纷纭的形态。因为形上之理构成了形下之器的本质，所以事物的多样性就是理的多样性。朱子说："既有是物，则其所以为是物者，莫不各有当然之则而自不容已，是皆得于天之所赋，而非人之所能为也。"(《大学或问》)[4] 形而上者即理，理作为不容已的规律构成了事物的根柢，因此，事物的不同可以归结为理的差异。

由于万物来自同样的天理，所以事物之间具有结构相似。朱子说："天下岂有性外之物哉！然五行之生，随其气质而所禀不同，所谓'各一其性'也。各一其性，则其浑然太极之全体，无不各具于一物之中，而性之无所不在，又可见矣。"(《太极图说解》)[5] 浑然的本体贯通一切事物，世间没有任何事物是脱离天理的。既然众理以一贯的天理作为支撑，那么事物之理必然有某些相同之处。朱子说："只是一个道理，界破看，以一岁言之，有春夏秋冬；以天

---

〔1〕 刘鑫：《亚里士多德的类比学说》，《清华西方哲学研究》2015 年第 1 期，第 429 页。

〔2〕 关于亚里士多德如何使用类比进行科学研究，参见 G. E. R. Lloyd, *Polarity and Analogy：Two Types of Argumentation in Early Greek Thought*, Cambridge：Cambridge University Press, 1966, pp. 361-380。

〔3〕 （宋）朱熹：《朱子全书》第 22 册，上海古籍出版社、安徽教育出版社 2002 年版，第 2226 页。

〔4〕《朱子全书》第 6 册，前揭，第 526 页。

〔5〕《朱子全书》第 13 册，前揭，第 73 页。

言之，有元亨利贞；以一月言之，有晦朔弦望；以一日言之，有旦昼暮夜。"（《朱子语类》卷十八）[1] 春夏秋冬、晦朔弦望、旦昼暮夜在现实中不是完全等同的，但是由于"一个道理"贯穿这一切，所以它们具有相似的四分结构。在这个意义上，可以说一年、一月和一日的划分具有类比关系。所以朱子说："近而一身之中，远而八荒之外，微而一草一木之众，莫不各具此理。……此所以可推而无不通也。"（《朱子语类》卷十八）[2] 既然不同的事物具有相同的天理，那么在事物之间进行类推当然就是可能的。

为此，朱子相信类比最适用于把握纷繁的物理。朱子在这方面的思想体现于类推、格物之说。类推的观念可以上溯至先秦，孔子说："举一隅不以三隅反，则不复也。"（《论语·述而》）当然，这还仅仅是类比思想的萌芽。《大学》在宋代理学中受到了高度重视，其所谓"致知在格物"成为儒门的重要工夫。程颐在格物和类推之间建立了联系："格物，非欲尽穷天下之物，但于一事上穷尽，其他可以类推。"（《河南程氏遗书》卷十五）[3] 程颐表示，格物不需要理解所有事物，学者只需要穷究一样事物，其他可以通过类推把握。朱子继承了程颐的思路，主张从已知之理推致未知之理。朱子说："是从已理会得处推将去。如此，便不隔越。若远去寻讨，则不切于己。"（《朱子语类》卷十八）[4] 在朱子看来，类推需要从已知出发推导未知，由此把握多样的事物。与此同时，朱子强调积累诸

---

〔1〕《朱子全书》第14册，前揭，第619页。
〔2〕同上，第606页。
〔3〕（宋）程颢、程颐：《二程集》上册，王孝鱼点校，中华书局2004年版，第157页。
〔4〕《朱子全书》第14册，前揭，第627页。

多知识之后才能实现类推。朱子说："天下岂有一理通便解万理皆通。也须积累将去。如颜子高明，不过闻一知十，亦是大段聪明了。学问却有渐，无急迫之理。"(《朱子语类》卷十八)[1]在朱子看来，通晓一理就能通晓万理是不可能的。工夫不是仅仅专注一事，而是依靠对不同道理的积累。朱子为此鼓励学者探究万物的规律，他说："学者当知夫天如何而能高，地如何而能厚，鬼神如何而为幽显，山岳如何而能融解，这方是格物。"(《朱子语类》卷十八)[2]学者需要首先研究各种各样的事物，把握不同事物背后的原理。知识积累到一定程度，自然能够触类旁通，从而把握多种多样的事物。

需要注意的是，朱子的类比是一种可以灵活运用的方法。早在汉代，董仲舒等儒者就开始尝试建立人与自然的对应关系，但是这种关系多被后人视为一种僵化的教条。比如董仲舒将人的身体僵化地对应于天地，他说："人有三百六十节，偶天之数也；形体骨肉，偶地之厚也。上有耳目聪明，日月之象也；体有空穹进脉，川谷之象也；心有哀乐喜怒，神气之类也。"(《春秋繁露·人副天数》)这种学说难免有穿凿附会之嫌。相比之下，朱子的类比并不是僵硬的体系，而是灵活的视角。朱子常以四德类比四季，他说："人只是仁义礼智四种心。如春夏秋冬，千头万绪，只是此四种心发出来。"(《朱子语类》卷六)[3]有时，朱子又以五常对比五行："仁木，义金，礼火，智水，信土。"(《朱子语类》卷六)[4]将仁比作春，只不

---

〔1〕《朱子全书》第14册，前揭，第598页。

〔2〕同上，第607页。

〔3〕同上，第244页。

〔4〕同上，第243页。

过是说仁在四德之中的位置就如同春在四季中的位置，而不是说仁就对应于春，因为仁同样可以在五常中类比于五行之木。这说明朱子的类比是一种理解自我和世界的灵活方法，其运用以具体情况为转移。

二、本原的探究

在研究具体规律的时候，类比当然能为我们提供一个可靠的手段，但这还不是类比的全部作用。在亚里士多德和朱子看来，我们通过类比不仅能够认识身边的事物，而且可以洞悉世界的本原。

亚里士多德哲学的一个重要问题是如何把握本原。亚里士多德说："哲学家把握的是实体的本原和原因。"（*Met.* 1003b18-19）对于哲学家来说，把握存在的本原是关键课题，但是采取什么方法呢？在《后分析篇》中，亚里士多德提出，虽然我们通过证明（δι' ἀποδείξεως）获取知识（*APo* 71b16-19），但只能依靠非证明的知识把握本原（*APo* 72b19-23）。亚里士多德在《尼各马可伦理学》中说："归纳（ἐπαγωγὴ）使我们走向本原，它是关于普遍者的，演绎（συλλογισμὸς）则从普遍者出发。所以，存在着一些本原，可由它们出发进行演绎而它们本身不能来自演绎，它们可以通过归纳而获得。"（*EN* 1139b27-31）证明是一种演绎（*APr* 25b28-31），即科学的演绎（*APo* 71b17-18）。证明和演绎无法达到本原，因为它们是由前提推导结论而不是由结论逆推前提，所以亚里士多德提出归纳是走向本原的方法。不过，归纳可以把握某种普遍性，但不一定能把握完全的普遍性，毕竟归纳总是不完全的。针对这个问题，学界主要分为两派：直觉论者认为，理智直觉可以把握第一本原；归纳论者则以各种方式论证归纳本身就足以把握第一本原。[1] 类比可以为这个争论提供一条新的解决方案，因为亚里士多德认为类比可以把握超越的对象，他说：

> 我们的意思可以在个别者中通过归纳被明显看到。我们不需要寻找所有事物的定义，而应该满足于把握类比（ἀνάλογον）。正在建造和能够建造是怎样，苏醒和睡眠就是怎样；正在看和闭着眼而有视力；被区分的质料和质料；以及被加工的和未被加工的。但是事物不是在同样的意义上被说成现实地存在，而只是通过类比，就像 A 在 B 中或 A 对于 B，C 在 D 中或 C 对于 D。因为一些就像运动对于潜能，另一些就像实体对于某种质料。（*Met.* 1048a35-b9）

亚里士多德承认定义在认识中的必要性，但是不认为有必要把握所有定义。实际上，我们不可能为所有事物找到定义。以十范畴来说，定义是种加属差，但是十范畴已经是最高的属了，所以只能

---

〔1〕 直觉论参见 H. D. P. Lee, "Geometrical Method and Aristotle's Account of First Principles", *The Classical Quarterly*, vol. 29, no. 2, 1935, pp. 113-124; Michael Frede, "Aristotle's Rationalism", *Rationality in Greek Thought*, Michael Frede and Gisela Striker（eds.）, Oxford: Oxford University Press, pp. 157-174。归纳论参见 James H. Lesher, "The Meaning of NOYΣ in the *Posterior Analytics*," *Phronesis*, vol. 18, no. 1, 1973, pp. 44-68; Murat Aydede, "Aristotle on *Episteme* and *Nous*: The *Posterior Analytics*", *Southern Journal of Philosophy*, vol. 36, no. 1, 1998, pp. 15-46; Marc Gasser-Wingate, "Conviction, Priority, and Rationalism in Aristotle's Epistemology", *Journal of the History of Philosophy*, vol. 58, no. 1, 2020, pp. 1-27.

采取非定义的方式把握范畴。在《形而上学》1016b31ff. 中，亚里士多德区分了数量的一、种的一、属的一和类比的一，并且认为类比的应用广于种属，这说明类比能够把握种属关系无法把握的对象。在另一段文本中，亚里士多德表明类比能够把握范畴，他说："存在以很多方式得到言说，但是它们都关联于某个确定的中心，而非同名异义。"（*Met.* 1003a33-34）亚里士多德不认为存在是具有统一性的，因为诸多范畴可以在类比意义上关联于一个中心。以健康为例，有的事物维持健康，有的事物创造健康，有的事物是健康的征兆，有的事物能够得到健康。由此而观存在，有的事物是实体，有的事物即将成为实体，有的事物是实体的匮乏（*Met.* 1003a34-b10）。实体当然是存在的中心含义，其他范畴在类比的意义上谓述存在，因此诸范畴之间的关系就是类比关系。可以说，形而上学的超越者就处于类比关系之中。[1] 那么，如果要把握诸范畴，当然要采取类比的手段了。当然，这时的类比不再是以具体事物为研究对象的科学类比（scientfic analogy），而是面向超越对象的形而上学类比（metaphysical analogy）。[2]

亚里士多德相信，作为形而上学意义上的超越者，本原可以在类比中得到认识。在《形而上学》1048a35-b9 中，亚里士多德强调归纳在把握本原上的作用，但是很难理解归纳如何可能达到第一本原。亚里士多德这样解决这个问题：普遍者不需要完全的归纳，因为类比可以促成从个别到普遍的飞跃。亚里士多德说："如

---

[1] Mary Hesse, "Aristotle's Logic of Analogy", *The Philosophical Quarterly*, vol. 15, no. 61, 1965, pp. 334-335.

[2] 关于两种类比的区分，cf. *ibid.*, p. 328。

果这个灵魂单纯就是这个身体，那么个别者就像（ὥσπερ）普遍者。"（*Met.* 1037a9-10）在亚里士多德的作品中，"就像"的近义词（例如 ὡς）常常出现于讨论类比的语境之中，包括《形而上学》1048a35-b9。从这个角度来看，虽然人类认识的对象通常是个别实体，但是个别者与普遍者具有类比的相似性，所以对个别者的认识能够以类比的方式通达普遍者。类比的形成以归纳为基础，不过归纳不足以达到第一本原。对于本原的把握最终还是要"满足于把握类比"，众多个例的积累只是为类比而服务的。亚里士多德在《形而上学》1048b8-9 中将潜能和质料当作类比适用的对象，这就是在暗示本原在类比中才能得到理解。

以类比作为方法，亚里士多德对世界的本原提出了自己的理解。亚里士多德说："不同事物的原因和本原在一种意义上是不同的，但在一个意义上，普遍地和类比地（κατ᾽ ἀναλογίαν）来说，它们对于所有事物都是相同的。"（*Met.* 1070a31-33）严格来说，不同事物的具体本原不一定相同。不过，从类比的角度来说，事物具有相同的元素和原因。亚里士多德说："因此，根据类比，存在三种元素（στοιχεῖα），以及四种原因（αἴτια）和本原（ἀρχαί）。但是它们在不同事物中是不同的，不同事物也有不同的第一动力因。"（*Met.* 1070b25-27）三种元素是形式、匮乏和质料，四种本原是三种元素加上动力因。不同事物的具体原因必然是不一样的，但是这些具体原因具有相似性，所以能够在类比的意义上归入四种本原。可以看出，亚里士多德对本原的阐释以类比作为方法。

朱子同样相信类比能够把握万物背后的本然天理。天理不是众理，而是呈现于纷纭之理中的一贯之理。朱子说："是合万物而言之，为一太极而已也。自其本而之末，则一理之实，而万物分之以为体。故万物之中，各有一太极，而小大之物，莫不各有一定之分也。"(《通书解》)[1]万物虽然具有自己的特性，但毕竟秉承相同的本体而来，差别仅仅是后天气质所致，因此朱子说："论万物之一源，则理同而气异；观万物之异体，则气犹相近而理绝不同也。"(《朱文正公文集》卷四十六)[2]通一的天理是相同的，只是由于天理落于气质才呈现出了诸多不同。

但是，类推能否以通一的天理为对象呢？陈来提出，朱子的推类是贯通之后从通一之理推知未知之理的阶段。[3]根据这种观点，类比不是用于把握天理的，而是用于把握事物的。但是，这不符合朱子的说法。在朱子的类比学说中，类比不可能仅仅是贯通之后把握具体规律的方法，因为贯通正是依靠类比才得以可能的。朱子说：

> 若其用力之方，则或考之事为之著，或察之念虑之微，或求之文字之中，或索之讲论之际。使于身心性情之德，人伦日用之常，以至天地鬼神之变，鸟兽草木之宜，自其一物之中，莫不有以见其所当然而不容已，与其所以然而不可易者。必其表里精粗无不尽，而又益推其类以通之，亦皆有以极其心之本体而无不尽也。(《大学或问》)[4]

---

〔1〕《朱子全书》第 13 册，前揭，第 117 页。
〔2〕《朱子全书》第 22 册，前揭，第 2130 页。
〔3〕陈来：《朱子哲学研究》，上海：华东师范大学出版社 2000 年版，第 310—311 页。
〔4〕《朱子全书》第 6 册，前揭，第 527—528 页。

朱子在这里明确表示，类推是贯通的前提，贯通是类推的结果。一切事物之中都有"所当然而不容已"和"所以然而不可易"的天理，学者可以在各种事物之中寻求天理。积累到一定的程度，就能"推其类以通之"。这种类推来自知识的积累，而又超越了不同事物之间的界限，这样就能够把握贯通的天理，从而达到心之本体。由此可见，在朱子的类比学说中，类比的一个重要作用就是把握贯穿万事万物的天理。

三、至善的本体

在亚里士多德和朱子的类比学说中，由人类到事物的类比是理解世界的重要途径。亚里士多德和朱子以人类为中心，从人类的特性推演事物的性质。他们相信人类以善为目的，事物同样以善为目的，整个世界是一个向善的系统。由此，亚里士多德建立了目的论的体系，其顶点是第一推动者；朱子建立了天理流行的体系，贯穿万物的是本然的天理。

亚里士多德的目的论世界观以类比作为方法论基础。从类比的角度看，人类行动和自然事物都具有目的论结构。亚里士多德说："在一切有目的（τέλος）者中，在先者和在后者都是为了（ἕνεκα）目的而被做的。在行动中如何，在自然中就如何；在自然中如何，在每个行动中就如何——如果没有什么阻碍。行动为了某物（ἕνεκά του），因此自然也为了某物。"（*Phys.* 199a8-12）自然和行动具有相同的结构，亦即序列和终点的关系，后者构成了前者的目的。如果行动具有目的，那么可以认为自然同样具有目的。Herbert

Granger 就此提出，行动与自然的类比是一个单向的认识过程，即由行动的目的性推导自然的目的性。人类的行动具有解释的优先性，因为它为亚里士多德提供了一个目的论的模型。[1] 同样，可以将自然类比于技艺，亚里士多德说："一个事物为了另一个事物。普遍来说，技艺在一些情况下实现自然无法完成的事情，在另一些情况下摹仿自然。因此，如果根据技艺的事物为了某物，那么根据自然的也如此。"（*Phys.* 199a15-17）从事实上来说，当然是技艺以自然为摹本，但是认识的过程是相反的，因为认识是从对我们来说熟悉的事情（ἀπὸ τῶν ἡμῖν γνωρίμων）开始的（*EN* 1095b2-5）。自然和技艺的同构性是无须论证的，因为这是亚里士多德的理论前提，需要论证是只有自然的目的性。[2] 因为自然与技艺同构且技艺具有目的，所以自然同样具有目的。通过行动和技艺的类比，亚里士多德得出了这样的结论："那么，自然明显是一个原因，这个原因是为了某物。"（*Phys.* 199b32-33）由此可见，亚里士多德以类比的方式证明自然的目的性。

就像技艺的目的解释了技艺的过程，事物的目的因构成了事物的形式因。亚里士多德在《物理学》195a3ff.中区分了四种原因：质料因、形式因、动力因和目的因。在四种原因中，形式因和目的因是一致的。亚里士多德在《论动物的部分》中说："很明显，以某物为目的（ἕνεκά τινος）是首要的。因为这是事物的解释（λόγος），而解释形成了起点，就像在技艺的作品和自然的作品

〔1〕 Herbert Granger, "Aristotle on the Analogy between Action and Nature", *The Classical Quarterly*, vol. 43, no. 1, 1993, p. 174.
〔2〕 鲍秋实:《"技艺模仿自然"——亚里士多德〈物理学〉第二卷第8章的自然目的论》，《哲学动态》2023年第4期，第86页。

中一样。"（*PA* 639b15-17）就像技艺的产物解释了技艺的过程，自然事物所为的目的构成了自然事物的解释。亚里士多德认为，解释就是形式因，他对于形式因给出了这样的描述："它是存在之为存在的解释（ὁ λόγος ὁ τοῦ τί ἦν εἶναι）。"（*Phys.* 194b26-27） 以此为基础，亚里士多德断言，目的因和形式因是等同的："因为自然是双重的，即质料和形式，后者就是形式，并且因为其他的一切都为了目的，所以形式就是原因（αἰτία），在为了某物的意义上。"（*Phys.* 199a30-32）目的因决定了事物的本质，所以构成了形式因。

通过类比，可以回应一些学者对于目的论解释的质疑。Wolfgang Kullmann 认为，"为了某物"（οὗ ἕνεκα）具有三种含义：第一种是"A 以 B 为目的"，第二种是"A 有益于 B"，第三种是"A 既以 B 为目的又有益于 B"。他进而提出，这三种形式之间并无联系：第一种属于技艺，第二种属于自然，第三种属于灵魂。因此，亚里士多德的世界图像并非普遍的目的论系统。[1] 根据这种论证，亚里士多德虽然承认所有事物都为了某物，但不认为自然事物像人类技艺那样拥有目的。比如犄角和头发，并不是以保护牛和人的头部为目的，而仅仅是有益于这一点。David Charles 认为，亚里士多德的目的分为两种：在人类主体（human agency）中，目的充当了欲求的对象；自然事物并没有欲求，所以其目的并不是有意识得到追求的目的，而仅仅是事物功能有益于其产生的那种结果。[2]

---

〔1〕 Wolfgang Kullmann, "Different Concepts of the Final Cause in Aristotle", *Aristotle on Nature and Living Things*, Allan Gotthelf（ed.）, Pittsburgh：Mathesis Publications & Bristol：Bristol Classical Press, 1985, pp. 172-174.

〔2〕 David Charles, "Teleological Causation in the *Physics*", *Aristotle's Physics：A Collection of Essays*, Lindsay Judson（ed.）, Oxford：Oxford University Press, 1991, pp. 107-108.

但是，对于自然的目的是否以人类的目的为模型，Charles 持开放态度，因为亚里士多德对此没有作出明确表态。[1] 亚里士多德的确提到存在不同的"为了某物"，但是其含义并不清楚。亚里士多德说："为了某物（οὗ ἕνεκα）可以在不动者中被发现，通过做出区分可以看到这一点。为了某物既以某物为目的（τινὶ τὸ οὗ ἕνεκα），又有益于某物（τινός…），其中一个是不动的，一个不是不动的。"（*Met.* 1072b1-3）在这里，亚里士多德区分了两种"为了某物"。根据 Kullmann 的说法，οὗ ἕνεκά τινος 是以某物为目的，οὗ ἕνεκά τινι 是有益于某物。[2] 但是，亚里士多德在现存文本中并未做出这样的说明。[3] 相比之下，Herbert Granger 的说法更有说服力。根据其观点，亚里士多德的目的论不是限于"有益于某物"的功能目的论（functional teleology），因为这是一个过弱的断言。从类比的角度看，如果一个过程具有目的，那么整个过程存在的理由就在于这个目的，在人类和自然中都是如此。[4]

从必然性与目的性的关系来看，能够进一步理解为什么亚里士多德哲学是目的论。Whilliam Charlton 认为，亚里士多德从来没有说事物有目的，而只是说事物具有必然性。[5] 按照其观点，亚

〔1〕 David Charles, "Teleological Causation in the *Physics*", *Aristotle's Physics: A Collection of Essays*, Lindsay Judson（ed.）, Oxford: Oxford University Press, 1991. p. 118.

〔2〕 Wolfgang Kullmann, "Different Concepts of the Final Cause in Aristotle", p. 171.

〔3〕 亚里士多德提到自己在《论哲学》（*On Philosophy*）中深入说明了两种"为了某物"的区分，他说："为了某物是双重的，就像我们在《论哲学》（περὶ φιλοσοφίας）中所说的那样。"（*Phys.* 194a35-36）但是，由于《论哲学》只剩下了残篇，所以难以知晓亚里士多德对此的具体辨析。

〔4〕 Herbert Granger, "Aristotle on the Analogy between Action and Nature", pp. 169-170.

〔5〕 William Charlton, *Aristotle, Physics: Books I and II*, Oxford: Oxford University Press, 1970, pp. 120-121.

里士多德主张事物必然会有某些性质，但这不代表亚里士多德相信事物拥有目的。这样的解读可能误解了亚里士多德的论证。亚里士多德说："因此，如果自然或是出于巧合或是为了目的，如果这些事物不可能来自巧合或来自偶然，那么一定是为了目的。"（*Phys.* 199a3-5）如 David Sedley 所言，亚里士多德之所以认为事物有目的，恰恰是由于事物表现出了规律。[1]从类比的角度可以理解这一点。人的目的性使得人的行动具有确定的方向，实现目的是一个具有必然性的过程。如果人未能达成目的，那就是受到了偶然因素的干扰。亚里士多德说："因此，在开端的结合中，如果它们未能达成确定的目的，那么人面牛就会由于本原的损害而产生，就像在种子有缺陷时那样。"（*Phys.* 199b5-7）自然事物由于必然性而实现者就是目的。只是由于偶然性的干扰，事物才无法达成目的。亚里士多德通过自然与技艺的类比说明了这一点："现在，错误甚至存在于技艺的过程中。有教养者在写作中犯错，医生使用错误的剂量。因此，很明显，错误存在于自然的过程中。"（*Phys.* 199a33-b1）技艺和自然无法达成目的是由于偶然性干扰，这恰恰反证了必然性就是目的性——目的就是在不受偶然性干扰的情况下倾向于实现的事情。根据这样的类比，既然自然事物体现了某些固定的趋势，那么它们就具有某种目的。[2]

---

[1] David Sedley, "Is Aristotle's Teleology Anthropocentric?", *Phronesis*, vol. 36, no. 2, 1991, pp. 183-184.

[2] 事物究竟具有什么目的，这也是可以讨论的。Sedley 认为，亚里士多德的目的论系统以人类为中心，自然事物的存在是服务于人类的，参见 David Sedley, "Is Aristotle's Teleology Anthropocentric?", pp. 185-189。因为亚里士多德说："因此，如果自然不制作无目的和无意义的事物，那么自然必定使得它们以人类为目的。"（*Pol.* 1256b20-22）

既然每个具体事物都具有各自的目的，那么所有事物作为整体是否具有目的呢？亚里士多德对此做出了肯定的回答。对于运动，亚里士多德给出了这样的定义："潜能作为潜能的实现是运动。"（*Phys.* 201a9-10）潜能向现实的转化是由现实推动的，亚里士多德说："推动者（κινοῦν）是现实。例如，热的东西产生热，一般来说，产生形式的东西拥有形式。"（*Phys.* 257b9-10）现实和潜能是相对而言的，相对现实的事物是推动者，相对潜在的事物是被推动者。既然如此，如果不至于陷入无穷倒退，那么在这个链条的终点必然存在一个最现实的存在，它使得一切由潜能到现实的变化得以可能。亚里士多德说："根据已经得到说明的事情，第一推动者明显是不动的。"（*Phys.* 258b4-5）因为一切事物都是在被推动中从潜能变为现实的，所以必然存在某个推动而不被推动的存在，这就是第一推动者。亚里士多德说："因此，第一天界是永恒的。那么存在某种推动它们的事物。并且，因为被推动者和推动者是中间的，那么就存在一个推动而不被推动的推动者，它是永恒、实体和现实。"（*Met.* 1072a23-26）天界的运动以第一推动者为原因，月下世界的万物则以天界为中介受到第一因的影响，第一推动者由此构成了万物的本原。[1]

---

〔1〕虽然只存在一个第一推动者，但可能存在众多不动的推动者。在《形而上学》Λ 8 中，亚里士多德谈及不动的推动者的数量问题。他认为，既然宇宙的永恒运动要求第一推动者，那么其他永恒运动就要求其他不动的推动者（*Met.* 1073a14-b1）。在 Werner Jaeger 看来，这里的说法与《形而上学》其他章节的说法不一致，因此是后来插入的，参见 Werner Jaeger, *Aristotle: Fundamentals of the History of his Development*, Richard Robinson（trans.）, Oxford: Oxford University Press, 1948, pp. 345-348. 王纬则认为，亚里士多德在《形而上学》中始终主张存在众多不动的推动者，参见王纬：《推动者、第一因和必然性》，北京大学出版社 2021 年版，第 40—59 页。

依据具体事物进行类比，可以理解第一推动者的善。亚里士多德说："必然存在第一推动者。因为它是必然的，所以是善的（καλῶς），并且在这个意义上是本原。"（*Met.* 1072b10-11）这里亚里士多德就以第一推动者的必然存在证明第一推动者的善。但是，第一推动者的善不同于其他事物的善。亚里士多德说："第一者总是最善的或类比于最善的。"（*Met.* 1072a35-b1）根据伪亚历山大的注释，理智作为第一因是最善的。根据类比，所有第一者也同样是至善的，例如圆周运动相较于直线运动善最善的。[1] 善是相对而言的，不同的事物具有不同的善，所以善并不是一个单一的概念。亚里士多德说："……健康和善对于人和鱼是不同的。"（*EN* 1141a22-23）亚里士多德认为事物的目的就是善，他说："另外，存在着目的和其他事物的善。为了某物是最善的和导向它的事物的目的。我们称之为善还是表象的善都无所谓。"（*Phys.* 195a23-26）所以亚里士多德在谈论目的因时表示，目的因是相对的概念，"但不是无限定的，而是对于各种实体"（*Phys.* 198b9）。要理解至善的目的，通过自然事物进行类比是一条途径。我们的欲求就是以善为目的，第一推动者对万物的吸引可以类比于欲求对象对于人类的吸引。亚里士多德说："它通过被爱（ἐρώμενον）来推动其他运动的事物。"（*Met.* 1072b3-4）又说："它作为欲求的对象和理智的对象推动。它推动而不动。"（*Met.* 1072a26-27）对于万物来说，第一推动者作为目的因发挥作用。就像个人欲求某些具体事物，万物欲求第一推动者。虽然一切事物都具有各自之善，但是事物之善最终来自第一推

---

[1] "Alexander", *On Aristotle* Metaphysics *12*, Fred D. Millder（trans.），London: Bloomsbury, 2021, p. 83.

动者。

通过类比也可以理解为什么第一推动者并不会阻碍事物追求各自的善。Monte Ransome Johnson 认为，既然亚里士多德相信自然事物具有各自的善，那么它们就不需要依赖于所谓的神。[1]实际上，一个事物符合自然，这仅仅要求事物符合其本性即可，无关于事物是否受到外界推动。亚里士多德承认外界推动的运动也可以符合自然，他说："所以，当火或土被某个事物推动时，如果运动来自强制，那就是非自然的；它是自然的，如果该事物将它们潜在具有的适当活动引向现实。"（*Phys.* 255a28-30）如果要将外界的推动排除在外，那么就难以理解诸多情况。例如，火出于本性上升推动了其他事物的转移，不能说违背了其他事物的自然。由此出发，也可以将原因区分为两类。亚里士多德说："一些非自然地产生运动，例如杠杆并非自然能够推动重物；另一些自然地产生运动，例如现实热的东西自然地能够推动潜在热的东西。"（*Phys.* 255a21-23）根据亚里士多德的例子，现实推动潜能得以实现，这就是一种根据自然的推动。第一推动者对万物的推动就是这样一种作用，它作为一种理想吸引万物，由此产生无尽的变化。这种推动当然不是强加于事物的。[2]通过技艺的类比，可以更深入地理解这一点。亚里士多德说："技艺在一些情况下实现自然无法完成的事情。"（*Phys.* 199a15-16）技艺可以帮助自然实现其自身，而不会破坏自然。亚

---

〔1〕 Monte Ransome Johnson, *Aristotle on Teleology*, Oxford: Oxford University Press, 2005, pp. 253-263.

〔2〕 T. M. Forsyth, "Aristotle's Concept of God as Final Cause", *Philosophy*, vol. 22, no. 82, 1947, pp. 120-121.

里士多德在《劝勉篇》(*Protrepticus*)中说:"自然摹仿技艺,而技艺摹仿自然,帮助自然并实现自然未完成者。因为,尽管有一些事情似乎是自然可以凭自身完成而不需要帮助的,也有一些事情是自然难以或无法完成的。"(*Protr. fr. 11*)自然不总是能够实现自身,这时技艺就可以帮助自然实现自身,例如有些种子需要农业技术才能成长。这时,技艺不仅没有破坏事物的自然本性,反而促进了其实现。由此类比,第一推动者同样可以完善事物而不破坏其本性。因此,第一推动者的吸引作用与具体事物的自然本性是完全可以兼容的。

朱子相信自然与道德具有类比的关系,万物之理与人伦之理是相通的。唐君毅说:"朱子讲理虽及于物理,然仍主要是仁义礼智之性理。"[1] 在朱子哲学中过,物理和性理是相通的。朱子之所以能在物理中窥见性理,就是因为道德与自然具有可类比的一致性。对于事物的理解便是基于人类的善性,因为儒家以人类为万物之灵,而人类能够有意识地进行道德活动。朱子说:"物之生,莫不有是性,亦莫不有是气。然以气言之,则知觉运动,人与物若不异也;以理言之,则仁义礼智之禀岂物之所得而全哉?此人之性所以无不善,而为万物之灵也。"(《孟子集注·告子章句上》)[2] 人禀得了最完整的善性,对于事物的理解可以基于人类的道德概念。仁义礼智是道德概念,在自然中可以看到相似的结构。朱子以阴阳、四季来类比仁义礼智,他说:

---

〔1〕 唐君毅:《中国哲学原论·原性篇》,《唐君毅全集》第18卷,九州出版社2016年版,第41页。
〔2〕《朱子全书》第6册,前揭,第396页。

自阴阳上看下来，仁礼属阳，义知属阴；仁礼是用，义智
是体。春夏是阳，秋冬是阴。只将仁义说，则"春作夏长"，
仁也；"秋敛冬藏"，义也。若将仁义礼智说，则春，仁也；
夏，礼也；秋，义也；冬，智也。仁礼是敷施出来底，义是肃
杀果断底，智便是收藏底。(《朱子语类》卷六)[1]

类比是一种理解世界的灵活视角，朱子既用仁义类比四季，也
用仁义礼智信类比四季，这两个类比的共性在于都是以道德类比
自然。朱子说："须看得只此当然之理冲漠无朕，非此理之外，别
有一物冲漠无朕也。"(《朱文正公文集》卷四十八)[2]在朱子看来，
理从根本上来说都是"当然之理"，也就是人和物的应然。朱子有
时分说"所以然"和"所当然"，但"所以然"并不是某种非道德
的规律，而是"所当然"的根据。朱子说："凡事固有'所当然而
不容已'者，然又当求其所以然者，何故？其所以然者，理也。"
(《朱子语类》卷十八)[3]朱子认为，"所当然"是事物的应然，"所
以然"是道德准则的根据，"所以然"作为事物之理依然是道德性
的。如乐爱国所说："朱熹讲'理'，虽然将'所以然之故'与'所
当然之则'区别开来，但实际上都属于当然之理。他讲'所以然之
故'，是为了更加深入地讲'所当然之则'。"[4]在朱子哲学中，没
有脱离当然之理的道理，所有理都是道德意义上的应然。按照现代

---

[1]《朱子全书》第 14 册，前揭，第 245 页。

[2]《朱子全书》第 22 册，前揭，第 2227 页。

[3]《朱子全书》第 14 册，前揭，第 626 页。

[4] 乐爱国：《朱熹的"理"："所以然"还是"所当然"——以李相显、唐君毅的观点为中心》，《四川大学学报（哲学社会科学版）》2016 年第 2 期，第 20 页。

伦理学的术语，可以将朱子称为一个规范实在论者，因为朱子相信事物的应然是客观存在的。[1]正是出于这种立场，朱子相信万物之理是相通的应然之理：

> 今且以其至切而近者言之，则心之为物，实主于身。其体则有仁义礼智之性，其用则有恻隐、羞恶、恭敬、是非之情，浑然在中，随感而应，各有攸主而不可乱也。次而及于身之所具，则有口鼻耳目四肢之用；又次而及于身之所接，则有君臣、父子、夫妇、长幼、朋友之常。是皆必有当然之则而自不容已，所谓理也。外而至于人，则人之理不异于己也；远而至于物，则物之理不异于人也。极其大，则天地之运、古今之变不能外也；尽于小，则一尘之微、一息之顷不能遗也。(《四书或问》下卷)[2]

所有的自然现象、社会关系都体现了天理的流行，因此万物才能具有结构相似。流行于万事万物的天理并不是僵死的道德准则，而是至善的生命本体。朱子常讲"理生气"，这里的"生"指的是根源性的内在动力，可以说，朱子学的天理是根源意义上的动力和呈现。[3]要理解天理的流行，我们身边的一切生机就是最好的入手处。世界的本体是仁体，朱子以春类比说明其生意："春为仁，有

---

〔1〕 黄勇：《道德实在论：朱熹美德伦理学的进路》，《现代儒学》2021 年第 1 期，第 24 页。
〔2〕 《朱子全书》第 6 册，前揭，第 526—527 页。
〔3〕 吴震：《朱子学理气论域中的"生生"观——以"理生气"问题为核心》，《清华大学学报》(哲学社会科学版) 2019 年第 6 期，第 175 页。

个生意；在夏，则见其有个亨通意；在秋，则见其有个成实意；在冬，则见其有个贞固意。在夏秋冬，生意何尝歇。"(《朱子语类》卷六)[1]在仁义礼智中，仁是贯穿其中的最高原则。正如四季都体现了春天的生机，仁体的生机也贯穿一切。朱子说："盖天地之心，其德有四，曰元亨利贞，而元无不统。其运行焉，则为春夏秋冬之序，而春生之气无所不通。故人之为信，其德亦有四，曰仁义礼智，而仁无所不包。"(《朱文正公文集》卷六十七，《仁说》)[2]元是创生的原则，所谓"大哉乾元，万物资始"(《周易·彖传·乾》)。四季之中，春天最明显地体现了生意。本体就是仁体，生生的仁体为世界赋予活力。

四、理论与感通

亚里士多德和朱子的共性同样是类比意义上的结构相似。他们虽然分享了共同的思维方式，但是依然具有各自的特点。从类比本身来看，亚里士多德的类比偏重理论方法，朱子的类比感悟工夫。亚里士多德以类比作为方法，运用理论理性进行科学研究，形成严谨的理论体系。在谈论类比时，亚里士多德同时提到了定义和归纳(*Met.* 1048a25ff.)，而定义和归纳都属于科学研究。在亚里士多德那里，使用类比探究自然事物和第一本原是一个理论性的过程。相比之下，朱子的类比是由格物到知致的步骤，以心性修养作为导向。当然，这里还需分辨。牟宗三认为，朱子哲学是一个重视

[1]《朱子全书》第 14 册，前揭，第 244 页。
[2]《朱子全书》第 23 册，前揭，第 3279 页。

认知的横摄系统而非以心著性的纵贯系统，因为朱子相信经验知识的取得是道德的决定因素。[1] 相较于"尊德性"来说，朱子的确可能更侧重"道问学"的一面。对于陆九渊和自己的差别，朱子做出了这样的判断："今子静所说，专是尊德性之事，而熹平日所论，却是问学上多了。"(《朱文正公文集》卷五十四，《答项平父》)[2] 但是，这并不意味着朱子忽视了"尊德性"。如唐君毅所言："朱子固重温故知新，博学多闻，然观其书札语录，大皆以心性工夫与友生相勉，其所尊在德性，志在为圣贤，又复何疑。"[3] 朱子的格物虽然是理论研究，但根本上是从属于道德活动的。穷理不是一个单纯认识事物的过程，道德始终是穷理的指向，把握事物规律的根本目的还是涵养心体。朱子的理虽然是一种存有之理，但它来自道德之理的规定，所以推至极致之理以了解道德之理为目的。[4] 对于朱子来说，类比的目的不是单纯认识世界，而是在物我的感通中涵养自己的仁心。朱子说："若此心不在道理上穷究，则心自心，理自理，邈然更不相干。……今日明日积累既多，则胸中自然贯通。如此，则心即理，理即心，动容周旋，无不中理矣。"(《朱子语类》卷十八)[5] 又说："且穷实理，令有切己工夫。若只泛穷天下万物，不务切己，即是《遗书》所谓'游骑无所归'。"(《朱子语类》卷

〔1〕牟宗三：《心體與性體》第 1 册，《牟宗三先生全集》第 5 册，聯經出版事業有限公司 2003 年版，第 52—54 页。
〔2〕《朱子全书》第 23 册，前揭，第 2541 页。
〔3〕唐君毅：《中国哲学原论·原性篇》，前揭，第 434 页。
〔4〕杨祖汉：《牟宗三先生的朱子学诠释之反省》，《鹅湖学志》2012 年 12 月第 49 期，第 202—203 页。
〔5〕《朱子全书》第 14 册，前揭，第 618 页。

十八）[1] 穷理的根本目的是修养自己的心性，如果仅仅知解外物，那就会隔断心与理，使人茫然无归。涵养心性作为穷理之鹄的，才能发挥穷理真正的作用，其中，万物都具有某种道德性。因此，朱子在理论分辨的同时极其重视学者的内心体悟，他说："如读书，今日看一段，明日看一段。又如今日理会一事，明日理会一事，积习多后，自然通贯。"（《朱子语类》卷十八）[2] 又说："然到得豁然贯通处，是非人力强勉而至者也。"（《朱子语类》卷十八）[3] 学者积累多了之后就能豁然开朗，这是一个自然而然的过程，不是单靠理论思维就能完成的。由类推到贯通，这不是依靠勉强的理论过程，而是内外交养的体悟过程。

由于亚里士多德和朱子的类比思想具有不同导向，他们借助类比达成的理论也呈现出不同特点。在亚里士多德哲学中，质料本身并没有差异，差异是由形式赋予的。形式决定了事物的本质，因此，万物在本质上就具有不可弥合的差别。相比之下，朱子相信先天的本体并没有差别，只是由于天理落入了气质，才呈现出差别之理。作为物质力量，气的凝聚导致事物的产生，所以气是个体性（individuality）原则；气兼具阴阳的面向，变化周流而成五气、万物，所以气也是多样性（diversity）原则。[4] 朱子说："论人与物性之异，固由气禀之不同，但究其所以然者，却是因其气禀之不同，而所赋之理固亦有异，所以孟子分别犬之性、人之性有不

---

[1]《朱子全书》第 14 册，前揭，第 608 页。

[2] 同上，第 599 页。

[3] 同上，第 601 页。

[4] 陈志强：《"心卧则梦，偷则自行"——朱子论"恶"的道德心理学》，《中国文哲研究集刊》2022 年 3 月第 60 期，第 90—93 页。

同者，而未尝言犬之气、牛之气、人之气不同也。"(《朱文正公文集》卷六十一，《答严时亨》)[1]虽然事物的差异在于事物之理，但是理的差异不是先天性的。气质之理纷繁复杂，这是由于后天气质的影响。[2]对于亚里士多德和朱子的区别，唐君毅做出了这样的分析："然西方哲学之说此人与万物之性之层级，其形成之所以然，则恒归于人与万物各有其不同种类之形式之理。……今观朱子之以人物之气之昏暗偏塞等，说物之不及人，人之不如圣，亦即以气为一'消极的说明人物之主观的限制'之原则。"[3]在亚里士多德那里，事物的差别来自先天的形式，这种差别是根本性的；在朱子那里，事物的差别来自后天气质的作用，从先天本体的角度看并无差异。可以说，亚里士多德更重视现实的差别，而朱子更重视本然的一体。

以此为基础，亚里士多德达成的本原是超越于具体事物的第一推动者，朱子达成的本原是贯通万物的天理。唐君毅认为，朱子的生生之道相当于西方哲学所谓实现原则，但是二者又有不同。亚里士多德发明的实现原则是一种先在于事物的形式之理，这种原则依赖于神的意志；而在朱子这里，天地万物直接依靠生生之理而产生，而形式之理是后于事物的。[4]在唐君毅看来，亚里士多德的形式产生于神，先于具体事物；朱子的万物之理是本然天理落于气质的产物，后于具体事物。在亚里士多德那里，事物之所以有生机，

---

〔1〕《朱子全书》第23册，前揭，第2968页。

〔2〕关于朱子不同时期对于气异的理解，参见胡雨章：《朱子思想中"人与万物的差异"》，《中国哲学史》2021年第2期，第87—90页。

〔3〕唐君毅：《中国哲学原论·原性篇》，前揭，第306—307页。

〔4〕唐君毅：《中国哲学原论·导论篇》，《唐君毅全集》第17卷，前揭，第367—368页。

是由于形式因的吸引，最终归因于最高的形式因。这类似一个阶梯，低层次的形式通过中间的形式依赖高层次的形式。在朱子的思想中，世界不是这种状态。万物虽有各种差异，但从禀受天理的角度看都是平等的，所有事物都禀有完全的生生之理。具体事物直接依循生生之理，从而形成天命流行的历程。朱子相信，虽然万物之理各有不同，但万物从根本上讲，都秉持天地生生之理，即使看似没有生命的事物也禀受了生生的天理。朱子说：

> 天之生物，有有血气知觉者，人兽是也；有无血气知觉但有生气者，草木是也；有生气已绝而但有形质臭味者，枯槁是也。是虽其分之殊，而其理则未尝不同。但以其分之殊，则其理之在是者不能不异。故人为最灵而备有五常之性，禽兽则昏而不能备。草木枯槁，则又并与其知觉而亡焉，但其所以为是物之理，则未尝不具耳。(《朱文正公文集》卷五十九,《答余方叔》)[1]

人和动物具有血气和知觉，植物具有生命，枯萎的草木具有其自身的性质。一切事物都秉持了天地之心，所以枯槁也体现了生生之理。进一步说，每个事物的内在之理就是整全的天理。朱子借助类比达到的本体论是月映万川式的天理观，每个事物内在的善性就是宇宙的善性，没有一个超越万物的目的因。牟宗三说："在儒家，朱子可以说'统体一太极，物物一太极'，然而亚里士多德却不能

---

[1]《朱子全书》第23册，前揭，第2854页。

说'统体一上帝，物物一上帝'。"[1] 亚里士多德虽然同样重视事物的内在目的，但是最高的目的因毕竟是第一推动者。相比之下，来自儒家传统的朱子既可以超越地讲本体，又可以内在地讲本体，因为本体就在于万事万物之中。

结　语

亚里士多德和朱子的学说中都包含了丰富的类比思想。他们的思维方式既具有丰富的一致性，也存在深刻的差异性。对于他们来说，世界的丰富性可以依靠类比得到把握。类比的起点是我们触手可及的自身和事物，终点是世界的最高本原。从我们熟悉的自身和事物进行推演，世界的本原正是至善。从亚里士多德和朱子的类比思想入手，不仅可以比较古希腊哲学和中国哲学在思维方式上的同一与差异，而且可以看出主观视角在古代思想中的地位：探究世界的本原不需要抛弃个体的主观视角，因为个体身边的具体事物乃至个体自身就体现了本原的某些特性。在科学占据统治地位的今天，类比无疑能够成为一种理解自我和世界的有益视角：它能够弥合自我与世界的界限，引领个体在整全的生命中走向至善。

---

〔1〕 牟宗三：《四因説演講録》，《牟宗三先生全集》第31册，前揭，第29页。

专题　神学、科学与形而上学

神与希腊哲学[*]

Étienne Gilson[1] 周 婕[2] 译

在西方文化的历史中，每一章都以希腊人开篇。这对于逻辑，
对于数学，对于艺术，对于政治都是真的，并且对于自然神学也
同样是真的；但是，至于在过去的古希腊的何处，人们可以找到
"神"这一哲学概念的起源，这一点并不是一目了然的。

一旦我们读到亚里士多德的文本——我们关于早期希腊哲学的大
多数信息来自它们——这一困难就完整地显现了出来。谈起米利都人
泰勒斯（Thales the Milesian），亚里士多德说，据这位哲学家所说，第
一本原，或元素，或实体，那从它之中一切事物生成并且一切事物最
终回归于它的东西，是水。对此，亚里士多德补充道，在另一处文
本中，据这同一位泰勒斯所说，"万物充满神"（"All things are full of
gods"）[3]。这两个截然不同的说法如何能在哲学上得到调和呢？

---

[*] 原文出自 Étienne Gilson, *God and Philosophy*, Yale University Press, 1941, p. 1-37。本
  文注释均来自原文。

[1] 吉尔松（Étienne Gilson，1884—1978），法国著名哲学家、历史学家，新托马斯主义代
  表之一。

[2] 周婕，剑桥大学古代哲学专业硕士生。

[3] Aristotle, *Metaphysics*, I8, 988b20-27；*De Anima*, I5, 411a8.

第一种调和的方法是将水和神圣性的概念等同。这正是一位现代学者的做法，他把泰勒斯解读为不仅说水是一位神，而且是至高神（the Supreme God）。在对文本的这样一种解读中，"至高神，以及生成宇宙的神（the cosmogenetic god），是一种神圣力量，水"[1]。接受对问题的这一简单、符合逻辑的解决方法的唯一困难在于，它将泰勒斯也许持有的一些观点归于亚里士多德，但对于这些，他却绝对一句未提[2]。根据我们可以处理的最早的证言，泰勒斯并没有说水是一位神，或者，在群居世界的众神之中，有一位至高神；因此，他并不曾说水是至高神。简而言之，这里正是留给我们的整个问题。一方面，一个人假定了某种特定的自然元素，作为世界由之组成的那个物质。我们不妨把它叫作水，但这个名称并不带来任何区别，而这个问题在第一本原被叫作火、气、"无定"（the Interminate），或者甚至是"善"（the Good）的时候仍如出一辙地保持不变。另一方面，这同一个人假定了万物充满神，作为某种意义上的公理。从这里，我们自己的直接结论是：对他来说，水不仅是众神之一，而且是他们中最伟大的一位。然而，这个推论对我们

---

〔1〕 R. Kenneth Hack, *God in Greek Philosophy to the Time of Socrates*, Princeton University Press, 1981, p. 42.

〔2〕 亚里士多德从未在任何地方按照现代学者遵循的方式重构泰勒斯的思想。在他的《论灵魂》I5，411a7 处，他讲述了泰勒斯的另一个观点：磁石具有灵魂，因为它能够移动铁。在这里，亚里士多德推论道，尽管显然是一个推测，泰勒斯"万物充满神"的命题也许是受"灵魂弥漫于整个宇宙之中"这一观念影响。对于与泰勒斯相关的文本的英文翻译，参见 Milton C. Nahm, *Selections from Early Greek Philosophy*, F. S. Crofts, New York, 1980, pp. 59-62。在亚里士多德之后，并且，主要是在斯多亚主义的影响下，世界—灵魂学说（the doctrine of world-soul）被归于泰勒斯，直到西塞罗（*De Nat. Deorum*, I25），才完成了泰勒斯所谓的世界—灵魂与神等同起来的闭环。参见 John Burnet, *Early Greek Philosophy*, 4th ed., London：A. and C. Black, 1980, pp. 49-50。所有这些都是对泰勒斯学说的后来的重构，没有真实的历史证据支撑它。

来说越显得符合逻辑，这个人自己竟然没有想到得出这一结论这点就越令人吃惊。这里至少有一个脱逃的机会：如果他现在遭遇我们和我们的推测，也许我们会反对它，将它视为非法的。简言之，我们写的与其说是哲学实然的历史，不如说是哲学应然的历史。这确实是一种非常糟糕的哲学史写法，并且，我们将会很快看到，这种方法肯定会遗失它最深刻的哲学意义。

使我们摆脱困境的另一种方法在于，把泰勒斯的神变为水，而不是把水变成神。这正是当 John Burnet 建议他的读者不要"对万物充满神这一说法想得太多"的时候，他脑中的意图[1]。Burnet 的建议背后是他绝对的确信：无论是在米利都人泰勒斯还是在他的直接后继者们那里，都"没有一丝神学思考的痕迹"。换句话说，当泰勒斯说"万物充满神"的时候，他并不真的意指"神"。他仅仅是在说某种物理的和纯粹自然的能量，例如水，比方说，根据他自己的学说，水是所有事物的第一本原。同样的评论也应适用于泰勒斯的后继者们。当阿那克西曼德（Anaximander）说他自己的第一本原，"无定"，是神圣的，或者当阿那克西美尼（Anaximenes）教导说无限的气是所有存在的东西的第一原因，包括神和神圣事物在内时，他们并不把神视作崇拜的可能对象。用 Burnet 自己的话来说，在早期希腊哲学中，"对'神'这一词的非宗教的使用在这整个时期都是典型的"[2]，对此，我仅有的反对在于几乎没有什么

[1] J. Burnet, *op. cit.*, p. 50.

[2] *Ibid.*, pp. 18, 14, and 50. Burnet 对早期希腊哲学的理性主义诠释本身是对由 F. C. Conford, *From Religion to Philosophy*, London, 1912 发展起来的社会学诠释的反对。Burnet 不希望我们"落入把科学溯源于神话学（mythology）的错误之中"（*op. cit.*, p. 14）。在这里，我认为 Burnet 是对的，但是，如果说把泰勒斯的科学溯源于神话学是一个错误的话，从泰勒斯的科学里消除神话学则是另一个错误。

词汇拥有比"神"这一词更显著的宗教含义。每个人都可以自由诠释"万物充满神"这个句子，把它理解为在任何事物中都没有一个神，但对这一诠释起码可以说的是，这是一个相当大胆的诠释。

比起要么让泰勒斯说他的神（gods）不过是水，要么说他的水是神，为什么不试试第三种历史性的假说呢？也就是，作为一条规则，哲学家们想要说的东西正是他们确实说了的东西。教一个希腊人希腊语是一件危险的事情。如果我们被问到"神"这一词在公元前5世纪的一个希腊人的头脑中的确切含义，我会立即承认这是一个难以回答的问题。但我们仍可以尝试，而对于我们来说做到这一点的最佳方法也许首先就是去阅读那些作品，其中，被希腊人称作"神"的东西的起源、本性和功能都以一定篇幅得到了描述。比如说荷马（Homer），还有赫西俄德（Hesiod）。并且，我充分意识到，即使在荷马自己那里，这一点也得到了坚持：当他说"神"的时候，他的意思并不是"神"。不过，我们问问他那是什么意思显然是无妨的；并且，在拒绝他的回答之前，我们应当给予它一个充分的考量[1]。

关于这一词的希腊含义，第一个惊人的事实在于，它的起源不是哲学的。当早期希腊哲学家们开始思考时，神已经在那里了，而哲学家仅仅是从一直到圣奥古斯丁（Saint Augustine）的时代

---

[1] 关于 Wilamowiz, Rohde 和 Edward Meyer 的立场，参见 R. K. Hack, *op. cit.*, pp. 4-6 卓有见地的评论。一直以来，荷马被一些他的当代解释者视作不仅是非宗教的（irreligious），而且是反宗教的（antireligious）。根据其他一些人的看法，恰恰相反，他是一位宗教改革家，并且，可以譬喻说是早期希腊异教的圣保罗（the Saint Paul of early Greek paganism）。比如 Gilbert Murray, *Five Stages of Greek Religion*, New York: Columbia University Press, 1925, p. 82 就是这个立场。

都被叫作"神学诗人"（Theologian Poets）的那些人那里继承了他们。把我们自己限定在荷马的《伊利亚特》（*Iliad*）之中，在那里，"神"这一词似乎应用于多样化得难以置信的不同对象。一位希腊神可以被设想为我们自己会叫作人的东西，比如宙斯（Zeus）、赫拉（Hera）、阿波罗（Apollo）、帕拉斯·雅典娜（Pallas Athena），简言之，全部那些所谓的奥林匹亚众神（Olympians）的情形；但是，神也可以仅仅是某种物理学上的现实，比如，伟大的海神，或者大地自身，或者天空。在《伊利亚特》第20卷的卷首，当宙斯吩咐忒弥斯（Themis）去召集众神开会的时候，"没有河神不来，只除了海神，也没有任何宁芙（Nymph）不来，那全部游荡于浓密幽林和河流泉涌以及丰茂水草之地者"[1]。这还不是全部。在荷马的《伊利亚特》中，甚至那主宰着所有有朽生命的伟大自然宿命也向我们显现为许多神。比如恐惧、骚乱还有争斗；以及诸如死亡还有睡眠——它是神和人之主，死亡的兄弟。

乍一看，要在这一存在者的，事物的，甚至只是抽象的异质的混合中找到共同元素是不容易的。然而，仔细一看，似乎至少有一个。无论它们所指称的东西的真实本性是什么，这些众神的名字都

---

[1] *Homeri Ilias*, Thomas W. Allen（ed.）, Oxford, Clarendon Press, 1981, 8 vols. 诗行引自这一版，但译文从 *The Iliad of Homer*, A. Lang, W. Leaf, and Ernest Myers（trans.）, New York：The Modern Library 中引用。Cf. Bk. XX, vv, 7-9, p. 868. 值得注意的是，即使是人格化的希腊神，始源似乎也不过是人格化的自然力——宙斯，G. Murray 说，"是阿开亚的（Achaean）天空神"，福玻斯·阿波罗"是一位日神"，帕拉斯·雅典娜"是黎明神，厄俄斯（Eos）"，与雅典联系在一起（*op. cit.*, pp. 71-74）。关于这一人格化过程引起的心理学问题，参见 R. K. Hack, *op. cit.*, pp. 12-16 总是充满启发和富有洞察力的评论。关于希腊的宗教生活和感情，参见 A. J. Festuglère, *L'Idéal religieux des Grecs et l'Évangile*, Paris：Gabalda, 1982, p. 20-32。

指向活的能力（living powers），或强力（forces），有着一个他们自己的意志，在人类的生命中起作用并且高高在上地统治人类的命运。盛行的古希腊美好状态的图景，即一个理智的种族在友好的天性和善良的众神引导下的宁静享受之中过着无忧无虑的生活，与我们从希腊史诗中，从希腊悲剧中，甚至是从希腊的政治史中学到的图景并不太一致。无论如何，它与已知的希腊宗教是完全不一致的。一个有着宗教头脑的希腊人感到他自己处于不可胜数的神圣力量的支配之下，不仅他的行为，甚至他的思想都最终臣服于他们。众所周知，从最初的诗行开始，荷马的《伊利亚特》的主题就是阿喀琉斯之怒和它带给希腊人的灾难。现在，阿喀琉斯之怒的原因是阿伽门农王（King Agamemnon）的不公正对待。至于这一不公正对待的原因，阿伽门农自己告诉了我们它是什么："原因并不在我，而是宙斯，还有厄里倪厄斯（Erynis）那行走于黑暗之中者，把凶猛的疯狂放入了我的灵魂，当那一天我在集会上，我居然剥夺了阿喀琉斯（Achilles）他应得的战利品。我能做什么呢？神实现一切事情。"[1]

这些神圣力量的第一个特征是生命。无论它还是别的什么，一位希腊神永远不会是一个无生命的物；他是一个活的存在者，正如人自己所是的那样，唯一的区别在于人的生命囿于某时会到来的终

---

〔1〕 Cf. Homer, *Iliad*, Bk. XIX, vv. 86-90, English trans., p. 387. 这一点后来由阿喀琉斯本人所证实："众神之父宙斯啊，你确实把严峻的疯狂带给人类。阿特柔斯（Atreus）的儿子（也就是阿伽门农）永远不可能激起我胸中的灵魂，也不可能不可饶恕地违背我的意志带走那少女（也就是布吕塞依斯［Briseis］），如果宙斯没有意愿将死亡降临到许多阿开亚人之上的话。"（Bk. XIX, vv. 270-274, English trans, p. 362.）每一首希腊诗歌，正如每一部希腊悲剧，都预设了一个"天上的序幕"，它给予诗歌或者悲剧以全部意义。

点，而希腊神永不死亡。因此有了神的另一个名字：不朽者（the Immortals）[1]。这些不朽者的第二个特征在于，比起与世界整体的联系，他们都更多地与人相联系。让我们在选取主宰人的生命的永恒宿命中任选其一；它就是一位神：比如大地，天空，海洋；所有通过使人的土地丰饶为他带来生命的，或者通过漫溢上河岸以死亡威胁他的河流；还有诸如睡眠和死亡，恐惧和争斗，不可宽恕的复仇，还有骚乱，以及流言——他是宙斯的信使。但是我们不应忘记，在这些可怕的神圣者之外，还有仁慈的那些：正义，爱，还有众缪斯，以及美惠三女神；简言之，所有统治着有朽的人的生命的那些不朽的活的力量。

让我们为这两个特征再加上第三个。一个在它自己的秩序中为至高者的神圣力量，也可能不得不在某些特定的时刻，向其他在他们自己的秩序中同样至高的神屈服。比如说，尽管不朽者们不会死亡，他们会睡觉；睡眠因此是"全部神与全部人之主"[2]。这是一条普遍法则。正如他们睡觉，他们爱并欲求，因此就有了女神赫拉对阿芙罗狄忒（Aphrodite）的话语："现在给我爱和欲望，用它们你可以战胜一切不朽者，以及有朽的人。"赫拉，唯一一位宙斯真正畏惧的神圣者，宙斯少有看到她而不因为"她曾在不朽的众神中训斥他"而感到"严峻的困扰"；简言之，任何男人的生命可以为之主宰的最强大的神圣者，他的妻子。

然而，宙斯自己唯一要向之屈服的绝对力量并不从外部统治

---

〔1〕 生命和血液的概念在希腊人的头脑中是不可分割的。既然希腊神没有血，他们就不会失去它，因此也就不可能死亡。Cf. *Iliad*, Bk. V, vv. 889-342, English trans., p. 84.

〔2〕 *Ibid*, Bk. XIV, v. 283, English trans., pp. 256-257.

他，而是从内部。这是他自己的意志。作为众神之中最强大者，众神与人类之父，忠告之神，他自己一旦同意，他自己在它面前是无力的[1]。并且宙斯别无他法，只能同意他自己的意志，尽管他的意志和他自己的个人偏好在任何意义上都不是等同的。宙斯更深层的意志在于一切事情都会根据命运（Fate）或宿命（Destiny）发生。当他最心爱的儿子萨尔佩冬（Sarpedon）与帕特洛克罗斯（Patroklos）交战时，宙斯知道萨尔佩冬注定要死。宙斯在他的父爱和他对命运的同意之间左右为难，并且一开始犹豫不决；但是赫拉严厉地使他想起他的职责："一个早已注定于命运的有朽的人，你意欲再一次从恶名的死亡中解救？如你所愿地行动，但是我们全部其他的神将不会赞颂你。"赫拉如此说道，"众神与众人之父也不会不理会她。但是他在地上洒落血雨，纪念他的爱子，那帕特洛克罗斯将要杀害的人。"[2]由于宙斯的更深层的意愿是和不可战胜的命运的力量在一起的，宙斯是所有神之中最有力量的。

如果这是真的，一位希腊神的定义就应该是这样的：一位神，对于一切活的存在者，是任何其他一个他知晓为主宰着他自己的生命的存在者。这一点对希腊人来说是不言自明的：要解释一个具有生命的存在者的遭际，只能通过另一个具有生命的存在者。并且，他们对这一点如此确信，这一事实应该成为我们的强有力的提醒：不要轻描淡写地谈论希腊宗教，或者希腊神。一个有宗教头脑的希腊人感到自己被动地置身于不可抗拒又太过频繁地相互冲突的神圣

---

[1] *Iliad.*, Bk. I, vv. 524-527, English trans., p. 16："没有一句我的话语是可撤回的或虚假的或未消实现的，当我已经点头承诺了它。"

[2] *Ibid.*, Bk. XVI, vv. 439-461, English trans., p. 802.

影响之下。他的意志任由他们摆布。正如品达（Pindar）所说："有朽者利用的全部手段来源于众神；由于众神，人类是智慧、勇敢并且雄辩的。"[1] 但这反过来也同样是真的。英雄们在众神眷顾他们时英勇作战，但当这些神背弃他们时，这同样一些英雄不知羞耻地溜之大吉。那时他们便感受到被他们称为"宙斯的神圣天平的转动"的东西；而对宙斯而言，他得以知晓这一天平的转动，是因为他看见它在自己的手中发生："当赫克托耳（Hector）和阿喀琉斯第四次来到泉边，众神之父在那时举起了他的黄金天平，然后在那里放上了两个悲惨的死亡之签，一个是阿喀琉斯的，一个是驯马的赫克托耳的，然后从中间举起它们，并使它平衡。然后赫克托耳那注定的日子沉落，坠入哈得斯（Hades）的宫殿，福玻斯·阿波罗随即离开了他。"[2] 再一次地，宙斯的意志沦为他向宿命的同意；作为结果，赫克托耳必须死。这正是希腊宗教的世界：一个对人而言一切从外部而来的世界，包括他们的情感和激情，他们的美德和恶。而这也正是希腊人的众神：对人而言一切由其喜恶而来的不朽者们。

我们现在开始意识到，为什么对一个希腊哲学家来说，把他的一切事物的第一普遍本原神化不是一件容易的事。问题并不在于泰勒斯、阿那克西美尼或者他们的后继者是否还相信荷马的众神，或者，倒不如说，他们是否已经把他们中的大多数作为纯粹幻想而消除了。假定比起第一个假设，第二个更有可能是真的，只要神的概念还保持着它的一些宗教含义，我们的困难就仍然不变。如果，作

〔1〕 Pindar, *Pythian Odes*, I, vv. 41-42, J. Sandys（ed.）, London: Loeb Classical Library, 1915, p. 159.

〔2〕 *Iliad*, Bk. XXII, vv. 203-213, English trans., p. 406.

为一名哲学家，你说一切事物是 *x*，并且这个 *x* 是一位神，那么你就是在说一切事物不仅是一位神，而且是同一位神。那么，你怎么能加上万物充满（众）神呢？如果，作为一个有宗教头脑的人，你以假设这个世界充满（众）神为出发点，要么你的众神不是那些存在的事物的本原们，要么，如果每一位神都是一个这样的本原，那就不能说一切事物有且只有一个本原。既然泰勒斯和他的后继者们是作为哲学家在说话，他们唯一符合逻辑的选择就是第一个。他们应当说，一切事物是一位神，并且是同一位神，并因此到达了斯多亚主义者的物质主义泛神论，希腊哲学最后也是以这种形态走向终点的。抽象地说，早期希腊哲学家们本可以立即将希腊自然神学的演化带到近前；但是他们并没有，因为他们并不想失去他们的众神[1]。

---

[1] 相反，希腊关于神的宗教的和哲学的思考之间的连续性为 R. K. Hack, *op. cit.*, p. 89 所强调。我们因此面对着两种对相同文本的对立解释。根据 Burnet，当泰勒斯说"万物充满神"的时候，他并不真的意指"神"。根据 R. K. Hack，泰勒斯真正的想法是"水是宇宙的有生命的并且神圣的实体"（*ibid.*）。事实上，在作为我们关于泰勒斯的主要知识来源的亚里士多德文本中，有对"众神最初的学生"这一相似学说的提及，它涉及将海神和忒提斯（Thetys）视为"生成的父母"的想法；亚里士多德在后面补充道："是否存在这样关于自然的古老和早期的意见，这会是一个不确定的问题；但是泰勒斯据说表达了与第一因相关这一意见。"*Metaphysics*, I8, 988b18-984a2；M. C. Nahn, *op. cit.*, pp. 60-61. 因此，很显然，亚里士多德对于这两个学说的连续性并没有确信。去责备他没能"将神圣者的属性和那弥漫于万物的灵魂（Psyche）结合起来"（R. K. Hack, *op. cit.*, p. 42, note），也是认为亚里士多德理所当然这么做，而这并没有得到任何证明。总之，Burnet 把"万物充满神"和"磁石是活的"这两个命题联系在一起（*op. cit.*, p. 48），以此来暗示对于泰勒斯而言，神是和磁石同一类型的物理力量；R. K. Hack 把"万物充满神"和"有一个弥漫于万物的灵魂"这两个命题联系起来，以此来暗示这个世界—灵魂是神。相反，亚里士多德从来没有将这些命题中的任何两个联系起来，也从来没有明确地把世界—灵魂学说归于泰勒斯（*De Anima*, I5, 411a7-9）。一些学者从一些出现了神的文本中消除了神这一事实，并不能给予我们把神放到一些没有神出现的文本中的权利。

我们的第一反应自然是去责难这样一种哲学缺乏勇气；但是，比起拒绝让它毁坏现实的多样性，跟随着抽象的逻辑也许需要较少的勇气。当一位哲学家询问自己："这个世界是由什么物质组成的？"他是在问一个纯粹客观和非个人的问题。另一方面，当阿伽门农宣称"我能做什么呢？神实现一切事情"时，他是在回答这样一个最为主观和个人的问题：是什么使我如我所做的那样行动？这一点目前并不是一目了然的：正确地说，回答第一个问题也就是去解决第二个问题。我们也许可以尝试通过这样的回答来止息阿伽门农的好奇：由于一切事物都是水，你剥夺阿喀琉斯应得的战利品的原因一定和水有关。我想他会聆听我们的解释，但是，我们大概可以确定的是，对于"水"这一词，他会立即理解为海神；而对此，他大概会立即反对说我们的回答是错的，这是因为我们的神是错误的神。阿伽门农王会说，不是俄刻阿诺斯（Okeanos），而是盲目愚痴（阿忒，Ate），在我看来才是对于这样的疯狂行为唯一可以设想的原因[1]。盲目愚痴是一位神；水只不过是一个物。

　　当希腊哲学家使用"神"这一词的时候，他们脑中想的也是一个原因，它不仅仅是一个物，因此，对他们而言，困难在于为世界秩序的问题找到一个单一又全面的解答。作为哲学家，即使是最早期的希腊思想家，在我们看来，也是有着真正的科学态度的头脑的完美代表。对他们来说，现实（reality）本质上是他们可感可见的，并且他们关于它的根本问题是：它是什么？对于这个

---

〔1〕 *Iliad*, Bk. XIX, vv. 91-92, p. 357.

问题：什么是海？"他是一位神"这一回答是毫无意义的[1]。反过来说，对于这一问题：世界是什么？"万物充满神"的表达方式并不能成为答案。希腊哲学家把世界作为一个被给予的现实，他们仅仅是在询问自己：它的"自然本性"是什么？也就是，什么是一切事物本质上的实体和它们一切行动的隐藏原则？它是水，或者气，或者火，或者"无定"？或者它可能是一个心灵，一个思想，一个理念，一个法则？无论他们对这个问题可能给出的答案是什么，希腊哲学家总是发现自己面对着自然之为一个自我解释的事实。德谟克里特（Demokritos）说："无物能从非存在生成，也无物能消灭入非存在。"[2] 如果自然可能不存在的话，它就会根本不曾存在过。现在，自然存在；因此它总是存在，也将会永远存在。自然被理解得如此必然和永恒，以至于当一位希腊哲学家发现自己被迫得出这一结论，亦即我们的这个世界一定有一个开端并且注定在某日会到达它的终点时，他会立即把这个世界的开端和终点都理解为只不过是一个不断重复的事件的永恒循环中的两个时刻。正如辛普里丘（Simplicius）所言："那些假设了无数的世界的人，比如阿那克西曼德、留基伯（Leukippos）、德谟克里特，以及后来的伊壁鸠鲁（Epicurus），认为它们无限地生成又消灭，有一些总是在生成，另一些总是在消灭。"[3]

---

[1] 这甚至对于赫西俄德的《神谱》(*theogony*) 而言也是真的（cf. R. K. Hack, *op. cit.*, chap. iii, pp. 23-32）。尽管它远比荷马的更系统化，赫西俄德的《神谱》在本质上仍然是一种神学，也就是说，它是一种通过特定的人的方式对世界的宗教的解释，而不是一种通过一个或多个自然物对世界的哲学的解释。神话学是宗教，哲学是知识，并且尽管真正的宗教和真正的哲学最终是一致的，它们代表了两类不同的问题、推演和解答。

[2] Text in M. C. Nahm, *op. cit.*, p. 165, n. 44.

[3] Cf. J. Burnet, *op. cit.*, p. 59. 关于阿那克西曼德，参见 M. C. Nahm, *op. cit.*, pp. 62, 63 的文本；关于留基伯和德谟克里特，*op. cit.*, pp. 160-161, 或 J. Burnet, *op. cit.*, pp. 888-889。关于这一问题最好的作品是 A. Dies, *Le Cycle mystique*, Paris: F. Alean, 1909.

如果这不能被视作一种被科学地证明了的对自然的问题的回答，它至少是一个充分的哲学表达，表达了对于这个自然的世界的全面彻底的科学解释应该是什么样的。当它把自己作为对于特定的宗教问题的一个回答时，这一类的解释就捉襟见肘了。

这种科学上不可回答的问题是否应当被询问是一个合法的问题，但它不是我们现在的问题。我们现在处理的是历史事实。现在，这些事实之一是希腊人他们自己经常提起特定的宗教问题；另一个事实则是他们给予这些问题以特定的宗教答案；第三个事实是希腊哲学家们中最伟大的那些发现，即便不是不可能，要调和他们对世界的宗教诠释和他们的哲学诠释是非常困难的。

在他们对于自然的两种观点中，唯一的共同元素是一种普遍的感觉：无论出于什么原因事情可能发生，那发生的就不可能不发生。因此，有这一经常被提出的希腊哲学史的观点，它将希腊哲学的历史展示为对原始希腊宗教的渐进的理性化。然而，这里存在困难。命运和宿命的宗教概念与必然性的哲学概念截然不同。所有人，包括赫克托耳在内，最终一定会死，这是一个自然法则；如此，它属于必然性的哲学秩序。赫克托耳会在某个指定的事件中，在特定的条件下死亡，这是一个具体的人类生命中的一个事件。在必然性背后，存在一个法则；在命运背后，存在一个意志。

这一保持在必然性和命运之间的联系，也同样会在原因的哲学概念和神的希腊概念之间保持。一个第一因，或本原，是一个对于所有现在、曾经、将会存在的事物的普遍有效的解释。作为科学或者哲学知识的一个对象，人不过是作为经验观察和理性解释的可能对象的不可计数的事物之一。当他作为一位科学家或者一位哲学家看向他自己的生命时，任何人都会看到它的继起的事件，并且预见他自己的死亡，正如非人格原因的许多具体结果那样。然而，每一个人也恰好个性化地熟悉一类原因，它远不同于科学的或者哲学的原因。人知道他自己。由于人知道他自己，人可以说"我是"。并且，因为他知道除了他自己之外的其他事物，他可以说那些东西："它们是"。这确实是一个极其重要的事实，因为，正是通过人类知识，并且，就我们能知道的而言，恰恰是仅仅通过它，这个世界才实现了对它自己的存在的察觉。因此，对于一切时代的哲学家和科学家而言，第一个不可忽视的困难是：既然人作为一个有知识的存在者是世界的一部分，那么如何解释自然，而不归因于第一本原——它或是知识，或是某些因实际上包含知识而实际上高于知识的东西？

同样，由于知识在世界中的存在，第二个困难也随之而来，它甚至比第一个还要重大。作为一个有知识的存在者，人能够区分事物，熟悉它们特定的自然本性，并因此根据他对于它们是什么的知识决定自己对它们的态度。现在，不被事物所决定，而是用一个人自己对事物的知识规定它们，这恰恰是我们所说的自由。通过把一种选择的特定可能引入这个世界，知识导致了一种奇特的存在者，它不仅像其他存在者那样是（is），或存在（exist），而且是为了它自己而是或存在；并且，就是因为它，其他一切都显现为一组实际存在的事物。这样的一种存在者——我提醒你们，它的存在是一个可观察的事实——不可能不意识到它在这宇宙中占据的特殊位置。在一种意义上，它不过是整体的一个部分，并且——就此而论——完全臣服于整体的法则。在另外一种意义上，它自己就是一个整体，因为它是一个自发反应和自由决定的原初中心。我们把这样一种存在者叫作人；我们说，由于人根据他的知识指导他的行为，他有一个意志。作为一种原因，人类意志与其他任何已知种类的原因都是最不相同的，因为它是已知的唯一一种面临可能的选择并且是自我决定的原初力量的原因。目前为止，对哲学和科学来说最难的问题在于解释人类意志在这个世界上的存在，而不归因于第一本原——它或是一个意志，或是某些因实际上包含意志而实际上高于意志的东西。

理解这一点也就到达了希腊神话学，因此还有希腊宗教深藏的源头。希腊众神是对这一绝对确信的粗糙却生动的表达：既然人是某人，而不仅仅是某物，对于他的遭际的解释应当最终在于某人，而不仅仅是某物。作为一条在泥泞的两岸间奔涌的河流，斯卡曼德罗斯（Skamandros）不过是一条河，也就是一个物；但是，作为大胆地与捷足的阿喀琉斯的意志对抗的特洛伊河，它不能仅仅是一个物。于是，斯卡曼德罗斯以人的外观显现，或者说，作为超人（superman），也就是一位神而显现。神话学并不是通向真正的哲学的第一步。事实上，它根本不是哲学。神话学是通向真正的宗教之路的第一步；它本身就是宗教的。希腊哲学不可能通过任何渐进的理性化的过程从希腊神话学中浮现[1]，因为希腊哲学是一种理解世

---

[1] 赫西俄德的神学远比荷马那散落于作品各处的松散的神学元素更为系统。因此，一些历史学家感到了一种将它视作原始希腊神话学向早期希腊哲学的转换阶段的标志的强烈倾向。他们的主要论据是将希腊神话学还原为某种系统化的统一体的理性倾向，这在赫西俄德的《神谱》中是明显的（参见 L. Robin, *La Pensée grecque*, Paris, 1928, p. 38; R. K. Hack［trans.］, *op. cit.*, p. 24）。这一事实本身是正确的，但一种理性地处理了的神学仍然是神学；一种系统化地整理了的神话学比一种松散的神话学更是一种理性的神学，但它并没有接近哲学哪怕一寸。

界之为一个事物的世界的理性尝试，希腊神话学则表达了人类不被独自留在一个充满聋哑事物的世界中的坚定决定。

如果这是真的，我们就应当毫不吃惊地看到十分伟大的希腊哲学家如何在使他们的本原和他们的神一致，或者使他们的神与他们的本原一致的问题上不知所措。他们同时需要这两者。当柏拉图说某物真正地是或存在时，他总是想要说它的自然本性既是必然的也是可理知的。物质的和可感的事物，比方说，不能被真正地说是存在的，原因很简单，这些事物变动不息，它们之中甚至没有一个在两个相继的时刻是保持不变的。每当你认识了它们之一，它就消逝了，或者改变了它的显像，以至于你的知识要么完全失去了它的对象，要么不再能回答它的对象。既然如此，物质的事物怎么能是可理知的呢？人只能知道存在的事物。真正的存在就意味着其是非物质的、不可改变的、必然的，并且是可理知的。这正是柏拉图称之为理念（Idea）的东西。永恒的、可理知的理念正是现实本身。不是这个或那个具体的人，而是他们不变的本质。在一个给定的个人中，唯一一样真正是或存在的东西，并不是那些组成他的特征的偶然结合，这些特征使他与同种的其他全部个体相区别；而是他自己对这个种（species）的永恒本质的分有。苏格拉底之为苏格拉底，或者卡利亚斯（Callias）之为卡利亚斯，并不真正是一个存在者；就他们真正存在而言，苏格拉底和卡利亚斯是一个且是同一个东西，也就是人自身，或者人的理念。

这就是柏拉图对于现实的看法，他把它看作哲学知识的一个对象。现在，让我们问问自己，在这样的哲学中，什么能够配得上被称为神圣的？如果越真实的也就是越神圣的，永恒的理念显然应当配得上被称为神圣。现在，在理念之中有一个主宰了其他全部理念的理念，因为它们都分有它的可理知性。这就是善的理念。正如在天上的众神之中，太阳是所有分享了它的光的本质的众神之主，善的理念统治着可理知的世界，因为所有是的，就它们是而言，是善的。那么，为什么我们还要犹豫，而不总结说，在柏拉图的哲学中，善的理念是神？

我远不是要质疑这一推论的逻辑有效性。柏拉图应当做出了这一推论。我甚至同意，我们很难不把《理想国》(*Republic*) 的重要段落理解为柏拉图自己对神的定义，在那里，柏拉图说善的理念是"一切美好而公正的事物的普遍作者，是光之父，并且是可见世界的光之主，以及是理智的 [世界] 中理性和真理的直接来源；这是一个无论在公共还是私人生活中要理性行动的人必须注视的力量。"[1] 确实，没有什么比这个善的定义与基督教的神的定义更为接近的了[2]。然而，说到底，这一事实，即柏拉图自己从来没有把善叫作神，仍然存在。既然柏拉图本人并没有说善是一位神，我们最好不要让他这么说，要说服他的历史学家们实际上是一项近乎绝望的任务。甚至非基督教的解释者们也在他的哲学中读出了基督教的神学，这样之后，他们发觉很容易表明基督教神学不过是柏拉图哲学的一个败坏了的版本。然而，应当允许暗示说，如果柏拉图从不曾说善的理念是一位神，原因或许是他从来没有把它理解为一位

---

[1] Plato, *Republic*, 517; quoted from *The Dialogue of Plato*, B. Jowett（trans.）, published with an Introduction by Prof. Raphael Demos, New York, 1987, I, 776.

[2] A. J. Festugière, O. P., *op. cit.*, p. 191; *Contemplation et vis contemplative selon Platon*, Paris：J. Vrin, 1936. Cf.《Le Dieu de Platon》, dans A. Dies, *Autour de Platon*, Paris：G. Beauchesne, 1927, II, p. 528-574; et *La Religion de Platon*, p. 575-602.

神。并且，归根结底，为什么一个理念要被理解为一位神呢？一个理念并不是一个人，它甚至不是一个灵魂；它充其量是一个可理知的原因，与其说是一个人，不如说是一个物[1]。

　　这一事实，即在基督教思想成型的许多个世纪之后，想象一个在其中神不是最高现实，同时在其中最高级的实在并不是神的世界对我们来说已经变得极其困难了，这使得一些学者如此难以自我调和。然而，这是一个事实：在柏拉图的头脑中，神是低于理念的。比如说，太阳，柏拉图认为这是一位神；然而在他的学说中，作为神的太阳是善的孩子，善则不是一位神。为了理解柏拉图自己对于神的观念，我们必须首先想象一些个别的活的存在者，类似于我们从感觉经验中所知的那些；但是我们不能将它想象为变化的、偶然的和有朽的，而是必须将它构想为可理知的、不变的、必然的和永恒的。这就是对柏拉图而言的神。简言之，一位柏拉图式的神是

---

[1] 根据 Festugière，善的理念是"所有神圣者中最神圣者"，因此那攀登存在者的阶梯的人，从可感的事物上到全部理念之中的至高者，最终把握了第一存在；"他看见神"（*L'Idéal religieux des Grecs et l'Évangile*, p. 44; cf. p. 54）。在《理想国》的文本中，Festugière 引用 508e-509c 和 517b-e 来支持他的主张：太阳和星辰被叫作神，但是不被叫作理念。甚至善的理念也不被叫作一位神。由同一位历史学家给予的其他引证是 *Republic*, 507b; *Phaedo*, 75d-e; *Parmenides*, 180b and ff.; *Philebus*, 15a。我在其中任何一处文本都没能发现柏拉图有将"神"之名附加于任何理念。在《理想国》508，柏拉图说太阳——它的灵魂是一位神——是善的孩子，但他没有说善是一位神。在《斐得若》247，柏拉图描述了"不可触的本质，只对心灵可见"（Jowett trans., I252），然后正义、节制和知识作为"神圣理智"沉思的天上的对象，但是在这里，只有理智被称作神圣；它的对象并没有被称作神。在《斐多》80，灵魂被称神圣的，与它的身体对立；并且，当柏拉图补充道（Jowett trans., I465）"灵魂与神圣者非常相似，也是不朽的，也是理智的，也是统一的，也是不可分解的，也是不变的"时，甚至即使假设柏拉图这里说的是理念，而不是其他的神，他也仅仅是说理念是神圣的，而不是说他们是神。柏拉图的理念与神之间的联系仍然有待历史学的证明。

一个具有理念的全部基本属性的活的个体。这就是为什么柏拉图式的理念比神更神圣，然而并不是神。如果我们把人作为一个被灵魂激活的身体，人是有朽的并且可败坏的；因此他不是神。相反，人类灵魂具有可理知的本性，并且是凭自己的不朽活着的个别存在者；因此人类灵魂是神。存在许多高于我们自己的灵魂的神，但他们中没有一位是理念。有奥林匹亚众神——柏拉图并没有太认真地对待他们，尽管在净化掉了他们的人类缺陷之后，他无论如何保留了他们；在他们之后，是城邦的神；然后是下方的神，不要忘记神灵（demons）或者精灵（spirits）、英雄，"以及在他们之后……私人的和祖先的神，他们按照法律规定在他们神圣的地方受到崇拜"[1]。这一点已经足够清楚：柏拉图的世界并不比泰勒斯的世界或者荷马的世界要少"充满神"；并且他的神不同于他的哲学本原，正如人的秩序不同于物的秩序。

正是柏拉图的对话录中这个神圣者的世界的存在，赋予了他的学说以普遍承认的宗教特征。柏拉图的宗教不是在辩证法的净化中找到的，凭借它，哲学家将自己从身体中解放出来，并且逐渐变得与那不可感知的理念越来越一致。当一位哲学家像这样到达了可理知的世界时，严格来说，他并没有神圣化他的灵魂：他的灵魂凭自己就是一位神。严格来说，他甚至没有不朽化他的灵魂：他的灵魂是一个不可摧毁的生命；它凭自己就是不朽的。一位哲学家是一个

---

[1] Plato, *Republic*, 717, Jowett trans., II, 488. 这一历史学的问题，也是在柏拉图学者的世界中的经典问题，亦即《蒂迈欧》(*Timaeus*) 中所谓的"创造者"（或世界—制作者）是否是一个理念，根本不应当被问出。这个"创造者"是一位按照永恒理念的模型工作的神；他是其他神的"神的制作者"，比如星体，比如灵魂，等等。Cf. *Laws*, X, 889, Jowett trans., II, 681.

记得它自己的神性并且表现得像一位神的人类灵魂。柏拉图真正的宗教在于他那对无数神灵的崇拜感，人们向这些神祈祷，并在个人的需求和城邦的需求中乞灵于他们。作为一位哲学家，柏拉图写作了《蒂迈欧》；作为一个宗教性的人，柏拉图在开始描述这个世界之前，乞灵于他将要描述的这个世界的众神和众女神[1]。与其他人一样，柏拉图需要感到自己被人格化的力量所包围，他们照看他的生活以及他的命运。足够典型地，一位柏拉图式的神的主要属性就是成为对人而言的神意（providence）[2]。由于他的神圣者的这一友善的存在，柏拉图并不感到自己孤身一人处于无生命物的混乱荒原之中。"万物充满神"，柏拉图特意重复了泰勒斯，并且他怎么赞美他的神圣保护者们都不为过。"你对人类的评价很低，陌生人"，麦基鲁斯（Megillus）在《法篇》（Laws）第7卷说道；而雅典人的回答是："不，麦基鲁斯，不要吃惊，但是原谅我——我是在把他们与诸神相比。"[3]

这一对柏拉图的宗教态度的刻画不仅澄清了他的学说的一些方面，也使我们得以在哲学浮现之时把握神的哲学概念。柏拉图——他看上去似乎发明了把理念作为解释的哲学本原——并没有发明众神。他们作为希腊神话学的一个遗产显现在他的学说中，并且这就是为什么他们在柏拉图的神话中占据了如此重要的位置。哲学家经常提醒我们，人们对众神存在的信念是非常古老因而也非常

〔1〕 Plato, *Timaeus*, 27, Jowett trans., II, 12.

〔2〕 Plato, *Laws*, X, 888, Jowett trans., 680. Cf. *ibid.*, X, 899-907, II, 641-649. 这段文本的结论是："众神存在，并且他们照看人类，并且他们永远不会被说服去行不正义。" *Laws*, X, 907, II, 649.

〔3〕 *Ibid.*, VII, 804, Jowett trans., II, 559.

庄严的。然而，这种明确被继承的信念可以容许一些理性的证明。并且，柏拉图证明它的方式是高度暗示性的。每当我们看见一个活的并且自主运动的东西，从内部被一个运动的自发力量激活时，就可以确定这个东西有一个灵魂；又因为每一个灵魂都是一位神，每一个活的东西都被一位神灵所寓居。比如说，太阳和其他星体，它们的永恒运转证明了在它们之中的一些神圣者的存在。换句话说，对柏拉图而言，灵魂正是人们以之形成他们对神的概念的模型。如果不是人类灵魂的话，你怎样解释人类身体的自发运动呢？但是，柏拉图补充道，那样的话，除非你将某种灵魂归于它们中的每一个，你要如何解释天体的自发运动呢？如果你这样做了，那么与此同时，你必须承认，每一个星体为一位神灵所寓居[1]。

以他自己客观的和实事求是的方式，亚里士多德从柏拉图的论证中汲取了关于我们对神的哲学概念的起源的思想。人，亚里士多德说，来自两个源头：他们自己的灵魂，以及星体的运动[2]。如果我们还记得荷马的众神，亚里士多德显然是对的。

亚里士多德的形而上学之所以在自然神学的历史中成为一个划时代的事件，是因为在它之中，哲学的第一本原和神的概念长久以来被拖延了的联合最终成为一个已完成的事实。亚里士多德的宇宙中的第一推动者同时也是它的至高神。如此，对于哲学的第一本原和世界的最高原因来说，成为一位神是一个值得赞许的收获，但是

---

[1] *Laws*, X, 899, II. 641. Cf. XII, 966-967, II, 700-702. 对于荷马和赫西俄德幻想的神话学的一个批评，参见 *Republic*, II, 877-878, Jowett trans., I, 641-642。

[2] Aristotle, *"fragment 12" in Aristotelis Opera*, Berlin, 1870, V, 1475-1476. 在梦境和神启（divination）中，灵魂似乎表现得好像它是一位神；至于星体，它们的有序运动暗示了存在它们的运动和秩序的原因。这些原因中的每一个都是一位神。

对于希腊神的整个家族而言，像这样成为如此之多的哲学本原则被证明是一场最为危险的冒险。古老的奥林匹亚众神不得不走出画面，这更是一种收获，而不是损失，不仅是对哲学，也是对宗教。对于众神中剩下的来说，真正的危险在于失去他们的神性。

亚里士多德的世界是某种已经存在并将永远存在的东西。它是一个永恒地必然并且必然地永恒的世界。因此，对我们而言，问题不在于去知道它如何生成，而在于理解在它之中发生什么，并且因而它是什么。在亚里士多德的宇宙的最高点的并不是一个理念，而是一个自我持存的和永恒的思考的活动：一个神圣的自我思想的思想。在它之下是同心的诸天球，它们每一个都被一个不同的理智永恒地推动，那个理智本身是一位不同的神。从这些球体的永恒运动中，所有地上事物的生成和败坏，也就是出生和死亡，被永恒地造成了。显然，在这样的学说中，世界的神学解释和它的哲学和科学解释是同一的[1]。唯一的问题是：我们还能有宗教吗？自我思想的思想的纯粹活动永恒地思考着自身，但永不思考我们。亚里士多德的至高神并没有创造我们的这个世界；他甚至不把它作为不同于自己的来知道它；因此，它也不能照看在它之中的任何一个存在者或事物。每个人类个体具有一个他自己的灵魂是真的，但是这个灵魂不再像柏拉图式的灵魂那样是一位不朽的神；作为一个物质的并且可朽的身体的物理形式，人的灵魂注定和身体一起消亡。也许我们应该爱亚里士多德的神，但是用处是什么呢？既然这位神根本不爱我们。时不时地，少数有智慧的人在转瞬即逝的时刻成功分有了神

---

〔1〕 关于亚里士多德的自我思想的思想，见他的《形而上学》(*Metaphysics*)，Bk. XI, chap. vii and ix。

圣沉思的永恒至福。但甚至当哲学家成功地从远处发现了最高真理时，他们的至福也只是短暂的，而且哲学家是稀少的。真正智慧的人并不假扮成神；他们致力于实现道德和政治生活的实践智慧。神在他的天上；如何照料这个世界是人的事情。由于亚里士多德，希腊人获得了一种不可否认的理性神学，但是他们失去了他们的宗教。

一旦被哲学家从对地上事物的关心中解放出来，希腊众神似乎一劳永逸地弃绝了他们此前对人和其命运的兴趣。希腊神话学中流行的众神从未停止履行他们的宗教职能，但是哲学家的理性化的众神不再有任何宗教职能要履行。比如说，在伊壁鸠鲁的学说中，神是如此之多的永远持存的物质的存在者，他们完美的蒙福意味着他们不应该关心其他任何事，尤其是人[1]。至于伟大的斯多亚主义者，不可能打开他们的作品而不实际上在每一章中都见到神的名字。但是，如果不是火——那世界由之组成的物质元素的话，他们的神又是什么呢？基于此，世界是一；一种无处不在的和谐或同情连接着它的部分，并且我们每一个都在它之中，作为它的众多部分之一："既存在一个宇宙，由一切事物组成，又存在一位神，内在于一切事物，还有一个实体，以及一个法则，一个为所有有理智的造物所共有的理性，以及一个真理。"既然我们发现自己身处这个世上正如身处宙斯之城中，对我们来说，去爱它就是目前要追随的最为明智的事业[2]。然而，无论喜欢与否，我

---

[1] 关于在伊壁鸠鲁的众神概念中存留的亚里士多德元素，参见 A. J. Festugière, O.P., *op. cit.*, p. 68 的精彩评论。

[2] *The Communing with Himself of Marcus Aurelius*, C. R. Haines（text and trans.）, London: Loeb Classical Library, 1916. Cf. Bk. VII, 9, p. 169 and Bk. IV, 28, p. 81.

们都将要屈服于它的法则的必然性："世界—原因是一条湍流，"马可·奥勒留（Marcus Aurelius）说，"它裹挟一切而去。"[1] 还有："大全（the Whole）的自然本性感到创造一个宇宙的冲动；但是现在要么所有生成的是按一个自然的序列如此生成的，或者甚至最高的事物，朝向它，宇宙的统治理性感到一个它自己的冲动，也不具有理智。回想这一点，你就能以更多的宁静面对许多的灾殃。"[2]

有人说，马可·奥勒留并没有他应得的神。也许更正确地说，马可·奥勒留根本就没有神。他对于神的虔敬只不过是对他所知的不可避免的事物明智的顺从。"短短一会儿你就将忘记一切，短短一会儿一切就将忘记你。"[3] 这位伟大的斯多亚主义者的这些话语同时也是希腊智慧最后的话语，并且，它们明确地标志了希腊人在不失去他们的宗教的同时建立一个无所不包的对世界的哲学解释的失败。鉴于前面所述，他们失败的原因近在咫尺。一种对世界的希腊哲学的诠释是一种对于自然本性是什么、特定的自然本性通过什么存在的解释；换句话说，希腊人持续地尝试用一种或几种本原解释一切事物，这些本原自己就被视作事物。现在，人们可以被传道去崇拜任何活的存在者，从像宙斯那样纯粹想象的，到金牛（the Golden Calf）那样完全荒谬的。只要那是某个人或者他们

---

[1] *The Communing with Himself of Marcus Aurelius*, Bk. IX, 29, pp. 247-248.

[2] *Ibid.*, Bk. VII, 75, p. 197.

[3] *Ibid.*, Bk. VII, 22, p. 178. 甚至在马可·奥勒留这里，众神仍然表现为友善的力量，他们照看人类，并且尽他们所能地保护人类免于邪恶（参见，比如，Bk. II, pp. 82-85）；但是马可·奥勒留的神在他的学说中扮演了一个极微小的角色；甚至他们的善意也不比近乎绝望的顺从更能激发他的愉快感觉。

可以误认为某个人的某个物，他们就最终可能崇拜它。人不可能使自己崇拜一个物。当希腊哲学来到终点时，自然神学的发展所迫切需要的是形而上学的发展。这样的哲学发展早在公元 4 世纪就已然存在；但是，说来也奇，形而上学在宗教的影响下才得以获得这一进展。

对亚里士多德《形而上学》的再考察[*]

Mary Louise Gill [1]　程宇松　译

在过去的二十年里，亚里士多德的《形而上学》引发了新一轮的激烈争论。大部分讨论集中在《形而上学》Z 卷，即亚里士多德对实体（ousia）迷人而困难的研究，小部分也出现在 H 卷和 Θ 卷。在《形而上学》的第一哲学这个更大的课题中，核心卷的地位自古以来就吸引了学者，这种关系也已经得到了重新审视。此外，学者一直在从各种更广阔的视角探索《形而上学》——首先，联系亚里士多德的自然哲学，即他的物理学、生物学和心理学，也联系其工具论（Organon），也就是其所谓"逻辑学的"作品，包括《范畴篇》(Categories)、《论题篇》(Topics) 和《后分析篇》(Posterior Analytics)；其次，联系更广泛的哲学传统，包括他之前的柏拉图和古代晚期的评注传统。

---

[*]　本文选自 Mary Louise Gill, "Aristotle's Metaphysics Reconsidered", *Journal of the History of Philosophy* 43, 2005, pp. 223-251。

[1]　玛丽·路易斯·吉尔（Mary Louise Gill），布朗大学 David Benedict 古典学与哲学教授。

一、背景

让我先回顾一下 20 世纪下半叶亚里士多德的《形而上学》在学界处于什么位置。

1. 发展论

在 20 世纪 60 年代，亚里士多德的哲学发展是一个紧迫问题。确定柏拉图对话录的相对年代的工作取得了明显的成功，受此鼓舞，20世纪 60—70 年代之前的学者同样希望建立亚里士多德著作的时间序列，了解其哲学的成长。在 19 世纪早期，Werner Jaeger 提出了一个著名观点，即亚里士多德起初是一个忠实的柏拉图主义者，然后变得越来越对柏拉图持批判态度，最后完全与其师决裂，以从事实证研究，其批判最终在《动物史》(*History of Animals*) 和关于希腊城邦国家的《政制》(*Constitutions*) 等著作中达到顶峰。G. E. L. Owen 反对 Jaeger 的发展论，认为它误解了亚里士多德在他作为学园成员的二十年中遇到的柏拉图主义。当亚里士多德在学园时，柏拉图正在批评他自己的核心观点（特别是关于形式的），显然学园中正进行着一场激烈辩论。根据 Owen 的说法，亚里士多德年轻时是柏拉图的批评者，但逐渐对柏拉图的形而上学方案产生了新的同情，特别是对存在的普遍科学。有趣的是，Jaeger 和 Owen 都认为探讨神圣实体的《形而上学》Λ 卷代表了亚里士多德思想一个比 Z 卷更早的阶段，并且在许多方面与它不一致；但他们持有这种观点的原因各不相同。对 Jaeger 来说，这一文本代表了一个柏拉图式的阶段，其中形而上学专注于分离的神圣实体，而不是整个实体范畴。对 Owen 来说，这一文本相对较早，是因为它忽略了亚里士多德在《形而上学》Γ2 中提出并在 Z 卷中使用的重要方法，他称之为核心意义（focal meaning）。[1]

亚里士多德的哲学发展不再是一个紧迫问题，[2] 但发展论已经深深扎根于亚里士多德学界。评注者通常认为《形而上学》包含了不同层次，某些段落可以被淡化甚至忽略，因为它们不属于主要版本。尽管一些诠释者明确主张发展论，他们通常将此作为最后手段，如果没有其他解释能令人满意地解释文本内或文本间的矛盾。对于大多数学者来说，发展本身已成为一个次要问题。由于流传到我们手中的论文并没有在学园之外出版，所以在亚里士多德的有生之年，这些论文很可能被不时更新。如果是这样，就很难建立一个切实可行的时间序列。

最近引起人们兴趣的一个话题是亚里士多德对学习顺序的强调，即他希望其论文被研究的顺序。他的作品中充斥着与文集中其他作品（或同一作品的早期和晚期部分）的相互引用。[3] 人们认为这些相互引用表明，亚里士多德想让其学生将什么样的背景带入一个主题。《范畴篇》提出了一种本体论，其中，物理对象是第一实体，它被广泛认为是一部早期著作，但最近一些评论家主张，恰恰相反，它是一本适合初学者的著作（它可能在任何时候写成），它忽略了质料和形式之

---

[1] Owen 1960. 关于核心意义的更多内容在下文的最后一节。对 Owen 和 Jaeger 关系的仔细重估，参见 Code 1996。

[2] 近期对发展论的评价，参见 Wians（ed.）1996 中的论文。Graham 1987a 提出了一个对发展论的新理解，即亚里士多德有两个不同和不相容的系统，追溯到其事业的不同阶段，并在《形而上学》Z 卷中形成直接冲突。Rist 1989 也为对亚里士多德的发展论解读辩护。Witt 1996 提供了对发展论的发展的有用分析。

[3] Burnyeat 2001 考察了《形而上学》中的相互引用和其他亚里士多德文本对《形而上学》的前后引用。

间的重要区别，这样，刚接触亚里士多德哲学的人就可以掌握基本的形而上学框架，而不必立即面对形而上学需要解决的严重困难。[1] 其他人认为《范畴篇》是前解释性的（pre-explanatory），而《形而上学》核心卷给出了一个对实体的解释性说明。[2]

2. 亚里士多德与分析哲学

20世纪50年代、60年代和70年代是亚里士多德研究令人振奋的时期。在欧洲大陆和英语世界，从20世纪50年代末开始，学者们开始认真探索亚里士多德的哲学方法——辩证法（从有声望的意见［endoxa］开始的推理），这种方法在《论题篇》中得到规定，并经常用于论文；[3] 以及三段论（syllogistic）和证明（demonstration），展现于《分析篇》（Analytics）。[4] 亚里士多德被誉为20世纪重要哲学方法和立场的鼻祖。牛津的日常语言哲学家认为，亚里士多德从事概念分析工作，类似于他们自己的那种。[5]

---

[1] Furth 1988; Gill 1989; Burnyeat 2001.

[2] Loux 1991; Bolton 1996; Wedin 2000. 前解释性的解释不需要写于解释性的解释之前。（类似的断言也被应用于《动物史》与《论动物的部分》这种解释性著作的关系。）

[3] 很多亚里士多德的著作，包括《形而上学》，开始于评价有声望的意见，即亚里士多德前辈的观点。第二次和第三次亚里士多德大会（Symposium Aristotelicum）专门讨论了方法问题，来自英国和欧洲大陆的学者都参加了。参见 S. Mansion（ed.）1961；以及 Owen（ed.）1968。关于方法，尤其是辩证法，20世纪60年代以来有影响力的著作包括 Owen 1961（见 Mansion）和 Aubenque 1962。这个主题继续考验着学者们。替代性的讨论，参见 Nussbaum 1982；Bolton 1990 和 Irwin 1988，尤其是 ch. 2。

[4] 参见 Barnes 1969 以及 Barnes 的修正观点（1981）。《后分析篇》是第八次亚里士多德大会的主题，Enrico Berti（ed.）1981。《后分析篇》和亚里士多德生物学中科学实践的关系将在下文得到简要讨论。

[5] "克拉伦登亚里士多德系列"（"Clarendon Aristotle Series"）由牛津哲学家 J. L. Austin 发起于1962年。"他认为，亚里士多德的哲学作品还没有被当代哲学家充分发掘，包含新翻译的新系列……将帮助弥补这一点。"（出版于20世纪60年代和70年代早期的该系列作品的广告。）

古代哲学看起来也已经成熟到运用现代分析工具，以澄清和加深我们对古代文献的理解。1970 年，由当时的古代哲学领袖 Gregory Vlastos、G. E. L. Owen 和 John Ackrill 等人组织的一场为期六周的 NEH 研讨会在科罗拉多泉市（Colorado Springs）举行，一群年轻的学者参加了这次研讨会，其中许多人现在已经是该领域的资深人物。领袖们用古代哲学的活力和意义鼓舞了与会者。古代哲学对在牛津读"伟人"的哲学家也产生了相当大的影响，英美的哲学家都在亚里士多德著作中发现了自己思想的萌芽。W. V. O. Quine 对模态逻辑的批判和 Saul Kripke 对本质主义的信奉激发了人们对亚里士多德立场的兴趣。[1] Hilary Putnam 认为亚里士多德预见了自己对功能主义的看法。[2] 美德伦理学的灵感来自亚里士多德伦理学。看起来，亚里士多德与当代哲学问题密切相关。许多年轻的哲学家被激励去研究亚里士多德，因为他可以为当代哲学辩论做出贡献。

3. 近期趋势

20 世纪 70 年代末和 80 年代见证了学术兴趣的重大转变，这一转变由一群年轻学者领导，他们现在是该领域的领军人物。在《牛津古代哲学研究》（*Oxford Studies in Ancient Philosophy*，1983）的开篇社论中，Julia Annas 将这一时期描述为古代哲学领域令人兴奋的时刻，"视野扩大、兴趣转移"。她鼓励作者去探索不太熟悉的领域，尤其是后亚里士多德哲学领域。Michael Frede（1987b）在

---

[1] 参见 White 1972-1973 和 Cohen 1978。Witt 1989, ch.6 讨论了亚里士多德和克里普克本质主义的差异；另见 White 1986, §3。关于亚里士多德的本质主义与 20 世纪其他立场的差异，参见 Matthews 1990。

[2] Putnam 1975. 参阅 Nussbaum 1978, Essay 1。

介绍其文集的宣言中，谈到了在过去十年中对希腊哲学兴趣的巨大增长，并劝勉其他人对古代晚期投入类似关注。[1]他描绘了哲学史的不同研究方法，并主张这样考察古代哲学家：不是因为他们以典型方式回答了哲学问题（即假定当前观点是"正确的"，或者假定有一些永恒的哲学问题，看过去的哲学家回答得好还是不好），将他们作为配合哲学史的范例；而是着眼于他们产生于其中的不同历史背景。从这个观点来看，作为诠释者，我们的任务是揭示哲学家的问题，发现或重构他们回答这些问题的理由，就像他们自己做的那样。Frede 率先对这一领域进行了积极的历史研究。即使这种方法把学者们推向了另一个极端———一旦我们把其作品放在它自己的历史和哲学背景中加以理解，亚里士多德就可能对当代讨论做出很多贡献———Frede 的方法论对于学习古代哲学的学生来说已经是严谨治学的典范。[2]

出于类似的精神，20 世纪 80 年代，古代哲学的学者开始严肃质疑用亚里士多德支持当代哲学理论。Myles Burnyeat 在 1984 年前后发表了一篇颇具影响力的论文———《亚里士多德的心灵哲学仍然可信吗？》("Is Aristotle's Philosophy of Mind Still Credible?", 1992)，这篇论文此后广泛流传，几年后（作为草稿）出版，其极力反对亚里士多德心理学的功能主义解释，得出的结论是"功能主义的新心灵不适合亚里士多德的旧身体"。这篇论文引起了许多周

---

〔1〕 Richard Sorabji 首次出版于 20 世纪 80 年代末的庞大翻译项目——"亚里士多德古代评注"（*Ancient Commentators on Aristotle*）为此做出了很大贡献。他近期的三卷本资料集，《评注家的哲学 200—600 AD》（*The Philosophy of the Commentators 200-600 AD*, 2005），会使英语读者更易接近古代评注家关于亚里士多德的观点。

〔2〕 又见 Broadie 1993a 对阐释方法的有力讨论，一个对 Irwin 1988 的重要评论。

密回应。[1]

与此同时（20 世纪 70 年代末和 80 年代），大量亚里士多德主义者受到上述研究亚里士多德方法的刺激，开始探索亚里士多德研究中一个相对被忽视的领域，即他对生物学的研究（占他现存著作的四分之一），及其《后分析篇》中的科学哲学与其生物学著作中的实践之间的关系。[2] 这一富有成效的运动也为学者提供了一个研究《形而上学》的新视角。[3]

从 20 世纪 60 年代末开始，一直持续到 20 世纪 80 年代初他去世，G. E. L. Owen 开办了一个每月一次的古代哲学阅读小组，先是在纽约，然后在伦敦。伦敦小组的会议记录由 Myles Burnyeat 和其他人记下，出版为《Z 卷注释》（*Notes on Zeta*, 1979）和《H 卷与 Θ 卷注释》（*Notes on Eta and Theta*, 1984）。会议纪要报告说，与会者热烈讨论了替代翻译和参与者对文本逐行分析的阐释。这些注释有益地补充了 W. D. Ross 对亚里士多德《形而上学》的标准评注（[1924] 1953）。

从 1987 年起，关于亚里士多德《形而上学》的新评注、专著

[1] Nussbaum & Rorty 1992 中的很多论文回应了 Burnyeat 的论文，包括 Nussbaum-Putnam 的一个联合回应。近期关于亚里士多德心理学中功能主义的争论以及文献指南，参见 Caston 2005, §1。

[2] 这一运动受到 David Balme 的著作启发，尤其是在 Allan Gotthelf 所组织的在 20 世纪 80 年代一系列富有成效的国际会议中。特别参见 Gotthelf（ed.）1985 和 Gotthelf & Lennox（eds.）1987。该运动中一些主要人物的论文集是 Lloyd 1996；Lennox 2001 以及 Gotthelf 2006。

[3] Furth 1988 是从亚里士多德生物学的角度解释《形而上学》的先锋。对《形而上学》的另一个敏锐解读是 S. Cohen 1996，它受到了亚里士多德自然哲学的深刻影响。近期，关于亚里士多德自然哲学的著作作为我们理解《形而上学》做出了显著贡献，参见 Freudenthal 1995 和 R. King 2001。

和文集开始迅速出现——我数了数，自 1987 年以来，大约有 30 本书，还有几本准备出版。许多重要文章也出现在同一时期或不久之前。该时期早期的一部作品对进一步的学术研究产生了巨大影响：两卷本《亚里士多德〈形而上学〉Z 卷》(*Aristoteles* Metaphysik *Z*)，包含介绍、文本和（德语）翻译，以及 Michael Frede 和 Günther Patzig（1988）的详细评注。[1] 作者还提出了亚里士多德坚信个体形式的理由。后来，关于 Z 卷的出版物经常将它们的研究联系于 Frede 和 Patzig 的权威著作，特别是这样一些学者的出版物，他们赞成 Frede 和 Patzig，认为在《形而上学》Z 卷中，亚里士多德捍卫形式的基本性，但他们不赞成形式是个体。

激烈的辩论虽然富有成效，但甚至在亚里士多德《形而上学》的最基本问题上也没有达成普遍共识。《形而上学》Z 卷提供了亚里士多德对实体的最成熟的思考吗？如果是这样的话，他的结论究竟是什么？Z 卷是否偏离了他在《范畴篇》中的观点，即个体事物——如特定的人和特定的马——是第一实体？Z 卷是否通过提出一个不同类型的问题来补充《范畴篇》——例如，是什么使《范畴篇》中的实体成为实体？Z 卷是独立存在的，还是更广泛研究中的一步，这个研究包含 H 卷，或许也包含 Θ 卷和我们拥有的《形而上学》的大部分？如果 Z 卷与 H 卷和 Θ 卷被一起阅读，它是否提供了 H 卷和 Θ 卷所依赖的结论；还是它没有结论，展现出了它们要应对的困难？Z 卷与 A 卷、B 卷、Γ 卷和 E 卷中关于第一哲学的主张，以及 Λ 卷中探讨的神圣实体之间的关系是什么？

---

〔1〕 这个两卷本的版本得到了来自我和其他人的广泛评论。特别参见 Wedin 1991 的重要评论。

第一哲学的科学如何关联于《后分析篇》中亚里士多德的科学哲学，以及他在专门科学中的实践？

　　Jonathan Lear 的《亚里士多德：理解的欲求》(*Aristotle：The Desire to Understand*) 是一本关于亚里士多德的优秀普及书，它讨论了形而上学与其哲学其他部分的关系。《斯坦福哲学百科全书》(*Encyclopedia of Philosophy*) 中 S. Marc Cohen 的《亚里士多德的形而上学》("Aristotle's Metaphysics") 提供了对亚里士多德形而上学的有用概述。[1] Myles Burnyeat 的《〈形而上学〉Z 卷地图》(*Map of* Metaphysics Zeta, 2001) 引导读者阅读 Z 卷，密切关注这样一些路标，它们标明了 Z 卷的结构，以及 Z 卷与《形而上学》其余部分的关系，及其与《工具论》的关系。就像 Frede 和 Patzig 对 Z 卷的评注一样，Burnyeat 的著作辩护了一些关于 Z 卷结构和策略的挑衅性论点，引发了进一步的建设性反思。[2] 现在有 David Bostock 关于《亚里士多德〈形而上学〉》Z 卷和 H 卷的克拉伦登评注 (Clarendon Commentary)。[3]《形而上学》Θ 卷 (Stephen Makin) 和 Λ 卷 (Lindsay Judson) 的克拉伦登评注准备出版。[4] 最近有几本文集专门讨论《形而上学》核心卷和 Λ 卷：F. J. Pelletier & J. King-Farlow (eds.), *New Essays on Aristotle* (1984)；T. Scaltsas, D. Charles & M. L. Gill (eds.), *Unity*, *Identity*, *and Explanation in*

----

〔1〕 Politis 2004 是一个有一本书那么长的介绍。这本书尤其精于亚里士多德为非矛盾原则的辩护 (《形而上学》Γ 3-4)，以及对现象主义和相对主义的回应 (Γ 5-6)。

〔2〕 参见 Burnyeat 在 Lewis 2000 中的讨论，以及 Wedin 2000，还有 Gill 2005a 的重要评论。

〔3〕 参见 Wedin 1996 对 Bostock 1994 的重要评论。

〔4〕《形而上学》的其他克拉伦登评注是 Madigan 1999，关于 B 卷和 K1-2；Kirwan 1993，关于 Γ 卷、Δ 卷和 E 卷；以及 Annas 1976，关于 M 卷和 N 卷。

Aristotle's Metaphysics（1994）；Christof Rapp（ed.），Metaphysik：
Die Substanzbücher（Z，H，Θ）（1996）；以及 M. Frede & D. Charles
（eds.），*Aristotle's* Metaphysics *Lambda*（2000）。[1] 其他许多文集范围
更广，也包括有关《形而上学》的重要论文。[2]

　　这篇关于亚里士多德《形而上学》近期文献的综述，无法公正
对待被讨论问题的丰富性，以及近期阐释间的细微差别。[3] 相对
而言，我将集中谈四个主要问题。首先，那些赞成《形而上学》Z
卷主张实体在基本意义上是形式的人，在形式的地位上有分歧。第
一，形式是普遍者还是个别者（或者两者都不是）？[4] 第二，质料
的地位是什么？像我们将看到的那样，亚里士多德的证词支持两种
显然不相容的观点。一些学者已经着手寻找一种可行解释来调和这
些证词。第三，H 卷和 Θ 卷的地位是什么？许多学者认为 Z 卷是
独立的，H 卷是一种附录，包括 H6 中对形式统一性的重要探讨。
对于这些学者，Θ 卷转向了一个新课题。也有学者认为 Z 卷并不
是独立的，应该和 H 卷、Θ 卷一起阅读。该立场的一个关键问题
是亚里士多德在 H6 中对复合实体统一性的探讨，以及 Θ 卷对阐

---

〔1〕 关于《形而上学》M 卷和 N 卷的文章，参见 Graeser（ed.）1987。

〔2〕 除了上文提到的文集之外，参见 Bogen & McGuire（eds.）1985；Devereux & Pellegrin
　　　（eds.）1990；以及 Lewis & Bolton（eds.）1996。

〔3〕 让我趁此机会做一个全面辩护。过去二十年出版了那么多研究，这篇综述必然会忽视
　　　一些贡献，甚至在其有限范围内的主题上。另外，尽管我引用了一些法语和德语的出
　　　版物，我更重视英语出版物。我这里的目标是标示亚里士多德《形而上学》学术文献
　　　的近期趋势。

〔4〕 亚里士多德个别形式的现代争论由两篇重要文章引起，它们出现在 1957 年的 Eastern
　　　Division APA Symposium，来自 Wilfrid Sellars 和 Rogers Albritton。

明亚里士多德解决方案的作用。我的最后一个主题将是 Z 卷、H 卷和 Θ 卷在《形而上学》更大体系中的地位，特别是关联于 Γ 卷、E 卷和 Λ 卷。[1]

二、《形而上学》Z 卷概述

《形而上学》Z 卷的基本结构得到了公认。它有两章导言。Z1 论证，对存在的研究首先必须是对实体的研究，因为其他种类的存在（性质、数量等）和"是什么"都依赖于实体。因此，要理解其他事物，我们必须首先理解实体。Z 卷（以及 H 卷和 Θ 卷）主要专注于这个首要任务。

Z2 列出了实体的例子，从那些得到普遍认可的开始：动物、植物和它们的部分，以及其他物理对象。一些思想家提出了其他的候选者，比如柏拉图的形式。亚里士多德说，这个任务的一部分是确定哪些东西属于名单，哪些不属于，以及除了可感实体之外是否还有其他实体。但首先，为了评价这些主张，他需要解决一个不同类型的问题：什么是实体？是什么使这些事物成为或似乎成为实体？

Z3 指出，"实体"以多种方式被理解，但主要有四种：（1）本质（essence）、（2）普遍性（universal）、（3）属（genus）和（4）基

---

[1] 一个我无法在这里讨论而对亚里士多德《形而上学》相当重要的主题是他对柏拉图的批评。关于这个主题，对亚里士多德残篇《论理念》(On Idea) 的特别关注，参见 Fine 1993。另一个被忽视的主题是根据后来的传统解释亚里士多德。Gerson 2005 运用新柏拉图主义展示给了我们一个更柏拉图式的亚里士多德。

础主体（underlying subject）。一些学者认为这些是标准，人们可以合理地期望事物通过满足这些标准成为实体。另一些人则认为它们是这个问题的有声望的答案：一个事物的实体性原因是什么？比如说，苏格拉底的实体是什么？是他的本质，他的普遍性或属，还是他的基础主体？[1]亚里士多德会拒绝一些提议（普遍性、属）；他将保留和澄清其他的提议（本质，以及在某些观点下的基础主体）。《形而上学》Z卷是围绕着这个名单松散构建起来的。Z3考察了实体是基础主体的说法，并论证，如果实体就是基础主体，那么只有质料才是实体——这是他拒绝的结论。学者们存在分歧：是否主体性被降级为实体性的一个标准或原因，或者是否这一概念得到保留并被修正以避免不想要的结论。Z4-11（可能包括Z7-9和12）阐明了本质是什么，并主张一个基本事物与其本质是同一的。这些章节显然坚称，本质是对这一问题的可行答案：什么是实体？Z13-16考察并否定了普遍者是实体以及实体是由实体组成的这一说法。属并没有得到单独探讨，而似乎同普遍性一起被抛弃了。[2]Z17重新开始，将实体视为本原和原因，用来解释为什么质料构成了一个复合物。[3]一些学者认为Z7-9和Z12是后来的增补，不是Z卷最初计划的一部分。其他人则强调它们对整个课题的重要性。

----

〔1〕 对这些选项的有用讨论，参见 Devereux 2003, 161-166。

〔2〕 当他在 H1 中总结 Z 卷时，亚里士多德提到种和普遍性（1042a13-16），并说两者都不是实体（1042a21-22）。

〔3〕 我无法在这里讨论 Z17。对此的两个精彩的替代性讨论，参见 Wedin 2000, ch. 10；以及 Devereux 2003, §§3 和 4.1。

三、形式的地位

《形而上学》B 卷陈述了亚里士多德认为其科学应该探讨的一系列困难。B6 以最后的难题（aporia）结束：本原（archai）是普遍者（katholou）还是个别者（kath hekasta）？针对第一种选择，他说：没有普遍者是一种实体，因为共同的（koinon）东西是这样（toionde）而不是这个（tode ti），而实体是这个。针对第二种选择，他说：如果本原是个别者，它们就不是可知的，因为任何事物的知识都是普遍的（1003a517）。一些学者已经论证，Z 卷的讨论是在这个难题的引导下进行的。[1] 如果亚里士多德的课题是由这个难题引导的，他会用什么方法来解决这个问题呢？实体是个别者还是普遍者？

形式是个别者还是普遍者这个问题，对于那些认同亚里士多德在 Z 卷的总体结论是实体即形式的学者来说是紧迫的，亚里士多德在 Z 卷第二部分得出了这个结论（Z4-11，特别参见 1037a21-b7）。争论的主要战场是 Z13，在那里，亚里士多德主张没有普遍者是实体。对于一些学者来说，这个文本是他们认为亚里士多德坚信个别形式的关键证据。对于那些认为亚里士多德的形式是普遍者的学者来说，Z13 是一个难点，他们的任务是以这样一种方式解释这一章，表明亚里士多德排除了一些普遍者是实体，但给形式是基本事

---

[1] Owen 1978-1979 称之为"钳形运动"（pincer-movement）。参见 Code 1984 和 Yu 2003, ch. 5。Reeve 2000 认为，解决这个他称为**基本性困境**（Primacy Dilemma）的问题是亚里士多德形而上学和认识论的核心任务。

物留下了空间，即使它们是普遍者（或在某种意义上是一般的）。

1. 个体形式

亚里士多德在《解释篇》(*De Interpretatione*) 中将普遍者与个别者区分开来："我所谓的普遍者出于自然谓述许多事物，个别者不是这样的——例如，人是普遍者，卡里阿斯是个别者。"(《解释篇》7，17a39-b1)。类似的陈述出现于 Z13（1038b9-12）和 Z16（1040b25-26）。Z13 在 1038b34-1038a2 的结论是 Z16 末尾重复的两个结论之一："很明显，被普遍谓述的事物都不是实体。"（1041a3-4）鉴于亚里士多德在 Z4-11 中实体即形式的论证，Z13 中没有普遍者是实体的主张为形式不是普遍者的结论提供了好依据。

个体形式的几种不同概念被归于亚里士多德。一些学者从亚里士多德生物学的角度，特别是他在《论动物的生成》(*Generation of Animals*) IV3 中对遗传特征的探讨，研究其《形而上学》，认为形式可以在种（species）的层次以下得到区分：我的形式和你的形式包含大量共同的信息，但也包含区分我和你的信息，这些信息将我们与不同家族联系在一起。[1] 在另一个版本中，质料和形式的特征决定了个体形式——像眼睛的颜色和鼻子的形状这样的信息被包含于个体形式中。[2] 这两种选择都允许形式在原则上可重复：就算它们在现实中不是重复的，也可以出现于不只一个个体。亚里士多德关于动物繁殖的理论——根据该理论，男性贡献形式，女

---

[1] Cooper 1988，特别是 33-38。Furth 1988 主张亚里士多德的生物学著作没有使他相信个体形式。

[2] Balme 1987. Balme 更激进的论点参见下文。

性贡献质料——将表明，如果男性的精子充分控制了女性的质料，后代将是男性并相似于他的父亲。[1]这种高度具体的（然而普遍如此）形式概念与亚里士多德在《形而上学》Z15 中的主张相一致，即可定义的形式（*logos*）是一般的，即使它只适用于一个事物（1040a29-b1）。

为了区分不能进一步划分但可重复的形式与不可重复的形式，一些学者引入了个体形式（individual forms）（不能进一步划分但可重复）与个别形式（particular forms）之间的区别，个别形式是不可重复的，每个都只与单个质料实体有关。[2]

认为 Z13 表明形式不可能是普遍者的学者，倾向于把一个更强的立场归于亚里士多德，即形式是个别的：你的形式不同于我的形式，而不仅仅是在你的是你的、我的是我的这种意义上。[3]同样，这个论点也有不同的版本。在 Frede 和 Patzig 看来，我们的形式在性质上（qualitatively）可能无法区分，在数量上（numerically）却截然不同。[4]David Balme 认为，亚里士多德不是本质主义者，我们的形式包含了我们的所有质料性信息。因此，苏格拉底的定义包括其全部质料在任一时刻的完整解释。[5]Terence Irwin 把个别形式看作形式性复合物，它不仅包含质料性的信息，而且本身也是质料性的——它们包含一些正确发挥功能的质料。形式同时是"质料的

---

〔1〕 参见近期 Reeve 2000，§3.3 的解释。

〔2〕 这个区分，参见 Code 1986，412-413，n. 5，414。

〔3〕 至少一些为普遍形式辩护的学者允许共同形式在数字上有不同实例，共同形式由它是其形式的质料性实体或它实现于其中的质料个体化。

〔4〕 Frede & Patzig 1988，特别是 1：48-5；Frede 1978 和 1985。Matthen 1987；Witt 1989；Spellman 1995.

〔5〕 Balme 1987，295. 对这个观点的批评，参见 Lloyd 1990，16-28。

（material）和质料化的（materiate）"。[1]

《形而上学》Z13 是没有普遍者是实体的积极证据。它并不是亚里士多德坚信个别形式的积极证据。Burnyeat 做出了一个惊人的评论，即在本应决定其命运的章节中，形式甚至没有被提到。

那么，个别形式的积极证据是什么呢？[2] 首先，捍卫亚里士多德有个别形式的人经常指出，他有时将形式称为 *tode ti*（字面意思是"这个东西"或"一些这个"）。[3] 亚里士多德当然用这个表达来说明个别者。《范畴篇》指出，一个第一实体，如一个特定的人或一匹特定的马，是 *tode ti*，因为它是不可划分的（*atomon*），在数量上是一个（3b10-13）。第一实体的种和属不是一些这个，而是说明了不止一个东西（3b13-23）。那些拒绝个别形式的人提出了问题：*tode ti* 一词是否只适用于个别形式；如果不是，这样提及形式是否仅仅表明它们是高度确定的（不能划分为更确定的种类），但仍然是可重复的——也就是说，个体而不是个别。[4]

亚里士多德坚信个别形式的最有力积极证据是《形而上学》Λ5 中的一段话，在那里他说：

> 那些属于同一种（*eidos*）的事物，其原因和元素是不同的，不是在种上，而是因为不同个别者的原因不同——你的质料、形式（*eidos*）和动力因，以及我的，但它们的普遍解释

---

[1] Irwin 1988，248-255.

[2] 对这一论点的证据的充分讨论，参见 Wedin 1991。

[3] 例如，《形而上学》Δ8，1017b23-26（关于这一章，参见 Polansky 1983）；H1，1042a28-29；Θ7，1049a35-36；Λ3，1070a11。

[4] Lear 1987 结合亚里士多德的认识论很好地探讨了这个问题。又见 Gill 1994。

（*logos*）是相同的。[1]（1071a27-29）

那些辩称亚里士多德那里有个别形式的人，通过指出这点和其他证据来提出积极理由。[2]而且，亚里士多德 Z13 中没有普遍者是实体的论证的确为积极论点扫清了障碍。

2. 普遍形式

在这场辩论的另一方，有些人认为 Z13 并没有做出一个强断言，即没有普遍者是实体，而是一个更弱的断言，它只排除一些普遍者，而不排除其他的。似乎有很好的理由抵消 Z13，鉴于一些段落似乎表明形式是普遍者，比如 Z8 中的这一段：

> 完整的东西，在这些肉体和骨骼中这样和那样的形式，是卡里阿斯和苏格拉底。他们因质料而不同（因为质料是不同的），但在形式上是相同的（因为形式是不可划分的）。[3]（1034a5-8）

亚里士多德还断言"定义属于普遍性和形式"（Z11，1036a28-29），并否认个别者就其自身是可定义的（Z10，1036a2-9；Z15，

---

[1] 学者们已经论证，这段话不是个体形式的证据。替代性阐释参见 Lesher 1971，174-175；Modrak 1979，376-377；以及 Code 2000，178。

[2] 参见 Frede & Patzig 1988，1：48-57。Witt 1989，163-175 讨论了《形而上学》M10 的证词。Lear 1987 提供了 M10 的一个替代性阐释。Loux 1991，223-235 详细地批评了支持个体形式的论证。

[3] 个体形式的辩护者不认为这段话是反对他们观点的证据，声称这里形式表示"种"或"种的形式"，而不是"个体形式"。参见 Irwin 1988，252；Frede & Patzig 1988，2：146-148。

1039b27-1040a7）。[1] 看起来，作为科学知识的对象，形式应该是普遍者。

在20世纪60年代和70年代，许多亚里士多德主义者认为《形而上学》Z卷颠倒了《范畴篇》中捍卫的优先次序。《范畴篇》把人的种称为第二实体，把个人称为第一实体，而《形而上学》Z卷则认为种优先，因为种决定了个人是什么。[2] 由于种是一个普遍者，它自然谓述许多事物，Z13看起来提出了一个严肃的问题。

解决这个问题的关键一步是认识到《形而上学》中的形式不是《范畴篇》式的种，如人或马。John Driscoll（1981）在一篇重要论文中指出——在我看来绝对如此——尽管《范畴篇》的种和《形而上学》Z卷的形式都由同一个希腊词 *eidos* 说明，但并不相同。在《形而上学》Z10中，亚里士多德将人与马的种规定为普遍的复合物，它以普遍的方式包括形式和质料（1035b27-30）。苏格拉底的种是人；他的形式是他的灵魂（Z11，37a5-7）。《形而上学》仍然把人称为 *eidos*，而亚里士多德的用法可能令人困惑。他有时用"人"这个词表示柏拉图式的（分离的）人的形式，有时表示人的种；有时，特别是当他把自己的观点与柏拉图的观点结合起来时，"人"可以说明一种形式，即人类灵魂（关于这个模糊性，参见《形而上学》H3，1043b2-4）。

一旦区分了形式和种，Z13看起来就很不具威胁了。亚里士多德在这一章中的正式靶子是柏拉图式的普遍者（分离的形式），亚里士多德主张它们都不是实体。这一章看起来也否认了《范畴篇》

---

[1] 关于这个主题，参见 M. Cohen 1984，§2。

[2] 例如 Owen 1965；Woods 1967。参阅 Woods 对 Z13 的更近期解读（1991）。

称为第二实体的东西——种和属如人和动物——的实体性，《形而上学》Z 卷将此视为普遍的复合物。[1]Z13 指出，被普遍谓述的东西不是这个，而是这样（1039a1-2）。一些学者认为形式——就像人类灵魂，亚里士多德在其他地方称之为这个——被留出了作为实体的空间，即使它被不止一个事物分享。得到相当广泛接受的提议是，Z13 并没有做出一个强断言，即没有普遍者是实体，而是一个弱得多的主张，即没有普遍者是其普遍谓述者的实体。这种弱禁止排除种和属（和柏拉图的形式）作为实体，但被认为允许亚里士多德的形式具有实体性。根据这种观点，形式普遍地谓述一堆质料，但不是这堆质料的实体。相反，它是复合物的实体，而不普遍地谓述它们。[2]

四、质料的地位

那些"亚里士多德的古老身体"呢？[3]关于亚里士多德的质料问题有两个极端观点，每一个都有文本证据支持。一个极端观点是，质料就是独立于形式的是什么。另一个极端观点是，质料所属

─────────

〔1〕 但参见 Malcolm 1993。Malcolm 主张 Z13 只拒绝将种视为第一实体。

〔2〕 关于这一观点的版本，参见 Loux 1979, 1991；Driscoll 1981；Code 1984, 1986；Lewis 1991；Wedin 2000（"弱禁止"［weak proscription］是他的标签）。反对的观点，参见 Bolton 1996, 279, n. 20；以及 Gill 2001, 249-254。我自己的观点（2001）是 Z13 给形式带来麻烦，形式是一个普遍者（谓述许多块质料）或个别者（谓述一块质料）。亚里士多德对普遍性的一个反驳是，实体不谓述一个主体，然而普遍性总是谓述一些主体（1038b15-16）。形式被这个论证排除出实体，因为形式谓述一个主体——质料。形式被排除，无论它谓述一块质料还是许多块质料（注意在这一章的开头，质料被列为两种成为主体的方式之一：1038b5-6）。

〔3〕 Burnyeat 的表达（1992）在上文被引用。

对象的形式决定了质料是什么。一些学者近期一直在寻找一种方法来调和这两种立场，在相互矛盾的证词间做出判断。

1. 质料与变化

第一个观点来源于亚里士多德在《物理学》中对变化的探讨。在讨论这个问题之前，我们应该回顾一下《范畴篇》。在那里，亚里士多德将特定的物理对象（例如，一个特定的人或一匹特定的马）视为第一实体。它们是其他一切事物赖以存在的最终基础主体。作为这些对象特征的非实体性质（数量和性质，等等），以及具体地和更一般地确定这些对象的实体性的种和属，都依赖于基本对象而存在。如果除去第一实体——基本主体——那么其他的一切也将被除去（《范畴篇》5，2a34b6）。大多数学者认为《范畴篇》将物理对象视为原子事实，没有进一步分析它们。[1]然而，当亚里士多德在《物理学》中探讨变化时，他主张物理对象本身必须被分析为质料和形式。

巴门尼德否认了变化的可能性，提出变化会包含无中生有。亚里士多德同意其前辈的观点，即没有绝对的生成。他的任务是解释变化，但不承认无中生有。[2]在《物理学》I7中，亚里士多德论证每一个变化都涉及三个本原：一组对立面（形式和缺失），以及一个基础主体。变化给世界带来了新东西，因为形式取代了缺失。但是变化不仅仅是一种替换，即既存的事物毁灭于无，而事物又从无中产生，因

---

〔1〕 参见 Devereux 1992。Devereux 论证《范畴篇》不仅将生物当成第一实体，如个别的人和个别的马，也将这种对象的灵魂和身体当成第一实体，结果是（在《范畴篇》中）灵魂不谓述身体。根据这个观点，亚里士多德在《范畴篇》中依然坚信灵魂—身体的二元论，类似于柏拉图《斐多》中的那种。

〔2〕 关于亚里士多德在《物理学》中的变化理论，特别参见 Waterlow 1982。

为产物的一部分始终在那里，即基础主体，它首先以缺失为特征，然后以形式为特征。在非实体性变化（性质、数量或地点变化）中，持存者是一个物理对象，即《范畴篇》称为第一实体的东西，而形式和缺失是性质、数量或地点范畴中正好对立的一组。

根据亚里士多德，实体性生成也可以根据三本原得到分析。由于实体在这种情况下是变化的产物，它不可能是经历变化而持存的东西。质料被引入作为持存的主体，形式是一组对立面的肯定项。当质料（如青铜）获得它原来缺乏的形式（一个形状）时，一个新的实体（如雕像）就生成了。第一范畴的事物在《物理学》中被分析为质料和形式，以解释它们的实体性生成。与《物理学》一致，《形而上学》将第一范畴的事物视为一个基础主体（质料）和一个谓词（形式）的复合物。

《物理学》I7 的模型表明，构成复合物的质料具有一种身份，独立于它暂时构成的对象的形式。质料和复合物不同，因为它们具有不同的持存条件：质料经过实体性变化而持存，从而比复合物更长久。此外，在复合物中，质料与形式之间的关系是一种偶然的关系：构成雕像的青铜也可以构成犁头；赋予铜以特征的雕像形状可以实现于木头或其他合适的质料。这个观点被用来支持亚里士多德的功能主义解释：形式依赖于一些合适的质料得以实现，但它们之间的关系是偶然的。

质料是独立于形式的东西，这一观点得到了《形而上学》Z3 中一个合理阐释的支持。[1] 在这一章中，亚里士多德考虑了《范畴

---

[1] 参见，例如 Loux 1991, ch. 2；Lewis 1991, ch. 10；Ferejohn 2003；Gill 2005b。Charlton 1970 和 Gill 1989 提出亚里士多德有一个特定的历史靶子，即柏拉图《蒂迈欧》中的接受者。这个阐释也适应于同样的总体进路。

篇》中的论点，即基本主体——其他东西谓述它而它自身却不谓述其他东西——使某物成为实体；并且他主张，必须满足更多条件，才能避免出现仅仅质料是实体的结果。[1]亚里士多德做了一个思想实验：剥去所有范畴性属性。还剩下什么？"其存在不同于所有谓词"（1029a22-23）的东西。他宣称，最终事物就其本身既不是某些东西，也不是很多东西，也不是任何其他的范畴性存在。所有属性都偶然地属于它（1029a23-26）。质料被揭示为一个终极主体，在存在上不同于其一切属性。[2]

这一章被用来讨论传统上被称为原始质料的东西。[3]这是构成所有复杂物理事物基础的终极主体：剥去一层又一层形式性属性，原始质料就在底部。原始质料是某种东西——一种存在——但它就其本身并没有确定内容（范畴性存在）。原始质料不仅是分析一

---

[1] 两个附加条件是此性（thisniss；关于这个参见上文）和分离。关于分离参见 Morrison 1985a，以及 Fine 与 Morrison 在 *Oxford Studies* 中的辩论。特别参见 Fine 1984；以及 Morrison 1985b。又见 Reeve 2000，§1.1 的近期评价。很多学者认为此性和分离是实体性独立于主体性的条件。我认为它们是一个事物成为合法**主体**必须满足的条件。因此我认为 Z3 被用于澄清主体的标准。一旦得到澄清，还剩下实体性的一个必要条件（Gill 1989，ch. 1）。一些学者（例如 Loux 1991，6-69；以及 Devereux 2003）主张 Z3 中论证的一个结果是主体性的降级。对这个提议的三个反对：（1）Z3 没有说主体性被降级了；（2）Z13 诉诸主体性以反对普遍性的实体性，如果主体性被降级了，那么这个反对就没有了力量；（3）H1 总结了 Z 卷并提到普遍性和属（而不是主体）被拒绝了；然后 H1 回到主体性，提到三种作为主体的方式：质料、形式和两者的复合物；然后这一章论证质料也是作为主体的实体。Z13 中对主体性的诉诸和 H1 对此的讨论有力地表明，主体性依然是实体性的一个必要条件。参见《形而上学》Δ8，1017b23-26，它这样总结了它对实体的讨论：实体以两种方式被述说：（1）作为一个基础主体，它不谓述其他任何事物，以及（2）作为一个**这个**和分离者。

[2] 参见 Locke's Substratum（*Essay* Bk. II，ch. 23，§1-2）。参见 Kosman 1994，196-197。

[3] Owens 1978，334-335 使用 Z3 和 Z-Θ 卷的其他文本澄清了两者的区分：经验哲学家称之为原始质料（*materia prima*）的东西是绝对不确定的基质；以及第二质料（*materia secunda*），如木头，它有确定的性质。

切物理对象的基础，而且是基本变化的持存者，是实体性变化的某种最终事物。根据这种观点，《物理学》I7 的模型保证，当水转化为气时，具有水的性质（冷和湿）的原始质料将变得具有气的性质（热和湿）。[1]

2. 质料作为潜能

另一个极端观点是，不能独立于形式规定质料是什么。[2] 考虑一下《形而上学》Z3 的替代性解读。根据这一观点（得到例如 Frede & Patzig 1987，2：46-51 支持），Z3 呈现了亚里士多德的质料概念。原始质料可能是这一概念的最终实例，但其他实例是普通的质料性要素，如青铜，即雕像的质料。[3] 根据 Frede 和 Patzig 的观点，作为青铜的青铜不被认为是质料（被认为是青铜的青铜是准质料）。作为质料被设想，青铜在潜能上是一尊雕像：它的身份由质料所属对象的形式决定。按照这个观点，亚里士多德的质料不能脱离形式被设想，质料因形式的现实而具有潜能。[4]

Burnyeat 的反对（1992）——亚里士多德不可能是一个功能主义者，因为亚里士多德的物理概念对我们来说非常陌生——似乎依赖于一个相似的概念。根据 Burnyeat 的说法，生物的质料已经"孕育了意识"。亚里士多德的科学是"自上而下"地——目的论

---

[1] 亚里士多德对原始质料的相信，在过去半个世纪里受到了多次质疑。参见，例如 H. R. King 1956；Charlton 1970，Appendix 和 1983；Furth 1988；Gill 1989，ch. 2 和 Appendix。另一阵营，参见 Robinson 1974。也有一些对原始质料的新阐释——它有本质性属性，比如广延：参见 S. Cohen 1984 和 1996，ch. 3；以及 Sorabji 1988，ch. 1。

[2] 经常被引用的文本是《物理学》II2，194b8-9："质料是相对的东西，因为不同的形式有不同的质料。"

[3] 又见 Dancy 1978。

[4] Frede 1994，175.

地——完成的。生命的出现不需要"自下而上"的解释，这与我们自 17 世纪以来的想法相反。按照 Burnyeat 的观点，亚里士多德没有从作为物理特性或化学特性的质料开始并逐步达到对更高层次属性的解释。

3. 原始质料

值得注意的是，关于原始质料的传统观念似乎包含着两种截然不同且各有问题的观点——质料既是最终的无特征主体 / 基质，属性偶然地归属于它，一种不同于一切范畴性存在的存在，它经过基本的变化而持存；质料又在本质上是潜能的，孕育着存在，被现实或形式决定为是什么。[1]

4. 调和

在一篇开创性的论文中，John Ackrill（1972-1973）呼吁人们注意质料的两种概念之间的张力及其与形式的关系。根据一个概念，形式与质料的关系是偶然的，而根据另一个概念，形式与质料的关系是本质的。这种本质的关系在亚里士多德关于生物的讨论中是突出的。他反复宣称，从生物的背景中分离出来的生物质料只是徒有其名的质料——同名异义的。[2]从全身分开的手只是徒有其名的手，因为它不能再发挥其功能了。如果对于个别的质料性

---

[1] 参见 Owens 1978 中的展示，在上文中被引用。鉴于亚里士多德的本质主义，第一个概念的不连贯性，参见 Loux 1991, 239-252。Loux 认为，尽管如此，亚里士多德坚信这个概念。第二个概念的不连贯性，参见 Graham 1987b。我不认为亚里士多德坚信任何一种原始质料，更不必说两者难以理解的结合。尽管 S. Cohen（1984 和 1996）的新见解不受这些反对限制，我也不认为亚里士多德持有这个更有说服力的观点。

[2] 例如《形而上学》Z10, 1035b24-25；《论动物的生成》I19, 726b22-24 以及 II. 1, 734b24-27。Shields 1999 提供了一个探讨亚里士多德的同名异义的详细方案。他关于这类情况的观点，参见 ch. 5。

部分是真的，那么对于整个身体也是真的（《论灵魂》II1，412b17-25）。人的尸体不是被去除灵魂的人的身体：生物的质料也被毁灭了（《天象论》IV12，389b31）。

调和关于质料的两种观点——它们都在亚里士多德的著作中得到证实——一直是亚里士多德研究的一个活跃领域。对亚里士多德生物学的研究为该课题做出了重大贡献，它表明亚里士多德的研究结合了"自上而下"的目的论解释和"自下而上"的质料—动力因果解释。[1]亚里士多德在他的生物学著作中经常说："X的发生既是出于（目的论的）原因，也是出于（质料的）必然性。"[2]在学者中越来越受到偏爱的一种观点是，亚里士多德认为较高层次的生物部分是什么本质上由生物形式决定：他将生物质料称为功能质料（functional matter）。构成那些较高层次部分的较低层次质料是独立于形式的：他将它们称为构成质料或剩余质料（constituent or remnant matter）。[3]按照这种观点，在形质论分析的某些层次上，形式与质料之间的关系是偶然的。[4]

并不是所有学者都同意亚里士多德会满足于这种调和，[5]在形质论分析的某些层次上，它仍然根据非实体性属性和《范畴篇》式

---

〔1〕 关于这个话题，参见 Cooper 1987 和 Lennox 1997。

〔2〕 例如《论动物的部分》IV11，692a1-8；《论动物的生成》II1，731b18-732a11 和 V8，789b2-20。

〔3〕 生动的称号"剩余"是 Wedin 2000 提出的。其他学者称之为**疏离**质料（remote matter）或**持存**质料（persisting matter）。

〔4〕 特别参见 S. Cohen 1984, 1996 和 Lewis 1994。又见 Whiting 1992，虽然 Whiting 对其他学者的观点的描述并不可靠。

〔5〕 三个替代性的提议，参见 Kosman 1984；Gill 1989；以及 Scaltsas 1994。

的原始质料之间偶然关系的模型，来处理形式与质料的关系。[1]

五、潜能、现实和统一性

《形而上学》H 卷经常被视为 Z 卷的附录，用来帮助我们理解前一卷。[2] H 卷就其自身而言，值得认真研究。[3] 得到相当关注的是最后一章 H6，它看起来涉及两个主题：形式的统一性与复合物的统一性。第一个主题从 Z12 开始。然而，H6 究竟在论证什么是有争议的：亚里士多德认为复合物的统一性有助于解释形式的统一性吗？[4] 亚里士多德认为形式的统一性是解决复合物的统一性的一个步骤吗？[5] 这一整章都关注复合物的统一性吗？[6]

1. 形式的统一性

在转向形式的统一性之前，我们必须先讨论本质和定义。让我

---

[1] Rhenius 2006 敏锐地分析和评价了三个主要的相互竞争的立场，两个在上文得到了简要讨论，一个将在下文得到简要讨论，由 Loux 1991，Lewis 1991（但主要是他的观点在 1994 和 1995a 中的发展）和 Gill 1989 代表。又见 1995 年 APA symposium 的出版物《古代哲学》（*Ancient Philosophy*）中三个作者讨论的他们的立场。

[2] 关于 H 卷和 Z 卷，以及 H 卷和 Θ 卷的关系，有一些诱人的新建议。Devereux 2003 主张 H 卷早于 Z 卷——特别是 Z3 修改了 H1 中对主体性的讨论，而 Z17 修改了 H2-3 中形式作为存在原因的解释。Yu 1997，特别是 125-129，得出了一个完全不同的结论，即 H 卷应该与 Θ 卷一起阅读，因为它们都讨论潜能—现实的存在，而 Z 卷关心范畴性存在，Θ 卷没有预设 H 卷，可能是先于 H 卷的（129, n. 12）。

[3] 关于 H2，参见 Kosman 1987；以及关于 H1-3，Devereux 2003。

[4] Harte 1996 展现了一个有吸引力的新解释以证明这个结论。对此的更早探讨，参见 Ross（1924）1953 和 R. Rorty 1973。

[5] Gill 1989. 对 Gill 的反对，参见 Loux 1995a；Lewis 1995a；Harte 1996。我形成了我的观点，并于 Gill forthcoming a 中回应了反对。

[6] Halper 1989. 对 Halper 的反对，参见 Loux 1995a；以及 Harte 1996。

以我的理解来说明这个问题。Z 卷论证，并非任何解释（*logos*）都能成功充当定义。否则《伊利亚特》（它的 24 卷）就可以算作一个定义。定义是对本质（*to ti ēn einai*，字面意思是"是其所是"[the what it is to be]）的解释（Z5，1031a11-12）。如 Code（1984）所言，本质是可定义事物的定义中定义语的本体论关联。我们可能会认为，一个事物的定义应该阐明这个事物就其自身（*kath hauto* 或 *per se*）所是的一切，而排除其偶然属性。但这不是亚里士多德的想法。

当亚里士多德在 Z4（1029b13-22）的开头分离出一个本质时，他暗示了事物就其自身所是的两类事物，并以一种方式而不是另一种将本质限定为事物就其自身所是的东西。这段话似乎依赖于《后分析篇》I4，73a34-b5 中的一个区分。在那里，亚里士多德区分了两类就其自身的谓词：（1）Y 以一种方式就其自身属于 X，如果 Y 谓述 X，并且在解释 X 是什么时必须提及 Y（将 Y 称为 X 的本质谓词[essential predicate]，因为如果 X 要成为它所是的东西，Y 必须属于 X）。例如，动物是卡利亚斯的一个基本谓词，因为动物是卡利亚斯的谓词，必须在卡利亚斯是什么的解释中提到。（2）Y 以另一种方式就其自身属于 X，如果 Y 谓述 X，并且在解释 Y 是什么时必须提及 X（将 Y 称为 X 的专有谓词[special predicate]：Y 的解释——谓词——必须提及它谓述的那类东西）。例如，奇数是数的一个专有谓词，因为奇数谓述数，并且在说明奇数是什么时必须提到数。偶性是一种属于主体的属性，但在解释主体是什么时不必提及它，在解释它是什么时也不必提及主体。亚里士多德最喜欢的偶然谓词例子是白色谓述人。

Z4 将本质限制为事物的本质属性，并排除了基础主体（事物是其专有属性）。因此，某物的本质就被限定为谓述这个事物的属性，这个属性在解释事物是什么时必须被提及。[1] 亚里士多德在 Z4 中继续说，任何东西，如果其解释必须说明两个事物——Y 谓述 X，它们在存在上彼此独立（即它们偶然关联）——那么就缺乏严格意义上的定义（1030a27）。因此，白色的人严格意义上不是可定义的，因为它的解释必须说明两个事物，白和人，一个谓述另一个，它们自己的解释相互独立。

亚里士多德在 Z4-6 中论证，许多事物都不是严格意义上可定义的——不仅是像白色的人这样偶然的复合物，还有那些其解释必须说明一类主体的事物，它们始终在这类主体中得到实现，比如扁鼻性（snubness），它是鼻子的专有谓词。扁鼻性是一个性质，但它是根据一类主体得到规定的，它总是在这类主体中得到实现，即鼻子中的凹陷（腿的凹陷是另一种东西：弓形腿）。凹陷和鼻子是扁鼻性的概念要素，它们都必须在其解释中被提及。亚里士多德认为，所有非实体性属性都在以下方面与扁鼻性相似：有一些主要接

---

[1] 亚里士多德有时谈到他称为 *kath hauta sumbebēkota*（就其自身的偶性）的性质，而他的典型例子是**等于两个直角的角**属于三角形（《论动物的部分》I3，643a27-31；参见《论灵魂》I1，402b16-403a2；参见《后分析篇》83b1731）。如果我理解对了，《论题篇》称这种属性为 *proprium*（*idion*）(《论题篇》I4，101b17-25；I5，102a18-30；参见《论题篇》I8），一个例子是**对语法的接受性**，它仅仅属于人类，区别于既属于其他动物也属于人类的**睡眠**。关于就其自身的偶性和它们与本质的联系，参见 Matthews 1990。这些属性似乎不属于《后分析篇》I4 区分的两组就其自身的谓词；但是它们也不只是偶性，因为它们通过本质得到解释。因此我不赞同 Lewis 2005 将就其自身的偶性定位于《后分析篇》I4 区分的第二组就其自身的谓词——我称之为**专有谓词**，就像奇数与数字相关或扁鼻性与鼻子相关。我感激 Dan Devereux 的反驳帮我澄清了对此的观点。

受者，在它们的解释中被提到。[1] 这个解释不是严格的定义，因为它缺乏必要的统一性（如他所说，这样的解释"来自添加"）。在 Z5 中，亚里士多德说，严格来讲，存在一个本质和实体的定义，或是只有它，或是主要是它（1031a10-11）。

因此，要成为一个实体，一个事物就必须有一种特殊的统一性。它不可能是这种东西，其存在通过谓述这个或那个东西得到阐明（Z4，1030a217）。亚里士多德的观点是，基本事物在解释上必须是基本的。如果一个事物 E 被说明为 Y 谓述 X，其中 X 在存在上不同于 Y，那么 Y 和 X 就先于该事物，并且 E 必须根据它们得到解释。相比之下，一个基本事物应该通过自身来解释，而不根据其他任何东西。Z6 陈述了一个基本性的标准：[2] 一个基本事物与其本质同一（1032a4-6）。这一标准以各种方式得到解释。[3] 根据我对这个观点的理解，一个基本事物的本质——它谓述这个事物——穷尽了它是什么。[4] 大多数事物未能成为基本的，因为它

[1] 扁鼻性与典型的非实体属性的区别是主体的普遍程度。扁鼻性依赖的鼻子是非常具体的。其他非实体属性依赖于实体范畴中更普遍的东西，例如正义依赖于人类，健康依赖于生物，白依赖于形体或表面。参见 Frede（1978）1987，特别是 §I。

[2] 不是所有人都接受我对 Z6 论点的刻画。Frank Lewis 认为这是本质或联系的本质（essence-of relation）的主要例子的标准，关于 Z6 的论点，参见 Code 1985, 1986；Wedin 2000, ch. 7；Lewis 2003, §II，被 Matthews 2003 回应。

[3] 最广为接受的观点是，基本存在等于其本质同一。参见，例如，Code 1985。也有人主张 Z6 的要求弱于同一性：参见 M. Cohen 1978b；Spellman 1995；以及 Dahl 1997, 1999 和 2003。

[4] 所以我赞成基本存在与其本质同一的观点。但我认为，本质谓述基本存在（参见 Gill 2005b）。Z6 将柏拉图式的形式视为基本性的候选者。在柏拉图那里，Z6 的标准被称为自我谓述（Self-Predication）：形式为 F 是 F 的（正义是正义的，大是大的）。根据我的观点，本质的标准和自我谓述都包括了真正的谓述：谓述者（Y）和被谓述的主体（X）是同一的：我的观点与 Matthews 2003 有很多共同之处。

们的本质只决定了它们是什么的一部分，而另一部分则由它们在其中实现的主体决定，就像扁鼻性一样。如果我是对的，区分事物的存在和本质就是有用的。一个事物的存在是事物就其自身所是的一切，而本质仅仅是它以第一方式就其自身所是的东西。基本事物是这样的事物，其存在和本质相同——实体的本质穷尽了它们的存在。

亚里士多德在 Z6 中没有告诉我们什么满足其基本性的标准，但在 Z7 和后面的章节中，他认为形式和本质是等同的（Z7，1032b1-2；Z10，1035b32）。但事实上，形式与本质是等同的吗？本质穷尽了是什么吗？形式是基本的——不能被分析成更基本的、能要求优先性的要素吗？根据对 Z 卷的一些阐释，亚里士多德认为 Z10-11 中的形式是一个基本事物；[1]根据其他阐释，他在 Z7-9 开始其论证；[2]根据一些阐释，他在 Z12 继续其论证。[3]

Z7-9 被广泛认为是《形而上学》Z 卷的后来者，尽管大多数学者认为，亚里士多德自己写了它们并将它们添加进 Z 卷。Z7-9 给读者以插入性的印象，因为它们探讨生成（becoming），一个更适合物理学而不是第一哲学的主题，第一哲学的主题是存在（being）。[4]即使如此，在 Z15（1039b26-27）、H3（1043b16-18）和 Θ8（1049b27-29）中也存在与 Z7-9 的相互引用，这些联系表明，亚里士多德认为这些章节对其主要论证有重大贡献，无论它

---

〔1〕 Wedin 2000, ch. 8 支持他称之为形式的**净化**的东西。

〔2〕 Gill 2005b.

〔3〕 Menn 2001. 根据 Menn 的说法，Z10-16 构成了一个单元。

〔4〕 但参见 Buchheim 2001, 220-227, 他主张生成对于亚里士多德的方案很重要。又见 Ferejohn 2003。

们是否成了 Z 卷的一部分。[1] 在 Z7-9 中，亚里士多德论证，任何生成者都包含质料，构成质料必须在解释生成者以及它所属的类型时被提到（Z7，1033a1-5；Z8，1033b24-26；Z10，1035b27-31）。[2] 他论证（Z8）形式不是生成的。因此，形式是可以定义的，不是根据构成质料，因为它不包含任何构成质料。

但是，即使形式不包含质料，因此也不是根据构成质料来定义的，它仍然可能包含破坏其基本性的概念部分。形式像不像扁鼻性？它是否根据它总是在其中得到实现的那类主体（质料）得到定义（Z11，1036a29-b7）？或者形式像音节 BA 一样，它包含概念部分（在这种情况下是字母 A 和 B），这些部分必须在其定义性解释中被提及？如果是这样，部分先于整体吗（Z10 和 Z13）？[3] 如果形式通过诉诸属和种差得到定义，就像人被定义为两足动物一样，那么形式是否会把其基本性让给那些概念部分呢（Z12）？[4] 尽管

---

〔1〕 与 Z7 涵盖相同内容的《形而上学》Λ 3 也与评价 Z7-9 对亚里士多德的方案的重要性相关。Burnyeat 2001 在他对 Z7-9 的讨论中质疑了相互引用的价值。在这点上对 Burnyeat 的批评，参见 Gill 2005a。

〔2〕 在 Z11，1037a24-29 结尾的总结中，有一个主张违背我对于主要文本的说法。这里，亚里士多德说，没有复合物的解释包含质料，只有仅仅根据其形式的解释。Frede 1990 重释了 Z11 中更早的一段话（这段话批评了青年苏格拉底的观点［1036b21-32］，这一观点明显表示复合物的定义需要提及质料），以此适应这个总结。但总结中的主张不仅违背关于青年苏格拉底的段落，而且违背我的主要文本中引用的一系列段落，也违背亚里士多德在其总结本身的其余部分将要表明的东西（参见 Gill 1989，136-138）。按照我的观点（我与他们共享这一观点：Ross 1924，2：205 和 Burnyeat et al. 1979，97-98，总结中前面的主张是有问题的。对 Frede 观点的批评，参见 Ferejohn 1994。

〔3〕 参见 Wedin 2000，chs. 8 和 9；Menn 2001。

〔4〕 Menn 2001，§4（b）很好地说明了 Z12 与亚里士多德 Z 卷中方案的相关性。又见 Halper 1989，§2.8。关于属—种差关系的不同阐释，参见 Granger 1984，§3；以及 S. Cohen 1996，ch. 4。

细节有争议，亚里士多德在 Z11 中的结论看起来相当清楚。一个质料性复合物与其本质并不相同，因此不在基本意义上是实体。形式与其本质相同，因此是实体（1037a21-b7）。

但亚里士多德真的证明了形式是基本的吗？那么在定义中被说明的部分呢？它们是否破坏了形式的基本性，或者形式可以由部分组成，而不后于它们？亚里士多德这样解决这一问题，即追问一个事物如何能成为一体，如果其解释说明了几个概念部分。

统一性的问题在 Z11，1037a18-20 中被引入和推迟。大多数学者认为亚里士多德在 Z12 和 H6 中处理了形式和定义的统一性。[1] 他提出了他自己的解释以回应一个柏拉图式的问题。亚里士多德问柏拉图主义者：当人被定义为两足动物时——两个东西，一个属和一个种差——为什么人是一个东西？柏拉图主义者把两足和动物视为两种不同的形式，结果人有两个更基本的概念部分。亚里士多德声称他有一个解决方案。将属动物视为潜能的，将种差两足视为现实的，这样就解决了这一问题（1045a23-25）。[2] 动物这个属虽然是人的一个概念部分，却是一种不定的和潜能的东西（用 Z13 的术语来说，它是"这样的"，或如某些哲学家会说的那样，是一个可决定者 [determinable]），因此后于被决定者；[3] 另一方面，种差是确定的和现实的，它把属确定为人这个特定的种。根据 Z12，如果我们正确进行区分，取一个种差的种差（例如，两足作为有足的种

---

[1] 但参见 Halper 1989, §2.12，他认为亚里士多德在 Z12 讨论了形式的统一性，并在 H6 进入复合物的统一性。

[2] 这是理解亚里士多德 H6 中解决方案的一条途径。另一条参见 Harte 1996。

[3] 参阅亚里士多德在 Z13 中对柏拉图主义者的反驳，1038b23-29 和 1039a3-14。仅仅是潜能的部分不会破坏整体的统一性。

差 ），对象可以只根据最后一个种差得到定义，它是事物的实体和形式（1038a9-21）。提及更高的种差不会添加没有被包含在最终种差中的信息。因此，人不是两个不同的东西，而只是一个，即使属和种差在其定义性解释中得到说明。

形式的统一性可能不像 Z12 和 H6 表明的那样容易解答。[1]在《形而上学》中，亚里士多德简化了这个图景，并假定一个形式可以由一条分界线得到决定。在其生物学著作中，他说我们必须同时区分许多种差（《论动物的部分》I3，643b9-644a11）。例如，动物不仅根据它们的运动方式得到定义，而且还由它们的营养、繁殖、感知等方式得到定义。所以问题是这个：什么是最终种差——所有这些都是现实——集合的统一性？[2]为什么我们应该认为形式先于其现实的概念部分？这在我看来仍然是一个紧迫的问题。[3]

2. 复合物的统一性

根据我们讨论过的一个质料概念，复合物的统一性不应该出现问题，因为质料对复合物是什么并没有做出独立贡献。复合物是被"自上而下"确定的。根据我们讨论过的另一个主要概念——根据这个概念，形式偶然地谓述作为主体的质料——复合物的统一性是一个真正的问题。但这不必是一个严重的问题，如果 Z 卷展示了亚

---

[1] 属的地位问题，参见 S. Cohen 1996，110-116。

[2] Pellegrin 1985 主张，亚里士多德在其动物学中没有采取（统一的）种，而采取了"moriology"。对其观点的批评，参见 Lloyd 1990，9-15。Z12 和 H6 中对最终种差的统一性的讨论，参见 Halper 1989，114-118；Charles 1993 和 2000，尤其是 ch. 12；以及 Reeve 2000，70-79。

[3] 注意，这个问题产生于反思亚里士多德生物学研究的形而上学暗示，而不是他在《形而上学》中明确说出的。我将这个观察归功于 Dan Devereux。但这个问题表明，亚里士多德在 Z12 和 H6 中展示的简明的解决方案可能不足以解决这个问题。

里士多德的最终结论，即实体是形式。在这种情况下，复合物缺乏任何基本意义的实体所必需的统一性，也就不足为奇了。复合物诉诸它们更基本的要素这点得到了解释，或至少诉诸它们的形式。然而，鉴于亚里士多德在 H6 一个引人注目的段落中宣告了质料与形式的统一性，这一章得到了一些人的认真关注，他们认为亚里士多德将基本性给予了形式。[1]另一方面，复合物的统一性对于一些学者来说是迫切的，他们认为亚里士多德坚持在《范畴篇》中的立场，即像一个特定的人和一匹特定的马这样的生物是第一实体。

如我们已经看到的，复合物的统一性问题植根于质料在实体性生成中发挥的作用。由于复合物的构成质料可以比复合物更持久，质料对复合物是什么做出了独特贡献，所以复合物与其本质不是同一的，就像 Z6 中对基本事物的规定。回到我前面的区分，复合物的存在不同于它的本质。在 H6 中，亚里士多德似乎认为有一种方法可以保存复合物，不仅是作为衍生实体，而且是作为第一实体。他这一章的结尾十分有名：

> 但是，正如我们已经说过的，最终（*eschatē*）[2]质料和形式是同一的，一个是潜能的（*dunamei*），另一个是现实的（*energeiai*），因此，这就像在寻找什么是一的原因；因为每一

---

[1] 参见 Loux 1995a 和 Lewis 1995a 的深入讨论。

[2] 希腊语 *eschatē*（最后的）可以被翻译为"最接近的"（proximate）或"最终的"（ultimate）（取决于一个人从下往上还是从上往下考量。）但我认为翻译这个单词的方式应当与翻译 Θ7, 1049a35-36 的方式一样，在那里，亚里士多德讨论形式谓述质料。翻译通常是"最终的"或"最后的"（last）。参见 Gill forthcoming b。参阅 Furth 1985 和 Irwin & Fine 1995 的翻译。

事物都是某一个事物，而潜能中的事物和现实中的事物以某种方式是一，所以原因不是别的东西，除非有某种东西引起了从潜能到现实的运动。而且所有那些无质料者都只是某一个事物。（1045b17-23）

当亚里士多德说最终质料和形式是同一的，一个是潜能的，一个是现实的，他到底是什么意思？一些学者认为，亚里士多德主张真正的质料性实体（生物）是基本统一体，质料和形式不是真正的组成部分，而只是概念化这种基本统一体的方法。[1]Charles（1994）称之为非解释性进路；Lewis（1995a）称之为对质料和形式的主观映射式解释。相比之下，解释性进路认为质料／形式或潜能／现实中的至少一对独立于并先于复合的统一实体（Charles 1994）。根据这个进路，亚里士多德想要解释彼此不同的质料和形式如何相互联系，从而组成一个统一的复合实体。

有人可能会认为亚里士多德是在谈论形式和功能质料，但正如Loux（1995a）观察到的那样，得到统一的组成部分并不是形式和功能质料：亚里士多德在 H6 中举出的复合实体的例子并不是一个生物，而是一个青铜球——它的质料是青铜，而其形式是一个球形（1045a25-33）。亚里士多德显然是在主张形状和青铜在某种程度上是一个，一个在潜能中，另一个在现实中。

根据一些对 Θ 卷的解读，这一卷的主要任务是通过分析潜能与现实充实这一主张。

---

[1] Kosman 1984, 144; Halper 1989, 188, 193；或许也有 Scaltsas 1994, 107-111, 188。

3. 潜能与现实

在 Θ1 的开头，亚里士多德描述了他在前几卷中从事的课题：主题是基本意义的存在，所有其他种类的存在（性质、数量，等等）都必须与之联系以得到定义和理解。基本意义的存在是实体（1045b27-32）。他说，因为他已经从范畴的角度谈论了存在，他现在将讨论潜能和现实（1045b32-35）。根据一种观点，亚里士多德说他已经完成了其第一个主题，现在将转向研究潜能和现实。例如，Witt（2003）认为，Z 卷研究的是存在的种类（范畴性存在），Θ 卷研究的是作为存在方式的潜能和现实，它们可能适用于任何一种存在。[1] 根据这个观点，Θ 卷之所以被写成，不是因为对质料的研究本身不完整，而是因为潜能存在和现实存在之间的区别允许亚里士多德展示其现实概念的某些方面，这些方面是无法用范畴性存在捕捉的。因此，Θ 卷丰富了前面的讨论。

我们应该注意到，在《形而上学》E2（参阅《形而上学》Δ7），亚里士多德说存在有多种含义：（1）偶性；（2）真理；（3）范畴表；（4）潜能与现实（1026a33-b2）。《形而上学》本身探讨偶性存在和真理存在，然后对它们不予理会，因为无益于当前的研究，即对作为存在的存在（being *qua* being）或存在之为存在（being as

---

[1] 根据 Witt 的说法，Θ 卷包含两个主要论证，第一个关于 *dunamis* 的存在（Θ3），她认为这表示因果性力量或潜能（＝非主动的力量），而第二个关于现实的优先性或与 *dunamis* 相关的活动（Θ8）。Ross（1925）1953，1：cxxiv-cxxvii 也认为，*dunamis* 有两个意思——力量和潜能（＝一个事物自己进入新状态的能力）。参见 Charlton 1991，其区分了因果性力量和可能性（与实现形成对比）。Frede 1994 主张亚里士多德的 *dunamis* 只有一个意思，即因果性力量。对 Ross 和 Frede 的批评，参见 Code 2003。至于我自己的观点，参见 Gill 2005b，n. 45。关于现实的优先性，参见下文。

such）的研究（E4，1027b33-1028a6）。[1] 剩下（3）范畴性存在和（4）潜能和现实的存在。亚里士多德在 Z 卷中探讨范畴性存在（见他的开篇声明：Z1，1028a10-13），并回顾 Θ1 开头的探讨（引用于本节开头）。所以问题在于，亚里士多德在 Θ 卷中探讨潜能和现实时，是否仍在从事他在 Z 卷中从事的同样课题——但是现在是从不同的角度——或者他是否正在着手进行一种不同的探讨。这很大程度上取决于人们认为亚里士多德在 Z 卷中完成了什么（例如，Z 卷是否得出了结论或提出了困难），以及人们认为他在 H 卷中正在做什么。一个重要考虑是，H1-5 似乎将潜能和现实的概念联系到 Z 卷的形质论体系。我个人的观点是，简单的联系不会使亚里士多德得以解决 Z 卷中提出的问题。[2] 我认为，亚里士多德在 Θ 卷中重新构想了潜能和现实的概念。这意味着质料是潜能的，形式是现实的。因此，我非常赞同另一种完全不同的解读《形而上学》Θ卷的方式，这种方式认为它与 Z 卷和 H 卷中研究作为基本存在的实体密切相关。

在一篇开创性论文中，Aryeh Kosman（1984）指出，Θ1 引入了两个潜能—现实的模型，一个在严格意义上使用 *dunamis*，因为它适用于变化；另一个，亚里士多德认为对当前的课题更有用（1045b32-1046a1）。根据 Kosman（1984，1994），当前的课题是Θ1 开头所述的课题。《形而上学》Θ 卷继续研究存在，特别是在基本意义上的存在，即实体的存在。基于这一观点，亚里士多德提出，现在用潜能和现实的工具来研究同样的主题。

[1] Yu 2003 的导言讨论了 E2 这个段落对阐释 Z 卷和 H 卷、Θ 卷的重要性。
[2] 参见 Gill 2005b。

然后，Θ 卷分为两个主要部分。Θ1-5 研究适用于变化的潜能和现实。在这里，亚里士多德特别感兴趣的是行动者的潜能（因果性力量），它带来了变化，以及病人的潜能，这是可以被改变的，以及他们的潜能在什么条件下得到实现。如果变化成功了，病人的状态就会不同于开始时的状态。然后，Θ6-8 转向第二个潜能—现实模型，该模型（根据这个观点）解决了 Z 卷和 H 卷的突出问题，显示了质料性复合物如何根据 H6 的框架得到统一。[1] Θ6 区分了这两种模型，并展示了亚里士多德著名的变化（*kinēsis*）和活动（*energeia*）的区分。[2] Θ7 研究质料。亚里士多德首先问，产物的质料什么时候算作严格意义上的潜能；然后，他讨论了两种谓述关系：普通复合物与其非实体性质的关系，以及质料与形式的关系。根据 Θ7 的一些解读，此处呈现的形质论谓词与普通谓词有很大不同。[3] 讨论现实相对于潜能的优先性的 Θ8，[4] 可以说将 Θ 卷与 Λ 卷中对神圣实体的探讨联系了起来。

---

[1] 关于亚里士多德如何完成这个区分的不同观点，参见 Kosman 1984, 1994；以及 Gill 1989, chs. 5-7 和 2005b。

[2] 关于这个话题已有很多作品。特别参见 Ackrill 1965；Kosman 1984；以及 Heinaman 的一系列论文。Heinaman 1995 也概述了相关文献。

[3] 传统观点（例如 Ross［1924］1953, 2: 257 表达了该观点）认为质料是形式的主体，如同质料性复合物是偶然属性的主体。Brunschwig 1979 在一篇重要论文中挑战了这个观点，他主张形质论的谓语是定义性的，复合物定义的定义项将质料说明为由形式确定的可确定者。又见 Jaulin 1999 对这个观念的详细发展，特别是 136, 144, 166。我自己的观点（1989, 149-163 和 forthcoming b）与他们共享这个想法，即质料是由形式确定的可确定者，但我在什么是质料性的属这方面不同于他们。

[4] 关于这个话题，参见 Witt 2003, ch. 4 和她更早的 1994。她 1994 年关于实体中优先性的观点遭到了 Makin 2003（包含一个关于替代性阐释的有用附录）的挑战；以及 Panayides 1999。又见 Cleary 1988, ch. 4。

六、第一哲学

我们最后转向一个更广泛的问题。《形而上学》核心卷与亚里士多德的形而上学课题有什么关系?《形而上学》(*Ta meta ta phusika*)这个标题,字面意思是"物理事物之后的事物",这不是亚里士多德自己的标题。[1]在《形而上学》A1 中,他称这个课题为智慧(*sophia*),并说它是关于第一原因和本原的知识(981b25-982a3)。[2]《形而上学》A 卷和 B 卷提供了两种介绍:A 卷考察了亚里士多德的哲学前辈关于四因的有声望的意见(*endoxa*);B 卷展现了有待解决的困惑;Γ 卷把这个课题描述为对"作为存在的存在"的研究,对"存在之为存在"的研究;E 卷将该课题描述为一门与物理学不同的科学,它研究的是所有可变事物所依赖的分离的、不变的本原,亚里士多德认为这些本原是神圣的。他将这门学科称为神学(1026a18-19),也称为第一哲学(1026a27-31)。第一哲学显然不局限于研究神圣实体,因为亚里士多德在 E1 中也说,这门科学研究什么是作为(或 *qua*)存在,既有它是什么也有作为存在属于它的事物(1026a31-32)。

一些学者认为亚里士多德有两个截然不同的形而上学课题,一个在《形而上学》Γ 卷中得到描述,有时被称为普遍形而上学(general metaphysics)或本体论,因为它就其所是研究一切;另一个被称为特殊形而上学(special metaphysics)或神学,因为它探讨存

---

〔1〕 传统认为,我们手中的《形而上学》由后来的编辑者整理才成了现在的样子。但是参见 Menn 1995 关于《形而上学》文本证据的重估。

〔2〕 关于整体的课题,参见 Code 1997 和 Gill 2005b。

在最有价值的属，即神圣实体（1026a19-22）。[1]根据这个观点，亚里士多德在《形而上学》Γ 卷中阐述了普遍科学，并在《形而上学》核心卷（Z 卷、H 卷、Θ 卷）中从事这一研究。普遍形而上学被认为是特殊形而上学的先驱，因为 Z 卷多次提到将在以后研究分离的、非质料的、非感性的实体。[2]Z 卷被用来准备那个更专门化的研究。

第一哲学的科学与专门科学——如物理学和数学——之间的关系，已经得到了很多讨论。[3]争论的中心是一个亚里士多德式的方法，Owen（1960）称之为核心意义（focal meaning / *pros hen legomenon*）。专门科学划定了存在的一部分——属，并致力于解释该属的对象的事实。例如，物理学研究可移动的物体，算术研究数字，几何研究大小。亚里士多德坚持（反对柏拉图），存在不是一个属（例如《前分析篇》92b14；《形而上学》B，998b22）。存在直接被分为范畴（实体、数量、性质，等等），这些范畴本身就是最高的属。[4]显然，第一哲学的主题并没有一个恰当的属。尽管如此，亚里士多德还是认为有一门关于存在的科学，因为所有存在某种程度上都相关于基本意义的存在，即实体的存在。非实体的存在通过核心意义关联于实体（Γ 2）。[5]

---

[1] Owens 1978；Patzig（1960-1961）1979；Frede 1987a. 参见 Menn forthcoming 中的讨论。

[2] Z2，1028b30-31；Z11，1037a10-13；Z16，1040b34-1041a3；Z17，1041a7-9.

[3] 参见 Irwin 1988；Bolton 1994；Code 1996 和 1997；以及 Sefrin-Weis 2002。

[4] 参见 Matthews 1995，它很好地探讨了这个观点，即有多少种范畴就有多少种存在方式。又见 Kung 1986。相反，Shields 1999, ch. 9 主张存在没有同名异义，因此没有必要特别分析。

[5] 这个方法究竟如何生效遭到质疑。Owen 1960 很大程度上影响了后来的讨论。但他的观点遭到了 Berti 1971 的挑战（关注《欧台谟伦理学》I8 和 VII2 的核心意义）。参见 Sefrin-Weis 2002 重要的详细重估，其重构了亚里士多德在《形而上学》A 卷、B 卷、Γ 卷、E 卷和 K 卷相关章节中表达的第一哲学课题。

因此，主要的问题是理解实体的存在，以及什么算基本意义的实体，以及为什么如此。这些问题推动了对 Z 卷、H 卷以及 Θ 卷的研究。正如我们已经看到的，一些学者主张形式是基本意义的实体；另一些人则主张一类物理对象——生物——是基本的。但无论我们在这个问题上站在哪一边，仍然存在一个问题：在《形而上学》核心卷中看起来是第一实体的东西是不是最基本的。这些对象必须联系更基本的东西—— Λ 卷（或 Λ 卷的某个版本）中分离的、不变的神圣实体——得到理解吗？

Λ 卷的地位很有争议。正如我在开始提到的，Jaeger 和 Owen 都认为该卷早于 Z 卷，但出于不同的原因。Burnyeat（2001）最近提出，恰恰相反，该卷可能被很晚和很快地写成于亚里士多德人生的最后，它总结了《形而上学》的其他部分，然后过于简略地前进到它对神的诱人探讨。

许多学者对 Λ 卷不满意。首先，亚里士多德用了该卷的一半走了与 Z 卷、H 卷、Θ 卷（Λ1-5）相同的路。如果第一哲学的主题是神圣的、非质料的实体，为什么要包括这些章节呢？为什么不依靠 Z 卷、H 卷、Θ 卷的论证并直接转向神学呢？出乎意料的是，《形而上学》Λ 卷从观察普通的可感实体——可灭的或不可灭的——建立起神圣实体。的确，基于物理学的考虑，Λ 卷似乎主张存在第一个不动的动者（first unmoved mover）。失望的第二个来源在于，人们期望亚里士多德神学研究什么是在基本意义上存在——什么是一个神圣实体。这种典范性存在被认为用来解释形式和质料性实体的衍生存在。[1] 然而，

---

〔1〕 参见 Frede 在 Frede & Charles 2000, 2：50 中的导言。对于 Λ 卷相关流行观点的批评，参见 Menn forthcoming。

神圣实体的存在虽然是一种纯净存在（纯粹的现实或活动），但在性质上似乎与尘世的实体并无不同。

也许应该认为失望的来源发人深省。重新考虑 Λ 卷和《形而上学》其余部分关系的时机已经成熟。[1] 也许有各种方法可以表明，《形而上学》Λ 卷终究正是我们一直在等待的那一卷。[2]

参考文献

Ackrill, J. L., 1965, "Aristotle's Distinction between *Energeia* and *Kinēsis*," in R. Bambrough (ed.), *New Essays on Plato and Aristotle*, London: Routledge, Repr. in J. L. Ackrill, *Essays on Plato and Aristotle*, Oxford: Oxford University Press, 1997, pp. 142-162.

——, 1972-1973, "Aristotle's Definitions of *Psuchē*," proceedings of the Aristotelian Society 73, pp. 119-133. Repr. in J. L. Ackrill, *Essays on Plato and Aristotle*, Oxford: Oxford University Press, 1997, pp. 163-178.

Albritton, R., 1957, "Forms of Particular Substances in Aristotle's *Metaphysics*," *Journal of Philosophy* 54, pp. 699-708.

Annas, J., 1976, *Aristotle's Metaphysics*, Books M and N. Clarendon Aristotle Series, Oxford: Clarendon Press.

Aubenque, P., 1962, *Le problème de l'être chez Aristote*, Paris: Presses

----

〔1〕 这个问题是 Reeve 2000 和 Menn forthcoming 的中心。又见 Devereux 1988。对 Λ 卷本身的分析，参见 Frede & Charles 2000 中的论文，它有益地逐章探讨了这个作品。又见 Frede 的全面导言。让我简单列举一些文章，它们给我以深刻印象，作为在 Λ 卷的一些方面尤其有深刻贡献者：Kahn 1985；Broadie 1993b；DeFilippo 1994。

〔2〕 很多人在这篇论文上给了我重要反馈，使我避免了很多错误。就我能够回应他们的反对或接受他们的建议而言，这篇论文更好了。至于引起重要改进的简短评论，我感谢 István Bodnár、Rob Bolton、Myles Burnyeat、Paul Coppock、Allan Gotthelf、Michael Loux、Gary Matthews 和 David Reeve。至于更全面的评论，我感激 Marc Cohen、Dan Devereux、Frank Lewis、Ralph Rhenius、Michael Wedin、Charlotte Witt 和该期刊的一位匿名审阅者。

Universitaires de France.

Balme, D., 1987, "Aristotle's *Biology* was not essentialist" and Appendix 2 "The Snub," in A. Gotthelf & J. G. Lennox, pp. 291-312.

Barnes, J., 1969, "Aristotle's Theory of Demonstration," *Phronesis* 14, pp. 123-152.

——, 1981, "Proof and the Syllogism," in E. Berti (ed.), pp. 17-59.

Berti, E., 1971, "Multiplicité et unité du bien selon EE I. 8," in P. Moreau & D. Harlfinger (eds.), *Untersuchungen zur Eudemischen Ethik*, Proceedings of the Fifth Symposium Aristotelicum, Berlin: Walter de Gruyter, pp. 157-184.

——(ed.), 1981, *Aristotle on Science: The "Posterior Analytics"*, Padova: Editrice Antenore.

Bogen, J. & J. E. McGuire (eds.), 1985, *How Things Are*, Dordrecht: Reidel.

Bolton, R., 1990, "The Epistemological Basis of Aristotelian Dialectic," in Devereux & Pellegrin (eds.), pp. 185-236.

——, 1994, "Aristotle's Conception of Metaphysics as a Science," in Scaltsas, Charles, & Gill (eds.), pp. 321-354.

——, 1996, "Science and the Science of Substance in Aristotle's *Metaphysics Z*," in Lewis & Bolton (eds.), pp. 231-280.

Bostock, D., 1994, *Aristotle's* Metaphysics, *Books Z and H*, Oxford: Clarendon Press.

Broadie, S., 1993a, "Aristotle's Epistemic Progress," *Oxford Studies in Ancient Philosophy* 11, pp. 243-257.

——, 1993b, "Que Fait le Premier Moteur d'Aristote? (Sur la théologie du livre Lambda de la *Métaphysique*)," *Revue Philosophique* 183, pp. 375-411.

Brunschwig, J., 1979, "La form, prédicat de la matiere?," in P. Aubenque (ed.), *Études sur la métaphysique d'Aristote. Proceedings of the Sixth Symposium Aristotelicum*, Paris, pp. 131-166.

Buchheim, T., 2001, "The Functions of the Concept of *Physis* in Aristotle's *Metaphysics*," *Oxford Studies in Ancient Philosophy* 20, pp. 201-234.

Burnyeat, M. F., 1992, "Is Aristotle's Philosophy of Mind Still Credible? (A

Draft)," in Nussbaum & Rorty (eds.), *Essays on Aristotle's De Anima*,
Oxford: Clarendon Press, pp. 15-26.

——, 2001, A *Map of Metaphysics Zeta*, Pittsburgh, Pa.: Mathesis.

Burnyeat, M. et al., 1979, *Notes on Zeta*, Oxford: Sub-Faculty of Philosophy.

Burnyeat, M. et al., 1984, *Notes on Eta and Theta*, Oxford: Sub-Faculty of
Philosophy.

Caston, V., 2005 (to appear), "Aristotle's Psychology," in M. L. Gill & P.
Pellegrin (eds.), *Blackwell Companion to Ancient Philosophy*, Oxford
and Boston: Blackwell.

Charles, D., 1993, "Aristotle on Substance, Essence, and Biological Kinds,"
Proceedings of the Boston Area Colloquium in Ancient Philosophy 7,
pp. 227-261.

——, 1994, "Matter and Form: Unity, Persistence, and Identity," in Scaltsas,
Charles, & Gill (eds.), pp. 75-105.

——, 2000, *Aristotle on Meaning and Essence*, Oxford: Clarendon Press.

Charlton, W., 1970, *Aristotle's Physics*, Books I and II, Oxford: Clarendon
Press.

——, 1983, "Prime Matter: A Rejoinder," *Phronesis* 28, pp. 197-211.

——, 1991, "Aristotle and the Uses of Actuality," *Proceedings of the Boston
Area Colloquium in Ancient Philosophy* 5, pp. 1-22.

Cleary, J., 1988, Aristotle on the Many Senses of Priority, Carbondale:
Southern Illinois University Press.

Code, A., 1984, "The Aporematic Approach to Primary Being in
Metaphysics Z," in Pelletier & King-Farlow, pp. 1-20.

——, 1985, "On the Origins of some Aristotelian Theses about Predication,"
in Bogen & McGuire (eds.), pp. 101-131.

——, 1986, "Aristotle: Essence and Accident," in R. E. Grandy & R. Warner
(eds.), *Philosophical Grounds of Rationality: Intentions, Categories,
Ends*, Oxford: Oxford University Press, pp. 411-439.

——, 1996, "Owen and the Development of Aristotle's *Metaphysics*," in
Wians (ed.), pp. 303-325.

——, 1997, "Aristotle's Metaphysics as a Science of Principles," *Revue
Internationale de Philosophie* 201, pp. 357-378.

——, 2000, "*Metaphysics* Λ 5," in Frede & Charles (eds.), pp. 161-179.

——, 2003, "Changes, Powers, and Potentialities," in N. Reshotko (ed.), *Desires, Identity and Existence* (Festschrift for T. M. Penner), Kelowna, B.C.: Academic Printing and Publishing, pp. 251-271.

——, forthcoming, *The Philosophy of Aristotle*, Oxford: Oxford University Press.

Cohen, S. Marc, 1978a, "Essentialism in Aristotle," *Review of Metaphysics* 31, pp. 387-405.

——, 1978b, "Individual and Essence in Aristotle's *Metaphysics*," in G. C. Simmons (ed.), *Paedeia: Special Aristotle Issue*, NY: Brockport, pp. 75-85.

——, 1984, "Aristotle and Individuation," in Pelletier & King-Farlow (eds.), pp. 41-65.

——, 2003, "Aristotle's *Metaphysics*," *Stanford Encyclopedia of Philosophy*.

Cohen, Sheldon M., 1984, "Aristotle's Doctrine of Material Substrate," *Philosophical Review* 93, pp. 171-194.

——, 1996, *Aristotle on Nature and Incomplete Substance*, Cambridge: Cambridge University Press.

Cooper, J. M., 1987, "Hypothetical Necessity and Natural Teleology," in Gotthelf & Lennox (eds.), pp. 243-274.

——, 1988, "Metaphysics in Aristotle's Embryology," *Proceedings of the Cambridge Philological Society* 214, pp. 14-44. Also in Devereux & Pellegrin (eds.), pp. 55-84.

Dahl, N., 1997, "Two Kinds of Essence in Aristotle: A Pale Man is Not the Same as His Essence," *Philosophical Review* 106, pp. 233-265.

——, 1999, "On Substance Being the Same as Its Essence in *Metaphysics* Z 6: The Pale Man Argument," *Journal of the History of Philosophy* 37, pp. 1-27.

——, 2003, "On Substance Being the Same as its Essence in *Metaphysics* vii 6: The Argument about Platonic Forms," *Ancient Philosophy* 23, pp. 153-179.

Dancy, R., 1978, "On some of Aristotle's Second Thoughts about

Substances: Matter," *Philosophical Review* 87, pp. 372-413.

DeFilippo, J. G., 1994, "Aristotle's Identification of the Prime Mover as God," *Classical Quarterly* 44, pp. 393-409.

Devereux, D., 1988, "Theophrastus' *Metaphysics* and Aristotle's *Metaphysics* Lambda," in W. W. Fortenbaugh & R. W. Sharples (eds.), *Theophrastean Studies* 3, New Brunswick: Transaction Books.

——, 1992, "Inherence and Primary Substance in Aristotle's *Categories*," *Ancient Philosophy* 12, pp. 113-131.

——, 2003, "The Relationship between Books Zeta and Eta of Aristotle's *Metaphysics*," *Oxford Studies in Ancient Philosophy* 25, pp. 159-211.

Devereux, D. & P. Pellegrin (eds.), 1990, *Biologie, logique et métaphysique chez Aristote*, Paris: Éditions du CNRS.

Driscoll, J., 1981, "*Eidê* in Aristotle's Earlier and Later Theories of Substance," in D. J. O'Meara (ed.), *Studies in Aristotle*, Washington, D.C.: Catholic University of America Press, pp. 129-159.

Ferejohn, M., 1994, "The Definition of Generated Composites in Aristotle's *Metaphysics*," in Scaltsas, Charles, & Gill (eds.), pp. 291-318.

——, 2003, "Logical and Physical Inquiries in Aristotle's *Metaphysics*," *The Modern Schoolman* 80, pp. 325-350.

Fine, G., 1984, "Separation," *Oxford Studies in Ancient Philosophy* 2, pp. 31-87.

——, 1993, *On Ideas: Aristotle's Criticism of Plato's Theory of Forms*, Oxford: Clarendon Press.

Frede, M., 1978, "Individuals in Aristotle," in Frede 1987b, pp. 49-71. Originally published as "Individuen bei Aristoteles," *Antike und Abendland* 24.

——, 1985, "Substance in the *Metaphysics*," in Gotthelf (ed.), Repr. in Frede 1987b, pp. 72-80.

——, 1987a, "The Unity of General and Special Metaphysics: Aristotle's Conception of Metaphysics," in Frede 1987b, pp. 81-95.

——, 1987b, *Essays in Ancient Philosophy*, Minneapolis: University of Minnesota Press.

——, 1990, "The Definition of Sensible Substances in *Metaphysics* Z," in

Devereux & Pellegrin (eds.), pp. 113-129.

——, 1994, "Aristotle's Notion of Potentiality in *Metaphysics* Θ ," in Scaltsas, Charles, & Gill (eds.), pp. 173-193.

Frede, M. & G. Patzig, 1988, *Aristoteles, Metaphysik Z*, 2 vols., Munich: C. H. Beck.

Frede, M. & D. Charles (eds.), 2000, *Aristotle's Metaphysics Lambda*, Proceedings of the Fourteenth Symposium Aristotelicum, Oxford: Clarendon Press.

Freudenthal, G., 1995, *Aristotle's Theory of Material Substance*, Oxford: Clarendon Press.

Furth, M. (trans.), 1985, *Aristotle's* Metaphysics, *Books Zeta, Eta, Theta, Iota (VII-X)*, Indianapolis: Hackett.

——, 1988, *Substance, Form and Psyche: An Aristotelean Metaphysics*, Cambridge: Cambridge University Press.

Gerson, L. P., 2005, *Aristotle and Other Platonists*, Ithaca, NY: Cornell University Press.

Gill, M. L., 1989, *Aristotle on Substance: The Paradox of Unity*, Princeton: Princeton University Press.

——, 1994, "Individuals and Individuation in Aristotle," in Scaltsas, Charles, & Gill (eds.), pp. 55-71.

——, 1995, "APA Symposium: Aristotle on Substance and Predication," *Ancient Philosophy* 15, pp. 511-520.

——, 2001, "Aristotle's Attack on Universals," *Oxford Studies in Ancient Philosophy* 20, pp. 235-260.

——, 2005a, "Myles Burnyeat's *Map of* Metaphysics *Zeta*," *Philosophical Quarterly* 55, pp. 117-124.

——, 2005b (to appear), "First Philosophy in Aristotle," in M. L. Gill & P. Pellegrin (eds.), *A Companion to Ancient Philosophy*, Oxford and Boston: Blackwell.

——, forthcoming a, "The Unity of Substances in *Metaphysics* H.6," in R. Bolton & J. G. Lennox (eds.), *Being, Nature, and Life* (Festschrift for Allan Gotthelf), a version of this paper was previously published in Portuguese in *Cadernos de História e Filosofia da Ciência*, Series 3, 13

(2003), pp. 177-203.

——, forthcoming b, "Form-Matter Predication in *Metaphysics* Θ.7," in M. Crubellier, A. Jaulin, D.

Lefebvre & Morel, P. M. (eds.), *Aspects de la puissance: Platon/Aristote*, Grenoble: J. Millon.

Gotthelf, A. (ed.), 1985, *Aristotle on Nature and Living Things*, Pittsburgh: Mathesis.

——, 2006, *Teleology, Scientific Method, and Substance: Essays on Aristotle's Biological Enterprise*, Oxford: Oxford University Press.

Gotthelf, A. & Lennox, J. G. (eds.), 1987, *Philosophical Issues in Aristotle's Biology*, Cambridge: Cambridge University Press.

Graeser, A. (ed.), 1987, *Mathematics and Metaphysics in Aristotle*, Proceedings of the Tenth Symposium Aristotelicum, Bern: P. Haupt.

Graham, D., 1987a, *Aristotle's Two Systems*, Oxford: Clarendon Press.

——, 1987b, "The Paradox of Prime Matter," *Journal of the History of Philosophy* 25, pp. 475-490.

Granger, H., 1984, "Aristotle on Genus and Differentia," *Journal of the History of Philosophy* 22, pp. 1-24.

Halper, E., 1989, *One and Many in Aristotle's Metaphysics*, Columbus: Ohio State University Press.

Harte, V., 1996, "Aristotle's *Metaphysics* H6: a Dialectic with Platonism," *Phronesis* 41, pp. 276-304.

Heinaman, R., 1995, "Activity and Change in Aristotle," *Oxford Studies in Ancient Philosophy* 13, pp. 187-216.

——, 1997, "Frede and Patzig on Definition in *Metaphysics* Z.10 and 11," *Phronesis* 42, pp. 283-298.

Irwin, T. H., 1988, *Aristotle's First Principles*, Oxford: Clarendon Press.

Irwin, T. H. & Fine, G. (trans.), 1995, *Aristotle: Selections*, Indianapolis: Hackett.

Jaeger, W., 1912, *Studien zur Entstehungsgeschichte der Metaphysik des Aristoteles*, Berlin: Weidmann.

——, 1923, *Aristotle: Fundamentals of the History of his Development*, Richard Robinson (trans.), Oxford: Oxford University Press, 1948.

Jaulin, A., 1999, *Eidos et Ousia: De l'unité théorique de la Métaphysique d'Aristote*, Paris: Klincksieck.

Judson, L., forthcoming, *Aristotle's Metaphysics*, Book Lambda, Clarendon Aristotle Series, Oxford: Clarendon Press.

Kahn, C., 1985, "The Place of the Prime Mover in Aristotle's Teleology," in Gotthelf (ed.), pp. 183-205.

King, H. R., 1956, "Aristotle without Prima Materia," *Journal of the History of Ideas* 17, pp. 370-389.

King, R. A. H., 2001, *Aristotle on Life and Death*, London: Duckworth.

Kirwan, C., 1993, *Aristotle's* Metaphysics, *Books Γ, Δ, and E*, 2nd edition, Clarendon Aristotle Series, Oxford: Clarendon Press.

Kosman, L. A., 1984, "Substance, Being, and Energeia," *Oxford Studies in Ancient Philosophy* 2, pp. 121-149.

——, 1987, "Animals and other beings in Aristotle," in Gotthelf & Lennox (eds.), pp. 360-391.

——, 1994, "The Activity of Being in Aristotle's *Metaphysics*," in Scaltsas, Charles, & Gill (eds.), pp. 195-213.

Kung, J., 1986, "Aristotle on Being is Said in Many Ways," *History of Philosophy Quarterly* 3, pp. 3-18.

Lear, J., 1987, "Active Episteme," in Graeser (ed.), pp. 149-174.

——, 1988, *Aristotle: The Desire to Understand*, Cambridge: Cambridge University Press.

Lennox, J. G., 1997, "Material and Formal Natures in Aristotle's *De Partibus Animalium*," in W. Kullmann & S. Föllinger (eds.), *Aristotelische Biologie: Intensionen, Methoden, Ergebnisse. Stuttgart: Franz Steiner*, pp. 163-181. Repr. in Lennox 2001, pp. 182-204.

——, 2001, *Aristotle's Philosophy of Biology: Studies in the Origins of Life Science*, Cambridge: Cambridge University Press.

Lesher, J., 1971, "Aristotle on Form, Substance, and Universals: a Dilemma," *Phronesis* 16, pp. 169-178.

Lewis, F. A., 1991, *Substance and Predication in Aristotle*, Cambridge: Cambridge University Press.

——, 1994, "Aristotle on the Relation between a Thing and its Matter," in

Scaltsas, Charles, & Gill (eds.), pp. 247-277.

——, 1995a, "Aristotle on the Unity of Substance," *Pacific Philosophical Quarterly* 76, pp. 222-265. Also in Lewis & Bolton (eds.), 1996, pp. 39-81.

——, 1995b, "Substance, Predication, and Unity in Aristotle," *Ancient Philosophy* 15, pp. 521-549.

——, 2000, "A Hitchhiker's Guide to *Metaphysics* Zeta," *Proceedings of the Boston Area Colloquium in Ancient Philosophy* 15, pp. 101-128.

——, 2003, "Friend or Foe?—Some Encounters with Plato in *Metaphysics Zeta*," *The Modern Schoolman* 80, pp. 365-389.

——, 2005, "A Nose by Any Other Name: Sameness, Substitution, and Essence in *Metaphysics* Z5," *Oxford Studies in Ancient Philosophy* 28, pp. 161-191.

Lewis, F. A. & R. Bolton (eds.), 1996, *Form, Matter, and Mixture in Aristotle*, Oxford and Boston: Blackwell.

Lloyd. G. E. R., 1990, "Aristotle's Zoology and his Metaphysics: The Status Quaestionis," in Devereux & Pellegrin (eds.), pp. 7-35. Repr. in G. E. R. Lloyd, *Methods and Problems in Greek Science*, Cambridge: Cambridge University Press, 1991.

——, 1996, *Aristotelian Explorations*, Cambridge: Cambridge University Press.

Locke, J., 1975, *An Essay Concerning Human Understanding*, P. H. Nidditch (ed.), Oxford: Clarendon Press.

Loux, M. J., 1979, "Forms, Species, and Predication in *Metaphysics* Z, H, and Θ," *Mind* 88, pp.1-23.

——, 1991, *Primary Ousia: an Essay on Aristotle's* Metaphysics Z and H, Ithaca, NY: Cornell University Press.

——, 1995a, "Composition and Unity: An Examination of *Metaphysics* H6," in M. Sim (ed.), *The Crossroads of Norm and Nature: Essays in Aristotle's Ethics and Metaphysics*, Lanham, Md, pp. 247-279.

——, 1995b, "APA Symposium on Aristotle's *Metaphysics*," *Ancient Philosophy* 15, pp. 495-510.

Madigan, A., 1999, *Aristotle's* Metaphysics, *Books B and K1-2*, Clarendon

Aristotle Series, Oxford: Clarendon Press.

Makin, S., 2003, "What Does Aristotle Mean by Priority in Substance?," *Oxford Studies in Ancient Philosophy* 24, pp. 209-238.

——, forthcoming, *Aristotle's* Metaphysics, *Book Theta*, Clarendon Aristotle Series, Oxford: Clarendon Press.

Malcolm, J., 1993, "On the Endangered Species of the *Metaphysics*," *Ancient Philosophy* 13, pp. 79-93.

Mansion, S. (ed.), 1961, *Aristote et les problèmes de méthode*, proceedings of the Second Symposium Aristotelicum, Louvain: Publications Universitaires.

Matthen, M., 1987, "Individual Substances and Hylomorphic Complexes," in Matthen (ed.), *Aristotle Today*, Edmunton: Academic Printing and Publishing, pp. 151-176.

Matthews, G., 1990, "Aristotelian Essentialism," *Philosophy and Phenomenological Research* Suppl. 50, pp. 251-262.

——, 1995, "Aristotle on Existence," *Bulletin of the Institute of Classical Studies* 40, pp. 233-238.

——, 2003, "Being Frank about Zeta," *The Modern Schoolman* 80, pp. 391-397.

Menn, S., 1995, "The Editors of the *Metaphysics*," *Phronesis* 40, pp. 202-208.

——, 2001, "*Metaphysics* Z10-16 and the Argument Structure of *Metaphysics* Z," *Oxford Studies in Ancient Philosophy* 21, pp. 83-134.

——, forthcoming, *The Aim and the Argument of Aristotle's* Metaphysics.

Modrak, D. K. W., 1979, "Forms, Types, and Tokens in Aristotle's *Metaphysics*," *Journal of the History of Philosophy* 17, pp. 371-381.

Morrison, D., 1985a, "Χωριστός in Aristotle," *Harvard Studies in Classical Philology* 89, pp. 89-105.

——, 1985b, "Separation in Aristotle's *Metaphysics*," *Oxford Studies in Ancient Philosophy* 3, pp. 125-157.

Nussbaum, M. C., 1978, *Aristotle's De Motu Animalium*, Princeton: Princeton University Press.

——, 1982, "Saving Aristotle's Appearances," in M. Schofield & M.

Nussbaum (eds.), *Language and Logos* (Festschrift for G. E. L. Owen), Cambridge: Cambridge University Press.

Nussbaum, M. C. & H. Putnam, 1992, "Changing Aristotle's Mind," in Nussbaum & Rorty (eds.), pp. 27-56.

Nussbaum, M. C. & A. Rorty (eds.), 1992, *Essays on Aristotle's De Anima*, Oxford: Clarendon Press.

Owen, G. E. L., 1960. "Logic and Metaphysics in some Earlier Works of Aristotle," in I. Düring & G. E. L. Owen (eds.), *Aristotle and Plato in the Mid-Fourth Century*, Göteborg, pp. 163-190. Repr. in Owen 1986, pp. 180-199.

——, 1961, "*Tithenai ta phainomena*," in S. Mansion (ed.), pp. 83-103. Repr. in Owen 1986, pp. 239-251.

——, 1965, "The Platonism of Aristotle," *Proceedings of the British Academy* 50, pp. 125-150. Repr. in Owen 1986, pp. 200-220.

—— (ed.), 1968, *Aristotle on Dialectic*, proceedings of the Third Symposium Aristotelicum, Oxford: Clarendon Press.

——, 1978-1979, "Particular and General," *Proceedings of the Aristotelian Society* 79, pp. 1-21. Repr. in Owen 1986, pp. 279-294.

——, 1986, *Logic, Science, and Dialectic: Collected papers in Greek Philosophy*, M. C. Nussbaum (ed.), London: Duckworth and Ithaca, NY: Cornell University Press.

Owens, J., 1978, *The Doctrine of Being in the Aristotelian* Metaphysics, 3rd Edition, Toronto: The Pontifical Institute of Medieval Studies.

Panayides, C. C., 1999, "Aristotle and the Priority of Actuality in Substance," *Ancient Philosophy* 19, pp. 327-344.

Patzig, G., 1960-1961, "Theology and Ontology in Aristotle's *Metaphysics*," in J. Barnes, M. Schofield, & R. Sorabji, *Articles on Aristotle*, vol. 3: *Metaphysics*, London: Duckworth, 1979, pp. 33-49. Originally published as "Theologie und Ontologie in der 'Metaphysik' des Aristoteles," *Kant-Studien* 52.

Pellegrin, P., 1985, "Aristotle: A Zoology without Species," in Gotthelf (ed.), pp. 95-115.

Pelletier, F. J. & J. King-Farlow (eds.), 1984, "*New Essays on Aristotle*,"

Canadian Journal of Philosophy Suppl. 10.

Polansky, R., 1983, "Aristotle's Treatment of *Ousia* in *Metaphysics* V8," *Southern Journal of Philosophy* 21, pp. 57-66.

Politis, V., 2004, *Aristotle and the Metaphysics*, London and New York: Routledge.

Putnam, H., 1975, "Philosophy and Our Mental Life," *Philosophical Papers* II, Cambridge: Cambridge University Press, pp. 291-303.

Rapp, C. (ed.), 1996, *Aristoteles, Die Substanzbücher der Metaphysik*, Berlin: Akademie Verlag.

Reeve, C. D. C., 2000, *Substantial Knowledge: Aristotle's Metaphysics*, Indianapolis, Ind.: Hackett.

Rhenius, R., 2006 (to appear), *Aristotles' essentieller Hylomorphismus: Materie, Form, und die Einheit der Komposita*, Berlin: Akademie Verlag.

Rist, J., 1989, *The Mind of Aristotle: A Study of Philosophical Growth*, Toronto: Universtiy of Toronto Press.

Robinson, H. M., 1974, "Prime Matter in Aristotle," *Phronesis* 19, pp. 168-188.

Rorty, R., 1973, "Genus as Matter: A reading of *Metaph.* Z-H," in E. N. Lee, A. P. D. Mourelatos & R. Rorty (eds.), *Exegesis and Argument* (Festschrift for Gregory Vlastos), *Phronesis* Suppl. 1, pp. 393-420.

Ross, W. D., (1924) 1953, *Aristotle Metaphysics: A Revised Text with Introduction and Commentary*, 2 vols., with Corrections, Oxford: Clarendon Press.

Scaltsas, T, 1994, *Substances and Universals in Aristotle's Metaphysics*, Ithaca, NY: Cornell University Press.

Scaltsas, T., D. Charles & M. L. Gill (eds.), 1994, *Unity, Identity, and Explanation in Aristotle's Metaphysics*, Oxford: Clarendon Press.

Sellars, W., 1957, "Substance and Form in Aristotle," *Journal of Philosophy* 54, pp. 688-699. Repr. in W. Sellars, *Philosophical Perspectives*, Springfield, Ill.: Charles C. Thomas, pp. 125-136.

Sefrin-Weis, H., 2002, *Homogeneity in Aristotle's Metaphysics*, Dissertation, University of Pittsburgh.

Shields, C., 1999, *Order in Multiplicity: Homonymy in the Philosophy of*

Aristotle, Oxford: Clarendon Press.

Sorabji, R., 1988, *Matter, Space, and Motion: Theories in Antiquity and their Sequel*, London: Duckworth.

——, 2005, *The Philosophy of the Commentators 200-600 AD. A Sourcebook*, 3 vols., Ithaca, NY: Cornell University Press.

Spellman, L., 1995, *Substance and Separation in Aristotle*, Cambridge: Cambridge University Press.

Waterlow, S., 1982, *Nature, Change, and Agency in Aristotle's Physics*, Oxford: Clarendon Press.

Wedin, M. V., 1991, "PARTisanship in *Metaphysics Z*," *Ancient Philosophy* 11, pp. 361-385.

——, 1996, "Taking Stock of the Central Books," Review of Bostock 1994, *Oxford Studies in Ancient Philosophy* 14, pp. 241-271.

——, 2000, *Aristotle's Theory of Substance: The Categories and Metaphysics Zeta*, Oxford: Oxford University Press.

White, N. P., 1972, "Origins of Aristotle's Essentialism," *Review of Metaphysics* 26, pp. 57-85.

——, 1986, "Identity, Modal Individuation, and Matter in Aristotle," *Midwest Studies in Philosophy* 11: *Studies in Essentialism*, pp. 475-494.

Whiting, J., 1992, "Living Bodies," in Nussbaum & Rorty (eds.), pp. 75-91.

Wians, W. (ed.), 1996, *Aristotle's Philosophical Development*, Lanham, Md.: Rowman & Littlefield.

Witt, C., 1989, *Substance and Essence in Aristotle: An Interpretation of Metaphysics VII-IX*, Ithaca, NY: Cornell University Press.

——, 1994, "The Priority of Actuality in Aristotle," in Scaltsas, Charles & Gill (eds.), pp. 215-228.

——, 1996, "The Evolution of Developmental Interpretations of Aristotle," in Wians (ed.), pp. 67-82.

——, 2003, *Ways of Being: Potentiality and Actuality in Aristotle's Metaphysics*, Ithaca, NY: Cornell University Press.

Woods, M., 1967, "Problems in *Metaphysics Z*, Chapter 13," in J. M. E. Moravcsik (ed.), *Aristotle: A Collection of Critical Essays*, Notre

Dame, Ind.: University of Notre Dame Press, pp. 215-238.

——, 1991, "Universals and Particulars in Aristotle's *Metaphysics*," in H. Blumenthal & H. Robinson (eds.), *Aristotle and the Later Tradition. Oxford Studies in Ancient Philosophy* Suppl., pp. 41-56.

Yu, J., 1997, "Two Conceptions of Hylomorphism in *Metaphysics* Z H Θ ," *Oxford Studies in Ancient Philosophy* 15, pp. 119-145.

——, 2003, *The Structure of Being in Aristotle's* Metaphysics, Dordrecht: Kluwer.

《迦勒底神谕》中的神学[*]

Ruth Majercik [1] 朱佳琪[2] 译　梁中和　校

　　《迦勒底神谕》是一系列据说"由众神"专门传给迦勒底的朱利安（Julian the Chaldean）以及（或者）其子——活跃于公元前 2 世纪晚期的通神者朱利安（Julian the Theurgist）——的深奥难解的六韵步诗所组成的诗集。尽管"迦勒底"这个术语常以隐喻理解——用以表明朱利安在精神上与东方智慧的亲近，但也有人认为，迦勒底实际上是老朱利安的家乡，而他是随着图拉真在东方进行的军事活动迁到罗马去的。[3] H.-D.Saffrey 最近又提出了另一种新的可能性，即朱利安家族也许有叙利亚血统。[4]这种观点得到了普罗克洛保存的迦勒底文献的部分支持，因为其中出现了"Ad"

---

[*]　译文选自《迦勒底神谕》笺注本导言（*The Chaldean Oracles*, Text, Translation and Commentary by Ruth Majercik, Brill, 1989）。

[1]　马吉斯克（Ruth Majercik, 1941—2018），著名诺斯替主义研究专家，加州大学圣巴巴拉分校宗教与古典学博士。

[2]　朱佳琪，荷兰皇家科学院数字人文专业博士生。

[3]　这一意见，参见比如 J. Bidez, *La Vie de l'Empereur Julien*, Paris, 1930, p. 75; F. Cumont, *La Théologie Solaire du Paganisme Romain*, Paris, 1909, p. 476; H. Lewy, *Chaldean Oracles and Theurgy*, Cairo, 1956, Paris, 1978, p. 428, 选择了一种更一般意义上的"东方起源"。

[4]　参见 H.-D.Saffrey, «Les Néoplatoniciens et les Oracles Chaldaiques», *REA*, XXVI, 1981, p. 225.

和"Adad"（后者是叙利亚神明哈达德的变体称呼）的字样（参见 esp. notes to fr. 169）。此外，《神谕》的某些残篇与努麦尼乌斯（Numenius）残篇（他既是小朱利安的同时代人，也是叙利亚阿帕美的本地人）的惊人相似，也指向了这种可能。

Saffrey 也从隐喻的意义上理解"迦勒底（的）"这个词，但是有一层特殊含义——这指的是某个精通巫术的人（这在古代是一种常见的联系）。因此《薮达》[1]中说老朱利安既是"迦勒底"又是"哲学家"的引文意味着他既是一个行巫术的术士又是一个思想者（而不是，比如，一个来自迦勒底地方的哲学家）。[2] 然而，《神谕》（λόγια δ' ἐπῶν）真正的"作者"是小朱利安（或"通神者朱利安"，参见 Suda，no. 434），论 θεουργικά 和 τελεστικά 的作品也出自他手（后来的新柏拉图主义者也证明了这些散文作品是小朱利安所作；例如，关于"天界"［Celestial Zones］的几卷——见普罗克洛《〈蒂迈欧〉评注》，III，27，10。）他根据《薮达》的条目，老朱利安只写了四卷《论灵明》（Περὶ δαιμόνων）。但小朱利安，与他父亲一样，也是一位术士，或者更确切地说，是行"神力"的术士（他的别名"通神者"正是由此而来）。事实上，正如 Saffrey 指出的，这些神谕很有可能就是通过"呼唤"与"接收"（参见对 infra 的讨论）的通神技艺而传达的，通神者朱利安充当着"中介"的角色，正是借由他，迦勒底的朱利安与柏拉图的"灵魂"才得以

---

〔1〕【中译注】公元 10 世纪晚期拜占庭的一部百科全书式的辞书。

〔2〕参见 Saffrey，p. 216。Saffrey 也提到了（与 F. Cremer 的观点一致，参见 *Die Chaldäischen Orakel und Jamblich de Mysteriis*，Meisenheim am Glan，1969，p. 132，n. 224）"*vir in Chaldea bonus*"这个表达应同样被理解为在称呼"一个尊崇迦勒底仪式的杰出人物"，而不是（像通常翻译的那样）"一个从迦勒底地方来的杰出人物"（关于后一种理解，参见 Lewy，p. 286 and n. 106，将这个无名的人认定为迦勒底的朱利安）。

沟通。（关键证据是出自普塞鲁斯的一个文段。尤见 notes to frr. 84 and 138。）[1] Saffrey 又进一步将这些"柏拉图化"或哲学性的预言与在他看来真正名副其实的神谕，即也许是由迦勒底的朱利安汇编或收集起来的"年代更久远的"材料所组成的所谓"有实际巫术效力"的神谕区分开来。[2] 虽然《迦勒底神谕》（整体或其中一部分）很可能是通过巫术而达到的出神状态被接收的（其他学者认为这是一部"人为伪造的作品"），[3] 但是能否在"哲学性"与"通灵的"残篇之间做出清晰确切的区分是有争议的。

无论由哪种方式传给人们，最重要的是，《神谕》被后来的新柏拉图主义者——从波斐利（c. 232-303 C. E）到达玛士基乌斯（c. 462-537 C. E）——视为权威的启示文献，重要性能与之相较的只有柏拉图的《蒂迈欧》[4]（我相信，Cumont 是第一个将它

---

[1] Saffrey, p. 219.

[2] Saffrey, pp. 219-220.

[3] 比如 P. Merlan, "Religion and Philosophy from Plato's *Phaedo* to the Chaldean Oracles", *JHPh*, I, 1963, p. 174. E. R. Dodds 也承认这种可能性，并补充道："……他们的措辞是如此怪异而夸张，他们的思想是如此模糊且不连贯，像是现代'精神指导'的出神形式，而不是伪造者的刻意努力。"（参见 "Theurgy and its Relationship to Neoplatonism", *JRS*, 37, 1947, p. 56 = *The Greeks and the Irrational*, Boston, 1957, p. 284。）Dodds 与 Saffrey 一样，认为《神谕》与其"来源"之间有着中介，但不像 Saffrey，在他看来，小朱利安只是把这些出神状态记录下来了（并不存在中介）。但《神谕》真正的作者是谁并不能确定。虽然认为这对父子之间有着合作关系（就像 Saffrey 主张的一样）是一种有吸引力的解决方式（亦见 Lewy, p. 5 and Exc.I, pp. 443-447。Lewy 也提出了同样的可能性，这尤其能说明后来的新柏拉图主义者在引用《神谕》的时候滥用 oi θεουργοί 与 oi Χαλδαῖοι 的原因的方式之一），但是单一作者的可能性并不能被完全排除。这方面参见 P. Hadot, «*Bilan et perspectives sur les Oracles Chaldaïques*», Lewy, p. 703-706。Hadot 描述了所有问题，但没有得出强硬且简洁的结论。同样的还有 E. Des Places, *Oracles Chaldaïques*, Paris, 1971, p. 7。在最后的分析中，他认为最好"保留《神谕》的匿名性"。

[4] 参见 Dodds, "Theurgy", 1947, pp. 57-60 = 1957, pp. 285-289.

们比作"新柏拉图主义圣经"的学者）。[1] 不幸的是，留存至今的《神谕》只是一些残篇，大部分保存在新柏拉图主义者对它的引用中，尽管迦勒底相关的概念也见于一些柏拉图化的基督徒的作品中，比如西卡的阿诺比乌斯（Arnobius of Sicca, c. 253-327 C. E）、维克多瑞努斯（Marius Victorinus, c. 280-363 C. E）以及西里尼的锡尼希斯（Synesius of Cyrene, c. 370-413 C. E）。拜占庭哲人普塞鲁斯（Michael Psellus, 1019-1078 C. E）受到普罗克洛的启发，也就《神谕》写了一些评注。幸运的是，普塞鲁斯的许多作品都保留至今，为我们提供了重要的阐释模型，尽管来自基督教化的语境。然而，波斐利、扬布里柯和普罗克洛所作的大量评注都遗失了。但从我们现有的残篇中，我们可以确定《神谕》写于中期柏拉图主义的背景下，尤其是同时与诺斯替主义[2]、赫尔墨斯

---

[1] 参见 F. Cumont, *Oriental Religions in Roman Paganism*, London, 1911; rpt. New York, 1956, p. 279, n. 66. Cf. W. Theiler, „Die Chaldaischen Orakel und die Hymnen des Synesios", *Schriften der Konigsberger Gelehrten Gesellschaft*, 18, 1942, p. 1=*Forschungen zum Neuplatonismus*, Berlin, 1966, S. 252: „... für die späteren Neuplatoniker die dem Orient entstammende Bibel"; M. P. nilsson, *Geschichte der Griechischen Religion*, II, München, 1961, S. 479: „die Bibel der Neuplatoniker"; Dodds, "New Light on the 'Chaldean Oracles' ", *HTR*, 54, 1961, p. 263 = Lewy, p. 693: "……古代异教的最后一部重要的圣书。"

[2] G. Kroll, *De Oraculis Chaldaicis*, Breslau, 1894; rpt. Hildesheim, 1962, p. 70, 说《神谕》是"异教灵知"的一种形式。近来，M. Tardieu 又重申了 Kroll 的立场（"除非我们看到，它是基于围绕瓦伦丁而进行的诺斯替诸体系的发展而建立起来的，否则神谕的体系是无法理解的"），与此同时，他拒绝以"灵知"这个词表示《神谕》（参见 «La Gnose Valentinienne et les Oracles Chaldaïques», in *The Rediscovery of Gnosticism*, I, B.Layton [éd.], Leiden, 1980, p. 194-237）。Tardieu 的研究聚焦于处在同一运动规则下的《神谕》与瓦伦丁主义中的五种主张，这是一种结构分析，尽管在宗教的意义上是适当的。但是 Tardieu 认为《神谕》依赖于这一类型的诺斯替主义主张是夸大了。《神谕》的某些方面与"塞特派"诺斯替主义（参见 *infra*）的惊人相似就排除了这一结论。更好的解答是——尽管 Lewy 注意到了（但是不系统地）《神谕》与瓦伦丁主义之间的众多相似，他还是认为它们共同依赖于中期柏拉图主义的环境（参见 pp. 311-398）。在这一点上，参考 J.Dillon, *The Middle Platonists*, London, 1977, pp. 384-389。

主义[1]和努麦尼乌斯[2]有着亲缘关系的那部分中期柏拉图主义。John Dillon 恰如其分地将诺斯替主义、赫尔墨斯主义与迦勒底思想的这种一致性称作"柏拉图主义的暗线",[3]这一表达很好地抓住了这几个不同体系的模糊特质:(a)它们精巧到甚至时常惹怒人的形而上学建构;(b)对物质性存在的极度毁损;(c)对人类本质的二元论理解:将个体灵魂或心灵视为困于物质中的神的"火花";(d)通常会涉及灵魂的精神性以及/或者通过仪式而实现上升的某种救赎或启示的方法;(e)将抽象形象具体化为类-神话存在的神话化倾向,逐渐远离柏拉图主义的学园传统而毫不掩饰地保持着宗教特质,是这些体系的标志,尽管这三种体系通过吸收当时折中化的柏拉图主义的元素,而保持着一种哲学上的体面。例如,在这三种体系中,至高神常以毕达哥拉斯主义的术语被描述为"一",这个"一"要不与"二"共存,要不就变为"二"(参见 frr. 8,11,12

---

[1] Bousset 曾有一次提出,迦勒底体系是依赖于赫尔墨斯主义思想的(*Göttingische Gelehrte Anzeigen*,1914,S. 713;引自 Lewy,p. 320,n. 27);然而,又一次,相互依赖于同一环境的观点最好地解释了两者之间的相似性。同样,参见 Dillon,pp. 389-392;Nock Festugière,*Corpus Hermeticum*,I,Paris,1972,p. VII.

[2] 在某些情况下,这些相似的文段是如此接近,以至于这当中肯定存在一种直接的依赖关系。参见 e.g.,Num. fr. 17(Des Places)and *Ch. Or.*,fr. 7;Num. fr. 15(Des Places)and *Ch. Or.*,fr. 8(更多相似段落,另见 A. -J. Festugière,*La Révélation d'Hermes Trismégiste*,III,Paris,1953,p. 52-59)。但是具体是怎样的关系呢? Festugière,«La Religion grecque à l'Époque Romaine»,*REG*,64,1951,p. 482 and J. H. Waszink,„Porphyrios und Numenius",*Entretiens Hardt*,XII,1965,S. 43-44 主张努麦尼乌斯在先;Dodds,"Numenius and Ammonius",*Entretiens Hardt*,V,1960,pp. 10-11 以及 Des Places,*Numenius*,Paris,1973,p. 17 认为《神谕》在先。然而 Lewy,pp. 321-322 及 Dillon,p. 364 并没有将二者共享某共同来源的可能性排除出去。我本人的猜测是,努麦尼马斯在后,但是他很小心地,有选择性地借用了《神谕》,因为这两种体系之间的差异正如它们的相似一样令人注目。更多讨论请见 fr. 7,notes.

[3] Dillon,p. 384.

and notes）。然而，在这些柏拉图主义的"暗线"中，抽象的哲学思辨在此让位于神话性的表述，一套复杂的关于宇宙实体的增殖理论也被引入，[1] 就像我们知道的，在各种意义、各个层面都有一个占主导地位的阴性原理，直接为一切物质创造活动负责。比如，在某些诺斯替主义的体系中，她被称作伊娜依娅（Ennoia）或苏菲亚（Sophia）；在迦勒底的体系中，她被称为"灵能"（Dynamis）或赫卡特（Hecate）；而在《赫尔墨斯全集》中（参见 C. H. I），她被称为"生命"或"自然"。除了这些名称大部分所共有的抽象特质，每个原理都被赋予了确切的人格化功能：诺斯替的苏菲亚体验到了痛苦和恐惧的情感，然后生下了德穆革，亚达巴多（Ialdabaoth）；迦勒底的赫卡特则由她的右臀生出了生命；赫尔墨斯的"自然"吸引了原人（the primal Anthropos）并与之结合在一起。

这个阴性原理最终反映的是经过中期柏拉图主义这个棱镜种种折射的柏拉图《蒂迈欧》中的世界灵魂，普鲁塔克将这个形象同化为埃及的伊西斯（Isis）；斐洛将之与犹太教中的"智慧"同化；而努麦尼乌斯则把它分化为了善恶对立的两类实体。但是，也只有在这些柏拉图主义的暗线中，关于这一形象的哲学思辨才能成为启示神话的一部分，甚至常常到了"了解"这种神话是获得救赎的一个重要条件的程度（对诺斯替体系来说尤其如此）。换句话说，以自身为目的的知识转化成了以救赎为目的的"灵知"，以及与作为解

---

[1] 应该注意到，C. H. I（Poimandres）中实体的增殖不如《神谕》以及众多诺斯替体系中的那么"奇妙"。尽管 C. H. Dodd 某一次提出，波依曼德拉神话是与瓦伦丁相关的体系的先声（"瓦伦丁的体系，除了当中绝对的基督教元素，在其展开中，有着与《波依曼德拉》非常相似的一面。"参见 *The Bible and the Greeks*, London, 1954, p. 208），相比于彼此之间相互的影响，任何认为一者直接借用了另一者的观点都应被排除。

放灵魂之方式的巫术和仪式相结合的精神启示。

尽管关于诺斯替与赫尔墨斯社团中实践的仪式类型的讨论仍未有定论（甚至这些社团本身是否真实存在过都未知），[1] 但清楚的是，复杂的灵魂上升仪式确实存在于迦勒底体系中，包括净化、出神、幻影、圣物、法器和咒语、祈祷、赞美诗甚至是沉思的元素，（很有可能）所有这些都在"秘传社团"[2] 的环境中被实践了。关于这些内容与其他内容，我会在以下的大纲中详细展开。

一、第一原理

迦勒底神学在很大程度上反映了其中期柏拉图主义的思想来源，尤其强调至高神的超越性。在某些残篇中，这种超越性接近于

---

[1] 关于崇拜和仪式在赫尔墨斯主义中的角色，参见 J. -P. Mahé, *Hermes en Haute-Égypte*, I, Quebec, 1978, p. 54-59；L. Keizer, *The Eighth Reveals the Ninth：A New Hermetic Initiation Disclosure*, Seaside, CA, 1974, pp. 6-15；W. C. Grese, *Corpus Hermeticum XIII and Early Christian Literature*, Leiden, 1979, pp. 40-43, 201-202；G. Fowden, *The Egyptian Hermes*, Cambridge, 1987, *passim*。然而，其他学者反对从崇拜和 / 或意识的角度来理解赫尔墨斯主义，提出仅将其作为一种文学现象来看待，或许，以某种"学派"的方式共同阅读文献。参见 e.g., Festugière, *Rév.*, I, p. 84；W. Scott, *Hermetica*, I, Oxford, 1936；rpt. 1968, pp. 1-8。因此，目前学者们围绕"塞特派"诺斯替主义的问题而进行的讨论体现着同样的分裂，并不奇怪。参见 e.g., F. Wisse, "Stalking those Elusive Sethians", *Rediscovery*, II, pp. 564-577, 该文更倾向于"文学现象"这种解释，认为根本就没有这样一个塞特派团体，只是"志同道合的一群诺斯替主义者"为着个人教化的目的阅读众多文献。相反，H. M. Schenle, "The Phenomenon of Gnostic Sethianism", *Rediscovery*, II, pp. 588-616 不仅断定了塞特社团或者说支派的存在，还认为这个团体是围绕相对连贯的一套教义体系以及崇拜 / 仪式的实践而组织起来的。相对于这两种极端态度，G. Stroumsa 持居中立场，参见 G. Stroumsa, *Another Seed：Studies in Gnostic Mythology*, Leiden, 1984, e.g., pp. 4-8；172 and *passim*。

[2] 参见 Lewy, p. 177 ff.；Bidez, «Note sur les Mystère Néoplatoniciens», *RPhH*, 7, 1928, p. 1477-1481；*La Vie Julien*, p. 73-81。

否定之路（*via negativa*），至高神被描述为"夺取"（fr. 3）或"外在于"他的造物（fr. 84）。然而，在另一些残篇中，至高神则被积极地形容为"万物之父"（frr. 7，14），"第一"或"父理智"（frr. 7，39，49，108，109）、"一"（frr. 11，26，27）、"源泉"（frr. 13，30，37），甚至"太一"（frr. 9，9a）。在否认和确认这一至高神之间的动摇不定是中期柏拉图主义的共同特征，原则上，普罗提诺是在这些问题上达到完全超越的第一人，他的"太一"不仅高于"理智"，也高于"存在"。[1] 相反，迦勒底的至高神则是努斯，尽管自我沉思的努斯类似于努麦尼乌斯的第一神（参见 fr. 8 and notes），但《神谕》在这一点上依然是摇摆的："父"与他的"理智"是严格等同的吗，还是这所谓的"父理智"被视为"父"的第一次流溢？这样，如果"父"不是由"理智"组成的，那又是由什么组成的呢？文献的残缺不全导致我们不能在这些问题上得出坚实又显见的结论。在《神谕》中，有时"父"还以"深渊"的名称出现（这个术语尤其多见于诺斯替主义的来源中；参见 fr. 18 and notes），有时还以斯多亚派的术语得到描述，实际上就是自然中的"火"（参见 frr. 3 and 37），尽管完全是超越意义上的（不像斯多亚世界观中的神，迦勒底的"父"对世界来说完全不是内在的）。此外，后来的新柏拉图主义者也称其为本体（ὕπαρξις），而这一概念很可能就是从《神谕》再分化出来的，尽管在现存的残篇中只能找到这个词的动词形式 ὑπαρχειν（参见 frr. 1，20，84 and notes）。关于"父"的本体论地位，后来的新柏拉图主义者立场也不一致：比如波斐利，

---

[1] 参见 e.g., Dodds, "The *Parmenides* of Plato and the Origin of the Neoplatonic One", *CQ*, 22, 1928, pp. 129-142。

有时将迦勒底的"父"与普罗提诺的"太一"等同；而普罗克洛将其置于低于"太一"的地位，后者是理智序列中的第一级（参见 fr. 3 and notes）。在最后的分析中，能够确定的是迦勒底体系中这一至高神的超越性这一事实，但他的确切性质我们无法判定。

除了第一神或者说"父"（他的唯一职能就是"思索"柏拉图的理念世界；参见 frr. 37，39，40），还有第二神或"德穆革般的理智"，他的职能是在这些理念的模型之上建立理智（或"最高天的"[1]）世界（e.g., frr. 5，33，37）。这个第二理智在本质上被认为是二元的（参见 frr. 8 and 12），因为他既面向理智域，又面向感性域（在努麦尼乌斯的第二神的意义上）。在这个层面，迦勒底体系中的第二神被描述为"相对超越的"（δὶς ἐπέχεινα），而第一神则是"完全超越的"（ἅπαξ ἐπέχεινα；参见 fr. 169 and notes）。这些观念也强调了至高神的观念（或"完全超越的"）是以一种不可分的统一形式而存在的，而第二神（或"相对超越的"）则有分化的过程，并最终导向了创造和生成。在《神谕》中，这一分化的过程是以动态形式被描述的；第二理智（作为德穆革）则被比作掷出闪电长矛的宙斯（参见 esp. frr. 35 and 37），将柏拉图的诸理念（"分化的产物"或"闪电"）投射到原始物质（或世界灵魂的"子宫"）中去。通过这一"行动"，最初的物质创造活动开始了。

但这个过程还需要第三神的存在，一个阴性的、生成性的实体，要不被描述为"灵能"（δύναμις）且被置于第一与第二神之间的中介位置（e.g., fr. 4），要不就与作为世界灵魂的赫卡特混合为

---

[1]【中译注】Empyrean 指最高天，即古时被认为有纯净之火的地方，早期基督徒认为是上帝和天使的住所。源自古希腊语 ἔμπυρος。

一体（e.g., frr. 6，51-53，56），也因此处于（传统柏拉图主义意义上的）理智域与感性域的交界。最后，赫卡特要不被描述为使流溢得以从一层实在传到另一层的"环绕状的薄膜"（fr. 6），要不就以拟人方式被描述为由其右臀生出某些灵魂来的女神形象（fr. 51）。

对于这一阴性原理的模糊本土化反映出了一个明显的事实：不论是最高还是最低层级，只要存在一个生成的过程，那么阴性元素就是必要的。伊娜依娅和苏菲亚的职能与瓦伦丁派诺斯替主义近似。的确，"灵能"与迦勒底体系中"父"（或"深渊"）的联结显示出了与诺斯替的"深渊—伊娜依娅"或"深渊—静默"（参见 fr. 4 and notes）相似的，一位必不可少的雌雄同体的神的形象。《神谕》中也提到了"静默"，但似乎并不是作为一个完全具体化的实体（参见 fr. 16 and notes）。双性一体的第一神也是 C. H. I 的特征——所有这些体系，都强调了一种雌雄同体的始祖概念，他是一切物质创造的终极源泉，无论晦暗还是光明，创造都跟随其后。

此外，在迦勒底的体系中，"父"（或"父理智"）、"灵能"以及（德穆革般的）理智组成了一个三元结构；至高无上的神，总而言之，被理解为"三——一"或三而一的神（参见 frr. 26 and 27），"灵能"与"理智"组成了他的直接"职能"。"三种力量"组成的"一"也是诺斯替各体系中常见的形象，有时被理解为至高无上的神本身（e.g., *Allogenes*, NHC XI，49，36-38），另一些时候则是次于他的某种存在（e.g., *Steles Seth*, NHC VII，121，32-34）。尤为重要的是，τριδύναμος（或 τριδύναμις）这个术语几次出现在了诺斯替的文献当中（e.g., Cod. Bruce, *Untitled*, 3.15，8.12；科普特语中对应的词及其变体，参见 e.g., *Marsanes*, NHC X，6，19），而与之相似的

τριγλώχις 和 τριοῦχου 也出现在《神谕》中（作为对"单一"[Monad]的描述；参见 frr.2, 26 and notes。锡尼希斯依赖于《神谕》，偏爱 τρικόρυμβον 的形式；参见 H. 9 [1]，66。亦见 fr. 27: παντὶ γὰρ ἐν κόσμῳ λάμπει τριάς, ἧς μονὰς ἄρχει）。此外，在诺斯替的体系中，这个"三种力量"组成的"太一"或"单一"据说是由例如"存在"（τὸ ὂν ὕπαρξις）、"生命"（ζωή）、"思想"（νόησις）（参见 *Allogenes*, NHC XI，49，26-31）或"存在"（ὕπαρξις）、"生命"、"理智"（参见 *Steles Seth*, NHC VII，125，28-31）组成的，这些原理都是与新柏拉图主义的存在、灵能/生命和理智的三一体平行的。反过来，新柏拉图主义的这个三一体又反映了迦勒底的 πατήρ/ὕπαρξις、δύναμις、νοῦς 概念与普罗提诺的存在（τὸ ὂν）、生命、理智范式的混合（参见 fr. 4 and notes and cf. Proclus, *El. Th.*, props. 101-103）。

τριδύναμος 作为对基督教上帝的描述而出现在维克多瑞努斯的作品（e.g., *Adv. Ar.* IV，21，26）中，引发了我们进一步的兴趣。因此，基督教的三一体被维克多瑞努斯视为由父（或"存在"）、子（或"理智"）以及一个居中的，本质上是阴性的圣灵（或"生命"）组成。维克多瑞努斯也用"母亲"（mater）（*Adv. Ar.* I，58，12）和"连接"（conexio）（*H*，III，242）来指代"圣灵"。对于基督教的三一体，另一个近似的非正统的理解见于锡尼希斯的 *Hymns*，他像维克多瑞努斯一样，将"圣灵"（或 πνοιά，不是 πνεῦμα；参见 e.g., *H.* 2 [4]，98）视为居中的阴性实体，ὠδίς（*H.* 1 [3]，238）、μάτηρ（*H.* 2 [4]，101）、θυγάτηρ（*H.* 2 [4]，103）都是它的不同形式。尽管这一生成性的阴性"圣灵"（对锡尼希斯和维克多瑞努斯都是如此）映射于迦勒底的"灵能"当中（经由波斐利而成为一种中介），[1] 各种诺斯替文献中出现的近似的三一体（例如 "父" "母 / 圣灵" "子"；参见，e.g., *Ap. John*, NHC II，2，14）还是反映出了柏拉图主义的学园传统与柏拉图主义的 "暗线" 之间重要的交错互动。[2]

二、较为低级的诸存在

在迦勒底的体系中，较为低级的诸存在所形成的复杂 "链条" 填满了原三一体[3]（ the Primordial Triad ）与物质世界之间的空间。在现有的残篇中，它们之中最重要的就是尤嘎斯（Iynges，

---

[1] 参见 P. Hadot, *Marius Victorinus*, *Traités Théologiques sur la Trinité*, II, Paris, 1960, p. 868, 874-875；*Porphyre et Victorinus*, I, Paris, 1968, p. 455-474。然而，奥古斯丁（尽管受到维克多瑞努斯的影响）明确拒绝（或者是误解了）在本体论层面上承认这种三一体的构想，参见《上帝之城》X. 23："他（波斐利）在这里提到了圣父和圣子，在希腊人那里，圣子是圣父的理智或心灵。然而关于圣灵，他什么也没说，或者一点儿也没说清楚，因为当他谈到某些其他的存在者拥有二者之间的中间地位时，我不明白他的意思。像普罗提诺一样，在讨论三种主要的位格时，如果波斐利希望我们懂得这第三者是自然的灵魂，那么他肯定不会赋予它二者之间的中间地位，亦即圣父与圣子之间的中间地位。因为普罗提诺把自然的灵魂放在圣父的理智之后，而波斐利在说到它是中介的时候，并没有把它放在其他二者之后，而是放在它们之间。"然而，奥古斯丁从心理角度建立的心智、知识与爱的三一体（在 Theiler 和 Hadot 看来）也许是受到迦勒底概念的影响（参见 fr. 44, notes）。

[2] 更多讨论，参见 J. M. Robinson, " The Three Steles of Seth and the Gnostics of Plotinus", *Proceedings of the International Colloquium on Gnosticism*, Stockholm, Aug. 20-25, 1973, Stockholm, 1977, pp. 132-142; B. Pearson, "The Tracate Marsanes（NHC X）and the Platonic Tradition", in *Gnosis*, *Festschrift für Hans Jonas*, Göttingen, 1978, pp. 373-384; *idem*, "Gnosticism as Platonism: With Special Reference to Marsanes（NHC 10, 1）", *HTR*, 77, 1984, pp. 55-72; J. Turner, "Sethian Gnosticism: A Literary History", in *Nag Hammadi*, *Gnosticism*, *and Early Christianity*, C.W. Hedrick and R. Hedgson, (eds.), Jr., Peaboy, MA, 1986, esp. pp. 79-86。

[3] Lydus, *De mens.*, IV, 122; p. 159, 5-8W. 也提出了一个神圣的九（ a divine Ennead ），但从证据中不能得出定论。参见 Hadot, *Porphyre*, I. p. 262, n. 1。

ἴυγγες)、连接者（Connectors, συνοχεῖς）、特拉塔克（Teletarchs, τελετάρχαι）、天使与灵明（demon），尽管其他实体也被不同的评注者命名了（参见 e.g., Psellus, *Hypotyposis*）。类似的对神圣空间的"填满"也是诺斯替主义与赫尔墨斯主义的一个重要特征，在这些体系中，大量类神话/类抽象的实体被用以将至高神与物质存在的染污分割开来。[1] 在迦勒底的体系中，大多数情况下，这些实体显然是作为理念世界的不同层面而发挥作用的。

1. 尤嘎斯

ἴυγξ 这个词在希腊语中与巫术相关。最初，这个词指代的是一种鸟——"歪脖啄木鸟"——这种鸟被术士系在轮子上不停旋转，用以吸引不忠的情人。某些时候，这个轮子本身就被叫作 Iynx。因此，Iynx 的作用就是把爱吸引过来。后来，在柏拉图将爱若斯灵性化的影响下，Iynx 这个词开始有了人与众神之间的"连接"力的意涵。[2] 这也是我们在《神谕》中看到的定义，只是覆盖了种种伪装。例如，在残篇 77 处，尤嘎斯与"父"的"思想"（也就等于"理念"）等同；残篇 78 处，它们则被说成"父"与物质之间的"信使"；残篇 79 处，尤嘎斯与某些叫作"理智支撑"（Intellectual Supports）的宇宙实体联系起来；残篇 206 处，它们又与通神仪式中所用的"巫术轮子"等同。这种显而易见的职能混乱有些虚幻，因为在所有情况下，尤嘎斯充当的都是理智世界与感觉世界之间的中介或连接性的实体。的确，尤嘎斯不仅能被看作信息之间的中

---

〔1〕 当然，这一悖论在于，这三种力量既是相互分离的，又都与宇宙中不同层级的存在相联，形成了"存在的巨链"。

〔2〕 参见 O. Geudtner, *Die Seelenlehre der Chaldäischen Orakel*, Meisenheim am Glan, 1971, S. 42 ff.。

介，其实也是信息本身。

例如，作为"父"的"思想"或理念，尤嘎斯实际上是由"父"为了与通神者沟通而作为"信使"发出的"神秘之音"。在这一点上，由通神者转动的轮子就吸引了这些天上的尤嘎斯并使得通神者（只有他们知晓众神的神圣语言）能够与"父"交流。但是它们传达出的信息无非就是它们自己的名字，当这些名字被说出的时候，通神者就能获得一定的神力。

此外，尤嘎斯也与"理智支撑"相联系，这些宇宙实体在维持星体的规律运动中扮演着重要角色。之所以会有对这一点的确定，无疑是因为尤嘎斯据信——当被通神者调用的时候——真正存在于众多星体界域中。从这个有利角度来看，尤嘎斯在两个世界之间来回传达关于它们名字的信息。

总的来说，尤嘎斯在迦勒底体系中同时扮演着宇宙和通神意义的角色：既与柏拉图主义的理念和理智支撑等同——统治宇宙有这两者的参与；又与协助通神活动的轮子和"神秘之音"等同。双重职能也是连接者和特拉塔克的特征，我们现在就来谈它们。

2. 连接者

作为宇宙实体，连接者与尤嘎斯一样，据说是从"父"（有时实际上正是"第一连接者"；参见 fr. 84 and cf. frr. 32，80，81）发出的；然而，三位连接者各自的主要职能却很不同。它们主要的目的是调和并保护宇宙的诸多组成部分，这是一个建立于斯多亚的普遍"同情"概念与中期柏拉图主义对柏拉图理念论的重估这两者结合基础上的产物。根据 Lewy，这种再阐释首见于斐洛，柏拉图的诸理念被认为是将宇宙"结合"在一起的"无形力量"。[1] 在迦勒底的体系中，这些"力量"就等同于连接者，起到的是同样的调和作用。

此外，据说连接者还具有"护卫"的职能（参见 fr. 82），但这种活动的具体性质并不清楚。也许这些连接者"护卫"或"保存"的正是它们自身所创造出来的和谐。换句话说，这些连接者不仅建立了宇宙中的和谐"纽带"，也以保护者的身份适当观察着它们以保护这份和谐。

最后，连接者正如尤嘎斯一样，也能够通神，就像在太阳的照射下（fr. 80 称之为"物质性的连接者"）灵魂开始了它最初的上升。看起来，这个通神的维度是通过特拉塔克（参见 *infra*）而实现的，因为据说连接者可以在仪式过程中"协助"这三位统治者。散发出连接性的光束的太阳形象，也可以在整体上作为说明连接者之作用的范例：在通神的意义上，太阳的"连接性"光束能够引导灵魂向上；在宇宙的意义上，散发自"父"或者"原始之火"的"连接性"的涌流，就像散发自太阳的光束，在整个宇宙中散播稳定与和谐。

3. 特拉塔克

在尤嘎斯和连接者之下的是特拉塔克（字面意思是"精通如何启蒙的人"；见 fr. 85，86），被同化为 κοσμαγοί，也就是迦勒底宇宙论中三个世界的统治者的神圣实体。如下所述，这三个统治者与斐洛和诺斯替思想中近似的关于统治力量的概念可能是平行的。

---

[1] Lewy, pp. 345-346. Cf. Philo, *De migr.*, Abr. 181；*Leg. Spec.*, I. 48；329.

Lewy 认为，在根本上，这与晚期巴比伦的天文宗教中的"世界主宰"（Cosmokrators）和"掌权者"（Archons）有承继关系。[1] 然而，与掌管诸多星体界域的巴比伦的掌权者相反，迦勒底的特拉塔克主宰着三个世界——从柏拉图主义传统中借来的关于宇宙形成的概念。

特拉塔克也与迦勒底体系中信仰（πίστις）、真理（ἀλήθεια）和爱（ἔρως）（参见 fr. 46）——分别作为三个统治者的职能——的德性相联系：信仰与物质的特拉塔克相连；真理与天上的特拉塔克相连；爱则与最高的特拉塔克相连（第四德，"承载着火的希望"——ἐλπὶς πυρήοχος——也被提及；参见 fr. 47）。因此，这些德性并不是作为精神特质被理解的（就像保罗神学中的信、望、爱一样），[2] 而是参与宇宙的创造和持存的宇宙实体："一切，"神谕说道，"都受到这三种（德性）支配，且存在于其中。"（fr. 48）作为宇宙中的力，普塞鲁斯（*Hypotyp.* 11）将这三种德性置于迦勒底"链条"的中间位置。

此外，信仰、真理和爱也在通神的意义上被理解，因为据说通神者正是通过这三种德性与神连接的（参见 fr. 48 and notes）。的确，对普罗克洛来说，信仰——作为它本身，作为一种"通神力量"（θεουργικὴ δύναμις），能与太一结合（参见 e.g., *Th. pl.*, I, 25；112，1-3, S.-W.；cf. *In Parm.*, VII, 502，9-12, C. Steel = 42，14-

---

[1] Lewy, p. 423. Cf. Dodds, "New Light", 1961, p. 272 = Lewy, p. 701 也同意这一解释。

[2] 参见 e.g., H. Conzelmann, *1 Corinthians: A Commentary on the First Epistle to the Corinthians*, Philadelphia, 1975, pp. 222-223 and notes, 他引用了新柏拉图主义、诺斯替主义和基督教文献中许多与这里的三一体有相似之处的段落。

16，Klibansky-Labowsky）——是最高的德性。但普罗克洛对信仰的观点是纯正的迦勒底学说还是他自己的创新，是有疑问的。在现存的残篇中，爱若斯——既是"父"生出的第一产物（fr. 42），也是一切事物的"纽带"（fr. 39）——显然才是首要的德性。尽管普罗克洛将他对"信仰"的理解归于众神和神学家（也就是两位朱利安），但他对"信仰"（作为首要德性）的强调很可能是与基督教竞争的背景下的产物。[1]无论事实是否如此（我们并不掌握决定性的证据），普罗克洛的"信仰"既不等同于基督教的"信"，甚至也不是传统的柏拉图主义中的"信"。基督教的"信"是对基督作为救主和上主的最首要信念；传统柏拉图主义中的"信"是建立在"意见"（δόξα）基础上的从感觉经验中获得的信念，因此是最低的德性。另一方面，普罗克洛的"信仰"，是一种统一灵魂并将之与神连接在一起的"通神力量"。这一通神维度清晰地将普罗克洛对"信仰""真理"和"爱"作为"具有净化作用"的德性的理解与迦勒底传统联系起来（参见 fr. 46）。[2]

最后，这三种德性再次与特拉塔克联系起来，因为这三个统治者既对上升中的灵魂洗去物质影响而得以净化负责，又为这一上升过程提供指引（如前所述，正是通过作为中介的特拉塔克，太阳的光束——或"物质性的连接者"——才能向下照射。灵魂也正是在特拉塔克的指引下，经由这些光束而上升）。此外，这三个特拉塔

---

〔1〕 参见 R. T. Wallis, *Neoplatonism*, London, 1972, p. 154 ff.。

〔2〕 更多讨论，参见 A. H. Armstrong, "Platonic Eros and Christian Agape", *Downside Review*, 79, 1961, pp. 105-121 = *Plotinian and Christian Studies*, London, 1979, IX; W. Beierwaltes, "The Love of Beauty and the Love of God", in A. H. Armstrong（ed.）, *Classical Mediterranean Spirituality*, New York, 1986, pp. 293-313。

克与太阳还有额外的连接：最高的特拉塔克与作为光的理智来源的"永恒之塔"（超越的太阳）有关联；天上的特拉塔克则是地面之光的直接来源——Helios（俗世的太阳）；物质的特拉塔克与月亮相连，并且统治着由可见太阳的光芒所照射的地月之间的区域。

我们同样也应该注意到，尤嘎斯、连接者和特拉塔克在新柏拉图主义者看来，都是三元的。不仅是这三者形成了一个统一的三一体，且就每个单独来说，也是三而一的；比如，尤嘎斯有三位，连接者与特拉塔克也同样都是三位。在普塞鲁斯的阐释中（*Hypotyp.* 1-5），这种三元结构，在某种程度上是将这三者与三个世界连接起来的结果。再早一些，普罗克洛（他的学说是普塞鲁斯的依凭）已将迦勒底体系与他自己的"理智"三一体同化了；因此，对这三种实体的三元化理解就成了必然。[1]

4. 天使与灵明

就像在灵魂以通神方式而上升的过程中占有一席之地的尤嘎斯，连接者和特拉塔克一样，天使与灵明也是迦勒底体系中的一部分。在第一个例子中，波斐利（*De philos. ex or. haur.*, Wolff, pp.144-145）引用了一首圣歌，里面讲到了三个等级的神圣回归（ἅγιοι ἄνακτες）：以至高神的形式存在的，从他当中分离出来的，以圣歌称颂他的。第一和第三级可被分到一起，并且被亲切地比作犹太天使论中的小天使基路伯（Cherubim）和六翼天使（Seraphim）。[2] 对于第二级，Lewy 将这些"救护天使"（ministering

---

[1] 关于普罗克洛作品中的柏拉图主义，俄尔甫斯教以及迦勒底的体系的一份简便的大纲，参见 Lewy, Exc. VII, pp. 481-485。

[2] 参见 Hadot, *Porphyre*, I, pp. 392-394; Lewy, pp. 9-15。

angels；帮助灵魂上升的天使）等同于尤嘎斯。[1]此外，普塞鲁斯（*Hypotyp.* 17）区分了迦勒底"链条"中的一组"大天使"（Archangels）。尽管现存的残篇中没有提到这些天使，普塞鲁斯注意到了，在《金链》（*De aurea catena*）中（Sathas［ed.］，*Ann.*，IX，1875，pp. 215-217），迦勒底的朱利安"祈求"他未来的儿子能够接收到"大天使"的灵魂——表明了这出自正统的迦勒底体系。[2]据残篇 137 和 138，整体来说，通神者的灵魂是从"天使序列"中分离出来的。

"神谕"也提到了灵明，尤其是恶灵，在当时流行的想象中，它们的存在被广泛接受。[3]据信，这些恶灵阻碍着地月之间的一切活动，并且是人类身上存在的消极面向以及一切弊端和疾病的来源。《神谕》列出了以下类型：地上的灵明（frr. 88，90，91，216）；空中的灵明（frr. 91，216）；水中的灵明（frr. 91，92，216）；也许还有月球上的灵明（fr. 216）。此外，这些灵明被形容为"禽兽一般""厚颜无耻"（fr. 89），还被贬斥为"狗"（frr. 90，91）。后一种称呼也见于锡尼希斯（e.g.，*H.*1［3］，96-97；2［4］，245-257）；普罗克洛还说（*In rem p.*，II，337，17-18），这些都是"眼瞎"的"狗"。由于迦勒底传统将赫卡特与自然联系在一起（fr. 54），因此将赫卡特

---

[1] Lewy, pp. 162-163.

[2] 正如以下引用的那样：Lewy, p. 224 and n. 195；cf. Hadot, *Porphyre*, I, p. 393；Cremer, pp. 63-68。

[3] 柏拉图和普罗提诺都没有承认真正的"恶"灵的存在，但这一时期的流行文学以及中期柏拉图主义的各个方面都体现了这一发展；例如，柏拉图主义的"暗线"，以及普鲁塔克——他对于恶灵的观点很大程度上依赖于色诺芬。参见 Dillon, pp. 46-47；Cremer, pp. 68-86。

的宠物地狱犬与居于本性中的灵明等同起来是合乎逻辑的，赫卡特也就成了这些灵明的主人（参见 fr. 91 and notes）。

特别令人感兴趣的是，《神谕》否定了这些灵明能对通神仪式之过程施加有害影响的信念。如果灵魂上升成功了，这些灵明就不得不停息并且被击退（通常是通过驱邪的方式；参见 *infra*）。人们被要求进行苦修，禁绝一切肉体的欲望，灵明被认为是集中于摧毁人类的活跃的攻击性力量，这一主题在柏拉图主义的"暗线"中达到了顶峰。

好灵明也是迦勒底体系中的一部分，但似乎是与天使序列等同的。普塞鲁斯（*Hypotyp.* 23）告诉我们，好灵明能够帮助灵魂上升（就像之前描述过的"救护天使"）并且击退恶灵的攻击。普罗克洛（e.g., *In rem p.*, II, 296, 7-10）也做出了近似的区分。尽管现存的残篇中没有提到英雄，扬布里柯对于神、天使、灵明以及英雄的分类很可能是建立在迦勒底学说之上的（参见 notes to fr. 88）。

5."永恒之塔"与爱若斯

在此，我们还应该谈到另外两个在迦勒底体系中占主导地位的神圣存在："永恒之塔"与爱若斯。对于"永恒之塔"，我们面临的首要问题就是，这一具体化的实体与克洛诺斯（Chronos）或者说时间的关系，应被理解为彼此分开的还是混合在一起的。对于这个问题，现存的残篇似乎是将两者区分开的：参考 ἀκοιμήτου χρονοῦ, fr. 37; χρόνον ἀπέραντον, fr. 39; χρόνου χρόνος, fr. 185; 还有 fr. 49 和 59 分别将"永恒之塔"描述为 πατρογενὲς φάος 和 ὁλονφῶς。然而，Lewy 认为《神谕》中所有"时间"的表达都应被理解为对"永恒之塔"的描述，因此，"永恒之塔"应被视作

"迦勒底神中最卓越的一个"。[1]但 Lewy 的观点部分基于一份被后来学者（比如 Dodds, Des Places）视为可能的迦勒底文献的材料（e.g., *Tübingen Theosophia* 13；又见 *infra*）中对"永恒之塔"的类似描述。此外，Lewy 关于普罗克洛对于迦勒底"克洛诺斯"的描述（参见 fr. 199 and notes）实际上适用于"永恒之塔"（他认为，为了调和柏拉图主义和《神谕》中的两种"永恒之塔"，普罗克洛不得不把迦勒底人归于"永恒之塔"的称谓归于"时间"）[2]的观点已经超出了证据的范围。Lewy 过度系统化的倾向在此已很明白，而且 Dodds——基于残篇给出的更直接明白的信息，比如，两种神圣存在者是以彼此分开的方式存在的——认为"永恒之塔"和克洛诺斯之间是相互区分的，也就此提出了正确的批评。[3]的确，现存的残篇中并没有出现"永恒之塔"这个名称，它只存在于框架材料中（参见 frr. 49，59；cf. fr. 12）。因此，沿着 Dodds 的思路，"永恒之塔"应被降为首要的迦勒底神（如果有的话，应当受到如此称赞的是赫卡特），以支持包括克洛诺斯、ζῶναι 和 ἄζωνοι，以及与"日""夜""月"和"年"相联系的时间神在内的众多与时间相关的神灵的存在（参见 fr. 188 and notes）。

现在，就像残篇中描述的，"永恒之塔"被视为"由父产生的光""天父之光"（fr. 49），"太阳世界"和"整个光芒"（fr. 59）。因此，"永恒之塔"是一个与超越现世的太阳（transmundane sun）等同的（也因此与最高世界的特拉塔克等同）纯理智的实体，其首要

---

[1] Lewy, p. 158; cf. pp. 99-105, 401-409.

[2] Lewy, p. 104.

[3] 参见 "New Light", p. 266 = Lewy, p. 696。

职能就是向理念世界显明来自"父"的"光芒"（＝运动）。在这样的位置上，"永恒之塔"的任务就是使理念始终保持在圆周运动的状态，因为据说正是通过这样的运动，理念才能够"思考"（参见 frr. 49，77 and notes）。实际上，"永恒之塔"就是实体化了的，那一动不动的至高神的运动。如此看来，这与 *Allogenes*，NHC XI，60，25 形成了有趣的对应，在后者这里，"永恒的、理智的、不可分的运动"紧跟着"三种力量"的神（High God）之后出现。的确，整体来说，在诺斯替主义的文献中，普累若麻的整个展开被理解为诸移涌（Aeons）从至高神开始的整串排列（类似于迦勒底体系中尤嘎斯、特拉塔克、连接者、源泉、原理等填满神圣空间的存在所组成的"链条"）。当然，关于实体化的"永恒存在者"的概念，柏拉图的《蒂迈欧》37e 是常被引用的例子，随后又见于许多其他文献（例如，*C. H.* XI，2-5；*Asclepius* 10；Philo，*Mut. Nom.* 267）。[1]

但是，究竟在何种程度上，迦勒底的"永恒之塔"应被视为一位真正的神（拥有自己的造像、寺庙，等等），仍然是有争议的。比如，Lewy 同时将迦勒底的"永恒之塔"与伊朗的"无限时间"（Zervan）和密特拉信仰中的"永恒之塔"相比较，但他的比较是建立在 *Tübingen Theosophia* 13 以及多种伊朗和密特拉的文献

---

[1] 更多对于 Aion 这一形象的讨论，参见 Festugière，*Rév.*，IV，pp. 141-199；«Le sens philosophique du mot AIΩN»，*La Parola del Passato*，XI，1949，p. 172-189 = *Études du Philosophie Grecque*，Paris，1971，p. 254-271；A. D. Nock，"A Vision of Mandulis 'Aion'"，*HTR*，27，1934，pp. 79-99 = *Essays on Religion and the Ancient World*，I，Cambridge，MA，1972，pp. 377-396；W. Bousset，„Der Gott ‚Aion'"，in *Religionsgeschichtliche Studien*，Leiden，1979，S. 192-230。

对 "永恒之塔" 的描述的基础上的，而不是现有的残篇本身。[1] 尽管普罗克洛将 "永恒之塔" 视为甚至比 "努斯"（*In Tim.*，III，27，18 ff.）还要伟大的 "理智的神"（*In Tim.*，III，13，23），在他的描述中，也没有迹象表明他将其视为一位真正的神（有对他的崇拜、有造像，等等，就像赫卡特一样）。然而，普罗克洛说了，作为神，迦勒底的克洛诺斯会在通神仪式的过程中（或者 αὐτοφάνεια；参见 *ibid.*，20，22-24）被调用，但对于 "永恒之塔"，他并没有这样说。最多可以说，《神谕》在某种程度上将 "永恒之塔"（作为纯理智的实体）与一种表明真正的 "永恒之塔" 般的神的东方概念合并在一起了，但这一过程进行到何种程度，仍值得怀疑。[2]

迦勒底的爱若斯也存在类似问题（我们已在上文关于爱若斯与 "信仰""真理" 和 "爱" 的三一体的联系中提到过了）。除了这种联系之外，《神谕》也提到了爱若斯是 "率先" 从父理智中 "跃" 出来的（fr. 42）。因此，爱若斯作为一种宇宙原理，它的 "连接" 性所保护的不仅是宇宙中的和谐感，也是人类灵魂中的（参见 frr. 43 and notes）。爱若斯的职能与连接者、尤嘎斯和理智支撑在很大程度上是一致的；在 Geudtner 的分析中，后三者都是通过爱若斯的 "连接之火" 即 "执行爱若斯职能的部分" 而 "联系在一起的"。[3]

作为一种宇宙原理，爱若斯也具有类神话学的维度；据残篇

---

[1] Lewy, pp. 405-409 and notes. 然而 Nock（"Aion"，1934，p. 82 = 1972，p. 382）忽视任何将 "永恒之塔" 与 "无限时间" 直接等同起来的观点。

[2] Cf. Dodds, "New Light", p. 266, n. 12 = Lewy, p. 696, n. 12："迦勒底的 '永恒之塔' 是以抽象形式而不是作为位格神施以影响的。"

[3] Geudtner, p. 47.

42，爱若斯将它的"连接之火"与存在于众多"源坑"之中的诸理念融合起来，这是对柏拉图《蒂迈欧》41d处"搅合"隐喻的反映（但是，这里在进行"搅合"的主体当然是德穆革）。但是我们从目前的材料中不能还原出，在何种程度上迦勒底体系中的爱若斯是作为一个真正的神而存在的。

在任何情况下，爱若斯作为一种从神那里向人和世界"跃出"的无所不在的宇宙力量，超出了Wallis口中所谓爱[1]的（残篇48中反映的内容就是一个例子）"通常是柏拉图主义的'上升形式'"，而它在某些方面，接近于基督教"基督之爱"的概念——上帝本身就由爱驱动。不过，这种相似性当然是不确切的。比如，《神谕》当中没有任何类似于基督的形象，而基督的存在对于基督徒来说，就是上帝之爱最强有力的证明。然而，普罗克洛的确将迦勒底的圣爱概念发扬到了极致，在他的预想中，人和神都受到爱若斯的感动，而去帮助那些没那么完美的存在（e.g., *In Alc.*, I, 15 [33, 8-16 Cr.] W.）。

---

[1]　Wallis, p. 154; cf. Armstrong, esp. p. 116 ff.

普罗提诺及其后继柏拉图主义思想家们论第一原理的原因性

Cristina d'Ancona Costa[1]　徐逸飞[2] 译

在哲学史上，普罗提诺不仅被认为是一个学派的创始人，而且是我们习惯于称之为"新柏拉图主义"的整个思潮的创始人。从黑格尔开始，这一思潮的后继思想家对其创始人的继承被表述为，将丰富而有点混乱的思想日益系统化为一种演绎性的结构。这个过程被认为在普罗克洛身上达到了顶峰，他与普罗提诺的区别正是在于，他给新柏拉图主义哲学提供了一个系统性的秩序。[3] 然而，许多相关的当代研究表明，这种模式并没有穷尽新柏拉图主义思想的历史发展的复杂性。

本研究的第一部分将会涉及普罗提诺对于柏拉图理念论的解释之中那些最为突出的特征，这一部分旨在阐明从这种解释中生发出了一套基本的哲学信条，后继的柏拉图主义思想家都认可这些信条是他们哲学中共同继承下来的东西。在第二部分中，我将尝试阐述

---

〔1〕 科斯塔（Cristina d'Ancona Costa），意大利比萨大学中世纪哲学史教授。

〔2〕 徐逸飞，德国图宾根大学哲学博士。

〔3〕 G. W. F. Hegel 1971, 469.

为什么在新柏拉图思想的发展中，普罗提诺对超感性实在的描述会让位于一种更加复杂的图景。

一

普罗提诺在两个著名的段落中（III. 6.6.65-77 和 V. 5.11.16-22）比较了那些相信物体是真实存在者（onta）的人与那些睡着了的人，他们相信自己梦中的形象是真实存在的，而没有意识到它们的真实本性。从上下文可以看出，他在这里批评的不是日常生活中的假设，而是某种哲学立场，这个立场坚持认为只有物体才符合完全实在的要求：这是一种斯多亚派的立场。[1] 与这种立场相反的是，真正存在的特征与物体性存在的特征完全不同。物体性的存在者是变化的，真正的存在则是不变。身体性的存在需要其他原理来持存，而且它们必然拥有大小、占据空间；而真正的存在者则以其自身为基础（idrumena eph' heautôn），并且独立于处所和大小。普罗提诺总结了所有这些特征，说真正的生命拥有一种 hupostasis noera，即可理知的实在性（V. 9.5.43-46）。

这个想法基于这样的假设：在寻找对现象的解释时，只有当存在被设想为具有稳定性和可理知性时，才能避免一种无限的倒退。[2]

---

〔1〕 关于普罗提诺式的对斯多亚学派假设的批判，这种假设认为：真正的存在者就是物体，参见 Graeser 1972, 24-26 和 36-37 中所列出和评注的段落。关于"清醒"这一主题的哲学意义，参见 IV. 8.1.1-11 的著名段落。

〔2〕 关于柏拉图式的稳定性和可理知性之间的关系，参见 Vlastos 1965；Ketchum 1980；Kahn 1981；Frede 1988；Turnbull 1988。普罗提诺将真正的存在（例如可理知实在，参见 V. 9.3.1-4）与不变的实在等同起来。参见例如 III. 7.6.12-14，其中对 to alêthôs einai（真正的存在）的解释是 to oudepote mê einai oud' allôs einai touto de ôsautôs einai touto de adiaphorôs einai（它绝非非存在，亦非他异性的存在，而是自身同一的存在，无差异的存在）。另参见 VI. 5.2.9-16 与 III. 6.6.8-23。

这是否意味着普罗提诺认为两种存在，可理知的存在和可感的存在，是完全对立的？似乎并非如此，因为在许多段落中他引用了柏拉图式的模型，一种感性实在和知性实在之间的模仿关系的模型。例如，在VI. 4.2.1-6中，普罗提诺遵循柏拉图的《蒂迈欧》48e6-49a1，认为可见世界与真实的宇宙（to alêthinon pan）是不同的，但同时前者又依赖于后者（ex ekeinou êrtêmenon），因为前者是后者的一个mimêma，即对后者的模仿。

然而，说普罗提诺与柏拉图观点一致，两者都认为现象模仿了可理知的样式，绝不意味着他想当然地认为这种学说不存在令人困惑的特征。事实上，《九章集》中的几篇论文都考虑到了关于个体分有形式的一些困难。特别是VI. 4和VI. 5，其主题涉及超感性实在在可感的东西中的显现，它们对柏拉图的《巴门尼德》中所提出的可感事物和形式之间关系的反对意见进行了广泛的讨论。[1] 在这一讨论的最后，可理知的实在被设想为具有一系列特征，这些特征将得到所有后继新柏拉图主义思想家们的认可。

在《巴门尼德》的第一部分，形式理论受到了一系列的批判。根据其中的第一条，分有形式的个体要么分有特定形式的整体，要么只分有它的一部分（131a4-6）。在第一种情况下，形式被认为是以其全部本性存在于每个个体之中；但由于形式的假设要求形式分离于个体而存在，这就意味着形式将与自身分离。苏格拉底对这一难题的回答未能证明，有一种方式可以使得形式（eidos）既存在于其分有者之中，同时又保持其分离性。事实上，苏格拉底试图将

---

[1] Bréhier 1936, 161-167 已经承认了这一事实。当代有几项研究涉及了这个话题：Fielder 1976, 1977, 1978, 1978a, 1980, 1982; Lee 1982; Regen 1988; D'Ancona 1992a。

形式在许多个体身上的存在与日子在不同地方同时存在的方式相比较，为他承认个体分享形式的一部分做准备。[1] 巴门尼德的回答将苏格拉底的日子比喻等同于另一个比喻，根据这个比喻，形式可以作为一个整体同时存在于许多人身上（en tauton ama pollachou；131b7），就像帆可以覆盖多个人。如果接受这两个比喻的等价性，苏格拉底就别无选择，他只能承认形式只是部分地存在于它的分有者中，就像帆的一部分可以覆盖许多人中的一个人一样。

当波斐利使用柏拉图《巴门尼德》中的说法为 VI. 4 和 VI. 5 [2] 组成的论文命名——《论"存在""一"与"同"无处不在地显现为整体》（peri tou to on en kai tauton on ama pantachou einai olon）[3] 时，他是将普罗提诺式的目的理解为要去说明如何能够解决关于可知实在和可感实在之间关系的难题。当代学术界也承认，这篇论文涉及关于"理念"的巴门尼德式的困境。[4]

普罗提诺的解决方案始于这样一句话：我们在理解可理知实在的遍在性（omnipresence）方面的困难源自相信存在（to on）具有与可感世界相同的本性，因此也就是把它的遍在性设想为一种无处不在的分布性（VI. 4.2.27-30）。普罗提诺用这样的观点来介绍他著名的关于可理知的东西 [5] 在场／显现的例子：把可知的存在分割

---

〔1〕　参见 Allen 1983, 116-117。

〔2〕　VI. 4 与 VI. 5 这两篇孪生论文的统一性见 Beutler-Theiler 1962, II b 396。

〔3〕　参见波斐利，《普罗提诺的生平》5.8-9。

〔4〕　参见第 361 页脚注 1。

〔5〕　真正的存在是同一且无处不在的，就像一只手可以控制整个身体一样（VI. 4.7.9-22），或者像一束光从一个小的发光体发出，照射进一个透明的球体（22-39），或者最后，就如同太阳的光，"假如太阳只是一种没有身体的力量"（39-47）。在 VI. 5.8.1-10 中，普罗提诺明确指出，存在之遍在的思想排除了理念分有学说的主要困难（to dusphraston kai to aporotaton）。

进它的诸分有者之中，无异于把"主宰和掌控者"（to kratoun kai sunechon）分割成被掌控者的诸部分（VI. 4.7.8-9）。

普罗提诺在这里采用了亚里士多德在《论灵魂》411b5-14中对灵魂和身体之间关系的描述，亚里士多德论证道，灵魂是不可分的，因为它是赋予身体以统一性的原理。通过这样做，普罗提诺确立了两个相关要点。首先，他消除了对形式学说的批评，这些批评是建立在将形式在其分有者中的存在解释为一种处所性的存在之上的。其次，他指出，形式对其分有者的因果关系绝不等同于一种行动或生产。它包括"主宰和掌控"身体，也就是说，赋予它们内在的比例（ratio）和统一性原理，就像灵魂造就了有组织的身体的生命一样。

第一点不仅是为了解决《巴门尼德》中提出的形式在其诸分有者中的在场问题，也是为了解决亚里士多德关于分离的异议。在《形而上学》1086b6-7中，亚里士多德认为，形式理论困难的主要原因在于理念的分离性。这个困难恰恰在于这样一个事实，即形式学说假定了一套原理，这些原理既要脱离可感事物而存在（tines ousiai para tas aisthetas；b8），又是可感事物中所固有的，给予它们以特性的东西。在亚里士多德看来，这一立场导致了普遍的东西破裂为特殊的东西。普罗提诺说，真正的存在——也就是可理知的实在——并不分有身体的处所性，这种说法也针对亚里士多德式的批判，因为他反对"存在在身体之中"和"存在在可理知的东西之中"具有同样意义的观点。从它是不可分的角度而言，这样的现实摆脱了处所性的外延，因此，它可以被设想为存在于一个不可区分的广延性的实在中（VI. 4.8.34-38；亦参见 VI. 5.11.1-11）。

因此，当普罗提诺得出结论说，如果这个不可分的实在被某个个体分有，它"本身将保持完整，并在可见事物中保持完整"（VI. 4.8.42-43），他不是在《巴门尼德》中提出的两种可能性之间做选择，即作为一个整体或作为一个部分分有形式。事实上，这两种可能性——在柏拉图式的巴门尼德以及亚里士多德那里——都被设想为被分有的形式和分有形式的个体以同一种方式共享特征。但普罗提诺认为，被分有的形式不能与分有形式的个体共享身体性的实在的标志，即空间性和划分为部分（VI. 4.11.6-9；亦参见 VI. 4.13.14-18 和 VI. 5.3.1-8）。这种对可理知模型地位的分析将产生具有新柏拉图式特点的因果关系公式，根据这一公式，超感性的原因同时到处而且无处（everywhere and nowhere）存在。

普罗提诺仔细区分了作为个别分有者之属性的理念和作为所有具体实例之理性范本的理念（VI. 5.6.11-12）。被分有的理念显然是具体的，因为它是某一个个别实体的一种属性。但是，就其本身而言，理性范本必须是"到处"（pantachou）存在的，即在每个实例中都有相同的"形式"存在，即使没有任何个别实体将其作为自己的属性（VI. 5.6.12-15）。由此可见，理性的范本同时存在于所有拥有它的具体实例的实体中，并且也与它们分离。就其本身而言，理念仍然与具体事物没有任何关系（VI. 5.8.35）；作为存在于它的所有具体实例中的同一个"形式"，它到处存在。

这种超越性和内在性的双重地位也有助于解决关于理念的另一组反对意见，根据这些反对意见，正是由于它们的分离性，从解释现象性实在的角度来看，它们是无用的。普罗提诺对这种亚里士多德式批判的回答是对可理知实在的原因性的分析，这与它们"到处且无处"存在的思想密切相关。

一个原理，如果它赋予一组具体分有者以特性来定义这些分有者的本性，它并不需要为了成为它们的原因而"做"什么。所需要的是这个原理作为其所有不同种类的实例的"形式"的永久性。普罗提诺用柏拉图式的动词"保持"（menein；在《蒂迈欧》42e5-6中用以描述造物主理智的地位）来表达双重含义：首先，不变性不是可理知的模本的补充特征，而是其原因性的本质；其次，形式不能被指责为无法成为可感事物的动力因，因为它不负责它们的运动，而只负责其理性结构。

当普罗提诺试图解释一个不可分的实在如何可以成为一个原因时，他认为它不是通过质料，而是"保持"在自身之中成为原因的（ou tês ideas dia pasês [= tês ulês] diexelthousês kai epidramousês, all'en autêi menousês；VI. 5.8.20-22）。

在讨论可理知事物在可感事物中的遍在性时，普罗提诺强调了menein的第一个含义，即在形式性的原因性本性中所涉及的不变性（VI. 4.7.22-29，亦参见 I. 7.1.13-19 和 23-24；VI. 5.10.8-11）。

在讨论造物主理智对于宇宙而言的原因性时，普罗提诺强调了形式性的原因性和动力性的原因性之间的区别。可理知的范本既不需要工具，也不需要思虑，就可以将其属性传达给分有者。在 III. 2.1.38-45 中，普罗提诺将通过活动产生的效果与原理的原因性进行了对比，后者仅通过其本性的不变性而产生作用。可理知的东西——在这里被认为是在其理智（nous）和可理知的范本（kosmos alêthinos）的双重方面——并没有在生产的意义上"行动"。事实上，正是由于它的不生产，mê poiein，它才产生了可见宇宙的伟大而奇迹的实在。它之所以这样做，正是因为它就是它之所是，也就是说，通过它 eph' heautou menein（保持在自身之中；另参见 III. 2.2.15-17 和 V. 8.7.24-31）。

普罗提诺认为，可理知实在的这两个特征——以非处所的方式存在于质料性的实在之中的能力，以及通过成为效果内部理性结构中的不变模本，从而成为效果的原因的能力——都是第一原理本身的特征，即"一"。

遍在是"一"的特征，因为它被认为是所有事物的实在性的必要条件（condition *sine qua non*）。在 VI. 9 著名的开篇中，所有存在者（panta ta onta）将它们的存在都归结于一：toi eni esti onta（诸存在者由于"一"存在；VI. 9.1.1-2）。普罗提诺通过一系列的例子来解释这种关系，从集合性的名称开始，到连续的量、物体、质、灵魂，最后到理智。这份清单是为了表明，统一性始终是存在的基本条件。如果不把它看作一个统一体，就不可能说一个实在是什么（VI. 9.1.4-2.8；亦参见 V. 3.15.11-15 和 V. 5.4.31-38）。因此，统一性是谓语的条件，而由于"存在"在柏拉图式的思维方式中本质上意味着"可理知的"[1]，坚持统一性是谓语的条件就等于肯定它是存在的条件。

在同一篇论文的后续章节中，普罗提诺对这一观点进行了扩展，他说，当我们不在一的"周围"时——也就是说，当任何实体，包括我们自己，都失去了它的统一性时——解散就在等着我们，我们将不再存在（ouketi esometha；VI. 9.8.41-42）。只要"一"

---

[1] 柏拉图式的存在与生成的二分法（*Tim.* 27d5-28a4）涉及真正的存在者与可理知的东西的同一性（例如，参见 *Phdr.* 247d5-e3），这又是新柏拉图主义形而上学中的一个关键概念。例如，参见普罗提诺 V. 8.5.18-20, V. 9.3.1-4, VI. 6.18.31-35。

以其所是的方式存在，它就被认为是持续地让我们分有它：aei chorêgountos eos an ê oper esti（VI. 9.9.7-11，亦参见 V. 6.3.2-4，并与 VI. 6.18.46-47 相比较，其中，同样的特征被归于可理知实在）。形式性的因果性的第一个特征，即在效果中遍在，在这段话中与第二个特征密切相关，即作为可理知模本的原因性的比例的不变性。

事实上，正是通过"是其所是"，一个可理知的原因将自己与所有分享其特征的实体相联系。但我们已经看到，根据普罗提诺，所有存在者都具有统一性的特征。因此，"一"被设想为所有存在者的原因。这种原因性的模式与理念的模式相类似。一和理念这两者都是通过不变地成为它们之所是的方式而成为原因的。

在 V. 4.2.19-22 中，普罗提诺说，如果某样东西从静止于自身之中的"一"中产生，那正是因为其本性的永久性（亦参见 V. 3.10.16-17 以及 12.33-38）。这样的原因对于其分有者而言被认为是超越性的，也就是说，可以脱离分有者而持存，对于分有者而言是在先的。事实上，它被认为是唯一能够解释某一个给定性质之下**所有**不同实例的原理。因此，它被设想为与源自它的一系列东西相分离，并且先于这一系列东西。正如柏拉图式的"美本身"对于诸美的事物而言是超越的，普罗提诺式的形式性的原因性也超越了分有它的东西，因为它是解释许多个体共享一个共同属性这一事实所需要的原理。这一特征也被归于"一"。

当普罗提诺把所有实在的东西分有统一性视作分有一种共同的属性时，他是把"一"作为这种特性之中 auto kath' auto（就其自身而言的东西）来处理的。但是，美只涉及美的事物的集合，相反，统一性则涉及所有的事物。因此，"一"超越了所有的实在。

在两个著名的段落，也就是 V. 2.1.1-2 和 III. 8.9.44-54 中，普罗提诺指出了这样一个事实："一"的超越性不能与它的遍在性相分离。虽然第一个段落只是简短地断言了"一"是万物，而不是其中的某一个，但在第二段中，普罗提诺使用了归谬法（*reductio ad absurdum*），以证明"一"的遍在性不能被解释为诸事物之中的内在性（immanence）。尽管"一"的普遍存在是它的原因性造成的，但它是完全超越的（ouden tôn pantôn, alla pro tôn pantôn）。

在一些段落中，超越性和内在性的双重地位——pantachou kai oudamou（到处且无处）——被正式提出来作为对事物从一衍生出来的解释。一个很好的例子是 III. 9.4.3-9。如果"一"只是"到处"存在，而不是同时"无处"存在的话，那么它就会与它的效果具有相同的性质。但由于它是超越的，"无处"存在，它可以满足对可理知原理的原因性的基本要求：先于它们的所有具体实例。因此，它是 pro pantôn en（先于一切的一），这就是它能够产生所有事物的原因，而不是与它所产生的东西相吻合，这种吻合在普罗提诺看来是荒谬的。[1]

所有后继的新柏拉图主义思想家都会认可普罗提诺关于可理知的原因性的主要信条，以及这种原因性向"一"的扩展。波斐利在他的《章句》的一开始就指出，虽然物体总是处于空间之中，但没有一个超感性的实在是如此这般具有位置的。[2] 其中第 2 句认为，非质料性的和自足的实体，即可理知物，以简单和非处所性的方式到处存在（pantachê）。[3] 波斐利用"捆束"（rope，repein）的

---

〔1〕 亦参见 III. 8.9.24-29；V. 5.8.23-27, 9.11-26；V. 9.4.24-28；VI. 7.32.12-14；VI. 8.16.1-12。

〔2〕 Porph. *Sententiae* 1, Lamberz 1.2-3.

〔3〕 Porph. *Sent.* 2, Lamberz 1.5-6. 亦参见 *Sent.* 33, 35.4-21。

比喻来区分诸可理知物实体的分离性和它们拥有物体时的关联性（schesis）。[1] 在第 27 句中，波斐利将 pantachou kai oudamou 的双重状态归于非质料性的东西。[2]

此外，波斐利专门用了一个章句来讨论，从它们是 pantachou kai oudamou 的角度来看，非质料性的东西之间有一种等级秩序。它们都共享了上述特征，但只有第一原理——在这里被简单地称为"神"——是在没有任何限定的意义上"到处且无处"存在的。而理智和灵魂只是就其是分有者而言 pantachou kai oudamou 存在的。[3] 波斐利是从第一原理同时具有遍在性和分离性的角度来描述第一原理的原因性的，他按字面意思引用了普罗提诺的观点。[4]

普罗提诺关于可理知原因 menein（保持）的主题出现在《章句》第 34 句中，作为对物理宇宙之中真实存在的遍在性的解释，这在总体上清楚地回应了 VI. 4-5 的学说和术语。[5]

公元 4 世纪的拉丁基督教新柏拉图主义者马利乌斯·维克多瑞努斯（Marius Victorinus）曾将《柏拉图派的著作》（*Libri platonicorum*）翻译成了拉丁文，该作品后来被圣奥古斯丁所引用，他的观点可能与《九章集》相同，[6] 但他将普罗提诺式的"一"的

---

[1] Porph. *Sent.* 3, Lamberz 2.2, 3, 7, 8; *Sent.* 28, 17.5; *Sent.* 30, 21.1; 32, 35.3; 37, 45.1, 2, 5.

[2] Porph. *Sent.* 27, Lamberz 16.5-16.

[3] Porph. *Sent.* 31, Lamberz 21.9-16.

[4] Porph. *Sent.* 31, Lamberz 21.16-22.5; 参见 III. 9.4.3-6。

[5] Porph. *Sent.* 34, Lamberz 38.6-39.12.

[6] Theiler 1993 反对将奥古斯丁在《忏悔录》VII. 9.13 和 VIII. 2.3 中提到的《柏拉图派的著作》（*Libri platonicorum*）与《九章集》相等同；Henry 1934, 45-69 则提供了大量的证据，以表明这些"著作"实际上主要就是《九章集》。关于奥古斯丁的《柏拉图派的著作》，也参见 Courcelle 1943, 159-176; 1950, 93-138; 1954, 以及 Pépin 1954; O'Meara 1958; O'Connell 1963。关于维克多瑞努斯对《九章集》的翻译，参见 Henry 1950; Hadot 1968; Hadot 1971。

原因性模式改编为他自己的三一论神学。普罗提诺排除了对"一"的遍在性任何"泛神论"式的解释，他一再断言："'一'必须充满所有的事物，并使它们产生，但它本身并不'是'它所制作的所有事物。"（例如，参见上文所引用的 III. 9.4.8-9 的最后一句：plêroun oun dei auton kai poiein panta, ouk einai ta panta, a poiei。）相似地，当维克多瑞努斯在"上帝是存在的原因与父亲（causa...dator et pater）"的论题中加入如下的从句时，他很可能有了同样的想法："不必说这些东西（et non est dicere haec）——例如，诸存在者——存在本身（esse ipsum）——也就是上帝——就是他所赐予它们的东西（quibus ut essent, dedit）。"[1] 维克多瑞努斯按字面意思引用了 V. 2.1.1-2 中关于一与整全（ta panta）之间关系的著名段落，[2] 这样，普罗提诺的第一原理概念的一个极其典型的特征就以这种方式传递给了圣奥古斯丁时代的拉丁文读者。

维克多瑞努斯既赞同"一"的遍在性和分离性概念，也赞同将不变性学说理解为非质料性原理的原因性。上帝被描述为"manens vel mansio ... quies, quietus"，[3] 它通过其本身彻底的静止，产生了所有存在者。在《驳亚略书》(*Adversus Arium*) 的一个段落中，这两个学说被联系在一起。上帝是"in semet ipso manens, solus in

---

〔1〕 Marius Victorinus Afer, *Ad Cand.* 12.1, Hadot 1968, II, 18.

〔2〕 Marius Victorinus Afer, *Adv. Ar.* IV. 22.6-10, Hadot, II, 49.

〔3〕 Marius Victorinus Afer, *Adv. Ar.* IV. 24.32-36, Hadot 1968, II, 51. 亦参见 *Ad Cand.* 15.1, Hadot, II, 20 (Secundum nullum progressum semper in semet manens); *Adv. Ar.* I. 52.21, Hadot 1968, II, 31 (Quiescente quod est esse patricum); *Adv. Ar.* IV. 21.19-25, Hadot 1968, II, 48 (Primum in rebus eternis, divinis maximeque primis manentia quieta et in eo quod sunt exsistentia nulla sui per motum mutatione generarunt).

solo, ubique existens et nus quam".[1]反过来，圣奥古斯丁会重复道，上帝的创造并不涉及任何变化（例如，参见 *De Trin.*V. 1.2：sine ulla sui mutatione mutabilaia facientem, nihilque patientem），并多次称上帝为 "ubique praesens, ubique totus"。[2]在《忏悔录》中，普罗提诺所特有的 "到处且无处" 的双重状态被联系到了上帝之上：ubique totus es ... et nusquam locorum es（你无处不在……但不在此处）。[3]

在雅典学派中，这种原因性的模式被系统地利用了。虽然在叙利亚努斯（Syrianus）的现存著作中，没有出现 "到处且无处" 存在和原理在产生其效果时的 "保持" 公式，但这位普罗克洛的老师为普罗提诺式的因果学说的系统化做出了重大贡献。正是叙利亚努斯首先使用了那个著名的公式，原因性 "凭借存在本身"（autôi tôi einai）而生产，它在工匠的生产意义上总结了普罗提诺式学说中涉及的原因的不变性和 "行动" 的缺席。

在他对亚里士多德《形而上学》的评注中，叙利亚努斯认为，可理知的范本凭借存在本身而生产。这一论断的背景非常有趣，因为叙利亚努斯在这里评注的是《形而上学》中的一段话，在那个位置，亚里士多德认为，试图将理念确立为独立于感性事物而存在的实体的论点（即一在多之上的学说），是建立在感性事物的实体（ousia）与超感性事物的（假定的）实体之间是同名异义的假设之上的（1079a31-b3）。叙利亚努斯的回答是以同名异义概念

---

〔1〕 Marius Victorinus Afer, *Adv. Ar.* I. 50.9-10, Hadot 1968, II, 29.

〔2〕 O'Connell 1963 评注了相关的段落。亦参见 Teske 1986。

〔3〕 Aug. *Conf.* VI. 4. 亦参见 V. 16：ubique presens。

为中心的。他区分了单纯偶然的同名异义和存在于实际上有共同点的实体之间的同名异义。模本和在其基础上形成的影像不可否认地具有真正的联系，特别是——叙利亚努斯补充说——当范本（paradeigma）凭借其存在带来影像时，能够将影像"转变"为范本自身，[1]也就是说，将结果确立为与原因更相似而非相差异的东西。普罗克洛会这样解释这个观点，他认为在一个可理知原理和它的结果的关系中，相似性优先于差异性。否则，派生的东西就不会是源于原理的"系列"的成员。[2]

不仅可理知的范本，而且理智也是按照普罗提诺式的不变性模式来运作的。叙利亚努斯把造物主理智的原因性描述为凭借其存在，按照其理智性的本性来产生所有事物的能力：autô tôi einai kata tên heautou idiotêta。[3]在《形而上学》1086b14-22那里，亚里士多德再次批评了可分离实体的理论，在叙利亚努斯对这段文本的评注中，他赞同普罗提诺式的区分，即区分涉及思虑和变化的生产与只能归为原理之本性的生产。理智 autôi tôi einai 才是它（所造成）的效果的原因，而不像那些通过思虑和变化才起作用的原理。[4]

以 autôi tôi einai（凭借存在本身）为模式的原因性在很大程度上被普罗克洛所采用，[5]他在整个作品中都诉诸它来表明可理知实在的

---

〔1〕Syr. *In Aristotelis Metaphysicam Commentarium*, Kroll 114.35-115.3.

〔2〕Proclus,《神学要义》28, Dodds 32.10-34.2; 32, Dodds 36.3-10。

〔3〕Syr. *In Arist. Metaph. Comm.*, Kroll 117.16-28.

〔4〕Syr. *In Arist. Metaph. Comm.*, Kroll 163.27-34.

〔5〕参见《神学要义》中的例子,《神学要义》18, Dodds 20.3-22; 120, Dodds 106.7-8; *In Tim.* II, Diehl I, 268.6-13; 335.25-336.3; 390.9-21; 395.10-22. 有关凭借存在本身生产的话题，参见 Trouillard 1977。普罗克洛完全赞同普罗提诺关于原理在其生产中不变的原理，参见《神学要义》26, Dodds 30.10-11。亦参见 *In Tim.* II, Diehl I, 396.24-26, 在这个文本位置，造物主的理智永恒地保持在自身之中，并且由于他的保持产生了宇宙。

具体行动类型。值得注意的是，普罗克洛想区分超感性原理的原因性的两个层次。严格来说，autôi tôi einai 的那种活动只适用于可理知实在（在普罗克洛的语言中，适用于 noêton platos），而诸——普罗克洛式宇宙的最高层级，例如，以"一"为终点的一系列诸原理——凭借其先于存在（tôi proeinai）而作用。[1] 这种区分是为了避免将"存在"归于最高层级的实在，它被设想为超存在。事实上，这种区分至少部分地掩盖了普罗提诺式的原初思想，即在超感性原理的情况下，"产生"与"是其本身"相吻合。

事实上，普罗克洛式的区分在对普罗克洛形而上学的两个主要改编作品中并没有留存下来，即亚略巴古的狄奥尼修斯的《论圣名》（De divinis nominibus），以及阿拉伯语的《原因之书》（Liber de causis），这是一篇从普罗克洛的《神学原本》中提取的关于第一原理的短文。无论是伪狄奥尼修斯还是《原因之书》的作者，都不会跟随普罗克洛区分原理在其生产过程中不变性的两种含义，一种对应于高于存在的一，另一种对应于真正的存在，即可理知的原因。事实上，他们两人都会把这种原因性模式特别地——但不能说完全地——归于第一原理本身。

伪狄奥尼修斯反复强调，上帝通过他的存在创造了所有的实在：他通过他的存在成为所有存在者的原因，[2] 他通过他的存在给予每一种存在者以存在。[3] 采用 autôi tôi einai 的因果性概念特别符合伪狄奥尼修斯的肯定神学，根据该神学，"存在"是神名中最好

---

〔1〕 Procl. *El. Th*. 122, Dodds 108.8-9. 关于这个主题，参见 Trouillard 1960。

〔2〕 Pseudo-Dionysius Areopagita, *De divinis nominibus* I. 5, Suchla 117.11-12.

〔3〕 Pseudo-Dionysius Areopagita, *De div. nom.* V. 5, Suchla 184.5-6. 亦参见 IV. 1, Suchla 144.1-5。

的，[1]尽管从否定神学的补充观点来看，上帝高于存在，huperousios proon（超越实体性的先于存在）。[2]在神的赐予中，存在是第一性的以及最重要的。在柏拉图—普罗提诺式的传统中，"存在"与可理知性的地位相符合，而可理知性又是所有更具体的完善性，诸如"生命"或"智慧"的条件。伪狄奥尼修斯与新柏拉图主义的思想一样，认为"存在"在所有可理知物中具有优先地位。他解释的特点是认为，如果"存在"是第一原理的第一个产物，这意味着在我们关于上帝的肯定性论述中，"存在"是第一个更合适的名字。

尽管以普罗提诺和伪狄奥尼修斯为背景的神学假设有明显的不同，但伪狄奥尼修斯式宇宙的第一原理在其创造中起作用的方式与普罗提诺式的"一"起作用的方式完全相同。在一些段落中，它被描述为在其生产中是不衰减和不变的（eph' eautou menon）[3]；就像柏拉图式的可理知世界一样，它总是相同的（aei kata ta auta kai ôsautôs echon）。[4]它是遍在的（pasin ôsautôs paron）。[5]在一些段落中，伪狄

---

[1] Pseudo-Dionysius Areopagita, *De div. nom.* V. 5, Suchla 184.2-3：Archegikoteron ôs on o theos ek tês presbutêras tôn allôn doreôn umneitai；亦参见 V. 4, Suchla 182.17-18：Tagathon ôs ontôs on kai tôn ontôn apantôn ousiopoion anumnêsomen；V. 4, Suchla 183.4-5：O theos ou pôs estin on, all'aplôs kai aperioristôs olon en eautôi to einai suneilefôs kai proeilephôs。

[2] Pseudo-Dionysius Areopagita, *De div. nom.* IV. 20, Suchla 166.14；V. 4, Suchla 182.19；V. 8, Suchla 188.9-10（uperousios）；V. 4, Suchla 183.7-8：Oute en oute estai oute egeneto oute ginetai oute genêsetai, mallon de oute estin；同上，183.12-13 以及 17；V. 8, Suchla 186.9 以及 15；同上，Suchla 187.4-5；V. 10, Suchla 189.7（o proon）。

[3] Pseudo-Dionysius Areopagita, *De div. nom.* IX. 4, Suchla 209.9。

[4] 参见 IX. 8, Suchla 212.16-17：Ti de allo［= ê theia stasis］ge para to menein auton en eautôi to theon；X. 2, Suchla 215.12：En tôi aei kineisthai menonta eph'heautou；XI. 1, Suchla 218.12-13：Kai proeisin epi panta endon olê menousa［= e theia eirênê］di'uperbolen tês panta uperechousês enôseos。

[5] Pseudo-Dionysius Areopagita, *De div. nom.* IX. 4, Suchla 209.10。

奥尼修斯的公式似乎与普罗提诺的公式遥相呼应：例如，上帝——他在这里被命名为 ho proon（先于存在）、"他在存在之先"——在他自身之中就是统一性，并且以同样的方式，他对于万物而言都是在场的并且处处存在：paron tois pasi kai pantachou kai kata en kai to auto kai kata to auto。[1] 伪狄奥尼修斯赞同普罗提诺式的基本信条，即原理的超越性是其遍在性的相关项。上帝被设想为流溢在所有受造物中，同时又"留"在自身之内。[2] 如同普罗克洛的"诸一"（Henads）一样，伪狄奥尼修斯式的上帝通过他的神意无处不在，而他在自己身上"理解"所有低级实体的能力则被他的超越性所限定。[3]

类似的图景清晰地出现在《原因之书》之中。在命题 19 中，我们被告知，第一因主宰着（tudbbiru, regit）所有受造的实在，而不与它们有任何混合（ġayra anna takhlitu bihā, praeter quod commisceatur cum eis）。[4] 作者将第一因在产生效果时不动的特点归于它，根据普罗克洛的《神学原本》第 122 个命题，这属于神圣的诸一，它直接启发了《原因之书》的这个命题。[5] 和伪狄奥尼修斯一样，《原因之书》的作者也说，上帝凭借他的存在——biannihi faqat, per esse sum tantum[6]——意味着他不仅不需要思虑、工具

---

〔1〕 Pseudo-Dionysius Areopagita, *De div. nom.* V. 10, Suchla 189.10-11.

〔2〕 Pseudo-Dionysius Areopagita, *De div. nom.* V. 10, Suchla 189.11-12.

〔3〕 Pseudo-Dionysius Areopagita, *De div. nom.* IX. 9, Suchla 213.12-14. 比较普罗克洛 *El. Th.* 122, Dodds 108.1-4。

〔4〕《原因之书》第 19 部分，Bardenhewer 95.2-3（参见 Pattin 1968, 177.97-98 的拉丁文本）。该定理忠实地基于《神学要义》第 122 个命题。

〔5〕《原因之书》第 19 部分，Bardenhewer 95.5: al-'illa al-ūlā thābit qā'im bi-waḥdanīyyatiha, causa prima est fixa stans cum unitate sua（=Pattin 177.3）。对比普罗克洛 *El. Th.* 122, Dodds 108.5。

〔6〕《原因之书》第 19 部分，Bardenhewer 96.8= Pattin 178.25。

或运动来创造，而且他通过赋予存在而行动，因为他是第一性的和纯粹的存在，annīya faqat, esse tantum。[1]

中世纪的神学家和哲学家使用《原因之书》中的定理来解释上帝和世界之间的关系，实际上是再现了新柏拉图主义关于超感性实体的原因性学说。将上帝等同于纯粹存在的创新并不妨碍这种改编传播了原始普罗提诺思想的决定性特征。

然而，即使对于柏拉图思想学说的普罗提诺式解释的基本信条被后来的新柏拉图主义思想家们一致认同，但为了解决其内在困难而提出的解决方案却绝非如此。在下一章中，我将试图指出主要的困难，即从一个绝对单纯且独一的第一原理中推导出多，以及普罗提诺对它的解决方案。最后，我将提出一些理由，说明后来的新柏拉图思想家放弃了这一解决方案，而采用了一种相当不同的方法来解决新柏拉图主义形而上学中的这个关键问题。

二

根据我在第一章的介绍，普罗提诺把一种原因性归于"一"，这种原因性具有与可理知事物的原因性相同的特征。我提醒需要注意的唯一区别是，任何"到处且无处"存在的可理知原理都只针对特定的一系列派生性的实体，并且通过其不变性只产生某一种特定的效果，即它的分有者的特定效果，而第一原理"到处且无处"存在，没有任何限定，它通过其不变性能够产生的东西与实在本身相

---

[1]《原因之书》第 8 部分，Bardenhewer 79.1= Pattin 158.2。有关《原因之书》中的存在学说，参见 D'Ancona 1992a。有关《原因之书》中命题 8 的学说，参见 D'Ancona 1990a。

吻合。

显然，这一点远非毫无争议，我们必须归功于普罗提诺把握到了这种论断令人困惑的特性。由于我在这里主要关注的是普罗提诺的第一原理概念中所涉及的原因性模式，我将抛开关于第一原理在生产宇宙时的"自由"问题，以及关于其生产的"界限"问题，也就是关于普罗提诺的质料概念的问题。我将处理的问题是：可理知的原因性模式能否解释"一"产生了所有实在的东西（ta panta）这一事实？

困难在于，普罗提诺事实上坚持认为"一"是一切事物的普遍原理，完全拒绝假设另一原理，该原理为质料的产生和"多"的实存负责，他认为这样的假设是不合理的想象。[1]这意味着，"一"不仅对所有事物的统一性负责，只要它们存在，就会分有统一性，而且也对它们的"多"负责。

因此，第一部分所述的原因性模式的基本原则似乎被否定了。实际上，它们都来自将因果之间的关系设想为某一形式的具体实例与形式本身之间的相似性。但是，如果"一"产生了"多之为多"，也就是说，产生了与原理不同的"多"，而不是与原理相似的"多"，那么，在这种产生中，究竟如何可能保留形式性的原因性的特征呢？例如，原因在其生产中的不变性不过是对结果和原因之间形式上的同一性的分析。因此，如果"一"产生了多——与它不同的东西——它就不可能由于形式性的因果性的规则而这样做：例

----

[1] II. 9.4. 关于该章节，参见 Roloff 1970, 166-169；总体而言，普罗提诺针对诺斯替宇宙论的论战，参见 Elsas 1975；O'Brien 1981, 1992b；Evangeliou 1992；Pépin 1992。有关质料的生成问题，参见 O'Brien 1971, 1991c；Corrigan 1986；Narbonne 1993。

如，它不能通过它的 menein 产生多，就像它被视为事物那里统一性的独立原因那样。

当普罗提诺在 V. 1.6.3-8 中告诉我们，灵魂必须承认"多"的存在时，他似乎在解决这样一种困惑，并且

> 渴望回答古代哲学家们反复讨论的问题：如果"一"是我们所说的那样，那么其他任何东西，无论是多、二还是数字，是如何产生的？以及为什么它反而不能保持自身（all' ouk emeinen ekeino eph' heautou），而是从它那里流出了如此大量的多，这种"多"就像在诸存在者之中存在的那样，但我们认为将其归于"一"是正确的（anagein de auto pros ekeino axioumen）。

这个难题的核心可以用下面的方式呈现出来：要么"一"不是多之为多的原理，因此它不是第一性的和普遍的原理，要么它确实产生了多之为多，因此它不能"保持自身"，也就是说，它在生产中改变了它的本性，以便能够产生与它不同的东西。

普罗提诺的解决方案考虑到了困境中的第二重角力，以表明可以设想一种方式，在这种方式中，"一"产生了"多"，而不违背我们必须归于它的原因性的基本原则，即原理保持不可改变和不可衰减。在 V. 2.1.3-5 中，他问道："那么，万事万物是如何从简单的、没有多样性或没有任何一种二元性的东西中产生的？"从他对"多样性"（poikilia）一词的使用可以看出，他不是，或者说主要不是，在考虑感性世界的多，而是在考虑可理知领域的多。

问"一"如何能被设想为与它相差异的东西的原理，主要是指追问"一"如何能产生可理知的东西。事实上，根据定义，就可理知的东西是性质的理性形式（rational formulas）而言，它们是一种多样性。普罗提诺想当然地认为第一原理实际上是第一性的和普遍的，他必须在双重意义上解释那个事实，也就是说，就它们是**统一性的实例**而言，以及就它们是一个真正的和原初的多样性而言，"一"必须产生可理知的东西（并通过它们产生所有后继的实在）。

粗略地说，普罗提诺对从"一"派生出"多之为多"的解释基于这样的想法：在第二种情况下，原理给予了它的分有者一些它所不具备的东西。普罗提诺非但没有隐瞒他的形而上学的这一症结，反而将它宣布了出来。在上面所引用的那段话的后续部分，他说道："正因为在它之中没有任何东西，所以一切东西才都来自它：为了使存在能够存在，'一'不是存在，而是存在的产生者。"（V. 2.1.5-7）普罗提诺仔细分析了高于存在的"一"与存在之间的关系，存在就是可理知的实在，或者对他来说是一样的，也就是理智。当代学术界对这一分析进行了详细的研究，因为它具有至关重要的意义，同时也具有争议性，我们目前的目的并不要求我们介入这一辩论。[1] 相反，我们有必要将重点放在"一"产生它所不具备的东西的那种原因性上。在上文所引用的段落中，以及在所有专门讨论从"一"产生"理智"的相关段落中，普罗提诺反复告诉我们，第一原理在其第一个产物，即"理智"之中所陈述出来的东西，并不能在原理本身之中被找到。例如，参见 VI. 9.3.40-41，在

---

[1] 参见 Rist 1962; Igal 1971; Santa Cruz de Prunes 1979; Szlezák 1979, 52-108; Smith 1981; Gatti 1983; Corrigan 1986a; Schroeder 1986; Lloyd 1987; Bussanich 1988; D'Ancona 1990a.

处理理智和"一"之间的关系时，普罗提诺坚持认为，"因为一之本性是生成一切事物，它不是其中的任何一个"[1]，或者，例如 V. 3.15.35-41：

那么，"一"如何制造它所没有的东西呢？现在，我已经说过，如果有任何东西来自一，那么它必须是与"一"不同的东西；而当它是不同的，它就不是一：因为如果它是一，它将是那个"一"。但是，如果它不是一，而是二，它必然也是多：因为它已经是相同的、不同的、有性质的和所有其他的东西。

另外，参见 VI. 7.17.32-41，普罗提诺在那里更明确地指出，"一"给予其最终产物的东西是什么，而"一"本身并不具有这种给予的东西：

那么，理智的生命就是整体性的能力，源自善的理智的观看就是成为万物的能力，而成为万物的理智则表现为事物的整体性（o de genomenos nous auta anephanê ta panta）。但善尊崇地高踞于万物之上，不是因为它可以有一个基座，而是因为通过它本身是无形式的，它可以给予最初"诸形式"的"形式"以基础（ina idrusêi eidos eidôn tôn prôtôn aneideon auto）……因此，理智也是那"善"的痕迹；但由于理智是一种形式，存在于广延和多之中，那"善"则是无形状和无形式的；因为它

----

[1] 有关这个段落，参见 Hadot 1988, 133-134 以及 Bussanich 1988, 169。亦参见 I. 8.2.17；V. 1.7.19-20；V. 2.1.5-7；V. 3.11.18；VI. 7.17.3-6；VI. 9.6.26-35。

就是这样制造形式的。

因此，"一"所给予的多它本身并不具有，这就是诸形式（eidê）意义上的多，也就是反过来对我们经验的各种对象的理性结构负责的形式的多样性。"一"之所以是形式的原理，正是因为它不是一个形式。如果回顾上面引用的 V. 3.15 段落的表达，在"一"产生可理知的规定性上的多时，"一""制造了它所没有的东西"。普罗提诺用一系列的公式来表达这一思想，其中最流行的主题是，"一"是生产万物的能力（dunamis tôn pantôn），它产生了理智，理智拥有所有实在（ta panta）可理知的样式。[1]他强调，"一"是存在——诸形式和理智——的原理，并不是因为它拥有存在或形式，而恰恰是因为不拥有（V. 5.6.1-11，另参见 V. 3.14.18-19）。

我们现在要考虑的问题是，"一""制造它所没有的东西"的因果关系模式与"一"赋予所有实在以它们所拥有的统一性的模式表面上似乎很难一致。要得出的正确结论似乎是，普罗提诺设想的"一"有两种不同的原因性，一种是为了关联统一性而保留的，另一种与前一种完全不同，这一种原因性解释了多的产生。然而，现有的证据反对这种解释。普罗提诺似乎并不打算在"一"的原因性中区分两套规则。

也许可以通过考虑下面这段话来回答这个问题，在这段文本中，普罗提诺将一个特定形式的具体实例与形式本身进行了比较——在这个例子中，是"美"的形式：

---

〔1〕 III. 8.10.1-2: dunamis tôn pantôn；V. 1.7.10: to en dunamis pantôn；V. 3.15.32-33: to de dunamis pantôn；VI. 8.9.45: dunamin pasan autês ontôs kurian.

但是，既然它是美的原理，它就使以它作为原理的东西变得美，并不是使美在形状上是美的，而是使从它那里产生的美是无形状的，但是这种无形状的美在另一种方式上是有形状的；因为所谓这个东西（形状）在另一种方式上就是形状，但就其本身而言它是无形状的（êph gar legomênê auto touto monon morphê en alloi, eph' heautês de ousa amorphon）。因此，分有美的东西是有形状的，而不是美本身是有形状的。（VI. 7.32.34-39）

普罗提诺面临的问题是：负责所有美之事物的美之形式本身是否是美的？他回答说，它并不拥有它所给予出去的美。这里无疑涉及将可理知的那种美与颜色、线条、表面的复合物区分开来的问题，在这些复合物中包含着某一可感事物的美。普罗提诺想要指出的是，"美"的形式本身与任何特定的美的实例中关于"美"的各种理性标准之间的区别。这种区别在于，就具体实例的标准而言，形式本身是无形式的。美的形式本身并不具备诸如交响乐的理性结构，也不具备美丽面容的理性结构。它是所有理性结构的原理，是我们经验中所有特定的美的实例的基础，但不能与其中任何一个相吻合。因此，相对于它们来说，它必须是无形式的，而当它"在他者中"时，即在它的具体实例中时，它就成为一种具体的形式。具有具体形式的东西是分有者：形式本身赋予它一些形式本身不具备的东西。形式所拥有的东西，或者更准确地说，它之所是，是产生理性样式的能力，根据这种理性样式，交响乐听起来很美，根据这种理性样式，一副面容看起来很美。

普罗提诺对形式自身指涉（self-reference）的悖论的这种解决方法，不仅是为了阐明柏拉图学派的共同遗产，而且为理解各种形式和它们的原理之间的关系提供了一种模式。所有美的实例都是由于"美"本身而产生的，而"美"的产生正是因为它不是任何一种特定的美，而是所有美的"公式"。反过来，美的"公式"与"正义"或"智慧"的"公式"不同，这让人回想起上述引文的后续段落中普罗提诺使用的那些例子。结论就是，所有不同的形式都把它们作为形式的事实归功于一个原理，而这个原理产生它们的原因正是它不是它们中的一个，也就是说，它对它们来说是无形式的：

> 那么，它也不可能是任何种类的形式或个别的力量，也不可能是所有那些已经出现和存在于此的东西，但它必须高于所有力量和所有形式。原理是无形式的东西，不是需要形式的东西，而是每一个可理知形式都来自它的东西。（VI. 7.32.6-10；另参见 V. 1.7.19-20）

因此，"一"对于可理知形式之多的生产，并不是另一种在与统一性相关联的角度上的生产，而是对超感性原理运作方式的一种不同的分析。当我们把"一"看作所有存在着的事物的统一性的原理时，我们考虑的是涉及形式性的原因性样式中的相似关系。当我们问及"一"如何产生诸形式的"多"之时，普罗提诺回答说，这是因为"一"与所有形式相分离，它对它们来说是无形式的，我们面对的就是普罗提诺对"自身述谓"悖论的回答，这个回答延伸到诸形式的集合与它们的原理之间的关系之中。

这个想法的一个重要后果是，原理被设想为产生它的所有具体实例的能力（dunamis）。如果"美"的形式对于交响乐和面容的理性模型而言是无形式的，而如果——根据定义——它必须是它们的原理，这意味着它不是"一种"美，而是产生所有可能种类的美的能力。如果"一"对于所有的形式来说是无形式的，这意味着它有能力产生所有的形式，即它是 dunamis tôn panôn（全能），而不是它们中的一个。用普罗提诺的话说，就是：

> 那么，什么是"万物"呢？就是以"一"为原理的一切事物。——但是那个"一"是如何成为所有事物的原理的呢？是不是因为它作为原理使它们保持存在，使它们每一个都实存？——是的，因为它把它们带入实存。——但它是如何做到的呢？——通过预先拥有它们。——但有人会说，这样一来，它将成为一种多。——但它以这样一种无分别方式拥有它们：它们在第二层次上，在理性的形式上才被区分开来。因为这已经是现实性了；但"一"是产生所有事物的能力。——但它在什么方式上是能力呢？——不是在说质料是潜能的意义上，因为在这个意义上它只承受［外物］：因为质料是被动的；而这种［在质料意义上的］成为能力的方式是与"产生"相反的对立面。（V. 3.15.26-35）[1]

如果我们在形式的现实性（energeia）之中承认形式的多样性

---

［1］ 阿姆斯特朗译本中没有破折号。我将其插入译文中，是为了凸显普罗提诺文字中所蕴含的对话形式。

来自非形式性的"一"的能力，就等于承认"一"预先拥有它们，因为所有可能的美的理性标准都隐含在美本身中。

普罗提诺意识到必须严格守卫他的哲学的第一原理，使其免受任何"多"的影响，所以他毫不犹豫地坚持认为所有可理知的原因都"预先"存在于其中。在 VI. 8.18.38-40 中，在称"一"为"原因的原因"，即理智的原因之后，他又说："它（即'一'）在更大程度上是最有原因性的和最真实的原因，拥有所有来自'一'的理智性的原因，并生成了那些不是偶然的而是如它自己所愿而生成的东西。"〔1〕普罗提诺在《九章集》中提到理智是"一"最好的或第一性的形象或痕迹（agalma 或 ichnos tou henos）〔2〕的段落，就是为了回顾这个相同的想法，以及为了反对诺斯替派，普罗提诺认为理智（nous）紧随着第一原理，其间没有任何中介性的原理：metaxu ouden（没有居间者）。〔3〕

由于篇幅所限，在此不能对这一问题进行处理，这样能迫使我把重点放在关于"一"的原因性的主要问题上。普罗提诺似乎敏锐地意识到他的基本信条的两面性，即形式的假设是建立在"一——善"的原因性基础上的。这一思想隐含在柏拉图哲学的普罗提诺式解释的突出特点中，根据这一解释，可理知世界是由那个高于存在和理智的"一"产生的。

这一思想最初的也是最明显的含义是，在类比的意义上，我们发现"形式"是一种"多"的独立原理——这种多共享了一种可

---

〔1〕亦参见 V. 5.9.7-11。

〔2〕III. 8.11.19: ichnos tou agathou；另参见 V. 5.10.2；V. 1.6.14: agalma to prôton。

〔3〕II. 9.1.12-16；V. 1.6.48-49.

理知的特征，同样，我们也发现"一——善"是被所有形式所共享的特征的独立原理。按照这种思维方式，"一"就像任何可理知物那样起作用，也就是说，在某种意义上，可理知物本身是作为分有者以派生的方式拥有统一特性的。然而，还有第二重含义，根据这层含义，虽然一种可理知的形式只对它的分有者中的相似性负责，但"一——善"也对形式性的差别的原理负责，这些差别是真实的存在者，并且都要"复归"为"一——善"（anagein ... pros ekeino），正如我们在上面引用的 V. 1.6 的段落中看到的那样。按照这种思维方式，"一"就如同一个可理知的东西那样起作用，在某种意义上，后者被设想为一种原理，它给予它本身所并不拥有的东西，但它是有能力去生产的（V. 3.15.27-30）。

显然，这是对"多"源自"一"的问题的一个微妙且难懂的回答。关于理智之生成的各种令人困惑的描述，在很大程度上就是这种难懂所造成的结果。但普罗提诺承认了这一观点：可理知的世界及其所有的多样性都直接来自第一原理，他对该观点的允诺有着很大的价值，那就是指出了其中的困难之处。后继的新柏拉图主义思想家在这个问题上却没有跟随普罗提诺的脚步。

当代学者呼吁注意后普罗提诺时代的新柏拉图主义中超感性领域的日益复杂化。[1] 这正是普罗提诺所禁止的东西——在"一"和"理智"之间，以及反过来，在"理智"和"灵魂"之间，插

---

〔1〕 根据 Hadot 1968, 99-100，这种复杂性增加的主要原因在于，普罗提诺式的理智被扬布里柯（Iamblichus）分裂为两个不同的原理，即可理知的范本（intelligible paradigm）和神圣理智。普罗提诺关于理智与可理知范本相重合学说，参见 Armstrong 1960。后期有关可理知世界结构的观点，参见 Pépin 1956；Trouillard 1957；Dillon 1969；Wallis 1972；Beierwaltes 1973；Steel 1978；Blumenthal 1981；Sheppard 1981；Evangeliou 1988；D'Ancona 1991。

人补充性的本体——在这一思潮的晚期发展中，特别是在雅典的新柏拉图主义中，这一想法变成了常规。作为这一思潮演变过程的结果，在新柏拉图主义宇宙的最终图景中，第一原理并没有立即产生真实存在者的可理知的"多"，而是产生了其他原理，这些原理对它们作为单纯的，但同时也是相差异的实在的东西的地位负责。

在普罗克洛那里，这一图景达到了最佳的表述，即将第一者从形式世界中移除的过程并没有触及那个悖论，也就是那个拒绝将属于"原理"的特性赋予"原理"的悖论。这个悖论式的结论将由达玛士基乌斯（Damascius）得出，根据他的说法，一个"原理"牵连进它与被创始的实在之间的关系之中，但这种关联性的特征与第一者的绝对超越性不一致。[1]普罗克洛坚持认为，"一"确实是多的原理，但同时他发现，至少在某种程度上，普罗提诺对这一点的构想并不令人满意。普罗克洛的这一发展意味着什么，我们将在后文予以关注；现在，让我指出一些关于普罗克洛批判普罗提诺的证据，他的批判针对的是普罗提诺关于"一"与可理知领域之间关系的构想。

在《柏拉图神学》中，普罗克洛批评了那些"追随普罗提诺哲学的先哲"的观点，因为他们把理智直接地摆在"一"之后，而没有认识到在它们之间还存在着其他等级的神圣实在者。相比之下，柏拉图思想的最佳解释者，叙利亚努斯，区分了在"一"之下的可

---

[1] Dam. *De Princ.* I. 7, Westerink-Combès I, 37.20-38.12. 参见 Combès 1975 以及 Linguiti 1990, 15-21, 35-43。

理知世界的不同等级。[1]

《柏拉图〈巴门尼德〉评注》之中的一个平行段落表明，不仅普罗提诺的追随者，而且这位老师本人也受到了普罗克洛的批评。在这篇对话的第一组假设中，在处理从"一"那里移除多的诸种特征的顺序时，普罗克洛赞同了叙利亚努斯提供的注释模式：在第一组假设中，那些从"一"那里被移除了的所有特征，在随后的假设中都对应于超感性领域中从次级等级独立出来的特征。[2]因此，找出那种不可能存在于"一"之中的多，就等于找出了那种直接存在于"一"之下的多。关于可感之多的可能性，普罗克洛将其拒斥为荒谬，他如实引用了普罗提诺，用来提出关于理念之多的可能性，即 noeron plethos（可理知的多）。[3]这种可能性被拒绝了，原因与《柏拉图神学》相同：将理智及其可理知内容直接置于"一"之下，这种图景太简单了，不能表现出超感性世界的复杂性。

但普罗克洛并不局限于认为普罗提诺的构想未能把握住神圣等级秩序中的多。他给我们提供了理解他为何不追随普罗提诺的关键，他认为，从"一"中产生的多并不使我们有权认定，所有后续实在物可理知的原因都预先存在于"一"之中，即使这种预先存在并不牵扯到它们的"多"。这一论点总结了普罗提诺对多源于"一"

---

[1] 普罗克洛的 *Theol. Plat.* I. 10, Saffrey-Westerink I. 42.4-10。关于叙利亚努斯在新柏拉图主义学派发展中的重要性，参见 Dodds 1963, XXI-V；Merlan 1965；Wallis 1972, 144-145；Sheppard 1981；Madigan 1986；Saffrey 1987。

[2] 参见 Saffrey-Westerink, 1968, LXVIII-LXXXIX, 以及 Saffrey 1984。

[3] 比较普罗克洛 *In Parm.* VI, Cousin 1089.30-1090.5（参见 Morrow and Dillon 1987, 438），以及《九章集》V. 1.8.23-26。有关这个普罗提诺的段落，参见 Schwyzer 1935 以及 Atkinson 1983, 196-198。

的困境的解决方案，普罗克洛在对《巴门尼德》137c9-d3 的评注中，对这种解决方案进行了批判，在那段文本中，柏拉图说，如果一是一，那它就不可能是一个整体或拥有部分：

> 然而，还有一些权威人士说，由于第一原理是万物之原因，尽管它在生命、理智和存在本身方面具有超越性，但它以某种方式难以言喻地、难以想象地在自身内部拥有所有这些事物的原因，而且是以最统一的方式，以一种我们不知道但它自己知道的方式拥有原因；隐藏在它之中的万物之原因是先于诸范本的诸范本（paradeigmata pro paradeigmaton），而且第一性的实体本身是诸整体之前的一个整体，这种整体是不需要部分的。[1]

普罗提诺[2]，这位在此处被普罗克洛所批判的哲学家，即使在最统一的方式之中，之所以感到不得不把诸范本归于第一原理，事实上是在于他想避免这样的结论：如果"一切东西完地从第一原理中被移除了"，就没有办法把它同无相区分。[3]

假定普罗克洛已经挑明了普罗提诺主义者对于任何新柏拉图主义形而上学症结的回答，并且拒绝了这种回答，我们就可以提出以下问题：如果第一原理在它里面不拥有"先于诸范本的诸范

---

[1] *In Parm*. VI, Cousin 1107.9-17, Morrow and Dillon（trans.）1987, 452. 有如下修订：我将 pantôn aition on to prôton 解释为让步从句，并且用星号注明了"但它自己知道"来源于 William of Moerbeke 的译本（参见 Steel 1985, 390.00-01）。

[2] 关于这一论点的证据，参见 D'Ancona 1991, 285-287。

[3] 普罗克洛 *In Parm*. VI, Cousin 1105.32-1106.1，参见 Morrow and Dillon 1987, 451。

本"，那么它们是如何产生出来的？对这个问题的全面回答超出了本文的范围，但我们可以提供一个关于普罗克洛式思维方式的综合概要。

人们通常认为，雅典的新柏拉图主义者，特别是普罗克洛，在从"一"派生出多的过程中增加了一个"步骤"，即在"一"和可理知实在之间插入了一对"有限—无限"的原理，它们分别负责形式世界中的同、静止和规定性要素，以及异、运动和无规定性要素。但这些步骤至少有两个，因为普罗克洛认为，可理知形式的多预先以一种"隐藏"的方式存在于原理之中，这个原理是所有可理知事物的总和，是存在的"诸一"（autoon, auto to on）。[1]这个原理又来自"有限—无限"这个对子，是他们的第一个"混合物"。

通过这一学说，普罗克洛并不局限于让自己赞同普罗提诺对于《智者》和《蒂迈欧》中同、异和存在之间相互作用的解读，[2]即便是在对普罗提诺式解释的相关修正中，他也是将这个对子及其混合物解释为超越形式的本体（hypostases），而不是将它们解释为每个形式的构成原理。此外，他还提出了他自己对可理知之多的起源的解释。第一原理产生了"规定—无规定"这个对子；规定与无规定的混合提供了产生任何形式的"模型"。这样的模型意味着

---

[1] 例如，参见 *In Tim.* II, Diehl I, 230.8-231.9, 420.3-11；IV, Diehl III, 15.11-21, 100.8-20；*In Parm.* I, Cousin 620.8-17, 699.18-28, 703.33-704.12, 707.28-708.26, 710.11-27, VII, Cousin 1219.33-39；*Theol. Plat.* II. 4；Saffrey-Westerink II. 34.9-35.9；III. 3, Saffrey-Westerink III. 13.12-16；III. 6.23.11-24；III. 9.34.21-35.7, 38.8-39.8；III. 10.42.6-12。

[2] 关于将《智者》中的"种"（genê）解释为可理知世界的原理，参见 Nebel 1929；Rist 1971；Wurm 1973；Strange 1981。关于将这些"种"转变为"一"与可理知世界之间的诸种本体的主题，参见 Merlan 1965；Sheppard 1981；D'Ancona 1992b。

具有产生所有形式的能力，这一事实在普罗克洛式的语言中被表述为，这种"混合"是存在的"诸一"（monad）。这样一来，预先拥有各种可理知形式的原理就不再是"一"了，"一"被认为是完全超越的和可分离的，并且只有通过它的第一步和决定性的一步，即"有限—无限"这个对子的产生，才造成了多的产生过程。

人们可能会提出如下反对意见：解释一个绝对单纯的原理如何产生可理知项的多样性的困难，远不是通过诸如此类对于中间步骤的增殖就能解决的。事实上，在普罗克洛的形而上学中，中介性实体的激增，有时达到了不受控制的万花筒式的程度，[1] 这就暴露了这些增殖只是为了掩盖这一哲学难题的危险。普罗提诺以如下方式提出了这个问题：

> 但它是如何给出它们（存在、理智、思想和意识）的？通过拥有它们，还是通过不拥有它们？但它又是如何给出它所没有的东西的呢？但如果它拥有它们，它就是不单纯的；如果他不拥有它们，多又怎么会从它那里产生出来？（V. 3.15.1-3）

这个难题几乎不可能通过引入比形式更简单的，但比"一"更复杂的中介性原理来回答。事实上，在这种情况下，上文引用的备选方案仍未得到解决。我们必须归功于普罗克洛，他没有试图通过这种方式来解决这个难题。

---

[1] 例如，参见 *In Parm.* IV, Cousin 969.16-32 中的一段文本，在这段文本中，可理知的世界被视作由八个原理性层级的理念所构成的等级体系（参见 Morrow 与 Dillon 的译文，Morrow and Dillon 1987, 316-317）。

事实上，"多"的起源对他来说也是非常成问题的，这一点可以从以下事实中得到证明：在他的整个作品中，可以发现两种不同的说法。

粗略地说，第一种说法就是我已经总结的那一种：第一原理产生了一对原理（archai）——"有限—无限"；反过来，这个对子通过其"混合"，即"存在的诸一"产生了可理知的世界（用普罗克洛的语言来说，就是"可理知的多"[noêton platos]）。作为在其本性中"神圣"的东西，可理知的世界事实上就是一种诸神的层级秩序，即超越的诸理念的层级秩序，它是根据"三一体"组织的。第一性的、原理性的支配可理知诸神的三一体包括：存在、生命、理智。这是为了提醒人们，在任何一个理念中，都有着有限和无限的混合（"存在"）；有着与其他理念关联的能力（"生命"）；最后，有着"回转"向自身和回转向"一"的能力（"理智"）。在可理知的诸神之后，还有着其他的诸神，即"可理知和智性"的诸神，以及"智性"的诸神。在这之下，我们遇到的是有着其内在的层级秩序的诸灵魂。

第二种说法与此不同，因为在"一"之后，还有一些被称为"诸一"的原理，据说是由"一"以一种特殊的方式所产生的，也就是说，以一种不包含任何"异"的方式，或者如普罗克洛所说，依照合一的模式（kath' enôsin）所产生的。[1] 这些原理与"一"协同，产生诸种卓越种类的理念。根据《神学要义》第137条命题，每一种"诸一""都与'一'协同来产生那些分有一的真实实

---

[1] *Theol. Plat.* III. 3, Saffrey-Westerink III, 11.23-13.5.

在的东西"。[1]因此，"诸一"高于可理知的多，并超越存在（on）；它们通常被称为 huperousioi（超实体性的东西）。[2]在第一种说法中，所有的神圣的秩序都从属于"有限—无限"这一对子，而在第二种说法中，"单一体"（Henads）就是毋庸置疑的诸神，是独立于这个对子的。

人们可能会问，这两种说法是否不一致，或者说是互补的，而这个问题只有通过一种超出了本文范围的分析才能得到回答。本文需要强调的只是，普罗克洛感到不得不为多的起源提供两种解释，一种是基于这样的想法：如果可理知的领域有内在的多样性，这是因为存在着一种本体，即无限，它与有限相混合；另一种则试图解释诸理念的多样性如何可能来自"一"，而不是预先就"在"一之中。

我想在这里提出的主要观点是，要注意到被普罗克洛拒绝的普罗提诺的学说与第二种说法的密切关系。前者认为可理知的诸原因"预先"存在于作为 dunamis tôn pantôn（全能）的"一"之中，而后者试图通过中介性的本体去解释可理知之多的起源，这完成了避免第一原理与可理知世界直接"接触"的任务。我怀疑，在非基督教式的新柏拉图主义的最后阶段，所谓的多原理学说越来越重要，这对解释这种普罗克洛式的思维方式起到了重要作用。据考察，普罗提诺几乎没有使用多原理学说，[3]而在扬布里科、叙利亚努斯和普罗克洛那里，它才在新柏拉图主义形而上学的结构中起到了决

---

[1] *El. Th.* 137.120.31.

[2] 参见 D'Ancona 1992c, 281-290。

[3] 参见 Szlezák 1979, 34-36。

定性作用。这一事实可以帮助我们理解普罗提诺和普罗克洛关于"一"与诸形式之间关系的图景中所隐藏的假设。

粗略地说，普罗提诺的解决方案似乎是基于柏拉图在《理想国》第六卷中提供的模式，其中，超感性世界的主要实在是善——它在重要性和能力上超越了存在（epekeina ousias presbeiai kai dunamei）——和诸形式或真实存在者。[1] 在普罗克洛式解决方案的背景中，我们发现古代学园模式的一个突出特点，根据该模式，"一"和"不定的二"负责在实在中产生越来越复杂的各种层级。[2] 在普罗提诺式的图景中，第一原理必须解释神圣理智内部的各种真实存在者；在普罗克洛的图景中，它则被设想为只直接负责一种线性过程中的第一个"步骤"，在这个过程中，实在的每个层级都是由前一个层级推导出来的。用普罗克洛的话来说，这意味着每个层级的实在都就原因而言（kat' aitian）存在于前一个层级之中，例如，根据原因的存在方式而言，存在于前一个层级之中。鉴于这种模式，有必要避免"一"与"可理知之多"之间的连续性，这就并不令人惊讶了。正如普罗克洛所说，事实上，多的原因就是它本身，在某种程度上，原因意义上的多（kat' aitian to plethos），正如"一"，统一性的原因，就是原因意义上的"一"。[3] 最后，值得注意的是，在新柏拉图主义的形而上学之后，这种特殊的发展将被摒弃。可理知的完善性的直接生产将再次被设想为与第一原理的绝对单纯性相容。例如，根据伪狄奥尼修斯的说法，第一原因是绝

---

〔1〕 例如，参见 VI. 7.16.22-31。

〔2〕 参见 O'Meara 1989。

〔3〕 *In Parm.* I, Cousin 712.2-5, Morrow and Dillon（trans.）1987, 85.

对超越的，事实上，它超越了善本身，它被称为 autouperagathotês
（超善本身）。但是，在同一时间，第一原因在自身中预先拥有存在
本身（auto to einai），以及存在的诸原理（archai tôn ontôn），不包
含任何"多"（aschetôs kai suneilemmenôs kai eniaiôs）。[1]这只是
普罗提诺关于"一"之原因性的说法在古代晚期和中世纪思想史上
幸存的可能例子之一。

---

〔1〕 Pseudo-Dionysius Areopagita, *De Div. Nom.* V. 6, Suchla 184.17-185.3.

波斐利的《毕达哥拉斯的生平》

Constantinos Macris[1] 张文明[2] 译

缅怀阿兰·塞贡（Alain Segonds，1942—2011）。

一、导论

数个世纪以来，波斐利的《毕达哥拉斯的生平》(*Πυθαγόρου βίος*，*Vita Pythagorae* =*VP*）与扬布里柯的《毕达哥拉斯的生命之道》共同刻画了毕达哥拉斯的理想化形象，并作为所谓的"权威标准"一直持续到 19 世纪。学界以这两部作品和第欧根尼·拉尔修的《名哲言行录》第八卷 §§1-50 的内容作为三部主要原始资料，试图确定极少数关于毕达哥拉斯生平的基本史实，尽管付出甚巨，但仍无定论，此外，学界还努力重现了他的传奇的成型过程，这一方面较为可信。[3]

---

〔1〕 玛克里斯（Constantinos Macris），法国国家科学研究中心（CNRS）研究员，主要研究古希腊哲学，特别是毕达哥拉斯主义和柏拉图接受史。
〔2〕 张文明，中山大学哲学系博士生。
〔3〕 关于毕达哥拉斯的史实与杜撰内容之间的区别，参见 Riedweg 2008, 1-41 vs. 42-97。关于毕达哥拉斯传奇的原始资料，参见 Lévy 1926。

就像另外两部被完整保存下来的“毕达哥拉斯的生平”一样，波斐利的文本也流传自公元 3 世纪，这绝非偶然：这一时期正值（新）毕达哥拉斯主义复兴，对毕达哥拉斯的关注与兴趣正处于顶峰。根据波斐利的生活年代（约 234—305）判断，*VP* 可能创作于第欧根尼（3 世纪前半叶）与扬布里柯（3 世纪末或 4 世纪初，在波斐利编撰普罗提诺的《九章集》前后，即 301 年左右）之间，更精确地说，是在波斐利于罗马加入普罗提诺的学校（264 年）之后。

扬布里柯的《毕达哥拉斯的生命之道》与波斐利的 *VP* 不同，它是扬布里柯的十卷本著作《毕达哥拉斯教义概要》的第一卷，就毕达哥拉斯的传记与毕达哥拉斯的生命之道给出了完整而体系化的说明，可波斐利的 *VP* 并非一部独立作品，它乃是一篇关于毕达哥拉斯事迹的专题论文，或者说是一本介绍毕达哥拉斯主义的专著中的一个部分。实际上它更像第欧根尼的第八卷内容，乃是四卷本的《哲学的历史》（*Φιλόσοφος ἱστορία*, *Historia philosophica = HP*）中的一章，这本书只有少数残篇保存了下来。[1] 显然，这章内容在流传过程中被从整体中分离了出来，并独立地传播，尽管亚历山大里亚的希瑞尔（Cyril of Alexandria）在公元 5 世纪早期，甚至伊本·阿比·乌赛比（Ibn Abī Uṣaybiʿa）在公元 13 世纪时，依然将 *VP* 作为 *HP* 第一卷（207T-207aT）的内容加以引述。将 *VP* 当作独立原稿的传统无疑出自拜占庭时期对毕达哥拉斯持续不断的兴趣，这种传统保证了它注定会被特别关照：从 *HP* 整体中独立出来的，只有这章

---

〔1〕 Frs. 193F-224F（波斐利作品的残篇引述自 Smith 1993）；相关译注本参见 Segonds 1982 与 Sodano 1997。关于参考书目的介绍，参见 Zambon 2012。Four books: 193T （fromthe Suda）; cf. also 3aT, 4T, 194aT and 194cT。

内容作为一段长篇文本得以幸存，但是就其现存状态来看，它在多大程度上可以被视作完整的尚无定论。[1] 然而，我们不应因为 *VP* 被例外地保存下来而忽略波斐利的初衷：他并非想仅仅聚焦于毕达哥拉斯，而是要将他作为希腊哲学的更宏大图景中一个不可或缺的部分呈现出来。因此，在考察 *VP* 之前，我们首先应当对 *HP* 的整体审视一番，从而了解毕达哥拉斯的传记如何能够符合这部雄心勃勃的作品。

二、波斐利的《哲学的历史》

HP 首先引起我们关注的方面，是它本质上学术性的古籍研究特征，以及它编撰性、模仿性的特征。就像第欧根尼的《名哲言行录》一样，*HP* 就古代希腊哲学向读者提供了范围广阔的材料，这些材料来源丰富，此外，该书还十分强调年表顺序。[2] 这种做法完全符合波斐利这样一位博学之人———一位"学究式"的学者，一位"不知疲倦的文献猎手"（Barker 2000，61），他涉猎的主题相当广泛。[3] 他那令人惊叹的学识可见于《论禁杀动物》（*On Abstinence from Animal Food*）和《托勒密〈谐声学〉评注》（*Commentary on Ptolemy's* Harmonics）这些形形色色的作品中。[4]

从希腊化时期开始，关注哲学史的人有四类作品可以参考

---

〔1〕 它以类似字典条目的干巴巴的方式开始，并且最后一句话尚未说完就中断了，这清楚地表明 *VP* 文本的开头和结尾都遭到了破坏。

〔2〕 参见 200F-202F，204F，209F；还可参见 225T。John Malalas 将其引述为《哲人年表》（*Φιλόσοφος χρονογραφία*，199T）。

〔3〕 关于他那令人印象深刻的著作列表，参见 Goulet et al. 2012，1300-1311。

〔4〕 可对比这句玄妙的话："叙利亚人受神启发（指扬布里柯），腓尼基人博闻多识（指波斐利）。"（6T）

（Mejer 1978, 60-95）：（1）学述（*Doxographies*），即对特定哲学家的观点（δόξαι, *placita*）按照主题成体系地收录成集（Mansfeld and Runia 1997, 323-327）。（2）论"（哲学）学校"（*Περὶ αἱρέσεων*）的作品，这些作品处理哲学学校或某个特定学校中的教学内容（Mejer 1978, 74-75），例如扬布里柯的《毕达哥拉斯教义概要》（Macris 2009b）。（3）继承（*Διαδοχαί*），其目的在于建立哲人之间的师承关系，按照继承关系给他们的传记排序，从泰勒斯一直到希腊化时期的学派。[1]（4）生平（*Βίοι*），即单个哲学家的传记或其哲学化的生活方式（生命之道）。波斐利的 *HP* 属于以上哪一种呢？

　　由于缺少作者部分的正式陈述（这部分可能包含在失传的正文开头里），我们必须依赖来自古代读者的相关证据。爱乌纳皮乌斯（198T）将 *HP* 与索提昂的《哲人的生平》（一部纯传记作品，参见前文〔3〕所述；该作或许更准确地说应该是《哲人的继承》）进行了比较，狄奥多里特（Theodoret, 95T-197T）将其与埃提库斯和伪普鲁塔克的《观点》（*Placita*，参见前文〔1〕）做了比较，他们指出，这部作品与其他几部的不同之处在于，它综合了学述和传记——*VP* 本身以及 *HP* 的其他残篇均可确证这一点。[2] 在波斐利的读者眼中，这一点是波斐利的独创。[3] 波斐利或许是因循古代的观念，认为哲学不仅通过教义学说来表达，而且见于性情（ἦθος）和生活方式，而这恰恰能给出哲学"在行动上"的具体实例。尽管

---

〔1〕 例如希珀波图斯的《哲人录》（*Φιλοσόφων ἀναγραφή*）和斐罗德莫斯（Philodemus）的《哲人索引》（*Index of Philosophers*）；参见 Engels 2007。

〔2〕 关于 *VP*，参见第三章以后；在 *HP* 中，关于苏格拉底的现存残篇是传记式的，而关于柏拉图的则处理其教义学说。

〔3〕 第欧根尼其实也做出了这种综合；狄奥多里特没有提到他，是因为他的作品在拜占庭时期以前几乎不为人知（一个重要的例外是扬布里柯的弟子骚帕特，约公元 4 世纪）。

如此，他也同样关注纯粹的文献问题和历史问题。[1]

波斐利很可能只是按照不同哲学家的粗略年代顺序编排了他的材料，也就是说，既不是按照学派思想（如第欧根尼的做法），也不是按照哲学主题或问题（如学述中的做法）。我们知道毕达哥拉斯出现于第一卷，同荷马和赫西俄德、七贤、泰勒斯以及斐瑞居德斯在一起（200F-207bT）；苏格拉底在第三卷得到论述（210F-218F），柏拉图在第四卷（219F-223F）。因此，我们可以合理地推测第二卷考察了前苏格拉底的哲人以及智者，例如恩培多克勒（208F）、高尔吉亚（209F）和少数其他人物。[2]

理解 *HP*[3] 的关键在于，要重视其以柏拉图收尾并达到顶峰这一点。[4] 就其本身而言，无须认为柏拉图居于（哲学史的）核心位置，抑或 *HP* 意在给出柏拉图思想的谱系。然而，波斐利的《哲学的历史》首先是一部由坚定的柏拉图主义者创作的作品，而他的这一工作是由新柏拉图主义的立场决定的。[5] 从这

----

[1] 该作标题可能意为《哲学的历史》或《哲学探究》（*Inquiry into Philosophy*）。还可参见 Zhmud 2002，290-292。Athanassiadi 1999，39 认为达玛士基乌斯的《哲人的历史》（Φιλόσοφος ἱστορία）也具有相同的可能，该书流传更广的名字是《伊席多瑞的生平》（*Life of Isidore*）。【中译注】ἱστορία 可意为历史或探究、调查。

[2] Rosenthal 1937 在阿拉伯文献中发现了关于梭伦和爱利亚的芝诺的残篇（参见 cf. Sodano 1997，142-153），应于此补充。相较之下，波斐利某些关于尤西比乌斯的学述段落（Smith 1988；cf. Sodano 1997，131-141），其来源根本无从确定，而 Al-Shahrastani 的《教派书》（*Book of Sects*，即 Altheim 1954 与 Stiehl 1961 的 *idée fixe*）的相应长篇章节的来源也遭到了 Segonds 1982，172-176 的质疑，De Smet 1998，20-22 对此提出了尖锐批评；参见 Hugonnard-Roche 2012，1465-1466。

[3] 关于下文中的说法，参见 Segonds 1982。

[4] 198T 明确表达了这一点，波斐利在该处的态度与索提昂的形成了鲜明对比，后者"似乎"晚于柏拉图"出生"，生活在波斐利的数个世纪之前。

[5] 这一事实可以支持 *HP* 的创作时间是在普罗提诺之后，其中被归给柏拉图的形而上学和本体论同样如此；参见 Segonds 1982，166 and 190-191；Zambon 2012，1330-1331。

一立场出发来看，整个早期希腊哲学的历史就只不过是在为真正的哲学（即柏拉图哲学）做准备罢了，而柏拉图与普罗提诺之间的那段时期则满是错误、误解以及枯燥的争论，完全不值得一个真正的哲学家予以关注。[1]这样一种相当挑衅的观点有助于解释波斐利为何没有在 *HP* 中纳入希腊化时期的诸多学派：在他看来，柏拉图与普罗提诺之间的那段时期并没有值得一提的正确的哲学。[2]

波斐利似乎是通过强调那些关键人物来说明前普罗提诺的传统的。用一个恩培多克勒式的比喻来说的话，就是他乃是从一个山顶直接前进到了另一个山顶，而忽视了中间的部分（DK 31B24）。选择毕达哥拉斯和苏格拉底作为"山顶"是很自然的事，在亚里士多德（*Metaph.* 987a29ff.）和狄凯阿拉克斯（fr. 41 Wehrli=45 Mirhady）的时期，柏拉图已经被视作他们的传人——努麦尼乌斯和普罗克洛也持这种观点。[3]

---

[1] 波斐利的进路可能受到了努麦尼乌斯的影响（frs. 24-28 Des Places, cf. O'Meara 1989, 10ff.），并且在普罗克洛的《柏拉图神学》中亦有所反映（1.1 pp. 6.16-7.8 Saffrey and Westerink）。

[2] 除非该哲学与柏拉图的相一致——这种一致可能会允许将亚里士多德也写入 *HP* 中，因为波斐利认为那个斯塔吉拉人（【中译注】指亚里士多德）与他的老师在重大议题上是一致的；参见 Karamanolis 2006, 243-330。如果逐字逐句地解读 198T 处的陈述"（波斐利）以柏拉图**及其所处时代**收尾"（注意此处加粗字体），那么波斐利或许曾讨论过柏拉图的继承者，包括亚里士多德。因此，波斐利的作品实际上并非没有受到"继承"文体的影响，并且肯定对哲人的遗产有所暗示。*VP* 59ff. 末尾的一段话是在大师传记之后对其追随者的轶事的记述，这支持我们把上面的解释推广到对 *HP* 全书的解读中。

[3] 参见 Burkert 1972a, 94 with n. 47；Numenius fr. 24 Des Places；Proclus *In Tim.* vol. 1, 7.19-8.4 Diehl。波斐利的方法可能是模仿自狄凯阿拉克斯，后者"通过强调那些划时代的人物来努力刻画哲学的发展历程"（White 2001, 195），这指的便是七贤、毕达哥拉斯、苏格拉底和柏拉图。

三、《毕达哥拉斯的生平》[1]

既然我们已经清楚地看到了*VP*在*HP*框架中的位置，现在我们可以回到*VP*本身了。波斐利的毕达哥拉斯传记正如其全书*HP*一样，是一部学述作品。它结构清晰，如下所述：[2]

毕达哥拉斯的家族渊源（1—5节）。

教育：希腊的导师与游学东方（1，2，6—8，11—12节）。

"希腊的青铜时代"（Helladic）：在萨默斯的教学活动，游访德尔斐和克里特，由于珀吕克拉底的保证而前往意大利（9—11，13—17节）。

意大利的公共活动（18—31节）：

教育方面：在克罗顿演讲，收获追随者（包括妇女），教学，建立学校（ὁμακοεῖον）（18—20节）；

政治方面：建立了大希腊，立法，从暴政下解放各个城邦，消除城邦内乱（21—22节）；

施展奇迹（23—31节）。

生活方式（διαγωγή）（32—36节）。

毕达哥拉斯的教义与哲学的内容（37—53节）：

---

[1] 标准版本参见 Des Places 1982。评注参见 Sodano and Girgenti 1998；Macris 2001；Staab 2002, 109-134。一些更简洁的研究参见：Philip 1959；Edwards 1993；Clark 2000；Macris and Goulet 2012。

[2] 关于其结构的详细说明，参见 odano and Girgenti 1998, 40-123；Macris 2001, 50-56；Staab 2002, 118-121。

道德劝勉（38—45 节）:[1]

　以细致而全面的方式表达（38—41a 节）;

　象征的方式展示: 征象（*symbola*[2]）和禁忌附加寓意和其他的
解释（41b—45a 节）。

　　通过数学和数的哲学锻炼心智（45b—52 节）:

　转变: 为了回忆而净化的必要; 毕达哥拉斯回忆起前世轮回的
能力（45b 节）;

　　数学在净化和教育中的角色: 为心灵沉思智领域做准备
（46—47 节）;

　　数字作为教育的工具; 毕达哥拉斯的数字哲学的例样: 单
一、不定的二、三一体和十（48—52 节）。

　　毕达哥拉斯之死, 其学校与门徒的终结（53—61 节）:

　毕达哥拉斯的学校消失的原因（53 节）;

　毕达哥拉斯和毕达哥拉斯学派的早期成员的终结: 塞隆反对毕
达哥拉斯学派的阴谋; 关于毕达哥拉斯之死的不同版本的说
法; 毕达哥拉斯学派成员的流落分散与毕达哥拉斯教义的保存
（54—58 节）;

　毕达哥拉斯学派成员各自的生活方式的逸闻（59—61 节）;

　　VP 的希腊文本至此中断, 最后一句话只说了一半, 而伊
本·阿比·乌赛比保存了可能是 *VP* 失传的最后片段的阿拉伯语残

---

〔1〕 关于该节, 参见 Hüffmeier 2001。
〔2〕 【中译注】正文中译作"符号"。

篇，该部分可能处理了下面的主题：毕达哥拉斯和其他毕达哥拉斯学派成员的真实著作，它们与后来归在其名下的伪作截然不同。[1]

这个计划简单而清晰，它反映了波斐利努力将收集到的材料整合为一个全新的综合体系，或者说将它们嵌入一种统一的叙事中。然而，它实际上只是对从前人文献中发现的要素进行了有序、合理的编排，但缺少进一步的详述或修辞上的扩充。它完全无法同扬布里柯的《毕达哥拉斯的生命之道》相比较，因为扬布里柯乃是重新撰写，并在相当程度上重新编排了他从原始资料中摘录来的内容，同时进行了修辞上的润色，使得这些内容隶属于他自己那部服务于特定哲学体系的著作[2]的结构（参见《扬布里柯的〈毕达哥拉斯的生命之道〉的来龙去脉》的 1，5 节）。

尽管波斐利并非对哲学式的传记类型不熟悉（Zambon 2004）——毕竟他曾写作《普罗提诺的生平》——但是在他写作 VP 时，由于该书所关涉的哲人生活在遥远的过去，因而他必须依赖于前人的证据。因此，在 VP 中，很少有波斐利自己的声音；取而代之的是对其他权威的不断引述，至少在传记性的章节里是这样。[3]他极少对文本进行干预，这些干预的作用要么是在不同主题间进行必要的过渡，要么是向读者介绍他所依据的材料出处；他自

---

[1] 关于译注本，参见 van der Waerden 1965, 862-864; Macris 2001, 381-384 and 2002, 113-114 with n. 159-165; Huffman 2005, 616-618; Cottrell 2008, 532-536。Cottrell 推测该残篇可能出自 HP 的第四卷，其主要突出了阿库塔斯，而 HP 的第四卷则可能包含《阿库塔斯的生平》。

[2] 【中译注】指《毕达哥拉斯教义概要》。

[3] 相较之下，在学述性的部分，有一些文段可能出自波斐利本人之手——19 节：毕达哥拉斯将关于灵魂的教义引入希腊；46—47 节：关于数学作为预备性工作的解释；53 节：对柏拉图、亚里士多德及其弟子的一些挑衅性的评论。

己的评论实在为数不多。面对这种情况，要想揭示波斐利本人对毕达哥拉斯的看法，唯一的方法就是考虑下面这些问题：（1）他对原始资料的筛选（还要关注他对它们的评价）；（2）他所选择的证据的类型，具体而言，在他看来需要传递给读者的那些重要的具体条目；（3）作为哲学史家以及毕达哥拉斯的传记作者，他所采取的基本态度。

让我们从原始资料开始。在 *VP* 中，波斐利至少提到了 15 位作者。但是可以确定的是，其中绝大多数都不是在他写作时直接摆在桌上的现成资料，而是他引述的资料里提到的。[1] 根据学者们的结论，波斐利直接使用的来源不多于 4 位，并且他们之间细微的分歧仅是引述的范围上的差别。[2] 这些来源按照出现的顺序分别是：

（1）一本指南，其作者与标题均未提及（1—9, 15, 18—19 节）；

（2）安东尼乌斯·第欧根尼的奇幻小说《极北之地的奇迹》（10—17, 32—44 节）；[3]

（3）尼科马库斯的《毕达哥拉斯的生平》（20—31, 54—61 节）；[4]

（4）墨德拉图斯的十卷本著作《毕达哥拉斯教义集》（*Collection*

---

〔1〕关于直接引述和间接引述与只是提及人名的材料之间的区别，参见 Goulet 1997。

〔2〕参见 Burkert 1972a, 98-100 以及 Sodano and Girgenti 1998, 40-123。

〔3〕Stephens and Winkler 1995, 101-157 认为 *VP* 45, 54—55 节也包括在内。关于安东尼乌斯·第欧根尼在 *VP* 中所占比例的不同观点，参见 Macris 2001, 198-199；Zhmud 2012b, 74, n. 54。

〔4〕FGrHist 1063F1 and F3. 波斐利只给出了著者的名字，但是该残篇的出处极有可能是一部毕达哥拉斯的传记。Radicke 只将 *VP* 的 20—31 节和 57—61 节作为残篇出版，但他还接受了尼科马库斯作为 *VP* 的 54—55 节甚至 1—9, 18—19 以及 56—57 节的出处（1999, 125-126 and n. 13）。Sodano 1998, 83 将归给尼科马库斯的比例限制在 *VP* 的 20—31, 54—61 节。还可参见 Zhmud 2012b, 75, n. 59。

of Pythagorean Doctrines)(48—53 节）。[1]

在这些出处中，（1）指南为 *VP* 的传记性和历史性提供了证据，并且与晚近的著者如第欧根尼·拉尔修以及亚历山大里亚的克莱门特在古籍收集方面有许多相同旨趣；[2]（2）小说家安东尼乌斯·第欧根尼是仅被波斐利引用过的材料来源，引用他的原因是他关于毕达哥拉斯的生平有一段特别的记述，他声称这段记述出自毕达哥拉斯的养兄弟阿斯特赖俄斯（实际上是个虚构人物）；（3）尼科马库斯（关于毕达哥拉斯的奇迹的解释都出自此人）是扬布里柯的一个重要的材料来源，在《生命之道》以及他的《毕达哥拉斯教义概要》的剩余部分中被多次引用；（4）墨德拉图斯——也是波斐利专属——是对毕达哥拉斯的数字理论的概述部分的来源。

还有十二个间接引用的权威作者及作品（来自指南与尼科马库斯）：库齐库斯的尼安特斯的《城邦神话录》（ *Collection of Myths According to Cities*)，被引作《密斯卡》（ *Mythica*[3])（1—2，55b，61 节）；阿波罗尼乌斯的《论毕达哥拉斯》（更可能只是一个模糊的引述，而非具体的标题名，2 节）；杜瑞斯的萨默斯编年史（ *Samian Annals*，3 节）；托罗门尼翁的蒂迈欧的《历史》（波斐利并未给出标题，4 节）；吕库斯的《历史》（5 节）；欧多克索斯的

---

[1] 十卷本（而非 Des Places 1982 中所说的十一卷）：O'Meara 1989，23，n. 52；Macris 2001，59 以及 341-342；Staab 2002，78，n. 173。有的观点认为 53 节应该归给波斐利，关于这点参见后文。

[2] 它可以比肩索克拉底（Sosicrates）和索提昂的《哲人的继承》或法沃里努斯（Favorinus）的《复杂的历史》（ *Miscellaneous History* ）这类作品，这三部作品是第欧根尼经常使用的直接材料出处，并且在他关于毕达哥拉斯的章节中也有引述。

[3] 【中译注】神话中的亚特兰蒂斯之岛，或指神话里的英雄人物。

《大地之旅》(*Tour of the Earth*, 7 节);安提丰的《论德性高尚者的生活》(7—8 节);亚里士多塞诺斯的《毕达哥拉斯的生命之道》(9, 21—22, 54—55a, 59—61 节);狄欧尼索帕涅斯(15 节);狄凯阿拉克斯的《论生平》(标题未给出,18—19, 56, 57 节);亚里士多德的《论毕达哥拉斯学派》(标题未给出,41b);希珀波图斯的《论哲学学派》或《哲人录》(标题未给出,61 节)。

从上述名单中可以清楚地看出,波斐利使用这些对他来说可靠无误的出处或权威,背后有着不同的原因:他们的历史人物;他们对于萨默斯(杜瑞斯)以及意大利(蒂迈欧、吕库斯)当地历史的准确的知识,尤其是关于毕达哥拉斯在这两地的一些教学活动及内容;他们在哲学传记方面的专长(狄凯阿拉克斯、安提丰、希珀波图斯);他们的(一些)作品主要或专门聚焦于毕达哥拉斯及其学派(亚里士多塞诺斯、亚里士多德);抑或他们的(新)毕达哥拉斯主义的哲学立场(墨德拉图斯、尼科马库斯)——这可能保证了一种来自内部成员的观点。

VP 的来源中最重要的是亚里士多德主义—逍遥学派以及新毕达哥拉斯主义的作者,波斐利其他作品的观点也来自这些人。前者包括亚里士多塞诺斯,波斐利尤其知道他的传记作家(此人乃是 *HP* 中《苏格拉底的生平》的主要材料出处)[1]与谐声学专家的身份(在《托勒密〈谐声学〉评注》中有大量使用),而《论禁杀动物》中则引述了狄凯阿拉克斯的《希腊人的生命之道》(4.2ff. = frs. 47-66 Wehrli),至于亚里士多德,波斐利自然是再熟悉不过了,他

---

[1] 在 211F, 213F 以及 215aF 明确提到了他,但他无疑是关于苏格拉底的绝大部分残篇的出处(参见后文)。

不仅写过对其作品的评注，而且还坚定地将他引入了新柏拉图主义的哲学课程。

在这样严肃的学术背景下，引入一部小说作为 *VP* 的四大直接依据之一实在让人意外。波斐利对他的这一引述做法解释说，它提供了一种完整而准确的说明，在他看来，这种说明值得引述（10节）。这一点确实为真：安东尼乌斯·第欧根尼在其连贯的叙事中饶有趣味地描绘了毕达哥拉斯的日常生活，并且他生平中那段相对模糊的时期的相关信息也蕴含其中，即他的童年、早年在萨默斯的生活和前往希腊其他区域及东方的旅行。不过，波斐利可能认为其更有价值，因为它具有毕达哥拉斯学派的特色。

波斐利所依据的直接材料相对更晚近一些，可以追溯到公元 1 世纪和 2 世纪。因此，我们在 *VP* 中读到的毕达哥拉斯，实际上是早于波斐利一到两个世纪的中期柏拉图主义时期流行的版本。同时，这些材料中的二次解释通常都是直接或间接地依赖于更早之前的记述，这些记述可以追溯到公元前 4 世纪，或者更宽泛地讲，到希腊化时期。从指南中引述的那些材料尤其如此，而引述尼科马库斯的材料也属于这种情况，尼科马库斯使用了亚里士多塞诺斯、希珀波图斯和尼安特斯，可能还包括一些**神异学的**（**paradoxographical**）材料。通过这种方式，波斐利还让我们得以了解希腊化时期的毕达哥拉斯形象的一些方面，这样一个形象部分而言是传统的、典型的通行本中的形象——即便是对毕达哥拉斯学派传统不感兴趣的门外汉或者非学派中人也熟悉它，部分而言则是一个相当珍奇（*recherché*）的毕达哥拉斯形象，他是鲜为人知的怪奇传说或神奇轶事中的主角，这些故事只有极少数内部人员才知晓。

中期柏拉图主义的毕达哥拉斯形象在 *VP* 中有所反映，波斐利接受了它并将其传给了自己的新柏拉图主义后辈，这个形象是这样的：毕达哥拉斯是一位完美的古代圣贤，他是神圣之人的原型。他的故乡与公民身份就像荷马一样饱受争议，有传统认为他与叙利亚关系密切，还有传统指出他是阿波罗之子。至于他的教育，他不仅曾跟随荷马氏族以及最初的希腊思想家（斐瑞居德斯和阿那克西曼德）学习，而且就他的智慧和科学知识而言，他直接从它们的源头处——东方——获取了它们，也就是埃及人、迦勒底人、腓尼基人以及波斯人，此外还有阿拉伯人与犹太人。他是美德的拥护者、沉思的苦修者，同时也是寓言性的征象、相面术以及音乐疗法的大师。他最为活跃的是教育者的身份，他是伦理与道德的导师，同时也是立法者。他把启发性的观念带给了人类，比如天体的和谐、一切生命之间都存在普遍的亲缘关系，他还推动发展了理想化的友谊，并在他的追随者中间实践财产共有。他的形象笼罩着宗教的神秘色彩：他得到了德尔斐的皮媞亚的私人传授，在宙斯出生和获得滋养的克里特高山上获得了达克图斯的启发，从琐罗亚斯德那里学到了万物的原理。通过他施展各种各样的奇迹的能力，波斐利的同辈人会立刻辨识出这位 *theios anēr*（神圣之人）：他是像图阿那的阿波罗尼乌斯这样的施行奇迹者模仿的原型，也是等同于耶稣的异教徒。[1] 此外，*VP* 呈现的毕达哥拉斯还为柏拉图主义者提供了一

---

[1] 关于古代晚期的"上帝之友的崛起"，参见 Brown 1978, 54-80 以及 118-125；关于"异教的神圣之人"，参见 Fowden 1982；关于毕达哥拉斯在这一历史进程中所扮演的角色，参见 Macris 2006b。

种苦修主义的生活方式以及一系列至关重要的教义，例如对灵魂不朽与轮回转世的信仰，以及数学在灵魂努力净化自身、上升到理智领域的过程中所扮演的预备性角色。

这个版本的毕达哥拉斯包含着后来演变发展的萌芽。但是需要强调，与普遍流行的观点[1]相反，波斐利的毕达哥拉斯还不是那个扬布里柯创造的、已经成熟了的属于新柏拉图主义的毕达哥拉斯。在关于他的构想中，他并非一个被派来拯救人类的特殊灵魂——这种救赎需要通过沉思《斐德若》中所描述的上界中的理念来实现；他既不是一位俄耳甫斯式的启发者，也不是《金诗》中所描述的从俄耳甫斯到柏拉图的哲学传承的中间环节；他没有被呈现为柏拉图主义四美德的化身；他也不是神工大师。波斐利版和扬布里柯版的毕达哥拉斯之间的相似之处完全在于它们使用了相同的出处，即尼科马库斯——他几乎早在两个世纪前（约公元 100 年）就推动发展（而非创造）了毕达哥拉斯的"神圣之人"形象，而这种"神圣之人"的形象在公元 1 世纪早已流行。从这个意义上来说，我们有理由认为 *VP* 所做的不过是维续了中期柏拉图主义或新毕达哥拉斯主义的毕达哥拉斯形象，因而也就清楚了波斐利对其柏拉图主义前辈们的依赖程度。[2]

另一方面，希腊化时期的遗产在这部包罗万象的作品中也有所展现；这一点不仅体现在 *VP* 所使用的材料出处种类繁多，而且还

---

[1] 参见如 Philip 1959；Zhmud 2012b, 9："**波斐利与扬布里柯**……**创造了**毕达哥拉斯的'神圣之人'形象。"

[2] 这样的债务（【中译注】指正文中的"依赖程度"，原文直译为"债务范围"）在其他领域也可以找到；参见 Zambon 2002。

在于波斐利所采取的那种基本"客观的"、多元的以及"百科全书式的"立场，在于他逐字逐句地重现文献证据的倾向，他对珍奇事物的"天分"以及他对模棱两可的细节与神秘故事的偏好。尽管波斐利对毕达哥拉斯偏爱有加，但他显然更想要尽可能地博采众长，而非给读者造成一种刻板的印象（比如普鲁塔克在其《生平》中的做法），抑或创作一部面面俱到的小说（比如菲罗斯塔图斯的《图阿那的阿波罗尼乌斯的生平》）或者一种体系化、"纲领性的"说明（类似于扬布里柯）。VP 的这些特点可能也曾招致扬布里柯及后来的新柏拉图主义者的批评，比如他们可能会批评波斐利是一个迷失在无穷无尽、繁杂多样的细节（μερικώτερον）中的文献学家——面对传记式和学述式的版本，两者相权，踟蹰不定（ἐνδοιάζει）而无法取舍——而非一个拥有包罗万象的统一立场（ἐποπτικώτερον）的哲学家。[1] 即便以一种现代的眼光来看，波斐利的叙述有时也会显得"如此分散且折中，以至于呈现出来的毕达哥拉斯在许多方面都不是一个毕达哥拉斯主义者"。[2] 在学述性的部分也明显缺少一种统一的、成体系的叙述：例如，我们在这部分没有看到任何类似所谓《毕达哥拉斯回忆录》（*Pythagorean Memoirs*,

---

[1] 关于文献学家（φιλόλογος，或语文学家）与哲学家（φιλόσοφος）之间的对立关系（普罗提诺曾将其用于攻击波斐利的前任老师朗吉努斯），参见 Pepin 1992；关于 μερικώτερον 与 ἐποπτικώτερον 这两种态度之间的对立，它实际上强调了波斐利与扬布里柯之间的对立，参见 Pepin 1974。关于波斐利的犹豫难决（ἐνδοιάζει），参见扬布里柯《论灵魂》残篇，*On the Soul* fr. 6, 30.10-12 Finamore and Dillon；以及爱乌纳皮乌斯（Eunapius）的《哲人与智者的生平》，*Lives of Philosophers and Sophists* IV 2.6, 10. 7-10 Giangrande。

[2] Edwards 2006, 89 指出了 VP 中的几个例子，包括肉类被作为运动员饮食必不可少的成分（这与毕达哥拉斯学派的素食主义相反），以及毕达哥拉斯由于学派遭到毁灭而悲痛不已，在美塔庞提翁决定绝食自尽（这违背了毕达哥拉斯学派禁止自杀的教义）。

它由亚历山大·波里希斯托传承下来，由第欧根尼·拉尔修保存，该作就毕达哥拉斯学派的教义给出了精简而全面的说明，包括第一原理、宇宙论、心理学、身体、胚胎学以及伦理学等）的东西。

然而，即便波斐利首要考虑的并不是创作一部关于毕达哥拉斯的赞词，但这类肯定性的内容在他的描绘中也占有相当比重，而作为整体呈现出来的便是一种移情叙事，这种叙事反映了对那位笼罩着卓越光环的圣人的尊敬甚至钦佩的态度。这里可以看到与第欧根尼之间的对比，第欧根尼的说明显然是中立的，有时还带有否定性的、轻蔑的甚至反讽的语气。[1] 相反，*VP* 中没有记载任何嘲弄或奚落式的轶事，也没有争论的语气，更无丝毫恶意或敌意。此外，波斐利全情投身于复现前辈（恩培多克勒、[2] 狄凯阿拉克斯、安提丰、阿波罗尼乌斯、安东尼乌斯·第欧根尼）以及部分更为"绚烂"的圣人对话（例如尼科马库斯关于毕达哥拉斯创造奇迹的长篇文章）中的赞美性成分，因而也就认可了这些出处中使用的崇拜式的、神圣化的语气。[3]

波斐利对待苏格拉底态度截然相反，这一点实在令人震惊。在 *HP* 中，他将苏格拉底刻画得易怒、缺少教育、不节制，并且是性

---

[1] 尤其参见第欧根尼本人所作的警句诗，以及他对毕达哥拉斯所作的讽刺性解释，包括对毕达哥拉斯下降到冥府的推断，他对灵魂转世的信仰，以及摘录自中期喜剧时期（公元前4世纪）的那些取笑毕达哥拉斯学派苦修生活的诗句。

[2] 关于恩培多克勒论毕达哥拉斯的相关证据（经尼科马库斯传给波斐利），参见 Macris and Skarsouli 2012。

[3] 波斐利对毕达哥拉斯的肯定态度在其他作品中也能看到。在其《关于〈奥德赛〉的荷马问题》（1.1.1 and 10）中，波斐利赞美了毕达哥拉斯的 πολυτροπία，即他在教育方面的敏锐洞察力（他将自己的演讲加以改编，使之适合于不同的听众：儿童、妇女、青年人以及贵族）。关于该书出自安提斯提尼还是波斐利，参见 Luzzatto 1996, *passim*, esp. 342-346 and 356-357；Brancacci 1996（esp. 401ff.）and 2002。

欲的奴隶——竟然同时在生活中拥有两个女人（210-217F）。[1]即便这样做波斐利只是在兑现他的诺言（212F），即从前辈对苏格拉底的记述中筛选出值得称赞的和值得批评的内容，我们还是可以肯定，在 *HP* 中，波斐利并没有（同时也不可能在新柏拉图主义伦理学的语境下，甚或古代晚期的一般道德哲学语境下）将苏格拉底作为一个道德上的典范的形象呈现给读者。[2]这个形象无疑是预留给苦修者毕达哥拉斯的，他才是那个具有卓越德性的完美典范。

关于波斐利对待他的材料来源的态度，这里必须说明一点。在其哲学类的文章中，他毫不犹豫地对其他思想家提出了批评（例如扬布里柯，关于神工的问题），抑或投身论辩中（例如反驳基督教）。然而，在 *VP* 中，他不加批判地接受了"传统"解释的准确性，这种"传统"解释是由在他看来精准（10，36，55 节）、古老且可信的来源（23 节）传承下来的，并且他没有去质疑它们的历史真实性或传说式的特征。他很少让自己与所记述的内容疏远，即便有也是因为他所直接依据的材料在他之前已经这么做了（27 节）。至于那些出自尼科马库斯的关于奇迹故事的谨慎表述，它们反复出现，并强调了材料出处以及证人们一致同意的证据的高质量（27—28 节），而这事实上是古代**神异学**典型的说理策略之一。[3]因此，尽管波斐利对文献学的批评十分熟悉，并且喜欢厘清年表问题和真实性问题，[4]关于毕达哥拉斯的大量传记材料并没有引起

---

〔1〕 关于波斐利在其记述苏格拉底的章节中对亚里士多塞诺斯的依赖程度（以及反对传统中将亚里士多塞诺斯认作一位传记作家的观点的相关论证），参见 Schorn 2012；Huffman 2012b。

〔2〕 参见 Rangos 2004，470-472，其对波斐利笔下的苏格拉底做出了全面的解释。

〔3〕 参见 Schepens and Delcroix 1996，386-389。

〔4〕 参见 Macris 2002，111-112，with n. 155-156。

他的丝毫怀疑，并且它们被他原封不动地复述了一遍[1]——我们甚至可以感觉到，波斐利似乎被毕达哥拉斯传说中的神秘内容强烈地吸引了，他对神话、宗教以及教仪的无穷好奇心在其作品中曾多次显露。与此类似的还有，在波斐利看来，一般被视作由阿库塔斯收集的 280 部关于毕达哥拉斯及其他毕达哥拉斯学派成员的作品（它们区别于"被归为出自毕达哥拉斯之口并以其名流传"的伪作），都是真作且"无可置疑"——这一事实似乎可以表明（如果晚近的阿拉伯的记述是准确的话）"他将所有被我们视为伪毕达哥拉斯学派作品的东西全都视为真作"。[2]

这种态度反映的不仅仅是历史—批判的方法在波斐利的年代尚处在发展过程中，或者说对古代学问的偏爱是为了积累有趣的信息，而非确定它们的古老年代和真实可靠。它所反映的还包括波斐利让自己也归附于毕达哥拉斯及毕达哥拉斯学派传统——他是一个对这一传统满心认同与钦佩的柏拉图主义者——并且丝毫不想质疑其基础或以一种批判的方式审视它的出处。他没有意识到这一传统的特征，即它是被建构起来的，于是他将其认作一个真实可靠的、始终一致的整体，并且可以一直上溯到毕达哥拉斯本人，而且他也没有尽力去区分它内部的传承层次。这一点在 *VP* 的学述性部分中

---

[1] 不仅如此，在他的《文献学教程》(*Lessons in Philology*, 408F) 中，波斐利在讨论应该将四个奇迹故事（用来凸显其作为先知的能力）归给毕达哥拉斯还是斐瑞居德斯时，辩护了那个以毕达哥拉斯为原型的版本。

[2] Huffman 2005, 617. 在现存的希腊语本 *VP* 中，波斐利引述了《金诗》(20, 40 节)，并且参考了毕达哥拉斯学派的《笔记》(*Notebooks*, 7, 58 节) 以及毕达哥拉斯的家族成员的"珍藏"稿 (4 节)，可是他又斩钉截铁地声称，毕达哥拉斯本人没有任何著作 (57 节)。关于波斐利对待毕达哥拉斯学派伪作的模棱两可的态度，参见 Macris 2002, 98, n. 85 and 111-114。

尤为明显，在那里有更"古老的"口述箴言（41b）、道德劝勉（或直接［38—41a］或"象征"），之后是寓言式的解释（42节）、《金诗》中的部分内容（40节）以及关于数学（46—47节）和数字（48—52节）的柏拉图式的理论，所有这些都被归给了毕达哥拉斯本人，并被视作早期毕达哥拉斯主义的原始教义。波斐利的这种态度给我们提出了一个问题：他与毕达哥拉斯主义之间的关系究竟是怎样的？我们下面将予以考察。

四、波斐利与毕达哥拉斯主义 [1]

在《论禁杀动物》的开篇，波斐利首先提醒他的"同道"卡斯提库斯（Firmus Castricius）——此人放弃了素食主义而"重拾荤餐"——他们在过去，都曾尊敬（εὐλάβεια）"那些古代的畏神之人，正是他们指明了此道"，然后指责他"抛弃了他曾献身的先人哲学的律法"（1.2.3）。这一点已被视作确凿地暗示了波斐利曾献身于由毕达哥拉斯传授、毕达哥拉斯学派成员予以践行的那种生活方式，如果不考虑他是罗马的毕达哥拉斯学派密会的成员的话。之后是一大段劝勉性的内容，其修辞夸张，大量的说理难以令人信服，而其目的则在于让卡斯提库斯重拾之前的信仰。而前一部分尽管篇幅不长，却指出了位于罗马的由普罗提诺的弟子组成的小圈子中，成员们的素食主义（至少是可选的）实践内容。

这并不足以证明波斐利（或普罗提诺及其忠诚的弟子）是纯粹

---

［1］ 参见 Taormina 2012, 109-112。

而单纯的毕达哥拉斯学派（或者毋宁说是新毕达哥拉斯学派）的成员，但却可以表明在当时，在一些柏拉图主义的学校中，受毕达哥拉斯学派启发影响的哲学上的苦修主义是多么盛行。[1] 尽管《论禁杀动物》积极提倡一种普遍的素食主义生活方式——涵括希腊及东方的圣贤与国家，并且没有将自身限定在对毕达哥拉斯主义的辩护中，但是不仅在这部作品中，甚至在《普罗提诺的生平》中，波斐利在刻画真正的理想哲人的形象时，相关描绘都属于"毕达哥拉斯学派"版本的苦修主义。因此，不论是理想化的哲人还是其在现实中的化身，都呈现出了相当鲜明的"毕达哥拉斯学派"的特征，[2] 而波斐利写给自己妻子马克拉的书信中的道德劝勉，也满是新毕达哥拉斯学派的口述箴言，他希望通过它们使她过上一种苦修禁欲的、沉思的生活。这些内容证明了波斐利作为一个柏拉图主义者和禁欲主义者，对这样一种传统充满了热情，即灵魂沉浸于如此多的污染中，需要从身体中获得解放。

在 *VP* 中，恰恰是这一点被认作毕达哥拉斯对哲学的主要贡献，这并不让人意外。按照波斐利的说法（46—47 节），毕达哥拉斯的哲学的目的在于净化心灵，并将其从身体的枷锁和监禁中释放出来，使其彻底自由。通过位于物质领域与非物质领域交界处的数学与概念（θεωρήματα），毕达哥拉斯训练心灵，使其逐步转离可感世界，并将其缓缓地引向对"真正存在的事物"的沉思，例如可

---

〔1〕 参见 Meredith 1976；Finn 2009, 27-32；关于素食主义，参见 Sfameni Gasparro 1987-1989。这一趋势早在色诺克拉底时期的阿卡德米中就已开始（Diog. Laert. 4.6-11）；参见 Isnardi Parente 1985；Macris 2009b, 154。

〔2〕 O'Meara 1989, 28-29 with n. 75-79. 关于《普罗提诺的生平》，还可参见 Staab 2002, 134-143。

理知的事物、与其类似的永恒现实——波斐利补充道：（它们是）人类的真正福祉。在此之后，他转而就数字的认识和教育功能给出了另一种解释（48—49a，出自墨德拉图斯），用以替换那种一般的说法。在后文中他补充说，毕达哥拉斯学派使用数字是为了教学上的清楚明晰（εὐσήμου διδασκαλίας χάριν），是为了在对首要的理性（logoi）、非物质的理念以及第一原理进行设想和给出清楚的解释时，克服其中的困难。他将他们的工具与几何学家和语法学家的工具进行了对比：就像书面的字母表示口语语言的声音，几何示意图和绘画说明理想的几何体一样，数字也是类似于此的用法，表示理念（参见 Kahn 2001, 106）。波斐利便是通过这种方式，将数学方面的毕达哥拉斯主义挪用为人类心灵把握更高的、非物质的现实（即柏拉图的理念）的预备工作——正如柏拉图《国家》第七卷中所说的那样。

对波斐利而言，这一教学上的设置并非仅仅出于理论上的需要。我们知道，他不仅就人文七艺（ἐγκύκλια μαθήματα）的重要性有所著述，强调其乃（学习）哲学之前的预备工作，构成了灵魂努力上升的第一阶段，[1] 而且还就四艺（quadriuium）中的至少两科——音乐和天文——做过积极研究：[2] 他写过《托勒密〈谐声学〉评注》和《托勒密〈占星四书〉导论》（Introduction to Ptolemy's Tetrabiblos），这两部书都流传了下来，此外可能还有

---

[1] 参见 HP 224F。奥古斯丁的《论秩序》（De ordine 2, Ch. 10.28ff.）发展了相同的思想，据 Hadot 2006, 101-136，该作的内容可能出自波斐利（参见 O'Meara 1989, 29, n. 79; Zambon 2002, 55）。

[2] 关于新柏拉图主义者在音乐的旨趣上越来越毕达哥拉斯主义化的背景，参见 O'Meara 2005a and 2007。

一部《天文学研究导论》（*Introduction to the Study of Astronomy*，Suda 证实了这一点）。阿库塔斯关于四门数学"姊妹"学科之间密切关系的说法（fr. 1; cf. Pl. *Resp.* 530d6-9）——波斐利曾在其《托勒密评注》中大篇幅引用之——无疑鼓励了波斐利这样做。

VP 中还明确承认了柏拉图主义的另一条核心原则（19 节），即对灵魂不朽和转世的信仰，这也是毕达哥拉斯的个人贡献。这段话如此精确而简洁，值得注意，在此将全文引述如下：

> ［毕达哥拉斯］曾经对他的追随者们说的内容，任谁也无法确定地讲述，因为他们所遵循的绝非寻常的缄默。尽管如此，下面的内容还是广为人知：首先，他认为灵魂是不朽的；其次，它将转入其他种类的有生命的存在中；此外，曾经发生的事件将周期性地再次上演，无物为完全的新；最后，一切存在着的、有生命的事物都应被视作属于同一个家族（ὁμογενῆ）。毕达哥拉斯似乎是第一位将这些教义引入希腊的人。[1]

波斐利曾多次顺带提到这个理论，[2] 尽管他讨论了人类轮回进入动物的身体这个问题，但他似乎拒绝这一点。[3] 他这么做可能是

---

［1］ *VP* 19 = Dicaearchus fr. 40 Mirhady（not in Wehrli），译文受到了 Mirhady, Kirk, Raven & Schofield, Guthrie & Barnes 等人的启发。将其归给狄凯阿库拉克斯的做法并不确定；参见 Zhmud 2012b, 157 and n. 81，其中讨论指出这段话应该出自波斐利。【中译注】此处文本译自本文作者玛克里斯的英译本，与译自格思里英译本的 *VP* 正文相区别，读者可参照对应章节。

［2］ 他关于灵魂的教义中呈现出的毕达哥拉斯主义化的要素，可参见 Taormina 2012, 110-112。

［3］ 参见 Deuse 1983; Smith 1984; Castelletti 2006, 305-321; 还可参见 Helmig 2008。

在效仿新毕达哥拉斯学派的克罗尼乌斯（Cronius，著有《论重生》[On Rebirth]），此人通过一种寓言式的解读，也拒绝了该理论的这一论点。[1]

这把我们引向了下一个问题，即那些有毕达哥拉斯主义化（Pythagoreanizing）倾向的中期柏拉图主义思想家对波斐利和 VP 造成的影响。他们当中最重要的是阿帕麦亚的努麦尼乌斯（Numenius of Apamea）。波斐利的《论山泽女神宁芙的洞穴》（On The Cave of the Nymphs）中有大量篇幅都来自努麦尼乌斯（以及克罗尼乌斯），它们远远超过文中明确给出的引用数量；波斐利在该书中的种种想法无不渗透着努麦尼乌斯的思想：例如，对"外族智慧"的钦佩，[2] 对荷马寓言式的注解，[3] 以及关于梦境、本质（hypostases）、物质和恶的起源的教义。[4] 由此可以解释为什么人们会批评波斐利像一个奴隶一样依赖努麦尼乌斯，[5] 就像之前的普罗提诺那样。[6] 其次是墨德拉图斯，他除了在 VP 中被大量引用之外，还为波斐利对《巴门尼德》以及（伪新毕达哥拉斯学派

---

〔1〕尼梅修斯（Nemesius of Emesa）的《论人的本质》（On the Nature of Man），2.117，35.2-5 Morani。

〔2〕在 VP 关于毕达哥拉斯前往东方旅行的章节中有明显的复现（1—2，6—8，11—12 节）："毕达哥拉斯在这些人中游历，正是从这些游历（πλάνη）中，他获得了自己智慧中最伟大的部分。"还可参见 Numenius frs. 1a-1c；8.9-13；30.5-6，with O'Meara 1989，13。

〔3〕就像努麦尼乌斯和其他新毕达哥拉斯学派的成员一样（Lamberton 1986），波斐利认为"古老的神学家"荷马本身就是一位哲学家。参见《论山泽女神宁芙的洞穴》，《论冥河》（On the Styx）残篇，此外还有一部佚作《论荷马的哲学》（On the Philosophy of Homer）。

〔4〕参见 Waszink 1966；Zambon 2002，171-250；以及努麦尼乌斯对阿卡德米中怀疑主义的清除，以及希腊化时期的学校，参见前文脚注。

〔5〕参见普罗克洛《柏拉图〈蒂迈欧〉评注》，vol. 1，77.22-23 Diehl。

〔6〕《普罗提诺的生平》17.1-3。关于努麦尼乌斯和墨德拉图斯，参见此书第十二章，2，9 节，以及 Fuentes González 2005b 和 Centrone and Macris 2005。

的)《书信 II》(312e) 的解释提供了基础,即一种关于三分神学的
论述。[1]

按照普罗提诺的雅典同僚朗吉努斯的说法,[2] 连普罗提诺本
人——在我们看来,他与毕达哥拉斯主义之间似乎根本没有密切
的联系[3]——也在其教学中对 "毕达哥拉斯学派和柏拉图主义的
原理" 做出了解释,并且他做得要比他的所有前辈都更加清晰、准
确,而他的依据则是新毕达哥拉斯学派的作品,包括努麦尼乌斯、
克罗尼乌斯、墨德拉图斯以及特拉绪洛斯(Thrasyllus),这些人的
作品也经常被拿到他的 "研讨班" 上阅读。[4] 普罗提诺的这类活动
至少在其《论数》(On Number) 中得到了确证。[5] 在普罗提诺的
学校中,毕达哥拉斯受到了相当程度的尊敬,这一点在由阿麦利乌
斯公开、由波斐利在其《普罗提诺的生平》中重现(22.54-57) 的
阿波罗神谕中有所体现,它是这样说的:在其死后,普罗提诺的
灵魂将升上天空,与柏拉图和毕达哥拉斯为伴。波斐利出于 "毕
达哥拉斯学派的" 数理逻辑的(arithmological)考量,[6] 按照六卷
九章(三卷九章,然后两卷,以及最后一卷:一种上升的单一性)
的次序编排了后来的文章,得到了《九章集》(Enneads,其意为

---

[1] 参见 236F. Pace Dodds 1928,墨德拉图斯的观点被波斐利在新柏拉图主义的层面做了
重新解读,并且波斐利和辛普里丘没有忠实地继承之;参见 Hubler 2011。

[2] Porph. VP 20.71-76;还可参见 21.6-9;Menn 2001。

[3] 参见 Bonazzi 2000;O'Meara 2005b;Taormina 2012, 103-109。

[4] VP 14.10-14。

[5] 参见 Slaveva-Griffin 2009, esp. 42ff.。

[6] 参见 O'Meara 1989, 29, n. 79;Slaveva-Griffin 2008 and 2009, 131-140。从《论禁杀
动物》的一段话中可以清楚地看到,波斐利也认同一种数字和几何图形的神学(参见
Macris 2009a, 34-35)。

ninefolds，"九重的"），而其中也反映出了（对毕达哥拉斯的）相同的敬意以及下面这种想法，即让普罗提诺看起来更像一位毕达哥拉斯学派的成员。

波斐利那些表现出（他那个时代的）毕达哥拉斯主义化倾向的全面的知识，要求他拥有一个充实的"毕达哥拉斯学派"藏书库，就像他的老师，雅典的朗吉努斯和罗马的普罗提诺所拥有的那样，或者像他们的同辈人奥利金（Origen）所拥有的那样，奥利金身处亚历山大里亚，在那里的还有努麦尼乌斯、克罗尼乌斯、墨德拉图斯、尼科马库斯，以及"毕达哥拉斯学派中受到最高敬重（ἐλλόγιμοι）的那些人"，此外还有斯多亚派的卡埃莱蒙（Chaeremon）和卡纳多斯（Cornutus）。[1] 波斐利在其多部作品中使用了大量的毕达哥拉斯学派的材料作为出处，这表明他确实可以接触到这样一个藏书库。[2] 除了前面讨论过的努麦尼乌斯、克罗尼乌斯和墨德拉图斯之外，我们还可以发现他参考或引述了恩培多克勒，《论禁杀动物》中所召唤的人正是他与毕达哥拉斯，他在那里的形象是一个素食主义的捍卫者；此外还有图阿那的阿波罗尼乌斯（《论禁杀动物》《论冥河》）；一部新毕达哥拉斯学派的格言集（《与妻书》）；[3] 一位匿名的"神学家"（《论禁杀动物》），等等。在波斐利的《托勒密〈谐声学〉评注》中，可以看到一份令人赞叹的关于毕达哥拉斯学派的原始材料、观点及引文的收录集，

----

〔1〕 尤西比乌斯（Eusebius），《教会的历史》（*Ecclesiastical History*）6.19.8 = 波斐利《反基督徒》Book 3 fr. 39。

〔2〕 波斐利的"毕达哥拉斯学派"藏书库可以与扬布里柯的相比较；参见 Macris 2002, 88-91 and 92-109。

〔3〕 参见 Rocca-Serra 1971；Sodano 1991。

而在这部作品中，还有一段用多立克方言写的关于阿库塔斯残篇的引文（Huffman 2005，103-108），此外，这部作品还提及了特拉绪洛斯[1]和两位音乐理论家，这两个人提供了关于古代"谐声学派"之间的区别的宝贵信息，他们分别是迪代穆斯（Didymus，公元1世纪）和昔兰尼的托勒密（Ptolemaïs of Cyrene，公元前1世纪到公元1世纪），前者著有《论毕达哥拉斯学派哲学》(*On Pythagorean Philosophy*)[2]，后者著有《毕达哥拉斯学派音乐基础》(*Pythagorean Musical Elements*)（参见 Macris 2012）。对于这些公元1世纪和2世纪首要的新毕达哥拉斯主义者而言，我们还必须将尼科马库斯和安东尼乌斯·第欧根尼补列其中，这两个人是 *VP* 所依据的四个直接来源之二。[3]

更加值得注意的一点是，波斐利决定在 *VP* 中给那些咄咄逼人的新毕达哥拉斯主义者一些空间（53节），这些人对其他的哲学学派有一股很强的同一化和"帝国主义式的"倾向，他们与波斐利的生活年代相近，可能正是在墨德拉图斯的时代之前，而墨德拉图斯

---

〔1〕《托勒密〈谐声学〉评注》12.21-28 Düring. Tarrant 1993，108-147 认为，《托勒密〈谐声学〉评注》关于认识论的附录（12.29-15.28）中的那些想法全都出自特拉绪洛斯；然而 Gerson 1994 对此提出了质疑。

〔2〕Clem. Al. Strom. 1.16.80.4.

〔3〕关于尼科马库斯，参见此书第12章第10节和第20章第2节，以及 Centrone 2005。关于安东尼乌斯·第欧根尼，在其小说中有无数"毕达哥拉斯的"相关内容，即便是在与毕达哥拉斯本人无关的部分也是如此，因为在这些部分中，毕达哥拉斯学派的材料也占据了核心位置。参见 Merkelbach 1962，225-233；Fauth 1978；Reyhl 1969，121；Stephens 1996，677-678。收集并讲述那些不可思议的故事（扬布里柯《毕达哥拉斯的生命之道》138—139，143及148节）这一实践对于虔诚的（新-）毕达哥拉斯主义者而言具有相当重要的哲学意义；这让他们相信难以置信的东西，因为对于诸神而言，一切皆有可能。

似乎是这里所依据的材料来源。[1]他让这些人表达他们自己的观点，包括关于他们传统的历史，以及其他哲人对这一传统的挪用和操纵，尤其是柏拉图、亚里士多德以及他们在阿卡德米和吕克昂的弟子们。[2]

结 论

我们可以自信地得出如下结论：通过阅读波斐利的 *VP*，我们可以了解到公元 1 世纪关于毕达哥拉斯主义的相关论述，以及当时对待毕达哥拉斯及毕达哥拉斯学派传统的态度。波斐利对待毕达哥拉斯的肯定态度（可见于中期柏拉图主义）是一以贯之的，并且也未曾将其与那些对毕达哥拉斯持否定态度的相关文本——第欧根尼·拉尔修的便是如此，他很大程度上没有受到中期柏拉图主义的影响——进行调和。尽管如此，波斐利的理想化版本在许多重要方面都与扬布里柯后来给出的版本大相径庭。此外，考虑到 *VP* 是一部学术性、汇编性的作品，波斐利也让我们得以一睹希腊化时期文学——这对于理解和可靠地重构毕达哥拉斯传奇的发展过程而言，是一个至关重要的一个方面——所遭遇的"海难"。

---

[1] 关于应该将这段话归给墨德拉图斯还是波斐利本人的不同观点，参见 Macris 2002，112, n. 157 以及 Staab 2002, 214, n. 525。

[2] 关于 *VP* 53 节，参见 Centrone 2000a, 153-156; Kahn 2001, 105; Macris 2002, 111-112; 2009b, 147-148, 149-150, n. 43; Staab 2002, 214-216。

扬布里柯《毕达哥拉斯的生命之道》的来龙去脉[*]

Dominic J. O'Meara [1]　张文明　译

一、导言

　　扬布里柯的《毕达哥拉斯的生命之道》是流传至今的关于毕达哥拉斯及其学派的信息来源中，内容最广博、最丰富的一部作品。这部作品本身或直接或间接地依赖于大量前人的原始资料，而这些资料如今都已失传了；该作向我们呈现了一种由许多关于毕达哥拉斯传奇的故事——这些故事明显是虚构的——构成的混合叙事，为我们提供了看似更为可靠的信息。这种混合叙事已经成了文献学的研究对象，对它的认真研究始于 1871—1872 年罗德（Erwin

---

[*]　在此，我要向 Carl Huffman 和 Constantinos Macris 表达衷心的感谢，感谢他们为本文提出了慷慨的问题和建议。【中译注】本文中提及的所有《毕达哥拉斯的生命之道》为狄龙本中译名，按奥米拉的英译名应直译为《论毕达哥拉斯式的生活》（On the Pythagorean Life）；考虑到整体译名的一致，以及便于与波斐利的 VP 相区别，故皆取狄龙本译名。

[1]　奥米拉（Dominic J. O'Meara），瑞士弗里堡大学荣休教授，著名古代哲学专家，主要研究柏拉图主义、毕达哥拉斯主义等。

Rohde）出版的一篇重要文章，该文章倾向于认为扬布里柯的这部作品只是略好于一种对具有不同价值的材料的堆叠，而为了获得这些材料中对于重构早期毕达哥拉斯主义可能有所助益的内容，我们需要将其厘清。在这种分析中，扬布里柯本人、他作为该书作者的（创作）意图以及他的哲学家身份都被遮蔽和忽视了。（学界）对他作为该书作者的轻蔑（罗德认为该书是一部"东拼西凑的可悲作品"）[1]与哲学史上对之后的新柏拉图主义哲学所表现出的那种轻蔑互相吻合，而扬布里柯正是这种被视作屈从于非理性和魔法秘术的新柏拉图主义哲学中的一位重要人物，这也是希腊哲学的衰颓结局。[2]

然而，近来，从 20 世纪下半叶开始，出现了一些新的研究进路。学者对扬布里柯及其之后的新柏拉图主义哲学做了大量的工作，这让我们得以摆脱先前解释中的无知偏见。阿尔布雷希特（Michael von Albrecht）于 1966 年发表了一篇文章，正是从这篇文章开始，扬布里柯的《毕达哥拉斯的生命之道》被（以一种全新的方式）认真对待，它被视作独立的，具有特定的哲学目的和与这些目的相匹配的结构，以及这样一个背景，即扬布里柯作为一位身处公元 3 世纪之初的哲学家，有自己独特的抱负。在接下来的文本中，我首先会回顾这些新进路带来的一些后果，然后回到扬布里柯对前人材料的使用问题上，在一种全新进路的帮助下加以考察。

---

〔1〕 „Das klägliche Flickwerk", Rohde 1901, 113. 罗德说 "Flickwerk" 并非意谓一种糟糕的修补工作，而是指一件拼凑出来的产物（127, 151）。罗德在其分析中（例如，"一部荒谬可笑且一团乱麻的无知之作"）透露出的对扬布里柯及其作品的敌意和轻蔑程度相当明显。

〔2〕 关于这种评价（它们具有与罗德相同的那种敌意）的例子，可参见罗德的同时代者 A. von Harnack 1931, 1.820（first edition 1885）。

《毕达哥拉斯的生命之道》：一个更大专题中的部分

　　《毕达哥拉斯的生命之道》（后文皆以 *VP* 代之）在当代已有许多发行版本，[1]包括希腊语本和译本，仿佛它是一部独立的作品。这似乎暗示了该作就其自身而言确实是独立的，并且可以被这样处理和讨论。然而，如果我们查看 *VP* 的其他希腊语原稿所从出的那份（初始）原稿——Laurentianus 86.3（手稿 F，上溯至公元 4 世纪），就会发现这份原稿给出了一个目录（*pinax*）[2]，当中 *VP* 只是扬布里柯的九卷本《论毕达哥拉斯主义》[3]的第一卷。原稿中所列的九个部分分别为：

　　　　《毕达哥拉斯的生命之道》

　　　　《哲学劝勉录》

　　　　《论一般数学知识》

　　　　《论尼科马库斯的〈算数导论〉》

　　　　《论物理中的算数》

　　　　《论伦理中的算数》

　　　　《论神学中的算数》

　　　　《论毕达哥拉斯学派的几何》

　　　　《论毕达哥拉斯学派的音乐》

------

〔1〕　Romano 2006 不在其列。

〔2〕　复现于 Nauck 1884, xxxiv。

〔3〕　关于这个标题的名称（*Peri tēs Puthagorikēs haireseōs*），我认为应译作《论毕达哥拉斯主义》（*On Pythagoreanism*；【中译注】一般译作《毕达哥拉斯教义概要》，此处从奥米拉译），参见 O'Meara 1989, 32-33。

该目录可能遗漏了最后一项，即该作的第十卷内容，该卷处理的是毕达哥拉斯学派的天文学。[1]原稿中在目录之后紧跟着的便是 *VP* 的卷章标题（kephalaia）："第一卷文本（*logos*），关于毕达哥拉斯的生活"，之后是 *VP* 的正文及其后三卷（*logoi*）的正文——《哲学劝勉录》《论一般数学知识》和《论尼科马库斯的〈算数导论〉》，前两卷正文前有卷章标题。[2]目录中所列的接下来的五卷都遗失了。这里发生的情况可能是扬布里柯的《论毕达哥拉斯主义》被分成了两册（或两份抄本，*codices*），而第二册遗失了，或者在公元 11 世纪之后不久就被停止复制了。[3]因此我们现在只能读到所有内容中的一至四部分，*VP* 则是其中的第一部分。

从前面对目录的简要考察中已经可以发现，这部作品作为一个整体，反映出了一个体系化的计划。对毕达哥拉斯主义的考察首先从毕达哥拉斯的生平切入，然后是毕达哥拉斯的哲学——从一般的哲学开始，然后是在扬布里柯看来为毕达哥拉斯哲学所独有的数学，而这又是从一般的数学知识开始，之后是具体的科目，包括算数、几何、音乐（可能还有天文），在这些当中排在第一（并且最高）的科学是算数，该书依次讨论了它在物理学、伦理学和神学方面的重要性。该书作为一个整体，其较早期的部分（参见后文第五

---

[1] 参见 O'Meara 1989，33。

[2] 这些卷章的标题或许可以追溯到扬布里柯本人；公元 5 世纪早期，叙利亚努斯曾引用第三卷的标题（参见 O'Meara 1989，35，特别可参见 Macris 2004，2.11-20，其中包含一个关于古代 *kephalaia* 的完整名单）。

[3] Michael Psellos 在从五至七卷中节选相关内容（参见 O'Meara 1989，53-60）时，假定这部作品最初有十个部分，两册抄本分别对应一个四一组（一至四部分）和十个部分中剩下的内容（五至十部分）。

章）以一种强烈的规劝目的——我们被规劝要献身于毕达哥拉斯主义——为特征，并且表现出了一种明显的教育上的递进，从更为熟悉和一般的内容前进到更加困难和更为毕达哥拉斯主义所独有的内容。扬布里柯会不时给出一些对本书规劝的和教育的结构的说明。[1]这种结构会让我们不禁期待，扬布里柯对毕达哥拉斯主义的解读中那些更加具体、更加技术化的内容，可能就记述在该书之后的部分中，尤其是五、六和七卷。

然而，不论是从这部书的大概计划中，还是从该书的第一部分中，我们都已然能够感觉得到扬布里柯的哲学化解读的存在，前者使用了后来新柏拉图主义课程特有的科目划分（物理学、伦理学和神学），后者例如扬布里柯在 *VP* 中对毕达哥拉斯的解读的细节。为了审视这一点，我们或许可以从 *VP* 的起始章节入手，原稿 F 中该章的章节标题（"毕达哥拉斯哲学的序言"；[2] *proemium*[3]）表明其是作为整体的《论毕达哥拉斯主义》的开端：

> 一切明智之人，在着手任何哲学研究时，总要向神祈祷。对于以神圣的毕达哥拉斯的名字命名的哲学而言，这尤为合适，原因在于，诸神最先赐予的正是这种哲学，如若没有诸神的协助则无法理解它。而且，它的美丽和宏伟超越了凡人的能力，人无法突然地（ἐξαίφνης）理解它：唯有在一位仁慈的神

---

〔1〕 O'Meara 1989, 34.

〔2〕 *VP* 1.1. Clark 1989 及 Dillon & Hershbell 1991 在其英译本中均合宜地于每章前译出了各章标题内容。

〔3〕 【中译注】即 προοίμιον：开端，序言。

明的引领下，安静地逐步接近，凡人才能占用其些许。出于这些原因，让我们祈祷诸神指引我们……在诸神之后，我们应当选择这神圣哲学的创立者和父亲作为我们的引路人。让我们首先介绍一些他的家庭和国家的情况。[1]

扬布里柯循柏拉图《蒂迈欧》（27c）中的精神，在这一事业的开端处向诸神祈求帮助，他说以毕达哥拉斯之名命名的"神圣的"哲学，由于其超越了凡人的能力，所以它不能"突然地"被把握（《会饮》210e），而只能在"赐下它的"诸神以及创立它的毕达哥拉斯的引导下逐步地接近。

随着我们的继续阅读，诸神、由神所揭示的哲学以及毕达哥拉斯三者之间的联系将越发清晰，我们会（从下文中）发现：

> 任何考虑到毕达哥拉斯的诞生和他广博的智慧的人，都不会怀疑毕达哥拉斯的灵魂是从阿波罗的扈从中被送给人类的，抑或他是阿波罗的追随者，或者是另一种与他相联系的更为亲密的关系。[2]

扬布里柯在此之前讲述了毕达哥拉斯的母亲在与阿波罗结合后诞下了他的故事（按照古代传记的记载，此人之后成了柏拉图的母

---

〔1〕 *VP* 5.4-6.5. 我在此处及后文中引述的是 Clark 的译本，有些许改动。所有 *VP* 的引文都依据 Deubner 版的页码和行码。不过更一般的引文有时会以章节（ch.）给出。【中译注】此处中译文从奥米拉英译本，读者可对照第一部分正文。

〔2〕 *VP* 7.27-8.4.

亲），扬布里柯在此拒绝了这个故事，并以毕达哥拉斯灵魂的"祖先"取代了肉体的谱系：他最初是阿波罗的"扈从"，是神明的一位追随者，就像柏拉图《斐德若》（253b）中所描述的那样，身处神明在天上的行进队列中。在《斐德若》的神话中，灵魂（原本）陪伴诸神左右，能够看见超越至上的诸理念，（之后）从这种观看中跌落，发现自己处于肉身当中。然而，毕达哥拉斯的灵魂并非跌落：他是被"送降"给人类的，带来了神的智慧。我们可以把这些想法同扬布里柯在其他作品中（尤其是在他的《论灵魂》中）发展出来的、关于完美无瑕的灵魂的理论联系起来，按照这种理论，存在一类特殊的灵魂，它们在下降至身体中时不会丧失自身的纯粹性，并且它们下降到身体中是为了净化、完善和拯救物质世界，而其他灵魂的下降则是由于道德上的败坏，以及出于惩罚和净化（自身的目的）。[1] 扬布里柯对下降的灵魂做出了不同类型的区分，这种灵魂理论与下面这种意图相联系，即把柏拉图《蒂迈欧》中赋予灵魂的积极的、（对物质世界加以）完善的任务与《斐德若》中灵魂下降的消极的、惩罚性的功能整合在一起。这样一种理论提供了一个框架，在该框架下可以解释毕达哥拉斯的神性、他与诸神的联系、他的知识的神圣起源以及他在凡人中的特殊地位和任务。

还存在另外一些这样的灵魂。例如，普罗提诺曾经提到过，在那些能够沉思超越的可理知存在者和传达形而上的知识的人中，不仅有毕达哥拉斯，还有柏拉图。普罗提诺甚至还认为，作为灵魂的

---

[1]　参见 O'Meara 1989, 38-39。

我们通过做哲学也能够重新获得对理念的关照[1]，就像他那样。[2]那么，我们接下来又会不禁产生疑问，扬布里柯的毕达哥拉斯是如何与其他这些灵魂联系在一起的？究竟是什么让他和他的哲学（对毕达哥拉斯）产生了如此的兴趣，以至于要创作一部《论毕达哥拉斯主义》这样的长篇著作？

二、关于柏拉图遗产的争斗

大约在公元300年，波斐利——可能曾是扬布里柯的老师——完成了他关于普罗提诺的传记和普罗提诺作品的文集（《九章集》），此时距普罗提诺逝世已有近三十年。波斐利告诉我们（《普罗提诺的生平》24.6-11），他"仿照雅典的阿波罗多罗斯的做法，此人把厄皮卡尔谟斯的喜剧作品编辑成十卷本，还仿照逍遥学派的安多罗尼库斯（Andronicus），此人根据主题把亚里士多德和泰奥弗拉斯托斯（Theophrastus）的书分类编辑"。就像安多罗尼库斯一样，波斐利还在他的《普罗提诺的生平》中讨论了普罗提诺著作的顺序。他将这些作品分为六卷，每卷九章，分置于三册抄本（*codices*）中（《九章集》I—III，IV—V，VI），并从伦理学（《九章集》I）开始递进至物理学（《九章集》II—III），最后在神学（《九章集》IV—VI）那里达到顶点。波斐利编辑的（这部）作品与扬布里柯的《论毕达哥拉斯主义》之间的对比显而易见：这两部作品都呈现出了哲学的课程设置和引领灵魂学习不同哲学科目的教育内

---

[1]【中译注】直译为重返理念的视域。
[2] 普罗提诺，《九章集》5.1.8-9以及4.8.1。

容，并且都以所学哲学的作者的生平为序，对其智慧的描绘令人印象深刻、富有启发，足以激发我们继续阅读。此外，两部作品都具有一个数的结构（波斐利关于普罗提诺的文集是 6×9；扬布里柯的《论毕达哥拉斯主义》是 4+6=10）。可是，我们能从这种对比中得到什么结论呢？

有人提出，波斐利在普罗提诺逝世如此之久后才出版了关于他生平和著作的作品，是对当时扬布里柯在阿帕麦亚建立的哲学学校日渐壮大、愈发成功的新境况做出的回应。[1] 波斐利可能是在回应扬布里柯的学校带来的挑战，并且他在传记中确实赋予了普罗提诺这个人物以神的资质、超自然的力量以及一些毕达哥拉斯身上的特征，这些无疑可以与扬布里柯 VP 中的毕达哥拉斯一较高下。然而，我们似乎无法确定这里的优先次序：究竟是波斐利在以其普罗提诺的传记和文集回应扬布里柯的《论毕达哥拉斯主义》，还是反过来呢？可以确定的一点是，这两位哲学家之间的争论相当频繁，他们经常撰文回应对方，最有名的例子就是扬布里柯对波斐利的《致阿奈博的书信》的回应之作《论秘仪》了。[2] 不论先后次序如何，我们至少可以认为，波斐利的普罗提诺文集和扬布里柯的毕达哥拉斯学派课程所呈现出的，是在一场范围更广的争论中相互竞争的两种立场，我们可以将其描述为关于柏拉图遗产的争斗。

无须追溯太远，我们可以关注一下这一争斗在公元 2 世纪的几个阶段，当时柏拉图的系统化教义有时会诉诸亚里士多德和斯多亚派的一些观点。这种对柏拉图教义的玷污受到了阿帕麦亚的努麦

---

[1] Saffrey 1992.

[2] 参见 Taormina 1999。

尼乌斯的猛烈抨击，他将这种对柏拉图哲学日渐增长的不忠和背叛一直追溯到了阿卡德米的怀疑论时期。在努麦尼乌斯看来，必须重返纯粹的、真正的柏拉图教义，而这种教义的本质乃出自毕达哥拉斯，他那古老的智慧可以被认作古代外族人的智慧。[1]努麦尼乌斯关于当时掺假的柏拉图哲学的论辩可以与公元2世纪的另一位柏拉图主义者尼科马库斯所采取的立场加以对比，此人也将柏拉图主义认作源出于毕达哥拉斯学派，并且还赞美毕达哥拉斯首次将科学知识启发给了希腊人。[2]普罗提诺被他的同时代者怀疑有毕达哥拉斯主义化的倾向，并被指责抄袭了努麦尼乌斯。[3]尽管普罗提诺确实对毕达哥拉斯心怀敬意，正如我们所看到的，尽管波斐利在其普罗提诺传记中也同时强调毕达哥拉斯式的特征，但是，总的来看，毕达哥拉斯在普罗提诺的作品中并不是一个主要的存在：普罗提诺认为自己只是在对柏拉图进行解读，而柏拉图则更加清楚地呈现了由毕达哥拉斯以一种晦涩的、不完整的方式揭示的真理。[4]

在出版《九章集》时，波斐利可能追随了普罗提诺对柏拉图的解读，并且希望将其推广到那些曾经听过普罗提诺课程的人的圈子之外去。然而，扬布里柯更加激进地发展了在他之前的努麦尼乌斯和尼科马库斯所做的选择，提倡重返那曾启发柏拉图的、属于毕达哥拉斯的古老智慧。真正的柏拉图主义乃是毕达哥拉斯主义；柏拉

---

〔1〕 相关证据的总结，参见 O'Meara 1989, 10-13.

〔2〕 O'Meara 1989, 15-16.

〔3〕 Menn 2001, *VP* 18.3.

〔4〕 普罗提诺，《九章集》4.8.1.21-26。

图的真正遗产是属于毕达哥拉斯的。[1]为了更清楚地考察这一点，我们需要超出《论毕达哥拉斯主义》去分析扬布里柯的其他哲学作品。

三、扬布里柯其他作品中的毕达哥拉斯主义

《论毕达哥拉斯主义》与扬布里柯作为哲学家的其他作品毫无关联吗？或者说扬布里柯几乎不是以一个哲学家的身份去写作它的？它只是流传下来的一部早期的不成熟作品吗？如果我们考察一下扬布里柯留下来的少数严肃的（据推测是成熟的）哲学作品，即他对亚里士多德和柏拉图的评注，那么我们就会看到，他在这些作品中表现出了同样强烈的将哲学毕达哥拉斯主义化的兴趣。接下来，我将对其主要的证据进行简要介绍。

我们了解最多的是扬布里柯关于亚里士多德的《〈范畴篇〉评注》，因为该文曾被辛普里丘在其《〈范畴篇〉评注》中大量引用。通过辛普里丘我们可以知道，扬布里柯持有一种被误导的观点，认

---

〔1〕 在 *VP* 中鲜有对柏拉图的引述（尤其参见 74.17-21），但在《论毕达哥拉斯主义》的第二部分（即《哲学劝勉录》）中，有大量对柏拉图对话的挪用，并且它们都被视作出自毕达哥拉斯；参见 O'Meara 1989，40-42；Staab 2002，449。有些人认为，扬布里柯的 *VP* 所发展出的毕达哥拉斯形象是对基督形象的一种异教回应和反击。这种观点由来已久（参见 Lurje 2002，253，n. 91；Staab 2002，34），可以被描述为历史学家对神学论辩家的（论辩）主题——异教的希腊哲学是受圣经启发的——的变种。如果这一想法只是表面上的暗示，那么它是未经证实的（例如 Staab 2002，279，Du Toit 和 Dillon 的文章与此形成鲜明对比，参见 von Albrecht, Dillon, George, Lurje and Du Toit 2002，275-301）。我们还需注意的是，在 *VP* 的时期，异教哲学家在社会地位和自由方面，尚且还不是受到威胁的（保守派）少数群体，*VP* 也还不是一部独立作品，而是作为一个更大的专题中的部分，在解读 *VP* 的创作意图时，必须考虑这个更大的专题。

为亚里士多德的《范畴篇》受启发于一部被归给阿库塔斯的相似作品。在扬布里柯看来，亚里士多德的理论是从毕达哥拉斯学派的著者那儿得来的，当他与他们意见不一时，他就背离他们，他的这种做法必须被纠正。[1] 还有证据表明，扬布里柯对柏拉图的《蒂迈欧》持有相同的观点，（错误地）认为其受启发于洛克里的蒂迈欧的一部相关作品。在《蒂迈欧》中，柏拉图的毕达哥拉斯主义确实是最显而易见的，其中也展现出了柏拉图对毕达哥拉斯主义的忠实还原。[2]

柏拉图的《蒂迈欧》是扬布里柯选取作为其柏拉图主义课程的诸篇对话之一，该课程包括第一套的十篇对话和第二套的两篇对话。十篇那套从《阿尔喀比亚德前篇》开始，该篇被视作一篇暗含了后续所有（对话）的独立作品（monad），[3] 而由《蒂迈欧》和《巴门尼德》这两篇构成的那套则让我们想到了那组第一原理，即超越其他一切的不定之二和太一。这种课程不仅在结构上看起来是毕达哥拉斯主义的：扬布里柯在对课程内各篇对话进行解读时，也援引了"毕达哥拉斯学派的"解释学原则。[4]

这里补充一点有趣的内容，从《论毕达哥拉斯主义》第一至三部分对毕达哥拉斯学派和伪毕达哥拉斯学派的著者——菲洛劳斯、阿库塔斯、布隆提诺及其他人——的使用中可以看出，（那些学者）坚持不懈地收集了大量毕达哥拉斯学派的作品，我们甚至可以从斯

----

〔1〕 O'Meara 1989, 96-97.

〔2〕 O'Meara 1989, 9, n. 31.

〔3〕 O'Meara 1989, 98.

〔4〕 O'Meara 1989, 98-99.

托拜乌斯（Stobaeus）的文集中所提及的那些毕达哥拉斯学派著者那里发现这些作品的痕迹。斯托拜乌斯似乎使用了——至少部分地——出自扬布里柯学校的（包括扬布里柯和波斐利在内）文本的合集，而他选集中保存的那些毕达哥拉斯学派的节选内容可能也部分地出自相同的来源。[1]

或许现在已经说得够多了，我们可以重新回到《论毕达哥拉斯主义》的第一部分 *VP* 了。如果严肃地对待其作者的哲学意图的话，我们或许可以看到这些意图是如何在作品的写作中呈现出来的。

四、*VP* 的写作结构

关于 *VP* 的写作结构，新近的研究已经做了大量的工作，这些工作指出，这种结构根本就不是非理性的或者未经加工的。[2] 我接下来会总结这一工作的部分结论，并且提出一种处理问题——这种写作结构所内含的目的究竟是什么——的观点。

除了首尾介绍性的和结论性的材料之外，*VP* 似乎可以被分成三个主要部分：

对《论毕达哥拉斯主义》的概要介绍（第 1 章）；

----

[1] 参见 Piccione 2002；Macris 2002，88-106（关于扬布里柯的 "毕达哥拉斯主义文库" ［bibliothèque pythagoricienne ］）。

[2] 尤其参见 Staab 2002（在 478-487 给出了一种方案），Lurje 2002，238-242，以及 Macris 2004，1.1-99；此外还有 von Albrecht 1966，257-264；Dillon and Hershbell 1991，26-29；Brisson and Segonds 1996，xvii。

第一部分：毕达哥拉斯的祖先、成长、旅行、在萨默斯和意大利的活动（第2—11章）；

第二部分：毕达哥拉斯学派的教育（*paideia*），由毕达哥拉斯所实践（第12—27章）；

第三部分：毕达哥拉斯学派的六德，由毕达哥拉斯分别予以例示和传授（第28—33章）；

结论性内容（第34—36章）。

下面，我将分别对书中的这些部分做出简要评述，但我无意对每一部分的结构都做出全面分析。

1. 概要介绍

这个部分在前文（第二章）中已经讨论过了。

我们还可以注意的一点是，扬布里柯关于毕达哥拉斯主义久被忽略的描述——"被陌生的教义和秘密的符号所遮蔽，被误导性的伪作所阻碍"（5.16-19）。由"久被忽略"这个问题，扬布里柯提出了"重新复兴毕达哥拉斯主义、使其教义更易通达"的专题。这种复兴包括了把毕达哥拉斯学派哲学从伪作的曲解中解救出来。波斐利在其《毕达哥拉斯的生平》（第53节）中也提到了毕达哥拉斯学派哲学由于（其自身的）晦涩和其他人记述中的曲解而消失了，同时，其他人记述中的曲解也给这种哲学带去了许多坏名声。对扬布里柯而言，要想复兴毕达哥拉斯学派哲学，并将其作为柏拉图主义的起源和本质，就必须关注那些构成真正的毕达哥拉斯学派资料的本体的东西，将其与那些不合法的作品区别开来：如何做出这种区分？关于什么是真正的毕达哥拉斯学派作品的本体的问题，在 *VP*

中会一再出现。[1]

2. 第一部分

波斐利在其《普罗提诺的生平》的开头处曾说道，普罗提诺"无法容忍谈论他自己的家族、他的父母抑或他的祖国"（1.3-5）。然而，扬布里柯在论述毕达哥拉斯时，关于这些话题却所言甚多（VP 第 2 章），并且还谈到了毕达哥拉斯在希腊人和外族人（即腓尼基人、埃及人、巴比伦人）中（所接受）的教育（第 2—4 章）。接下来的说明是毕达哥拉斯返回萨默斯和在当地的教学活动（第 5 章），之后是他移居意大利并在那里开展教学（第 6—11 章），其中包括很长一段演讲内容，即毕达哥拉斯对克罗顿的青年、统治者、儿童以及妇女的教化布道（第 8—11 章）。

3. 第二部分

这个部分在开头处（第 12 章）首先指出，毕达哥拉斯是第一个自称"哲学家"的人，他将哲学定义为对知识（*theōria*）的追求，智慧（*sophia*）是关于首要的、神圣的、永不变易的现实的科学（*epistēmē*）（32.17-21）。[2] 接下来，扬布里柯写道："对教育（*paideia*）的关切同样美丽，与毕达哥拉斯一道为了人类道德

---

[1] 在 VP 15.17 和 139.11-13 处，扬布里柯提到了被错误地归属的文本；在 50.10 处，提到了非毕达哥拉斯学派的人的"添油加醋"；在 82.1-2 和 85.20-22 处，提到了他将之作为真正的《圣言》（出自毕达哥拉斯或如同出自他本人）的东西；在 88.13-89.7 处，提到了毕达哥拉斯学派作品的文风气质；在 109.9-10 处，提到了菲洛劳斯的作品。考虑到扬布里柯非常积极地推动在我们看来是伪毕达哥拉斯学派作品的内容，我们可能会对他竟然对真实性问题表现出了极大兴趣这一点感到意外。但是他的"真实性"与我们的并不相同。在他看来，学说上和文风上的真实性标准是中肯的，此外还有他所依据的材料出处中对可疑文本的说明。

[2] 扬布里柯在这里受到了尼科马库斯对哲学与科学的（柏拉图主义式的）定义的启发；还可参见 VP 89.23-90.11 和尼科马库斯的《算数导论》1.5-3.9。

上的提升（*epanorthōsis*）而工作。"（32.21-22）毕达哥拉斯的"哲学"与"教育"之间的关系似乎是下面这样的：一方面，哲学包括了许多不同的科学，例如医学、音乐学、物理学、天文学、数学和神学，其中，最后的神学乃是关于永恒的、神圣的存在的科学，由其达致顶点，这与毕达哥拉斯主义吸收融入神明的强烈倾向相符合；[1] 另一方面，教育表现的是毕达哥拉斯将这些科学表达和传递给人类，其目的在于道德上的提升和逐步的神化。第二部分剩下的大部分章节都被用于说明由毕达哥拉斯给出的这种教育，其中绝大部分内容处理的都是其初级的、预备性的阶段：对动物的教育（第13章）；对前世的回忆（第14章）；通过音乐对感觉进行教育（第15章）；灵魂的净化（第16章）；毕达哥拉斯的学生所接受的教育的阶段（第17—18章）；各种各样的教导方式（第19—25章）；以及毕达哥拉斯在政治方面的教育（第27章）。

　　4. 第三部分

　　这个部分的过渡非常明显："从现在开始，让我们不要再对这一切概而述之（*koinōs*），而是按照具体的（*kat'idian*）德性去划分他的行为（*erga*）。"（75.25-26）从一般到具体的递进是《论毕达哥拉斯主义》总体的写作特征。在这里，它包含了一种对毕达哥拉斯的美德更加差异化的处理，正如通过他的行为所展现出来的，以及在其学校中所教授的那样。除了四主德（第29章：智慧；第30章：正义；第31章：节制；第32章：勇敢）之外，还有开头处（第28章）的虔敬，在毕达哥拉斯主义中，这个德性具有神圣的优

---

[1] *VP* 37.10-11（吸收融入）；50.18-20（在77.16-19处重复出现）；关于毕达哥拉斯所传授的科学的范围，在第29章有说明。

先性，此外还有结尾处（第33章）的友爱。因为正是通过友爱，我们才重返至神。[1]

5. 结尾章节

这部分的章节处理了许多话题，包括关于毕达哥拉斯学派团体在意大利受到镇压的不同解释，以及一份独特的、令人印象深刻的古代毕达哥拉斯学派成员的名录。[2]

关于 *VP* 的结构所做的更加深入的分析已经在别处给出了。[3] 不过，就考察扬布里柯将这种结构赋予这部作品的意图何在而言，以上的概要表述或许已经足够了。

我们首先可以将这种结构与古代修辞学手册为不同类型作品的创作提供的写作指南进行比较。我们不应该期望扬布里柯的 *VP* 会一味地遵循这些指南——扬布里柯并非一个一般的修辞学家——毋宁说这些指南可以为我们提供一个背景，*VP* 的结构得以置于其中并得到比较。将所要讨论的话题陈列出来，就像在 *VP* 第 1 章结尾和第 2 章标题（"祖上、祖国、成长及教育"）中所做的那样——在波斐利的《普罗提诺的生平》中，这种陈列被巧妙地弃用了——这与古代修辞学手册给出的赞辞（*encomia*）写作指南相符合。所谓赞辞，即为了纪念某位英雄或重要人物所作的赞美性演说。根据指南的说明，这种演说在处理了英雄的成长之后，接下来会说明英雄身上的美德和由这些美德而产生的行为。因此，我们可以将这些话

---

〔1〕 *VP* 128.24-9.4；参见 Staab 2002, 432, 458, 477。
〔2〕 关于这份名录，参见 Zhmud 2012a, 236-244，以及 Huffman 2008e, 297-299。
〔3〕 参见前文脚注。

题分为三类：出生与成长；美德；行为事迹。在每一类内容中都会收集英雄的相关证据用以歌颂，因此这些证据也可以通过高贵的出身、杰出的个人品质和非凡事迹加以区分。[1]这种赞美之辞看起来可能对应于我们今天称之为"传记"的东西，但是它们实际上却不是为了记述某个人的生平，而是为了赞美这个人在他（或她）的生活中例示了那些在讲述者或其听众看来值得赞美、令人钦佩的东西。

VP 就其结构而言，看起来与赞辞在各种方面上都很一致。除了已经提到的话题陈列之外，我们在文本中还可以找到关于这一点的其他标志。例如，扬布里柯在论述毕达哥拉斯的美德时，提到了从这些美德中派生出来的行为（75.26）。事实上，已有学者指出，扬布里柯尤其受到了一部特定赞辞的启发，即色诺芬所著的纪念斯巴达王阿盖西劳斯（Agesilaos）的赞辞。[2]我们如果将 VP 也读作一部赞辞的话，我们的期望就必须与读一部现代传记有所不同。我们必须期望当中所收录的一切都在以这样或那样的方式赞美毕达哥拉斯；我们找不到任何不是这样的东西。这种赞美与扬布里柯及其听众所认为的那些毕达哥拉斯身上典范性的、令人钦佩的、神圣的东西相关联。但这样一部赞辞，其本身的目的是什么呢？

VP 似乎并没有完美地契合古代赞辞的模板。我们根据古代修辞学手册给出的指南所做的关于三类话题的区分——出生与成长、德性、行为事迹——在 VP 的结构中被三部分内容取代了，这三个部分分别处理了出生与成长、毕达哥拉斯的教育，以及德性。关于派生自英雄身上的德性的行为，这些内容并未缺失，但是正如我们

---

[1] 大致内容可参见 Pernot 1993。
[2] Staab 2002, 443-445; 参见 von Albrecht 1966, 263, n. 50。

所看到的，（VP 这三个部分中的）第二个部分讨论的是毕达哥拉斯的教育，它被插入成长和德性的话题之间，而毕达哥拉斯的所作所为则被融入第二和第三部分中。扬布里柯的作品并没有完全遵照赞辞的标准格式：这仅仅是他对修辞传统所采取的自由做法吗？

关于这个问题，我建议考察另一种修辞类型。不光英雄、灵明和诸神可以成为赞美性演说的主题：也可以是其他主题，例如城邦（如亚历山大里亚），或者学科。对于后者，根据修辞学手册，所要赞美的学科可以通过一系列与赞美英雄相对应的话题呈现出来：因此，从出生与成长、德性、行为事迹等方面赞美某位英雄就对应于从发明者或创立者（*archēgos*）、训练（*askēsis*）、用途或效用（*chreia, ōpheleia*）等方面赞美某门学科。[1] 在古代晚期，对一门学科的赞美往往出现在绪言（*prolegomena*）中，而写作这种绪言则是为了在进入对各种科学和哲学的研究之前，进行介绍和引入。[2] 例如，对于那些要学习天文学的学生，介绍这门学科的创立者、训练和效用的绪言将会把他们引入这门学科，并鼓励他们去学习它：对一门学科的赞辞被用于在学习这门课程之初引导、启发和激励学生。扬布里柯在《论毕达哥拉斯主义》的其他地方也使用了学科赞辞的格式，特别是在第三部分（《论一般数学知识》）中，他记述了毕达哥拉斯（以及泰勒斯），将毕达哥拉斯当作数学的创立者（*archēgos*）（第 21 章），然后是数学的训练（第 22 章）和效用（第 23 章）。[3] 而在 VP 的开头处，毕达哥拉斯则被视为神圣的哲

---

[1] 参见 O'Meara 2010。

[2] 参见 Mansfeld 1994 and 1998。

[3] O'Meara 2010, 62.

学的创立者（*archēgos*；6.3），横跨现实之不同层级的诸学科的发现者和传递者，人类的施惠者（*euergesia*；3.30）。[1]在讨论毕达哥拉斯的哲学时，关于这门学科的训练和效用的话题在 *VP* 中并不是分开叙述的，而是贯彻于整部作品中。[2]

我们已经看到，*VP* 与英雄赞辞和学科赞辞等修辞类型不同，可以说，*VP* 的作用乃是作为一种在学习毕达哥拉斯的哲学之前的绪言，而在这种绪言当中，毕达哥拉斯对人类的神圣任务被赞美为介绍该任务所揭示的知识。这种知识，尤其是其较高层次的数学和神学，在 *VP* 中鲜有描绘：关于毕达哥拉斯哲学的训练和效用的更加完整的介绍将在之后的卷宗中给出，即《哲学劝勉录》，《论一般数学知识》，讨论具体数学科学的卷宗以及讨论算数、物理学、伦理学和神学之间关系的卷宗。就此而言，*VP* 给出的初步信息不仅是关于毕达哥拉斯及其学派的，而且关涉一种毕达哥拉斯式的教育的预备阶段，以及学生在进入更高的数学与神学的理论生活前所需具备的德性。[3]*VP* 将毕达哥拉斯主义设定为一个独立的哲学学派（*hairesis*），它拥有一位神圣的创立者，一种与众不同的生活方式，以及一段古老的历史，[4]它描摹出了一种哲学教育的最初阶段，这种教育在《论毕达哥拉斯主义》之后的内容中有所延续和发展。

─────────

〔1〕参见 Macris 2004, 2.277-289。

〔2〕例如 2.31；38.12；91.19。

〔3〕按照 *VP* 中的描述，这里的德性大体上对应于扬布里柯的德性层级中更低层级（即伦理与政治）的德性；参见 Staab 2002, 463-471 和 Lurje 2002, 244-246, von Albrecht 1966 持相反意见，他发现了 *VP* 中的完整的德性层级。

〔4〕参见 Macris 2009b。*VP* 中关于毕达哥拉斯主义早期历史的文献记录被用作证明毕达哥拉斯主义是一个哲学学派的古代证据，而最后的证据则是最后一章中给出的古代毕达哥拉斯学派成员的名单。

有人认为，（扬布里柯）当初对 *VP* 和由 *VP* 所开启的《论毕达哥拉斯主义》的构思可能是将其作为公开演讲，使扬布里柯学校里的学生为进入哲学课程做好准备。[1]《论毕达哥拉斯主义》的前三部分具有相当强的劝勉性和引导性，它们无疑能够为公开演讲（或许不止于此）提供合适的材料。然而，这部作品之后的部分却显得并不那么适合这种用途，而是更适合于一种技术化的教导和研究，因为它们提供了关于四门数学科学的指南，并且对算数在物理学、伦理学和神学中的运用给出了说明。我们可以说，《论毕达哥拉斯主义》中的这些靠后的、更加技术化的部分包含一种数学科学的指南，这些指南在亚里士多德和柏拉图的作品中是找不到的，但它们应当成为那种关于真正的哲学（即毕达哥拉斯哲学）的教育的一部分。或许这整部作品可以被视作一部两卷本的手册，便于现代（指公元 4 世纪！）进行毕达哥拉斯主义化的柏拉图主义者阅读、研究和教学。

五、回到扬布里柯 *VP* 的出处

如果一位像罗德这样的 19 世纪男性文献学家会对拼凑类的工作表现出如此的轻蔑，那么在今天还会有什么学者对这种技艺表达不屑吗？我们在前文中已经对扬布里柯创作他这部拼凑作品的方式

---

[1] Staab 2002, 41, 195-196, 446. Staab 将 *VP* 中众多的重复内容视作其口述演说特性的标志（222-224）。这样的重复不仅在 *VP* 中十分普遍，而且《论毕达哥拉斯主义》之后的部分也是如此。它们与口头表达的需要之间可能并没有某种必然联系，但反映了一种在不同文本中重复使用（同一段）材料，从而记述不同主题的做法，就像 von Albrecht 所认为的那样（1966, 262-263）。

有所描述，现在，让我们考察一下这些拼凑的"补丁"，这些扬布里柯在创作 *VP* 时所使用的材料。

罗德辩称扬布里柯所做的不过是从两部前人的作品中扯下些碎片，然后将它们可笑地缝补在一起，写出了 *VP*。这两部作品分别是尼科马库斯和图阿那的阿波罗尼乌斯关于毕达哥拉斯所作的《生平》。在罗德看来，*VP* 由取自尼科马库斯和阿波罗尼乌斯作品中的许多小段内容交替构成，可能含有一些额外材料。于是，罗德把 *VP* 从头到尾处理了一番，试图找出其中取自尼科马库斯和阿波罗尼乌斯的章节。罗德相信这样做非常重要，因为尼科马库斯传承了来自前人的具有相当价值的材料，尤其是亚里士多塞诺斯（因此，*VP* 中引述了亚里士多塞诺斯），而阿波罗尼乌斯则非常不可信，一文不值。罗德甚至还认为扬布里柯直接使用了尼科马库斯，而非以《毕达哥拉斯的生平》（该书是波斐利《哲学的历史》的一个部分）中关于尼科马库斯的引文为基础。罗德的所有观点自提出后就不断受到反驳，但其至今仍然具有相当的影响力。[1] 下面我将就主要问题发表一些看法。

扬布里柯直接使用了尼科马库斯而非经由波斐利的《毕达哥拉斯的生平》，这种说法似乎是正确的。[2] 尼科马库斯作为一位正处于毕达哥拉斯主义化过程中的柏拉图主义者，对扬布里柯而言无论如何都是一位至关重要的著者，正如我们在《论毕达哥拉斯主义》的第四部分（《论尼科马库斯的〈算数导论〉》）中所看到的，扬布里柯可以很轻易地从尼科马库斯那儿直接借用信息，即便他明知

---

〔1〕 关于罗德之后相关的研究的综述，参见 Burkert 1972a, 98-101；Staab 2002, 217-237。

〔2〕 参见 Burkert 1972a, 98-99；Staab 2002, 224-228 就这种说法提出了批评的论证。

（他确实可能知道）波斐利在《毕达哥拉斯的生平》中引用了他。但是我们不清楚的是，扬布里柯所使用的尼科马库斯的文本究竟是什么：是毕达哥拉斯的生平吗？是其他佚作吗？是出自尼科马库斯的若干作品吗？[1]这些文本的丢失使得回答这些问题十分困难。在对比波斐利《毕达哥拉斯的生平》和 *VP* 中共有的那些看似出自尼科马库斯的段落时，扬布里柯似乎在他自己哲学的影响下，对这些文段进行了重新编排和详细阐述，而这些段落在波斐利的版本中则简单得多。[2]因此，扬布里柯看起来好像远不止粗糙地缝补碎片，而是在相当程度上重构了它们，并对其加以润色。哪里是拼凑补丁！明明是大量地重新编织。

罗德还认为 *VP* 中有很大一部分内容取自图阿那的阿波罗尼乌斯所著的《毕达哥拉斯的生平》，尽管该书失传了，这种观点仍十分可疑。将这样一部作品归给图阿那的阿波罗尼乌斯根本就不可靠，很有可能扬布里柯称之为其依据来源的阿波罗尼乌斯根本就不是图阿那的阿波罗尼乌斯。[3]因此，罗德将 *VP* 中的这一节内容认定为出自图阿那的阿波罗尼乌斯这一做法可以被看作他自己的揣测，甚至只是他自己的妄想。

还有一种观点认为，扬布里柯只使用了两个（主要）出处用于自己的拼凑（这进而被用于证明扬布里柯不过只是庸才），如果我

---

[1] 扬布里柯还在 *VP* 第 26 章中使用了尼科马库斯的《和乐手册》(*Harmonic Handbook* [*Encheiridion*])。

[2] 一些例子可参见 Staab 2002, 262-265；O'Meara 2007。Huffman 在其未出版的研究中给出了扬布里柯对柏拉图《理想国》的大量改写内容，见于扬布里柯的《论一般数学知识》。

[3] 参见 Staab 2002, 229-237；2007。

们不辞辛苦地去进一步考察《论毕达哥拉斯主义》的第二和第三部分的话，就会发现这种说法并没有说服力，因为他在这两部分当中使用了各种各样的材料。我在前文（第四章）中指出，扬布里柯可能曾着手建立一个毕达哥拉斯主义文库，当中可能收藏有被归给（例如）菲洛劳斯和阿库塔斯的文本。尼科马库斯曾提及这两位毕达哥拉斯学派的著者并引用他们。而扬布里柯在尼科马库斯的启发下，可能也曾找到并使用被归给这两位毕达哥拉斯学派成员的作品。亚里士多塞诺斯可能属于相同的情况：扬布里柯可能也是在尼科马库斯的引导下，使用了亚里士多塞诺斯的《毕达哥拉斯学派箴言》，该书的相关摘录之后被保存在斯托拜乌斯的文集中。[1] 扬布里柯本人曾引用亚里士多塞诺斯的《毕达哥拉斯的生平》，[2] 他引用的可能是尼科马库斯，也可能是亚里士多塞诺斯本人。我们可以对尼科马库斯、扬布里柯和斯托拜乌斯所使用的毕达哥拉斯学派著者和出处进行对比研究，这种研究所能为我们揭示的将远不止于扬布里柯效仿尼科马库斯而建立的那个毕达哥拉斯主义文库，该文库在扬布里柯的哲学继承者叙利亚努斯和普罗克洛的作品那里得到了证实。

在其他被认作 *VP* 出处的人物中，还有公元 1 世纪进行毕达哥拉斯主义化的柏拉图主义者墨德拉图斯，他曾就毕达哥拉斯主义写过一部（已经失传的）多卷本作品。[3] 扬布里柯本人曾引用的内容

---

[1] 参见 Burkert 1972a, 101；Dillon and Hershbell 1991, 25；Staab 2002, 221；2003, 155-157。Huffman 在其未出版的研究中论证说，扬布里柯使用了亚里士多塞诺斯文本的另一个校订本（Ocellus Lucanus 也曾使用这个版本），而非斯托拜乌斯文集中的那个版本。

[2] *VP* 125.18.

[3] *VP* 48 中曾提及这部作品；参见 Staab 2002, 451。

包括毕达哥拉斯的《圣言》，[1] 亚里士多德论毕达哥拉斯学派哲学的那部（失传了的）作品（*VP* 18.12-13），毕达哥拉斯学派的吕西阿斯所作的一封书信，[2] 安德罗库德斯的《论毕达哥拉斯学派的符号》，[3] 此外还有希珀波图斯和尼安特斯。[4] 这些材料中，只有部分是他直接使用的，而剩下的那些材料则是他通过像尼科马库斯这样的中介性出处而间接引用的。

无论如何，我们不应低估扬布里柯在 *VP* 中所使用的可能出处的范围，以及他对这些材料重新加工的程度，[5] 至于我们在多大程度上能成功复原这些出处，则应当持谨慎态度。在最好的情况下，（出处）文本的特定章节可以被共时地加以分析，包括它们的结构，它们与 *VP* 的其余部分、与《论毕达哥拉斯主义》的其余部分以及与新柏拉图主义的总体观念之间的关系，而历时的分析，则包括它们与我们从另外一些出处——这些出处关涉的是毕达哥拉斯主义历史的更早时期——中所获得的信息之间的关系。[6]

六、传承概述

扬布里柯将毕达哥拉斯主义复兴为一种生活方式和一种哲学的

---

[1] *VP* 82.12.

[2] 参见 Staab 2002, 309-310。

[3] *VP* 81.11-12；参见 Burkert 1972a, 167；尼科马库斯在其《算数导论》（6.11-15）中曾引述安德罗库德斯。

[4] *VP* 104.24；关于尼安特斯和希珀波图斯，参见 Burkert 1972a, 102 以及 Schorn《毕达哥拉斯主义的历史》14.5。

[5] 更多讨论参见 Staab 2003。

[6] 参见 Staab 2002 和 Macris 2004（论 *VP* 1-6）中关于 *VP* 的评注。

野心在很大程度上取得了成功，不论是在稍后的古代新柏拉图主义那里还是在更靠后的地方。叙利亚努斯是 432—437 年间雅典的柏拉图学校的掌门，他接受了扬布里柯的观点，包括毕达哥拉斯在哲学史上的重要性、毕达哥拉斯哲学的本性及其与柏拉图主义的关系。他在自己的《亚里士多德〈形而上学〉评注》中称赞了扬布里柯的作品《论毕达哥拉斯主义》，在该书中，他引用了《论毕达哥拉斯主义》第三部分的章节标题，并且还使用了第四、第五和第六部分的内容。[1] 叙利亚努斯的学生和传人普罗克洛在其一部早期作品（《柏拉图〈蒂迈欧〉评注》）中对扬布里柯的毕达哥拉斯主义表现出了类似的热情。但是，普罗克洛在其他作品中采取了一种更为冷静的态度，强调与毕达哥拉斯学派晦涩的启示相比，柏拉图的对话更为清晰和科学。普罗克洛在其《欧几里得评注》(*Commentary on Euclid*) 的第一篇序言中给出了一个有趣的例子，他在那里重写了扬布里柯《论毕达哥拉斯主义》的第三部分，用柏拉图（指名为柏拉图）的（原始）文本替换了扬布里柯所使用的（被推测为）毕达哥拉斯学派的权威。尽管如此，这些差别更多的是侧重不同，而非实质上的差异。对普罗克洛而言，毕达哥拉斯在希腊哲学中的重要地位依旧如扬布里柯时的那样：毕达哥拉斯是一个神圣的灵魂，他为了人类灵魂的救赎而揭示了知识。普罗克洛的柏拉图主义具有很强的（扬布里柯所解读的那种）毕达哥拉斯主义成分，在他对柏拉图的解读中，数学原理作为模型和影像，渗透了所有的现实，从

---

[1] 参见 O'Meara and Dillon 2008, 9, 关于叙利亚努斯与扬布里柯的毕达哥拉斯主义之间的关系，参见 O'Meara 1989, ch. 6。

物理世界一直到灵魂，再到至高无上的第一因。[1]公元 6 世纪，在雅典学园和亚历山大里亚学园的最后一批成员中，似乎普遍流行着一种本质上相同的毕达哥拉斯主义，包括达玛士基乌斯、辛普里丘、阿摩尼乌斯（Ammonius）、菲洛泡努斯（Philoponus），等等。[2]正是通过他们的作品，尤其是普罗克洛的作品，扬布里柯对毕达哥拉斯主义的复兴得以传至文艺复兴时期的哲学家和数学家。

---

〔1〕 参见 O'Meara 1989, chs. 7-10。
〔2〕 相关初步研究参见 O'Meara 2013。

拜占庭哲学及其基本主题的历史概要[*]

Katelis Viglas^[1]　朱佳琪　译

一、导论

本文要展示的是拜占庭哲学的全景。我们应从早于拜占庭哲学且建立于公元最初几个世纪的希腊—罗马世界的教父思想出发。它同时基于《旧约》《新约》、使徒教父作品、犹太教和希腊哲学。

另外，在古代，尤其是希腊—罗马时期的东方宗教——比如诺斯替主义，也对其产生了影响。教父思想和古希腊哲学共同构成了拜占庭哲学的基座。但是，我们不能完全将教父思想从拜占庭哲学中剥离出来，首先是因为后者使用了之前教父们的所有作品，其次是因为，直到拜占庭灭亡，教父思想与拜占庭哲学的互动从未停止。当我们使用"拜占庭哲学"这一术语时，我们指的是从公元9世纪到15世纪在希腊近东（the Greek East）这片地理区域繁荣发

---

* 本文选自 *Res Cogitans*, Journal of Philosophy at the University of Southern Denmark, Miscellaneous, no. 3, vol. 1, pp. 73-105.

〔1〕 维格拉斯（Katelis Viglas），亚里士多德大学哲学教授，雅典科学院希腊哲学研究中心研究员和第一任主任。主要研究新柏拉图主义、拜占庭哲学等。

展的种种意识形态思潮。它的主要任务是从形而上学的角度寻求真理。这一时代不仅有它自己的评注和学术作品，也有出于内部演变的目的，对此前哲学与科学发展的融合。对西方经院哲学的反对和利用也构成了拜占庭思想的两个特征。亚里士多德的逻辑学作品和柏拉图的形而上学作品形成了它总是与基督宗教教义相关的理论主体。逻辑学、形而上学、宇宙论、伦理学、美学和人类学学科与基督宗教对于世界、上帝和人之间的既定观念紧密相连。但是，尽管受到了基督宗教、亚里士多德、柏拉图、斯多亚主义和新柏拉图主义等学说的影响，今天我们仍然可以得出这样的结论：从公元 9 世纪到 15 世纪，拜占庭哲学产生了相对的自主性。而且，拜占庭的哲学思想也为一些旧问题提供了新的解答，有时它甚至敢于对经典的哲学问题从理性或神秘甚至是经验的角度进行新的阐释。

二、影响了教父思想的因素

影响了教父思想发展的因素有很多。教父们都对希腊哲学非常熟悉，尤其是柏拉图和亚里士多德。他们还受到毕达哥拉斯主义的影响——特别是公元最初几个世纪的**算术学（arithmology）**或其他新毕达哥拉斯主义的思想——以及斯多亚主义，这两者都与传统的基督宗教教义相抵触。其他影响因素还包括公元 2 世纪的中期柏拉图主义——他们对历史上的柏拉图主义进行了改革——反映了当时普遍存在的张力。此外，还有由普罗提诺在公元 3 世纪创立的新柏拉图主义——起初是反对希腊教父的，后来则与其站到了同一战线。

犹太教和《旧约》也对基督宗教教义的形成产生了巨大影响。

特别是历史维度和**人格元素**——犹太教的这两个特征——被基督宗教融入了其宗教生活。随着公元 1 世纪的亚历山大的斐洛使用希腊语写作，希腊文化与摩西宗教融到了一起。斐洛在其作品《论沉思的生活》（*On Theoretical Life*）中介绍了对待宗教和生活的理论和实践态度。

同样，《新约》和启示真理（the Truth of Revelation）在基督宗教教义的形成中发挥了最重要的作用。使徒尤其是保罗的教导为先知和神职人员的出现提供了最核心的支撑。基督宗教取得官方主导地位之后，在君士坦丁大帝的支持和尼西亚大公会议（325 年）的召集下，教会体制得以建立。迦克敦大公会议（451 年）标志着基督宗教教义的完善，对它的阐释则始于公元 5 世纪。

诺斯替主义和东方密教崇拜是作为一种不利因素对基督宗教思想产生了影响的另一重要历史现象。诺斯替主义同时以异教和基督宗教两种形式出现——借由其复杂而又层级分明的神谱，它将德穆革视为恶神，而世界是他对人类实施的恶作剧。密教崇拜与基督宗教一起，发展出了一套救世神学，但由于牺牲献祭和古怪教义，其受众是贵族精英而非人民大众。相反，基督宗教之所以能广泛传播，是因为它关系到形形色色的人，而无关其阶层出身、文化水平或种族。很快就被教父们拒斥的摩尼教也是诺斯替主义的一种体现，特别是因为它突出的**二宗制**[1]（diarchy）。

最后，罗马法也是重要的元素，到查士丁尼一世（公元 6 世纪）时，它已成为东罗马帝国文明的一部分，并且相对于拉丁世界的其他形式，部分地影响了拜占庭思想的形成。

---

[1]【中译注】指摩尼教以善恶为两个彼此分离的最初本源。见汉斯·约纳斯：《诺斯替宗教》，张新樟译，上海三联书店 2006 年版，第九章"摩尼论创造、世界历史与拯救"。

三、教父思想的代表人物

公元 2 和 3 世纪，我们可以看到基督宗教教义正在逐步建立。亚历山大的克莱门将基督宗教与希腊思想相结合，由此，基督宗教也开始了对其他学说的征服。查士丁接受了希腊的"教化"，且相信这是上帝的恩典。亚历山大里亚的奥利金——普罗提诺的同时代人——是一位对《旧约》做出了解释的神学家，他接受灵魂的永恒存在，也接受万物将在基督再次降临时的复活。此外，奥利金是第一位致力于统合基督宗教教义元素的希腊教父。

就解经而言，亚历山大里亚学派的属灵方法（the spiritual method）和安提阿学派的文本—历史方法（the literal-historical method）之间的分歧，在今天是不被接受的。我们无法在这两个学派之间做出明显的区分，因为首先，有些神学家同时属于两个学派，比如大圣巴西流（Basil the Great），其次，抛开自安提阿学派发展出的诸多异端不谈，两者都对教父思想的种种呈现方式做出了贡献。

亚历山大里亚学派的（该撒利亚的）优西比乌（265—340）是一位历史学家。职业生涯初期，优西比乌继续着他的老师潘菲鲁斯的工作，而后者则承继了奥利金的事业。但结构分明的基督宗教历史哲学却由优西比乌开始。在其作品《教会史》中，他表达出了基督宗教一种新的历史意识，成为奥古斯丁的先驱。他也曾有幸在君士坦丁大帝继位三十周年纪念的皇家庆典上发表公开演讲，宣扬基督宗教罗马的思想。在君士坦丁大帝和他的顾问优西比乌之后，一种新的政治神学产生了，作为其意识形态轴心的是这样的信仰：基督宗教帝国就是神在地上的**形象（image）**。

三位卡帕多奇亚教父——圣额我略，尼撒的额我略和大圣巴西流——在公元 4 世纪写出了他们的神学和哲学著作。他们曾在雅典学习，而且有力地直面当时的种种异端表现。这三位教父也是最早集中处理了三神论（Triadology）的神学家。而且，他们将关于上帝的无限和不可理知（the infinity and the incomprehension of God）的或神秘或理性的学说结合在了一起。人被置于宇宙的中心，而物质和恶却失去了本体论上的独立性。基督宗教上帝的宽广取代了不具人格的新柏拉图主义的"太一"，每个人——不论其出身或种族——都参与其中。

《伪狄奥尼修全集》是由公元 5 世纪一位不知名的作者——以亚略巴古的伪狄奥尼修斯（Dionysius the Areopagite，公元 1 世纪的一位真实人物）这个称呼保留至今——所撰写的文集。这部作品对普罗克洛的影响是显而易见的。诗意的语言，以隐秘的方式与神合一的主题，两个层级的区分——教会的和**天体的**，尤其是以否定的方式接近上帝，是这部作品的主要特征。否定神学——即"既不是……也不是……"的方案，神名并不以肯定和明确的方式对上帝做出定义——对许多中世纪的知识分子产生了很大影响，尤其是 7 世纪的忏悔者马克西穆斯（Maximus the Confessor）对这部全集的评注问世和 9 世纪的爱留根纳（John Scotus Eriugena）翻译该全集之后。

拜占庭的莱昂（475—542）可被视为另一位有着巨大价值的沉思者。他以精确的术语和成体系的思辨框架而闻名。其作品《驳聂斯托利派和欧迪奇派三书》(*Three Books against Nestorians and Eutychians*)是方法论批判的典范。他采取的是唯名论的立场。同时，在埃涅阿斯（Aineias）和扎卡里亚斯（Zacharias）这两位重要哲学家的指导下，其他一些小规模的精神运动也出现了，尤其是在加沙地带。第一位曾谈到过灵魂的永恒不灭，并且拒绝了柏拉图主义灵魂先于生命存在的观念。第二位则不接受"世界永恒性理论"，这也是菲洛泡努斯（Philoponus，公元6世纪）对普罗克洛和柏拉图的批评中的主要问题，尤其是在其作品《论世界的创造》中。此外，亚历山大里亚的斯特法努斯（Stephanus of Alexandria）——他曾是菲洛泡努斯的学生——将该学派的活动转移到了君士坦丁堡，并且将新柏拉图主义的流溢元素注入了基督宗教精神。还有西奈的约翰（John Sinaites）那部充满禁欲和神秘色彩的作品《上升的阶梯》(*Climax of Paradise*)。通往上帝的道路是通过不断的祈祷和不可言喻的爱完成的，而这正是僧侣们的主要功课。

我们可以在忏悔者马克西穆斯（580—662）的作品中发现真正的基督徒精神。他是一位与单志论（monotheletism）异端——据此，耶稣基督只有一种本性、一种意志——斗争的君士坦丁堡僧侣。马克西穆斯为基督具有神性和人性两种本性和他的活动而辩护，谈到了在他（Him）之中的人类自由和意志的重要性与他的神圣自由和意志是等同的。他还写了不少关于隐秘神学、基督之爱、人类学和禁欲的书。他谈到了自我与神的结合，同时也通过对《伪狄奥尼修斯全集》的评注引入了一种基督宗教对新柏拉图主义的超越。但是在对新柏拉图主义的反对中，他也保留了史实性的元素，并专注于基督道成肉身的理论和禁欲方面的含义。一种一直延续到新柏拉图主义的回环的时间观，在他的时代已被线性时间观取代了。在这个线性过程中，创世、道成肉身和基督再临的事实处在最核心的动态节点上。到了 8 世纪，大马士革的约翰（John Damascenus）的体系占据了主导地位。他是圣萨瓦——这个毗邻耶路撒冷的地方——的一位僧侣和牧师。他的基础性作品——以《知识之泉》为名——是第一部系统的基督宗教神学著作。在这部作品的其中一部分，他以《对正统信仰的准确解释》（*Ekdosis Akrives tes Orthodoxou Pisteōs*）为名，试图根据东正教教义对当时为人所知的一切知识做出一份百科全书式的概要。他可以被算作经院学者和唯名论者，因为他的强调落在"**存有**"（existence）**而不是"存在"（being）或"本质"上**。关于圣像（圣像破坏运动或敌视偶像[1]）的争论——曾困扰拜占庭帝国相当长的时间——以恢复圣像崇拜以及希腊精神对东方敌视偶像源头的胜利而告终，其中也有约翰的积极参与。

四、拜占庭哲学的相对自主性

拜占庭哲学的起源有必要追溯到公元 9 世纪，也就是希腊东方与拉丁西方之间的冲突第一次凸显的时候。拜占庭这边的冲突应对者是牧首佛提乌（820—891），这些冲突最终造成了 11 世纪的东西教会大分裂。直到 9 世纪——其实时至今日依然如此——尽管存在着语言不一的问题，东西方各自的政治、教会和其他方面的演变

---

[1]【中译注】出自古希腊语 εἰκονομαχία（eikonomakhía），由 εἰκών（"likeness, image, portrait"）和 -μαχία（"battle, fight"）组成，字面意思是"反对圣像的战争"或"圣像之战"。

发展也不尽相同，教父思想都是一个凝聚统一拉丁西方和拜占庭东方的因素。这些文化差异早在第一次冲突时就显露出来了，尽管两方错综的关系不仅没有缓和，反而变得更复杂了。就拜占庭这边而言，自从 1204 年十字军占领君士坦丁堡之后，它的内部就分裂成了对立的两派：坚持东西教会统一的亲拉丁派和拒绝教会统一的反拉丁派。直到 1453 年奥斯曼人灭亡拜占庭，这两派始终存在。

将公元 9 世纪视作拜占庭哲学之起点的另一个原因是，对科学的兴趣在这时候觉醒——以古希腊哲学借语文学进行研究和阐释的形式出现。尽管有时更进一步的是对古代文本的批判，但解决难题的真正方法也出现了。9 世纪到 15 世纪的哲学张力不仅是关于基督宗教对其教义或古希腊哲学的阐释的，同时也以某种相对的哲学自主性出现。在七个世纪间的拜占庭哲学中，我们很难按照学派或运动对他们做出区分，因为只有那一部分杰出的人才给出了思想的方向且划定了界限。

1. "第一拜占庭人文主义"

在拜占庭哲学具有了相对自主性的初期，有一位被称作"数学家（或哲学家）莱昂"的哲学教师住在君士坦丁堡。他的哲学作品（除了《医学概要》[*Medical Synopsis*] 以外）虽然没能保存至今，但此人以其科学和数学知识闻名当时。历史文献中记载了他的这样一个故事：阿拉伯帝国的哈里发马蒙（Caliph Mamun, 813—833）曾向拜占庭皇帝狄奥菲卢斯（Theophilus）许诺，如果后者允准莱昂到哈里发的宫廷来，他愿支付一笔巨款并与之缔结和平。但皇帝更愿意把莱昂派到塞萨洛尼卡担任主教，以便让阿拉伯人学习关于"真正的存在"（real beings）的知识。

在君士坦丁堡牧首佛提乌的圈子中，百科全书式和人文主义式的兴趣是占主导的。佛提乌写了著名的《群书提要》，我们从中可以找到许多他对所读过的历史书籍的总结。此外，对于共相问题，他也给出了不少微妙的定义。**种和属就像身体，但又不是真正的身体。它们虽从物质方面定义了主体，但本身却没有被定义。它们使物质得以发展，但本身又不构成其中的一部分**。虽然知道柏拉图主义的注释者们——阿摩尼乌斯学派已给出了解答，佛提乌仍试图用唯实论调和唯名论。

出生于佩特雷（Patras），却以该撒利亚的阿力他（Arethas of Caesarea，850—925）这个名字为人所知的学者，是佛提乌那一类型的拜占庭学者的代表。他的工作和活动以基督徒的护教和阐释为主。他曾就柏拉图、亚里士多德、欧几里得和金口狄翁（Dion Chrysostomos）等作者写过不少评注，但与其称他为哲学家，不如说他是一位饱学之士更恰当些。

君士坦丁七世（Emperor Constantine VII Porphyrogenetos，913—959）在位时，百科全书式的张力得以延续并加强。相比统治帝国，这位皇帝对知识性的工作更感兴趣。

2. 普塞鲁斯和他的学生们（11—12世纪）

在建立于11世纪的科穆宁王朝统治期间，拜占庭的精神生活非常充实。如果拉丁和东方之间的第一次教会分裂是发生在佛提乌的时代，那现在则是彻底地分裂了。君士坦丁堡的大学进行了改组，享有声望的哲学家普塞鲁斯（1018—1078?）成了它的实际管理者。普塞鲁斯被称作"最顶尖的哲学家"（*hypatos tōn philosophōn*），也被认为是拜占庭最重要和最多产的博学之士。这也是我们第一次在拜占庭看到以哲学和神学为主要职业的学者，比如普塞鲁斯和伊塔洛斯（Ioannis Italos）。前者知识广博，又讲授古希腊哲学的课程。他对古代作品（柏拉图、亚里士多德、斯多亚主义、亚里士多德的评注者，还有普罗提诺和普罗克洛等）的了解是一手的，但他将它们与基督宗教教义（尤其是圣额我略和尼撒的额我略）结合在了一起。此外，他还写过修辞学、历史、数学、天文学、神秘学、语言学、民族志，以及语法和音乐等方面的作品。他将隐秘信仰与理性主义结合在一起，并且将新柏拉图主义的元素同化到教义化的基督宗教真理当中。他偏爱柏拉图而非亚里士多德，而这种倾向也被他的学生继承。

普塞鲁斯的学生伊塔洛斯（1023—1083?）跟随的是新柏拉图主义，尤其是普罗克洛的道路，他是第一个试图以独立自主的哲学精神对基督宗教提出批评的人。他也为自己对新柏拉图主义的支持和通过正式谴责的方式批评基督宗教教义而付出了代价。1082 年 5 月 13 日，教会谴责了伊塔洛斯所作的十一篇文章，且每逢四旬斋的第一个周日，该谴责都要在东正教会的礼拜中重申一遍。自主的哲学革新在整个 12 世纪都引发了不少教义争论。

这股返古潮中的许多哲学家都是亚里士多德的注释者，比如以弗所的米哈伊尔（Michael of Ephesos）、士麦那的泰奥多洛斯（Theodoros of Smyrna）和尼西亚的欧斯塔修斯（Eustratios of Nicaea）。最后一位曾就亚里士多德写过许多评注，这些内容也已在中世纪被译为拉丁文。欧斯塔修斯是伊塔洛斯的学生，也是经院哲学和亚里士多德主义的仰慕者。此外，11 和 12 世纪还出现了可追溯至伪狄奥尼修斯和忏悔者马克西穆斯的神秘主义运动。这股运动的主要代表是"新神学家"西门（Symeon the New Theologian）和尼基塔斯·斯泰塔托斯（Niketas Stythatos）。前者同时是一名神秘主义者和禁欲主义者，他最重要的作品《赞美圣爱》（*Hymns of Divine Love*）中包含了一种关注上帝与人之间**私密之爱**的经验主义神学。他神学中迷狂（ecstatic）的特质为 14 世纪塞萨洛尼卡的**静修灵性（Hesychastic spirituality）**做了准备。他的神秘主义在某些情况下与作为普罗提诺哲学之基础的宗教经验类似。斯泰塔托斯也是一位以淡漠不动心为美德的神秘主义者，且对他而言，真正的知识就是关于启示的知识。

墨托涅的尼古拉斯（Nicolas of Methone）也是 12 世纪的作者，他就普罗克洛的《神学要义》写了一部评论性的作品，因为他，那个时候人们对这位最后的伟大新柏拉图主义者的兴趣有所增加。

3. 尼西亚的哲学家们（13 世纪）

拉丁十字军在 1204 年对君士坦丁堡的暂时征服是文学从君士坦丁堡蔓延开来并蓬勃发展的原因。在小亚细亚，尤其是尼基弗洛斯·布莱米底斯（Nicephoros Blemmydes）和狄奥多雷二世·拉斯卡利斯（Theodoros II Laskares）这两位哲学家生活和工作所在的尼西亚也是如此。东西两大教会围绕教义的种种不同争议都包含在前者的神学作品中，他的逻辑学和物理学著作既是他在知识上最重要的成就，也是对当时的教育活动的贡献。后者，这位尼西亚的皇帝（1254—1258）是**开明君主的代表**，他的政治学和社会学兴趣与探究**存在之质（the quality of beings）**的哲学研究相结合。尼西亚的哲学运动是巴列奥洛格时代来临前的过渡，因为 13 世纪上半叶在小亚细亚出现的许多发展，都是为最后一次拜占庭文化复兴做的准备。

4. 哲学和科学运动（13—14 世纪）

在巴列奥洛格时代（1261—1453），也就是拜占庭帝国最后的两个世纪，我们可以看到哲学和科学研究，尤其是天文学的复兴。普拉努德斯（Maximus Planoudes，1255—1305）对数学有着浓厚兴趣，后来，他成了一位僧侣并且教授通识教育的所有课程。作为神学家，他起初还为两大教会的统一而辩护，后来却转向了对立的立场。他是第一位促进了与西方交流的拜占庭学者。他翻译了许多神学和语文学的拉丁文作品，也是介绍希腊算术中的数字零的第一人。普拉努德斯和帕基梅瑞斯（George Pachymeres）是巴列奥洛格文化复兴的两个主要代表人物。库姆诺斯（Nicephoros Choumnos）和梅多契特（Theodoros Metochites）也是。

帕基梅瑞斯（1242—1310）也是一位重要的拜占庭学者、神学家、哲学家、历史学家和数学家，许多教会和政治事务中都有他的身影。他对亚里士多德哲学的兴趣导致对亚里士多德文本中的哲学解释和重要定义的拣选。因此，他简化了亚里士多德的稠密风格，而且其作品在文艺复兴时期的许多手稿中流传。在神学上，他试图使"伪狄奥尼修斯"的微妙区别为人所知。可理知知识与隐秘知识之间的区别被可感知识与可理知知识之间的区别分解了。据他所说，借助神秘的"无知"，同时以上帝的恩典和恩赐为中介，可以实现向可理知领域的转移。

库姆诺斯（1250—1327）对柏拉图、亚里士多德和普罗提诺等古代哲学家都提出了批评，而且他似乎更倾向于亚里士多德的哲学。在其最著名的作品《就灵魂问题驳普罗提诺》（*Against Plotinus on the Soul*）中，他拒斥了**灵魂的预先存在**（pre-existence）和**永恒轮回**（the metempsychosis）。尽管他使用柏拉图的论证以支持基督宗教对肉身复活的信仰，但他没有接受柏拉图式和普罗提诺式的关于灵魂对可理知世界的记忆的论点。梅多契特（1260/1261—1332）既是库姆诺斯的朋友，也是与他争论的对手。1304—1328年间，他在君士坦丁堡担任首相，总的来说，他积极地参与了拜占庭的公共生活。关于他的生活和活动，我们掌握着不少自传性质的文本。他在天文学和宇宙学方面的兴趣引导他——特别是在见过了教授天文学的教师布里恩尼欧（Manuel Bryennios）之后——撰写了一些科学著作。由于力学与天文学和数学的关系，他接受了前者的实际效用。此外，他反对当时起源于印度的东方迷信。梅多契特作为一位天文学家而闻名，因为他准确地预测了日食和月食。在他的作品《注释和格言集》（*Hepomnematismoi kai semeioseis gnōmikai*）中，我们可以发现，他引用过的古希腊作家不下 70 位；从他的作品中也可以明显感受到对希腊的认同感以及对于帝国未来的忧虑。梅多契特还与库姆诺斯就天文学问题展开过辩论，也对亚里士多德哲学提出了批评。他声称，这不仅与基督宗教教义不一，甚至与柏拉图主义都不完全一致。

梅多契特的学生格雷戈拉斯（Nicephoros Gregoras，1295—1359/1360）也是一位博学之士，他试图以自己的对话《弗洛伦提欧》（*Florentios*）来模仿柏拉图。在宇宙学领域，他接受了斯多亚主义的"命运"（Heimarmene）理论，后来的柏莱图也采取了类似的做法。同样，他对亚里士多德理论的批评对准了西方的经院主义，并由此开启了亚里士多德主义者与柏拉图主义者之间的争论——这在下个世纪得到了更进一步的发展。他对知识之可能性的看法导致其陷入了某种不可知论而不是怀疑论。他认为，我们的知识正标志着我们的无知——这针对的是诡辩的论说，对宗教的重要性不会造成损害。这篇对话不乏嘲讽地提到了卡拉布里亚的巴拉姆（Barlaam the Calabrian，1290—1350）——他在此被描绘为一位浅薄的智者。拜占庭皇帝拒绝了格雷戈拉斯关于历法的科学结论，但教宗额我略十三世却于1578年接受了它。除了编史学的作品，他还留下了与14世纪的"静修派"争论（the Hesychastic controversy）有关的神学论述，因此成了帕拉玛斯（Gregory Palamas）的可敬对手。

5. "静修派"争论（14世纪）

静修运动由阿托斯山的两位僧侣卡拉布里亚的尼基弗洛斯（Necephoros the Calabrian）和西奈的额我略（Gregory Sinaite）发起。这些僧侣进而定义了祈祷的方法，并称之为呼唤耶稣基督之名的科学方法。在祷告期间，僧侣应寻找其**内心力量（the heart powers）**所在的地方。可以通过将下巴垂于胸部，同时控制呼吸来达到这种冥想状态。坚持进行这种冥想的僧侣声称他们可以看到一道伟光——正是上帝的荣耀和非受生的光芒。但这种做法可能会变成机械性的祈祷，因此，希腊僧侣卡拉布里亚的巴拉姆谴责了这当中的荒谬之处——上帝之光以物质形式出现。我们无法通过肉眼感知到非创生的光芒。

巴拉姆没有像帕拉玛斯和静修主义者一样，把上帝的本质与他的活动分开来。跟随希腊思想中的人文主义，他相信科学知识能够净化我们的灵魂，以增加我们对上帝的知识，并与他合一。上帝的存在与上帝的活动是统一的；正是通过这些活动，我们才有了对上帝的认识。持着这样的态度，巴拉姆反对一切神秘化的张力，并且在阿奎那著作（他在论述中批评了对《伪狄奥尼修斯全集》的利用）的基础上巩固了拜占庭的"经院主义"。针对静修主义，许多哲学家都采取了与巴拉姆一致的态度，比如格雷戈拉斯、迪米特乌斯（Demetrios）、基多尼斯（Prochoros Kydonis）、卡勒卡斯（Manouel Calecas）、基帕里修特斯（Ioannis Kyparissiotes）和阿金迪诺斯（Gregory Akindynos）。特别的是，在这一时期，阿金迪诺斯和基多尼斯把阿奎那最重要的作品译成了希腊文，并激发了人们对哲学——尤其是亚里士多德哲学——的兴趣，成为文艺复兴的先驱。

塞萨洛尼卡的主教帕拉玛斯（1296?—1359/1360）是静修运动中首要的神学家和哲学家。他试图反驳巴拉姆及其追随者的观点。他身上的确有神秘主义的张力，且静修运动中很可能存在着新柏拉图主义的元素（相反，巴拉姆利用的则是亚里士多德和经院哲学）。帕拉玛斯为静修主义的祈祷方式辩护，认为我们的理智并不在外，而在我们体内。他**反对一切理性主义的客体化**，试图捍卫基督宗教的本质——据他说，这基于我们内心的力量。这种态度不是主观的，因为即使我们的理智的确在我们体内，我们也不得不使它向内。只有通过这种向内的推动，我们才能与上帝对话。上帝只能被我们感知为心内的光芒。这道光不是物质性的，因为上帝的本质与他的活动是不同的。高山之光（the light of Thabor）[1] 也应当是

---

[1]【中译注】《马太福音》17：1—2："过了六天，耶稣带着彼得、雅各和雅各的兄弟约翰暗暗地上了高山，就在他们面前变了形像，脸面明亮如日头，衣裳洁白如光。"另见《马可福音》9：1—8和《路加福音》9：28—36。

他活动中的一部分，因为这是从他的本质中来的。理性推论也好，几何证明也好，都不能帮助我们与上帝对话。上帝的本质是不可理解的，只有通过神恩，静修主义的追随者们才可能有真正的宗教经验。

卡瓦西拉斯（Nicholas Cavasilas，1320—1371）是另一位追随帕拉玛斯神秘主义路径的神学家和哲学家。通过两部主要作品——《论基督内的生命》（*On the life in Christ*）和《圣礼的阐释》（*Interpretation of Divine Liturgy*）——他延续的是"新神学家"西蒙、忏悔者马克西穆斯、伪狄奥尼修斯甚或奥利金的道路。他作品中的抒情风格奠定了一种最初的使徒时代的基调。他相信一种与上帝之间的经验意义上的关系，但他对迷狂或神秘化的宗教经验不感兴趣。每个人都是神圣的，因为上帝已与我们的本性沟通过了。这一**个人化的灵魂论（personalistic spiritualism）**的主要活动可被归为某种神秘主义。

6. 柏拉图主义者与亚里士多德主义者的对立（15 世纪）

如我们所见，静修运动中虽已出现了柏拉图主义和亚里士多德主义的矛盾，但尚未发展出这种矛盾的特质。对这两位伟大的古希腊哲学家的关注主要集中于知识理论。一方面，帕拉玛斯使用了亚里士多德哲学的术语，但最后他更接近的是新柏拉图主义的神秘主义和柏拉图式的**直观**。另一方面，巴拉姆才更像一个真正的亚里士多德主义者，他偏爱的是理性化的经院主义。帕拉玛斯的反对者首先提出了这一问题：柏拉图和亚里士多德两人（的学说），何者更接近基督宗教的教义？谁作为哲学家的成就更高？学习谁的哲学更有用？这一哲学争端后期的主角是这两位伟人：柏莱图

（George Gemistos Plethon，1360?—1452）和他的对手斯科拉利乌斯（George Scholarios-Gennadios）。

柏莱图是帝国灭亡前最后一位伟大的拜占庭哲学家。在他的作品中，我们可以看到一种对希腊的认同感。他曾与皇帝约翰八世（John VIII Palaeologus）一起参加佛罗伦萨联合会议和费拉拉会议（1438—1439）。伴驾的除了他本人以外，还有他的学生贝萨里翁（Johannes Bessarion）和斯科拉利乌斯。作为一个世俗学者，在佛罗伦萨期间，柏莱图并没有在希腊和罗马两大教会统一的讨论中发挥什么重要作用。但他建立了一个临时学校，以教授柏拉图的学说。实际上，在亚里士多德的权威已主导数个世纪的西方，正是柏莱图使柏拉图为人所知。作为佛罗伦萨当地慷慨的赞助者之一，科西莫·德·美第奇（Cozimo de Medici）曾参与这些讲座，并且在后来建立了柏拉图学园（1459）——斐奇诺和皮科等学者活跃其中。

柏莱图的作品包括大量小论文——分别处理不同的问题。在佛罗伦萨，他写了著名的《论亚里士多德与柏拉图之差异》（De Differentiis），描述了柏拉图和亚里士多德的上帝概念之间的差异。另外，在前往佛罗伦萨之前，他已经起草了一部重要的著作，题为《〈法义〉诸论》（Treatises of Laws）。这正是被斯科拉利乌斯（他后来成了君士坦丁堡的牧首，称根纳季乌斯二世［Gennadius II］）投入火中的那部作品，后者也由此说服了曼纽尔二世（Manuel II）将柏莱图的活动范围限于米斯特拉（即伯罗奔尼撒）地区。不过，即使是在遭受了牧首的谴责之后，柏莱图也依然闻名于他的同时代人。

《差异》这部作品是造成柏拉图主义和亚里士多德主义学者之

间分裂的原因，不仅在拜占庭，在意大利也是如此。斯科拉利乌斯从捍卫亚里士多德开始。柏莱图在写给贝萨里翁的两封信中写了一篇反亚里士多德的论文，作为对一些诘难的回应。这之后，该项争论的范围又扩大了：当时最著名的两位亚里士多德主义者加沙的狄奥多洛斯（Theodoros of Gaza）和卡利斯托斯（Andronikos Kallistos），以及特拉比松的乔治（George Trebizond）和他的兄弟安德烈亚斯（Andreas），狄奥法尼斯（Theophanis of Medeia，卒于1480年）和索菲亚诺斯（Michael Sophianos，卒于1570年）等人都为亚里士多德辩护。阿珀斯托里斯（Michael Apostolis）、吉安德里亚（Gianandria）、佩罗图斯（Nicolas Perottus）和约翰·阿珀斯托里斯（John Apostolis）都站在柏莱图这边。贝萨里翁成了柏拉图主义者，还写了一本书——其中表达了对柏拉图的同情。透过这些争论，**人们可能会看到柏拉图为什么会在意大利流行**，但君士坦丁堡陷落后，亚里士多德主义依然在曾是拜占庭的这片地域保留了下来。

柏莱图为帝国的社会和政治变革准备了一套哲学方案。该方案源自他本人的社会理想，但并未如他所愿那般，在伯罗奔尼撒尤其是在他度过了人生中大部分时间的米斯特拉得到赞赏。尽管人通过灵魂中的理性部分维持其自由，但柏莱图的神学和本体论基的是一种形而上学的决定论。人和人的灵魂居于可理知世界和可感世界之间。他的伦理学是一种宽泛的美德理论——把四种主要的柏拉图式美德分为了许多部分。他的人类学、社会学和伦理学理论以及柏拉图主义，不仅对他自己的国家，也对整个文艺复兴时期的欧洲文化有着重大影响。

斯科拉利乌斯（1405—1468）生于君士坦丁堡，在拜占庭灭亡并被土耳其人奴役之后，他成了第一位牧首，即根纳季乌斯二世。他将许多科学著作从拉丁语译为希腊语，也是一位阿奎那和亚里士多德的崇拜者。当然，他对亚里士多德主义的接受只是在其与基督宗教教义相容的意义上。他写了一系列作品与柏莱图及其新柏拉图主义作斗争。不过，尽管偏爱拉丁神学，他从未对经院哲学进行过改造。他更像是帕拉玛斯的追随者，而且在佛罗伦萨联合会议之后也拒绝两大教会的统一。当他于1468年去世时，他已经赢得了拜占庭式博学的最后一位伟大代表，以及选择在帝国最后时刻也积极参与其精神和政治活动的有智之士的好名声。

五、拜占庭哲学和拉丁哲学

在中世纪，哲学，尤其是逻辑学，被认为是"神学的婢女"。这种观念在拜占庭却不占主导地位，因为不论是在理论领域还是在实践领域，哲学都保留了其相对于神学的自主性。至于西方，作为主要哲学形态的经院主义似乎遍及各地，尤其是在11世纪之后。文艺复兴以前，柏拉图的大部分作品都不为西方所知。西方的基督宗教哲学家利用的是亚里士多德的文本，尤以《工具论》为甚。亚里士多德的阿拉伯译本广泛流传，西方神学家也正是通过阿威罗伊的亚里士多德主义为基督宗教教义寻求支持。阿奎那的哲学和神学作品（13世纪）都基于亚里士多德的逻辑学。

当然，自从普罗提诺的哲学经由维克多瑞努斯（Marius Victorinus）的一些拉丁文译本进入奥古斯丁的思想，西方出现了许多可被称为神秘主义者的哲学家和神学家。**通过匿名作者，普罗提诺的哲学早就为世人共享**——正如他的思想已掩藏在别人的理论中数个世纪——在中世纪的西方广为流传。《伪狄奥尼修斯全集》及马克西穆斯对这部全集的评注——9世纪时已由爱留根纳译为拉丁文——对于新柏拉图主义的传播是最有效的手段。

6世纪后，语言成了拉丁西方与希腊东方之间文化交流的障碍。1204年十字军对君士坦丁堡的占领更加深了拉丁和拜占庭世界之间的嫌隙。拜占庭人形成了一种傲慢的优越感，他们认为除了自己以外，其余的都不过是野蛮人。直到13世纪，东方也一直没有跟上西方的发展，尽管拉丁哲学——除奥古斯丁和其他几个例子以外——也没有显示出什么先进的见解。但13世纪以后，东西方的联系就增多了。拜占庭人对古希腊文本的保存，吸引了西方的研究者前来寻找手稿。

14世纪时，许多支持两大教会统一的学者，如普拉努德斯、迪米特乌斯和普罗科洛斯·基多尼斯（Prochoros Kydones），将奥古斯丁、安瑟伦和阿奎那（《神学大全》）的作品译成了希腊文。拉丁思想的影响和对这种影响的抵制，在静修运动以及托马斯主义的支持者和反对者之间的论争中都体现得明显。

柏莱图和斯科拉利乌斯分别以各自的哲学观点，与拉丁和阿拉伯传统建立了联系（与后者是间接的）。柏莱图向拉丁人提出了他对柏拉图做的阐释，并且对意大利的人文主义产生了影响。斯科拉利乌斯翻译并评注了阿奎那的作品；尽管是帕拉玛斯的崇拜者，某些时候他依然采取了经院哲学的论证方法。君士坦丁堡陷落（1453年）后，柏莱图的学生贝萨里翁成了罗马天主教的枢机主教；尽管他试图对柏拉图主义者和亚里士多德主义者之间的讨论给出一份仲裁，在写完《驳柏拉图的诽谤者》(*Adversus Calumniatorem Platonis*) 以后，贝萨里翁也成了一个柏拉图主义者。

不过，尽管存在着这些联系，拜占庭直到灭亡都对西方保持着锁闭的状态。另一方面，在帝国灭亡、学者被迫移民西迁之前，拜占庭对西方的影响就已不小了，这是众所周知的。

六、拜占庭的柏拉图主义和亚里士多德主义间的一致

如前所述，古希腊哲学是影响了教父思想的另一个主要因素。但众所周知，直到 6 世纪查士丁尼一世关闭雅典的柏拉图学园，希腊哲学始终延续发展。柏拉图和亚里士多德这两位伟大的古希腊哲学家的学说，不仅经由教父思想进入了拜占庭哲学，也通过他们本人的原始著作传承。拜占庭哲学家对流传下来的柏拉图和亚里士多德的作品做了自己的评注；至于之前的评注者的传统，他们的了解也几乎是完整的。总的来说，拜占庭人以柏拉图的形而上学元素作为基础，通过亚里士多德逻辑学发展出了一套基督宗教哲学。拜占庭人使用的是**亚里士多德的科学知识**及其逻辑学应用而非其形而上学，这点在今天已是老生常谈。在普罗提诺、扬布里柯、普罗克洛和达玛士基乌斯作品中得以延续的柏拉图哲学中神秘且直观的那部分，由拜占庭学者继承并发展。然而，无论是将拜占庭人描绘为柏拉图式的、亚里士多德式的或新柏拉图主义式的，都与当今"拜占庭哲学"(9—15 世纪) 的概念不符。20 世纪末几十年的研究已得出结论，在这七个世纪中，拜占庭哲学有着相对自主的地位。

我们也可以说，在中世纪的西方，与亚里士多德的作品（通常是通过阿拉伯译本）形成对比的是，柏拉图的作品并不广为人知。相反，拜占庭人更容易同时接触到这两位的作品。因此，柏拉图主义，尤其还有新柏拉图主义，因常导致异端倾向而受到教会谴责（例如伊塔洛斯、尼西亚的欧斯塔修斯），却是与亚里士多德主义结合在一起而被使用的。这也是为什么拜占庭没有西方的那种"经院哲学"的原因。在拜占庭，一种基督宗教哲学的产生是同时基于这两种最重要的古希腊哲学运动的。这种观点——柏拉图主义和亚里士多德主义之间的一致——在东方是占主导地位的。这一阐释性的方向几乎为每个人所接受，而这也是基督宗教诞生后最初几个世纪希腊异教评注者所持的主要观点（波斐利、泰米斯图斯和辛普里丘）。菲洛泡努斯、斯特法努斯、大卫[1]和埃利亚斯等评注者也持相同观点。希腊教父们都认为柏拉图和亚里士多德之学说的本质是和谐的，但在采取的方法上持有不同意见。

柏拉图和亚里士多德之间不协调一致的观点是 13 世纪时才出现在拜占庭人的视野中的，也就是在他们与西方思想有了更紧密的联系之后。因此，15 世纪时，斯科拉利乌斯通过其阿威罗伊主义和托马斯主义的形式提倡亚里士多德主义，认为这是一种新的意识形态运动（对拜占庭人来说确实是新奇的，因为它源自一种对古希腊哲学的单一维度阐释）。另一方面，柏莱图是推崇柏拉图主义的，

---

[1]【中译注】公元 6 世纪，拜占庭见证了始于公元 2 世纪的对柏拉图和亚里士多德作品进行哲学评论的传统的最后繁盛和急剧衰落。大卫与几乎同样神秘的埃利亚斯和斯特法努斯属于这一传统的最后阶段，这一阶段在 6 世纪上半叶达到了巅峰，其标志是东方的阿摩尼奥斯·赫尔米埃（Ammonius Hermeiou）与他的学生辛普里丘和约翰·菲洛泡努斯，以及西方的波埃修所做的精彩评注。

而且也正是通过他在佛罗伦萨的讲授（及其作品《差异》），柏拉图主义才在拉丁世界被认为是革命性的。在中世纪的西方，柏拉图作为一位直观型哲学家而闻名，他代表的是以神秘达到对上帝的知识的路径，被认为与亚里士多德的理性路径形成对比（我们由此可以看到对古希腊精神的单一维度阐释）。柏莱图和他的对手斯科拉利乌斯都非常了解亚里士多德和柏拉图各自的学说。这就是拉丁经院哲学的译本似乎并没有对已形成了自己的一套哲学思辨方式的拜占庭哲学有过实质影响的原因。

七、拜占庭哲学的基本主题

拜占庭哲学家用亚里士多德逻辑学来表达柏拉图和基督宗教的形而上学，但这种尝试没有取得丰硕的成果。通过对第一存在的不断探问，存在论和形而上学相互联系起来。一切造物都以非受生的上帝为源。我们的身后是从无中的创造，面前是对死亡和非存在的恐惧。拜占庭形而上学就是这样强调"存在"而非"非存在"的。在我们的存在与上帝的关系之间，出现了一种**个人化的**理论。人（Man）是创造的目的，也是一切造物得以保存的原因。人类的灵性源自上帝，最终也要回到上帝之中。但是，当然，自由和**原初转变（primordial alteration）**对人类来说既是恩赐也是诅咒，因为这正是尘世之恶的缘由。自由并未取消神意，它随时随地都在发挥着作用；上帝是万物的源泉，他对人类充满着爱和善意。上帝的本质是不可理解的，但他的活动是创造的手段；这些活动既是我们感受和理解与上帝的**私密关系**的唯一方式，同时也维持着我们的个体存在。

1. 对逻辑学的态度

对亚里士多德逻辑学的使用影响了拉丁世界经院哲学的论证方法的发展。由于逻辑学并未被广泛使用以支撑基督宗教教义和科学探究，类似的进展并未出现在拜占庭。亚里士多德以逻辑学领域的权威著称，但直到 12 世纪，经由波斐利的《哲学导论》(the *Isagoge*)和《亚里士多德〈范畴篇〉评注》(the *Comments on Categories*)的中介，人们才进入了亚里士多德的逻辑学。如我们所知，共相问题是从《导论》第一段的三个问题中产生的；中世纪的西方哲学和拜占庭哲学对这个问题有不同的解答。

在拜占庭，逻辑学被用在教育体系中，而且在帕基梅瑞斯、布莱米底斯和斯科拉利乌斯等人的哲学论述中起着重要作用。9 世纪以前的拜占庭人教授学习的是一种基本逻辑。但在拜占庭哲学的主要时期（9—15 世纪），有许多逻辑学手册和对《工具论》的评注，尽管这些都不以意在哲学探究和神学系统化的**逻辑推演**为前提。

2. 形而上学

拜占庭哲学指代的总是超越经验与自然的事物，上帝存在和**"真正存在"**。教父们让柏拉图对可理知世界和可感世界的区分从属于受生（同时属于可理知世界和可感世界）和非受生之间的区分。以逻各斯（**推理**理性）或信仰把握无形，是拜占庭形而上学的特征。"形而上学"一词是安德罗尼柯（Andronikos Rodios）编辑他的老师亚里士多德的作品时偶然产生的，他把亚里士多德论"第一哲学"的作品都编排在了《物理学》之后（"*Meta ta physica*"的字面意思就是"在物理学之后"）。但无论是亚里士多德"第一哲学"意义上的**本体论**，还是在柏拉图或新柏拉图主义意义上超越自然和存在的事物，获得关于上帝的智慧的意愿贯穿了东罗马帝国的所有时期。

（1）神的观念

尽管对于古希腊哲学，尤其是对于柏拉图和亚里士多德而言，上帝被描述为**不动的**，但在教父和拜占庭思想中，上帝是**可移动并且在社会中**的。上帝是**个人化**的本质，他不仅是物质的原则，也是存在的原则。创造的持续性过程体现了上帝的社会性和慷慨：这一过程背后还有德穆革（Demiurge-Creator）——仅仅因为爱而创造了可感世界。就自发的爱而言，必要性并不是创造世界的充分因素。除了某些为上帝存在构建理性论证的例子以外（尼撒的额我略、大马士革的约翰），理性并不被认为是获得有关上帝的知识的唯一途径。能为我们所知的不是上帝的存在本身，而只是他的活动。除了新柏拉图主义和经院哲学把获取该知识的方法划分为肯定之路（*via affirmationis*）、否定之路（*via negationis*）和**显耀之路**（*via eminentiae*，把最崇高、最卓越的形容词归于上帝），也存在着获取神学知识的否定方式：上帝是超越存在的（或者说，他既不是存在，也不是非存在，等等）。这种否定神学论的起源除了新柏拉图主义以外，还有伪狄奥尼修斯的作品（5世纪）。因此，尽管普塞鲁斯和其他人付出了一些努力，通向上帝观念的理性道路并没有蓬勃发展。上帝观念被认为是一种超越理性的知识，无法通过逻辑或类比的论证被描述出来。

（2）拜占庭人的"概念唯实论"

新柏拉图主义哲学家波斐利在他的《导论》中提出了三个问题：

（a）理型的种类是存在于物质中还是只存在于头脑中？

（b）它们是否具有物质实体？

（c）它们具有独立于可感对象的存在吗？还是只存在于它们自身当中？

由于波埃修的拉丁文《导论》译本，波斐利的质问很快就传到了西方。这些问题在中世纪的西方引发了共相问题——这个问题困扰过当时所有最伟大的思想家。实际上，这三个问题当中主要和最重要的就是第一个问题，**即理念中的抽象对象是否具有物质的存在**。

相比西方，共相问题并未在拜占庭导致那样的争议。但许多拜占庭哲学家主要是根据亚历山大里亚新柏拉图主义的亚里士多德评注者的解答对这个问题做出了回应。后来，西方的唯实论和唯名论主要转变为了两方面的对立（除了其他组合的解决方案之外），一方面是教宗的追随者及其极权主义的宗教形式，另一方面是倾向于封建国家和城市中个人主义兴起的世俗学者。因此，前一派把优先权给了（他们所认为的）柏拉图式唯实论，据此，共相是有着物质存在的；后一派则为亚里士多德"第一实体"的唯名论——认为殊相或个体才是唯一真实的存在——而辩护。尽管亚里士多德的"第一实体"在拜占庭具有优先地位，因为共相不被认作我们心灵中的概念（*flatus vocis*），所以无法从唯名论的角度找到解答。另外，如我们所见，拜占庭人就不认为柏拉图主义和亚里士多德主义是针锋相对的，因此他们更偏向亚历山大里亚新柏拉图主义的亚里士多德评注者的解答，把这两位的思想结合了起来。

根据拜占庭哲学家，作为造物主创造世界所参照的原型，普遍概念也即共相，在他心中并不比殊相在先（*pro tōn pollōn*）。同时，它们也不能在殊相当中（*en tois pollois*），与自然世界中可感的具体事物（这就是亚里士多德的"物质形式"[*enylon eidos*]或者"第一实体"[*prote ousia*]）密不可分。普遍概念适用于殊相和**观念（*ennoematika*）**。尤其在伊塔洛斯、欧斯塔修斯、布莱米底斯甚至斯科拉利乌斯的作品中，都可以看到这最后一种阐释贯穿了拜占庭的历史——柏莱图是此中例外。拜占庭对共相问题的解答被称为**"概念唯实论"**，因为唯名论和唯实论双方都不占绝对优势。

3. 非受生的和被造的存在

非受生的上帝，万物的因由，生出了一切造物（*ktismata*）。被造物——其特征在于变动不居和本体论层面的同质性——中包含了古希腊哲学对于可理知存在和可感存在的区分。世界是从无中或者说非存在中创造出来的。唯一非受生但又能创造的存在就是上帝。一切不是上帝的存在都是由他创造的。一切造物是由上帝自发的爱而生的，也是有朽有灭、有始有终的。上帝是唯一的原点，也是唯一的终点。

创造不是靠上帝的本质，而是靠他的活动；只有通过他的活动，**我们才能了解他；这是他不可理知的原因**：他的本质是不可思议的。每一受造物都是从他的活动来的，不是从任何神以外的原型或模型来的。规定性原则（*oi logoi tōn ontōn*）或者说生成的理性（*oi spermatikoi logoi*）都与神的意志相关。**神的观念既不具有自身的物质性存在**，也不处在先于或外在于德穆革的某种层级系统当中。拜占庭哲学家沿用了新柏拉图主义，尤其是普罗提诺对该问题的阐述（《九章集》V. 9，V. 1和V. 8），坚持上帝理智中有神圣观念的存在。但是在这里，我们看到了柏拉图和新柏拉图主义学说之间一处意见的差异——上帝理智中的观念（例如佛提乌、阿力他、普塞鲁斯）以及教父思想对内在于上帝的活动和意志中的规定性原则的接受（忏悔者马克西穆斯、帕拉玛斯）。

创造作为一种自由自发的行为，面临由必然性导致的潜在的世界分离。由于上帝的自由意志、机遇、变动和相对性的概念被引入了受造世界，世界是有始有终的。同样，道成肉身的历史性事实是至关重要的一点，将我们与历史性（historicity）和受造物的末世论前景联系了起来。由于受造物对于非受生的上帝的相对性，历史的自然的时间观就被打破了。上帝的创造是持续不断的；世界的连贯由于神意才得以维持，在秉性上是**个人化的**，而不是决定论的。最后，一切造物背后都有一个目的，它们的神化是整个自然和整个人类历史的末世论和目的论开端。

4. 伦理美学理论

拜占庭神学和哲学中的伦理学是与人类行为的审美层面相关的。拜占庭伦理学的主要工作就是转变人身上的种种激情，以便形成健全的人格。通过净化（*katharses*）、启蒙（*phōtismos*）和神化（*theōsis*）三个阶段，人就能获得其个人生活的完满。但上帝也是美和光，通过他的**幻象（vision）**，人会变得更优雅也更健康。人将自己的灵魂和心灵转向上帝，以期得到救赎。

拜占庭僧侣，尤其是神秘主义者接受了生活艺术，他们主要以基督的一生作为榜样，还有苏格拉底的。精神锻炼居于这种生活艺术的核心。许多拜占庭哲学家和希腊教父都将之付诸实践。到古代晚期，这类锻炼不仅在各种宗教内部广泛传播，更风靡了各个哲学学派。圣安东尼（St. Antonius）和圣帕科缪（St. Pachomius）发起的修士运动（4世纪），从一开始就有许多具有伦理和审美目的的实践活动。神秘主义的作者和崇尚理性的学者制定了许多规划和教育计划，要么是为了僧侣和神职人员，要么是为了参与希腊和基督宗教教化（*paideia*）的每个公民。

雅典的新柏拉图主义学园被查士丁尼一世关闭后（529年），这些精神锻炼就普及化了，进入了许多有教养之士的日常。此外，除了固定的基督宗教教育之外，直到柏莱图，拜占庭哲学家都试图根据柏拉图对四德性的划分和亚里士多德的中庸之道（Golden Means）制定出日常生活的种种伦理体系。古希腊和基督宗教的伦理实践不仅是在遵守义务方面，其主要目的是使人们生活得美。

不少拜占庭人（比如以弗所的米哈伊尔、尼西亚的欧斯塔修斯、帕基梅瑞斯、普塞鲁斯、布莱米底斯、梅多契特）尝试以亚里士多德的《尼各马可伦理学》作为其制定伦理体系的基础（并不一定要像中世纪西方那样，以一种**道德科学**[*scientia moralis*]**的形式——道德实践**[*practica moralis*]除外），或者是按照柏拉图对德性的四种划分（节制、勇气、公正和审慎）。通常，拜占庭哲学中的伦理体系是基于某种形而上学理论的。柏莱图就是如此。他的作品《论德性》就是个例子，向我们展示了这些伦理体系是如何与文艺复兴时期对新柏拉图主义的发现联系在一起的，又是如何在对个体的发现中，对"**雅人**"（*homo signorale*）或言"**通人**"（*homo universalis*）的形成起到了重要作用的。

5. 哲学人类学

拜占庭的人类学理论关注的是，由于人的灵魂、精神和自由意志的力量，**人既是神的形象，也是神的类似者**。因此，人是上帝选定的地上诸事的主宰。人不断的精神和心灵活动以及德性，不仅把他引向幸福，也使他**神化（theōsis）**。效法着耶稣基督的榜样，人可以战胜死亡，期盼复活。柏拉图、奥利金和新柏拉图主义的**灵魂预先存在**的学说与永恒轮回一道，都被拒斥。摩尼教形式的二元论和**二宗制**并不比拜占庭哲学更好；一切灵魂都可堕落为恶，但由于与上帝的关系，其本质都是不朽的。人类与上帝之间维系着一种个人联系，这种个人化的态度是将这一时代与古希腊—罗马文明区分开来的一个基本特征。这种个人化的人论是通过"hypostasis"一词的变化来的——到普罗提诺的时候，这个词的意思是"自然"或"本质"。希腊教父将它等同于"个人"或"存在方式"，建立起了**个人化**的本体论。总而言之，拜占庭哲学家延续的是教父和基督宗教的人类学，探讨**神化、迷狂和上帝之爱**。

（1）人在世界中的位置

随着基督宗教的产生，人和人的命运成了宇宙的中心。基督宗教因其人类中心的特征与新柏拉图主义有别。当然，新柏拉图主义认可人在世界中是占有高地位的，但不认同人是万事万物的最终目的——这正是教父们的立场。人——一切创造中的最高点，也是一切创造的目的——是世界的主角。据尼撒的额我略所说，人是造物的顶点，是它们的主宰和国王。创造的目的既要为人所知，又要在其原始的灵性当中重建。人类学的张力在基督宗教时代成了世界观的基本原则，与形而上学相联。人类获得了一种对其历史同质性的意识，并且将救赎的历史视作万物的尺度。只有包含在人与神的关系中，一切产生于时空中的有朽事物才真正有其意义。

（2）自由，转变和恶的问题

由于整个世界都是上帝的创造，那么问题就在于，上帝是不是恶的原因。诺斯替主义就是将恶归因于上帝或**某个第二上帝**（**a second God**）的宗教运动。摩尼教和诺斯替的教义与坚持上帝绝对良善的教父们互相冲突。之所以会引出这个问题，是因为基督宗教认为上帝是全能的；如果一切都在上帝的掌控之下，且他又是万事万物的原因，那我们如何解释恶的存在呢？上帝也好，物质也好，都不是恶的原因。此外，在普罗提诺的新柏拉图主义中，物质和恶就已不被认为具有本体论意义上的实存了：恶是作为一种"善的缺乏"（*privatio boni*）被定义的。恶在本体论上的这种相对性为希腊教父所接受。例如大马士革的约翰在他的《驳摩尼教徒》中，就将恶作为某种不具本体论独立性的东西来强调。另一方面，奥利金和旁提库斯（Euagrios Ponticus）在目的论意义上接受了恶之存在的有用性。死亡、疾病、贫穷等的存在，是为了教育。人不得不以某种尼采式的方式经历种种痛苦，以强健心智、灵魂和身体。但这种解释并未压倒马克西穆斯和大马士革的约翰——他们彻底地使恶是善的缺乏的新柏拉图主义理念为人接受了。恶的起源究竟是什么呢？拜占庭人接受的解答是，恶来源于人的自由和自由意志。恶的存在是由于人的**原初转变**（**primordial alteration**）和自由。一个由着神意不会犯错也不会选错的人，不是自由人。尽管与风险和危险相关，自由对人类来说更为可取，也更有价值。

如果上帝是全知的，那么他一定预先就知道人类所有的行动。

因此，争论的问题是：我们的行动是不是预定的呢？与希腊教父一样，所有拜占庭哲学家的学说中都包含对神意的接受。大马士革的约翰定义了这一主题，坚持认为人是有自由意志的，且上帝虽预知一切，但并不决定一切。因此，上帝预知一切这一事实与我们的自由意志是相关的，但并不意味着他已使之成为注定或决定了它。

总的来说，我们可以把拜占庭学者分为两类：（a）认为神意很重要，且在不拒斥人的自由意志的情况下，也包含了我们生命的局限性（大马士革的约翰、斯泰塔托斯、普塞鲁斯、墨托涅的尼古拉斯、梅多契特、斯科拉利乌斯、欧金尼库斯 [Marcus Eugenikos]、狄奥法尼斯），以及（b）反对神的预定，认为这一概念类似异教的"命运"（Heimarmene）概念，所以他们强调自由意志的学说（佛提乌、布莱米底斯、约瑟夫·布里恩尼欧 [Josef Bryennios]）。柏莱图重新引入了一种极端的普遍决定论，据此，就连上帝都是服从于"命运"的；出于对"命运"的信仰，柏莱图意图通过对类似于尼采"命运之爱"（amor fati）的某物的接受，鼓动此时正面临着亡国之灾的拜占庭人。

基督宗教所说的自由意志，是对于上帝对万物始终活跃着的爱和良善的接受，而不是对于一种决定论的宇宙模型的接受；这才是神意的意思。人——正如苏格拉底所说——有能力按照他自己的理性和意志介入种种事务，除了那些已由神所决定的。

八、拜占庭之后的拜占庭哲学

拜占庭哲学并未随着 1453 年奥斯曼人攻陷其首都而告终。这是因为拜占庭提出的哲学问题，其相应的讨论和解答，仍然是西方和斯拉夫世界关注的。较早一些的哲学史家常常得出这样的结论：移民意大利的拜占庭学者为文艺复兴的繁盛做出了贡献。但历史学家却普遍认为，拜占庭学者承载了希腊—罗马传统。大量的古代文献传统能流传下来并为欧洲文明所保存的，的确多亏了拜占庭。但拜占庭哲学不仅是古希腊文献的守卫者和保存者。如我们所见，除了对古典文本做出评注、编辑和删节以外，拜占庭帝国最后七百年的哲学发展出了相对的自主性。当然，基督宗教和神学真理在这一时期是占主导地位的；但与基督宗教和神学教义相联系的拜占庭哲学，有时却发展出了原创的思想，为旧的哲学问题提供了一些新的解答，或者为哲学思想开辟了新的视野。拜占庭哲学使用理性的、经验的，有时是非理性的（或超理性的）论证来支持哲学真理。在信仰与理性之间，在基督宗教信条和异教疑难之间，拜占庭哲学试图找到一种平衡；也有些时候，为了将对立的精神观点绑在一起，它提出了更极端的解决方案。

斯拉夫世界尤其是俄国，与旧日的拜占庭帝国有着相似的愿景。拜占庭灭亡后，俄国主导了东方并且继承了东正教的传统；由于君士坦丁堡曾被称作"新罗马"，于是莫斯科就被叫作"第三罗马"。西方同样接受了拜占庭哲学，又因为柏莱图、贝萨里翁和其他的拜占庭学者，新柏拉图主义研究在文艺复兴时期蓬勃发展。与意大利对柏拉图主义的偏爱相反，自 1453 年陷落后，斯科拉利乌斯，即首位东正教牧首根纳季乌斯二世，在君士坦丁堡建立了牧首学园（the Patriarchic Academy），针对他的对手柏莱图的多神论柏拉图主义思想，为亚里士多德哲学辩护。由于神职人员对可能兴起的异教徒革新的担忧，亚里士多德哲学征服了东方。亚里士多德哲学在新希腊哲学（Neo-Hellenic philosophy）中一直保持主导，甚至 17 世纪的哲学家科里达留斯（Theophilus Corydalleus）从他的意大利老师克雷莫尼尼（Cesare Cremonini）那里介绍来新的亚里士多德主义思想时，也是这样。现在我们知道，尽管希腊人为奥斯曼帝国所奴役，且还有东正教会那些保守的观念，在对隐藏于修道院和私人收藏中的众多哲学手稿进行研究和编辑之前，新希腊哲学的流传范围其实比我们想象的要大。最后，我们可以说，在奥斯曼帝国治下希腊地方的东正教会保留了拜占庭的精神，这对 19 世纪希腊民族的意识形态觉醒以及近代欧洲思想的引入和吸收起到了作用。

参考文献 ————————————————————————————

B. Tatakis, *Byzantine Philosophy*, Nicholas J. Moutafakis（trans.）, Indianapolis：Hackett Publishing Co., 2003.

L. G. Benakis, *Texts and Studies on Byzantine Philosophy*, Athens：Parousia, 2002.

L. G. Benakis, "Byzantine Commentaries on Plato and Aristotle", in *Hepomnema* 4, Thessaloniki, February 2006.

K. Oehler, „Die Kontinuität in der Philosophie der Griechen bis zum Untergang des byzantinischen Reiches", in *Antike Philosophie und Byzantinischen Mittelalter*, München：Bech-Verl., 1969, S. 15-35.

H. Hunger, „*Philosophie*" in *Die hochsprachliche profane Literatur der Byzantiner*, Band 1, Beck'sche Verlagsbuchandlung, München, 1978, S. 3-62. 亦见希腊文版：H. Hunger, "*Philosophy*" in *Byzantine Literature*, vol. A', L. Benakis（trans.）, Athens：M. I. E. T., 1991, pp. 37-122。

N. Matsoukas, *History of Byzantine Philosophy*, Vanias (ed.), Thessaloniki, 1994.

Nicholas of Methone, *Refutation of Proclus' Elements of Theology*, A Critical Edition with an Introduction on Nicholas' Life and Works by A. D. Angelou. Corpus Philosophorum Medii Aevi-Philosophi Byzantini, Leiden-E. J. Brill, Athens: The Academy of Athens, 1984.

P. Lemerle, *Le Premier Humanisme Byzantin. Notes et remarques sur enseignement et culture à Byzance des origines au Xe siecle*, Biblioteque Byzantin, Paris: Presses Univesritaires de France, 1971.

J. Zizioulas, "From Mask to Person", *Epopteia* 73, November 1982, pp. 941-960 (In Greek).

"Hellenism and Christianism, the meeting of two words", in *History of Greek Nation*, vol. 6, Ekdotiki Athenōn, Athens, s. a., pp. 519-559.

St. Runciman, "Eusebius of Caesarea and the Christian Empire", *Deucalion* 4, A Quarterly Review published by the Philosophical Research Center, 1975, pp. 113-128.

G. Podskalsky, *Theologie und Philosophie in Byzanz. Der Streit um die theologische Methodik in der spätbyzantinischen Geistesgeschichte*, Münich: Beck, 1977.

G. Zografidis, "Byzantine Philosophy", in *Greek Philosophy and Science: from the Antiquity till the 20th century*, in Modern Greek, vol. 1, Patras: Open Patras University, 1997-2000.

G. Kapriev, *Philosophie im Byzanz*, Würzburg: Königshausen & Neumann, 2005.

柏拉图式的马克思主义

——调和进步与传统

Jonathan Calbreath[1] 宋文弨[2] 译

在《开放社会及其敌人》中，卡尔·波普尔曾臭名昭著地将现代极权主义的脉络追溯到柏拉图的古代哲学，尤其是马克思主义，乍一看与长青哲学截然相反，是将柏拉图的极权主义翻译成历史唯物主义的语言和实践。对波普尔来说，柏拉图和马克思或黑格尔一样危害着西方的自由秩序根基，应该为 20 世纪的非自由制度负责[3]。

在一个自由主义秩序似乎在其自身颓废的重压下窒息的时代，后自由主义者可以从波普尔那里马克思与柏拉图的不正统联系中得到启发。这种结合将产生一种历史方法，它既不拒斥超越人类历史的永恒原则，也不拒斥使这些原则得以彰显的历史本身的规律和轨迹。这样一种哲学被自由主义时代的政治的整体视野所激发，承认

---

〔1〕 乔纳森·卡尔布雷斯（Jonathan Calbreath），毕业于托马斯-阿奎那学院，曾在比利时鲁汶大学读研究生。《约西亚》的助理编辑。独立学者。

〔2〕 宋文弨，清华大学马克思主义专业博士生。

〔3〕 参见 Karl Popper, *The Open Society and Its Enemies*, vol. I: *The Spell of Plato*, London: Routledge and Sons, 1945。

政治在自由资本主义秩序的现存（经济）条件下的局限性，同时也向往完全超越该秩序中那些特殊局限的原则和目的。

对于后自由主义来说，柏拉图代表了永恒的哲学，一种真正的**古代**哲学，它站在粗鲁地抛弃永恒本原的现代性的对立面，现代性的这种抛弃仅仅是为了满足进步的兴衰和欲望的自由。同时，马克思则作为一种警告站出来，提醒我们没有"时光倒流"到前现代的方法，而摆脱我们目前困境的唯一途径就是**穿越它**。马克思主义是一种明显的未来主义世界观。因此，后自由主义一方面可以避免天真的反动，另一方面也可以避免革命进步主义的亵渎极端。它将是**一种古代未来主义式**[1]的后自由主义，它真正调和了传统与历史进步。因此，它将是波普尔所鄙视的一切。

一、进步的经济学

马克思关于资本主义带来的发展同技术的作用密切相关的分析，并不那么令人惊讶。马克思的关键发现与资本主义本身的某些内部过程有关，通过这些过程，资本主义同时保存和破坏了自己。就算不进行社会主义斗争，资本主义也是一种革命的和矛盾的力量，它为即将到来的后资本主义或共产主义秩序播下了种子。"社会劳动生产力的发展是资本的历史使命和理由。正是由于这个原因，它在

---

[1]　"**古代未来主义**"（**Archeofuturism**）的概念主要与法国"新右派"（Nouvelle Droite）的知识分子纪尧姆·费耶（Guillaume Faye）有关。尽管费耶不幸地倾向于反伊斯兰的白人至上主义和欧洲中心主义，但他对"古代未来主义"的阐述的理论内容值得广泛关注。参见 Faye, *Archeofuturism*: *European Visions of the Post-Catastrophic Age*, Arktos Media, 2010 欧洲对后灾难时代的看法。

不知不觉中为更高的生产形式创造了物质条件。"[1]对这些趋势的认识，让马克思能够以令人惊讶的准确度预测资本主义可能的未来。社会主义者的任务不仅仅是鼓动阶级斗争，而且是利用资本主义的生产力加速其发展，最终逐步使其摆脱资本主义的外壳。

在资本主义生产方式中，技术创新支持着从生产中获取**剩余价值**的过程，将其通过市场实现为**利润**。由于剩余价值或利润只来自**剩余劳动时间**，而**必要劳动时间**仅仅构成劳动**成本**，资本家只能通过增加剩余劳动时间来增加他的利润。但是，考虑到工作日的固定长度，资本家受到算术的限制：只有在必要时间缩短的情况下才能增加剩余劳动时间。必要时间越短，在一个特定的工作日中可以生产的商品就越多；因此，那一天中构成**剩余时间**的也就越多。

通过提高生产力来减少必要的劳动时间，至少可以通过两种方式实现：（a）劳动的进一步分工和集体化；（b）引进机器或生产技术。这些方法"加速"了生产过程，使之有可能在一定的时间内生产更多的产品。在这两种方法中，从长远来看，后者对资本家来说成本较低：在科学知识充分进步的情况下，维持生产性机器的成本比支付更多工人的工资要低。因此，技术进步是资本主义历史的一个重要组成部分。伴随着每一个真正进步的实现，必要劳动的成本逐步被降低到最低限度，而剩余劳动就能被扩大，并最大限度地获取利润。

必要劳动时间和剩余劳动时间的区分是马克思体系的核心。必要劳动和剩余劳动是历史的常量，是所有生产方式所共有的，但它们在每种生产方式中都有一定的形态和配置。必要劳动时间所反映

---

[1] Karl Marx, *Capital*, vol. III, London: Penguin Books, 1991, p. 368.

的，是要生产满足工人最低限度生存所需生活资料的必须时间。因此，在资本主义社会下，它的价值（理论上）等于工资。剩余劳动时间是指超过最低限度的生存所需的任何时间。在资本主义社会，它的价值（剩余价值）等于资本家从生产中获得的利润。剩余劳动不是由工人为自己而是为资本家进行的——这是著名的劳动**异化**的基础。[1]

根据马克思的观点，在共产主义社会下，从技术意义上讲，剩余劳动时间仍然存在，但它具有不同的形式：**可支配时间或自由时间**。由于生活资料是由技术意义上增强了的必要劳动提供的，而其使用价值得到了商定的"社会计划"保证[2]，相关工人现在可以自由地为自己行事——他占有自己的剩余劳动：

> （资本的）倾向（是）总是，一方面，创造可支配时间，另一方面，将其转化为剩余劳动。如果它一开始就取得了太大的成功，那么它就会受到剩余生产的影响，然后必要劳动就会中断，因为资本不能实现剩余劳动。这种矛盾越是发展，就越是表明，生产力量的增长不能再与占有外来劳动联系在一起，而广大工人必须自己占有自己的剩余劳动。[3]

这就是异化的结束。因此，从自由时间的角度来看，共产主义工人与资本家有着共同的利益：他们都希望通过技术手段把必要的

---

[1] Cf. Karl Marx, *Economic and Philosophic Manuscripts of 1844*, Struik（ed.）, New York：International Publishers, 1964, pp. 106-119.

[2] Karl Marx, *Capital*, vol. I, London：Penguin Books, 1990, pp. 172-173.

[3] Karl Marx, *Grundrisse*, London：Penguin Books, 1993, p. 708.

劳动时间减少到最低限度。"（自由的）领域只有在由必要性和外部权宜之计决定的劳动结束时才真正开始。"[1]

因此，资本主义正是通过用来维护自己和最大化剩余价值的那些方法，同时为未来的共产主义打下了基础。劳动的集体化和机械化使必要的劳动减少到最低限度，从而使生活必需品可以得到大量供应，工人可以把时间用于为资本家或自己劳动。事实上，通过追求生产的集体化和机械化，资本可能在最大化生产方面取得巨大成功，把自己推到生产过剩的边缘，以至于它从资本主义的外壳中迸发出来，因为规模太大，无法再在市场上实现自己的利润，从而实现事实上的社会化。资本成为自主的东西，脱离了个别的资本家，呈现为社会或公共权力的形式，从而为社会或公共的生产方式奠定条件。[2]

马克思的设想显然是前瞻性的或未来主义的。诚然，他并没有花很多时间去想象未来的共产主义社会可能是什么样子，不过，他花了大量的时间想象资本主义可能的未来，包括它可能因生产过剩而爆炸性地消亡。共产主义只有通过资本主义才能被想象和实现。正是出于这个原因，马克思在《共产党宣言》中对无产阶级的要求包括"增加国家工厂和生产工具"。列宁同样明白："如果没有基于现代科学最新发现的大规模资本主义工程，社会主义是不可想象的。"[3]只有在充分发展的生产能力的基础上，通过管理"必然领

---

[1] *Capital*, vol. III, pp. 958-959.

[2] Cf. *Grundrisse*, p. 708; *Capital*, vol. III, pp. 368-373.

[3] Vladimir Lenin, "'Left-Wing' Childishness", *Collected Works*, vol. 27, Moscow: Progress Publishers, 1972, p. 339.

域"，劳动者才能进入"自由领域"，与自己的劳动重新结合，不再与之疏离。正如马克思在《资本论》第三卷中写道："真正的自由王国，即作为目的本身的人类力量的发展，是在［必然王国］之外开始的，尽管它只能以这种必然领域为基础而繁荣。缩短工作日是基本的先决条件。"[1]

二、进步的政治学

在马克思分析的背景中，有一个政治的层面。在任何特定阶段，资本主义社会都面临着两种选择：进步或倒退，向前或向后。向前推进的决定是一个**政治的**决定，无论是由一个中央权力机构（如国家）、一个单一的阶级（资产阶级或无产阶级），还是由分散的行动者组成的去中心化网络做出。自然，这些决定必须在资本主义形式的自动化趋势中"驾风驭浪"，但它们在根本上仍然是人类的政治决定，直接影响到资本主义社会的未来。[2]

马克思在《共产党宣言》中呼吁的正是这一政治层面，他劝告劳动者拿起武器反对资产阶级，夺取生产资料，将其集中在社会主

---

[1] *Capital*, vol. III, p. 959.

[2] 在马克思身上，有一种关于这一过程的人类—政治特征的矛盾心理。一方面，《共产党宣言》是一个振奋人心的行动号召，以人类自愿行动的可能性为前提。另一方面，在《资本论》第三卷和《哥达纲领批判》等较小的作品中，则对人类是否能抵抗资本主义表现出激进的怀疑态度，因为后者遵循的是一种不可阻挡的去人性化进程。资本主义的进程，随着其扩张会变得越来越脱离人类的自愿性，越来越具备自动性。因此，关于李嘉图，马克思在第三卷第15章中写道："别人责备他的地方，即他在考虑资本主义生产时不关心'人'，只集中于生产力的发展——尽管这是用人和资本价值的牺牲换来的——正是他的重大贡献。发展社会劳动的生产力是资本的历史使命和理由。正是由于这个原因，它在不知不觉中为更高的生产形式创造了物质条件。"

义国家手中，加速其发展，并使资本主义在共产主义中达到其自然的圆满。值得注意的是，技术进步是马克思对工人阶级的政治要求的一个重要组成部分。变革的人类代理人肩负着加速资本生产力的任务，其极限目标是通过技术或机器将必要的人类劳动减少到绝对最低限度。

一旦这个过程完成，生产资料充分运作并完全社会化，马克思接下来对共产主义的描述就不是那么明确了。当然，我们知道，共产主义指的是一个物质极大丰富、从资本主义继承下来了巨大生产力量的世界。马克思给政治分配了监督生产并将其转移到相关工人手中的角色：**必然王国已经得到了解决**。但除此之外，马克思和恩格斯都坚持认为，国家的政治功能将"消亡"，[1] 留下一个自由工人的联合体，他们现在可以为自己的自由时间拨款，而生产过程则自然地、无限期地继续下去。

正是在马克思分析的这一点上，一个前现代的、非物质主义的、古老的哲学必须重新将自己插入。在共产主义之下的自由王国并不那么明晰的情况下，马克思过度地预测了政治的"凋零"。他把政治降格到了必然王国，并且为了与他作为继承人（尽管他不一定情愿）的自由主义传统保持一致，把政治排除在自由王国之外。这种归属预设了一种自由的形而上学，而这种形而上学本身就应该受到质疑，即使马克思对资本主义物质过程的分析可以被接受并得到平反。在这个意义上，马克思对现代性的物质经济分析与前现代

---

[1] Cf. Marx, *Communist Manifesto*, New York：International Publishers, 1948, p. 31；Engels, "Anti-Duhring", *The Collected Works of Karl Marx and Frederick Engels*, vol. 25, New York：International Publishers, 1987, p. 268.

的、理想主义的、古老的自由形而上学之间存在着富有成效的对话空间。这样的对话可以在未来的现代性中为恢复真正的古代和传统主义政治开辟一个空间。

三、本原的政治

柏拉图的古老哲学，更不用说他的弟子亚里士多德（我认为他与他导师在根本上是一脉相承的），并没有把政治降到必然王国，而且还赋予它定义和指导人类自由本身的作用。柏拉图和亚里士多德承认公共生产在保障生活必需品方面的功能，以便为尽可能多的人腾出时间来享受**闲暇**。[1] 但在必要与自由的这种关系中，有一个目的论的维度是马克思所没有的，这个维度使柏拉图哲学成为真正的古代哲学：闲暇时间是**哲学的生活方式**的条件，一种旨在沉思最高的本原（archai）或者说事物的形而上学原则的生活，是一种真正有意义的生活。

柏拉图式的**本原（archè）**是一个形而上学的中心，它将所有的思想、存在和生活都组织在自己周围。柏拉图在描述宇宙的结构、整个宇宙的存在的时候，都多次提到这个原始的中心、万物的原则。《蒂迈欧》和《斐多》描述了万物的生成和存在来自一个原始的**理智（Intellect）**，其中，万物的**原型（archetypes）**或**理型（Forms）**在时间之前就已经被认识和预设了。巴门尼德同样把所有的多重性回溯到"同一"不可言喻的统一性。在《理想国》中，

---

〔1〕 Cf. Plato, *Republic* II, 369b-373a; Aristotle, *Politics*, 1252a24-1253a40.

所有的知识都通过**理型**的中介被决定为善。所有的存在都以这个第一原则为中心。

这样的形而上学自然具有**伦理的**和**政治的**意义：个人的美德是以理性和正义的永恒原则为模型的；同样，良好的社会是以宇宙政治秩序的永恒原型为模型的，柏拉图在《理想国》中把这种原型描述为"善"。政治生活包括根据统治者对善的认识来管理社会生活。对柏拉图来说，这明确意味着统治者本身必须是一个哲学家。因此，人类生活的所有领域都在政治统治的范围之内；因为政治统治是一种智慧——而认识**普遍性**就属于智慧，亚里士多德如是说。[1]因此，从理论上讲，不存在任何不涉及政治的人类生活部分：它不仅包括人类生活的物质条件，也包括内在或精神层面。

皮埃尔·阿多曾将古代哲学描述为一种完整的**生活方式**，而不是像现代学术界那样是一种孤立的学术活动。[2]在柏拉图和亚里士多德的概念中，大致可以将政治的目标描述为一种**共同的哲学生活**，在这种生活中，社会共享一种由最高**本原**，也就是"善"所规制的生活。洞穴的寓言展示的是一个完整的人的生活延伸到了纯粹的思想领域，不被纯粹的物质限制和担忧所约束的样子，正是这些限制和担忧主导着洞穴中的非哲学生活。[3]因此，从黑暗进入光明的过程可以被描述为一种从物质必然性进入**自由王国**的过程。

然而，要使这种生活成为可能，必须满足某些物质条件：必须

---

〔1〕 Cf. Aristotle, *Metaphysics*, 982a21-25.

〔2〕 参见 Pierre Hadot, *Philosophy as a Way of Life*, Blackwell Publishers, 1996。

〔3〕 Cf. *Republic*, 514a-521b.

有足够的物质产品的供应和分配，以满足基本的生存和休闲生活的需要。特别是休闲，柏拉图和亚里士多德都认为这是最崇高地行使哲学能力的一个条件。对柏拉图来说，哲学的闲暇是与哲学家在获取生活必需品方面的无能相匹配的：

> 一个人在真正的自由和闲暇中成长起来，你把这个人叫作哲学家；要是他做某些琐事显得无能，比如不会铺床、不会烹调、不会说奉承话，那么他并不丢脸。[1]

同样，根据亚里士多德的说法，休闲是最高幸福的条件，它包括哲学思考："此外，幸福被认为存在于休闲之中。"[2]然而，如果没有事先获得生活必需品，就不可能有闲暇。因此，"一个聪明的人，一个公正的人，以及所有其他人都需要生活必需品"。[3]"因为只有当几乎所有的生活必需品以及使人感到舒适和娱乐的东西都得到了保障，这种知识才开始被寻求。"[4]正如约瑟夫·皮佩尔所写的，正是休闲而不是劳动才是文化的基础，在这里，**文化首先意味着崇拜（cult）**：朝向神圣的沉思。[5]

柏拉图和亚里士多德都赋予国家（或城市的统治者）提供物质生活必需品的责任，以便为沉思提供足够的休闲。因此，柏拉图对城市未来的描述是从获取人类的物质必需品开始的，这只能在一个

---

〔1〕 *Theaetetus*, 175e.

〔2〕 *Nicomachean Ethics* X7, 1177b4.

〔3〕 *Ibid.*, 1177a29.

〔4〕 *Metaphysics*, 982b22-24.

〔5〕 Cf. Pieper, Josef. *Leisure the Basis of Culture*, South Bend: St. Augustine Press, 1998, p. 22.

公共环境中完成：没有人是完全自给自足的。[1] 同样，在《政治学》中，亚里士多德将休闲作为国家和个人的关注点：

> 对个人和对集体而言，人生的终极目的都相同；最优良的个人的目的也就是最优良的政体的目的。所以这是明显的，个人和城邦都应具备操持闲暇的品德；我们业已反复论证和平为战争的目的，而闲暇又正是勤劳（繁忙）的目的［，那么这些品性当然特别重要］。操持闲暇和培养思想的品德［有二类］，有些就操持于闲暇时和闲暇之中，另些则操持于繁忙时和繁忙之中，如果要获得闲暇，进行修养，这须有若干必需条件。[2]

生活的必需条件是由劳作，即生产劳动来提供的。在柏拉图和亚里士多德看来，没有人能够仅凭自己的劳动就为自己获得所有的生活用品，更不用说如果他想拥有任何程度的闲暇。这正是人们进入政治共同体的原因：生产必须是**公共的**，有了充分的劳动分工，每个人才都能拥有生活必需品，并根据自己的地位享有休闲生活带来的合适的哲学物事：超越必需品的生活，或者说自由的生活。这些进一步的物事同样只在政治背景下提供：是哲学王把他的公民从洞穴中引向智慧之光，即"善"的视野。同样，亚里士多德在《政治学》的结尾处花了很多时间详述国家必须如何教育其公民，以使他们参与沉思的生活。政治学的功能是使整个人类生活有序化，从

---

[1] Cf. *Republic* II, 369b-373a.

[2] *Politics* VII 15, 1334a12-19.

物质需求的最底层到人类自由的最高层，到对**本原**的沉思，特别是对"善"本身的沉思。

四、古代未来主义

读者不会错过柏拉图—亚里士多德对城市的描述和马克思对共产主义的描述之间的相似关系。这种相似的核心是必然和自由之间的区别。在马克思那里，这种区别被资本主义在必要劳动时间和剩余劳动时间之间的区别所扭曲，工人的自由（他的剩余时间）被资本家占有。对马克思来说，就像对柏拉图和亚里士多德一样，剩余时间或自由时间是一个人为了自己而追求的活动的时间，"真正的自由王国，作为目的本身的人类力量的发展"。[1] 这个领域的前提是生活必需品的丰富，由"必要劳动"提供，而这被集体化和技术进步（特别对马克思而言）减少到了最低限度。

然而，在马克思的共产主义和柏拉图的**理想城邦（polis）**之间有一个关键的区别，那就是**自由**在两者中是如何定义的。古代哲学将自由置于一个更大的目的论和形而上学的整体之中：自由或闲暇，只是作为形而上学的第一原则的**"善"**的自由。人只有在遭遇他的存在所来自的终极原则时，才会发现自己，才会真正按照他的理智本性生活。可以说，这就是柏拉图式的人类**异化**的解决方案，这种异化只能被定义为**与善的（from the Good）**异化；因此，其解决方案必然是对"善"的思考，即哲学的生活。只有在这样的生

---

[1] *Capital*, vol. III, p. 959.

活中，人最终才能真正为自己而活：他才是自由的。

因此，柏拉图主义者必须根据柏拉图从洞穴进入纯粹和神圣的思想领域的旅程来重新解释马克思关于从必然进入自由的说法。从必要的劳动中解放出来，**正是为了神圣的思考**。用皮埃尔·泰尔哈德·夏尔丹的话说："每一双被解放的手都意味着一个被解放出来进行思考的大脑。……由于技术资源的增加，可用的能量将上升，并被引向意识的焦点。"[1]

马克思熟悉这些概念的黑格尔形式。毫无疑问，马克思接受的自由行动的概念，即事物"为其自身而追求"，是通过黑格尔得到的柏拉图—亚里士多德的传统。同样，马克思关于异化是一种不自由和无意识的状况的概念，也源自柏拉图—亚里士多德（和黑格尔）关于自由人是**理智者（the wise man）**的概念，即认识自己的人，拥有自我意识的人。柏拉图认为，人在回到自己的本原——"一"或"善"时最了解自己。[2]

然而，随着马克思对黑格尔的唯心主义的拒绝和对唯物主义的转向，这些概念发生了转变：异化变成了与自己的劳动产品的异化，而自由则是将这种产品据为己有的自由。这一转变的核心是一个形而上学的假设：人更多的是一个原因，而不是一个结果，因此，他更应该与他自己的结果，即他自己劳动的产品，而不是他的原因相联系。这种潜在的形而上学不过是现代哲学史上一个长期趋势的顶点，它本身就是工业化历史和资本主义兴起的反映：从沉思

---

〔1〕 Pierre Teilhard de Chardin, "The Place of Technology in a General Biology of Mankind", *Activation of Energy*, Houghton Mifflin Harcourt, 1972, p. 160.

〔2〕 Cf. *Symposium*, 205e-206a.

的智慧转向实践的智慧，从理解世界转向改变世界。[1]人只能通过沉默的沉思与他自己的原因、他存在的原则相联系。但他只有通过商品生产活动的实践才能与他自己亲自参与的工作相联系。

柏拉图和亚里士多德的**古代（archaic）**哲学植根于相反的形而上学预设：人更应该与他的原因而不是与他的结果相联系。对柏拉图来说，人通过回到他的原点来发现自己：他的灵魂在时间之初从天上降临到了物质中，那是诸神的非物质领域，灵魂也同**本原**有着天然的关系。在《斐德若》中，**爱者（lover）**的形象代表着寻找自己原始身份的人，寻找他与美、知识等永恒形式的亲属关系。[2]人只有通过思考这些永恒的形式才能真正克服他的异化。人只有通过神化，即与诸神同化才能克服他的异化。因此，在《泰阿泰德》中，苏格拉底解释说，一个人只有通过从地球到天堂（从必然到自由！）才能摆脱邪恶："[邪恶]不可避免地困扰着人类生活，并在这个地球上徘徊。这就是为什么一个人应该急于从地上逃到天上去；而逃意味着尽可能地像神；当一个人变得公正、虔诚、有悟性时，他就会变得像神。"[3]

根据《理想国》，神化是所有政治的目标：哲学王有义务"不独是依照它来塑造他自己，并且，用它来模印到人们的，不单是个

---

[1] 也许，值得怀疑的是，我是把对历史的**阶段论的（stadialist）**描述——如卡尔·施米特在《中立与去政治化的时代》中叙述的那样——与马克思在《关于费尔巴哈的提纲》中的精辟陈述合并起来了。"哲学家们只是用不同的方式解释世界；问题在于改变世界。" Cf. Schmitt, *The Concept of the Political*, Chicago and London: The University of Chicago Press, 2006; Marx, *The German Ideology*, New York: International Publishers, 1970.

[2] Cf. *Phaedrus*, 247c-248c.

[3] *Theaetetus*, 176b.

人的，而且是社会和公众的习性上去"。[1] 但是，人类能否进行这种神化的活动（例如，哲学研究、入会仪式，等等）取决于马克思认定为**必然王国**的物质丰富性，而马克思的非政治的**自由王国**也同样取决于这种丰富性。正是在这里，在未来的自由领域，柏拉图主义的古老政治任务重新证明了自己——不是在人类自由从资本的控制中释放出来之后，阻止它的实现并把它重新束缚在枷锁中，而是为了真正实现它，把它引向它的真正自我。从柏拉图式的观点来看，马克思对劳动时间的分析，与其说是资本遏制了在**唯物主义意义上理解的**人类自由的发展（仍然是一种基本自由的自由），不如说是资本遏制了人的神化自由的发展，通过**神化**，人在其存在的原初原则中重新发现自己。因此，马克思的不足之处在于没有认识到，如果人类自由要在神化中得到真正的实现，它仍然需要**政治的**指导。正如教皇本笃十六世《在希望中得救》中写道，马克思的错误在于，"［他］忘记了自由始终也是作恶的自由。他认为，一旦经济得到纠正，一切都会自动得到纠正。他真正的错误是唯物主义：事实上，人不仅仅是经济条件的产物，不可能通过创造一个有利的经济环境，纯粹从外部救赎他"。[2]

另一方面，柏拉图式的古代说法，应当意识到应对资本主义发展的紧迫性，必须与马克思一起追求摆脱必然性枷锁的未来，也就是具备亚里士多德所说"自给自足"[3]特征的未来。在马克思之后，政治柏拉图主义必须承认，资本主义的出路只是"通过它"——允

---

〔1〕 *Republic*, 500c-d.

〔2〕 Benedict XVI, *Spe salvi*, ¶21.

〔3〕 *Nicomachean Ethics* X7, 1177a35, 1177b25-30.

许这种发展根据不同的地方背景而有所变化。任何政治所必须使用的工具和材料都是由历史提供的。人类的力量，即使它仍然是人类的和自由的，也会受到其历史条件的限制。同时，现在的历史条件不可避免地带有过去的痕迹。因此，即使是马克思也承认，过去的理想有时会以意想不到的方式在当下重新体现出来。基于上述原因，他写道：

> 人们自己创造自己的历史，但是他们并不是随心所欲地创造，并不是在他们自己选定的条件下创造，而是在直接碰到的、既定的、从过去承继下来的条件下创造。一切已死的先辈们的传统，像梦魇（论文引用的英译本采用的比喻是高山）一样纠缠着活人的头脑。当人们好像只是在忙于改造自己和周围的事物并创造前所未闻的事物时，恰好在这种革命危机时代，他们战战兢兢地请出亡灵来给他们以帮助，借用它们的名字、战斗口号和衣服，以便穿着这种久受崇敬的服装，用这种借来的语言，演出世界历史的新场面。[1]

虽然物质条件肯定塑造了政治变革的限度，但各种理念条件、形而上学承诺、意识形态和目的论也确实塑造了社会的物质运作，同时为了实现相互独立的意图而驾驭它们。生产资料的未来轨迹将部分地由政治和社会决定所指向的目的来决定。当马克思承认"社会计划"在决定某些产品对社会的使用价值方面的作用时，他就部

---

[1] *The Eighteenth Brumaire of Louis Bonaparte*, Chicago: Charles H. Kerr and Co., 1907, pp. 9-10.

分地承认了这一点。但他没有留下什么空间来讨论**古代**的社会计划的优点，这种计划建立在理想的形而上学原则之上，其真理价值是独立于唯物主义实践的，是与任何仅仅从社会生产的物质条件中产生的社会计划相对立的。

后来的马克思主义者，如安东尼奥·葛兰西，会回到马克思主义的黑格尔和人文主义根源，并将物质基础与上层建筑的关系重构为一种相互共同决定或互惠的关系，"这种互惠无非就是真正的辩证过程"[1]，而不是物质基础决定理想上层建筑的单方面关系。马克思从必然进入自由的过程，被葛兰西在黑格尔理想主义的意义上解释为：从纯粹的物质考虑进入不受物质考虑影响的纯粹思想领域。[2]同样，法兰克福学派的马克思主义者，如阿多诺和霍克海默，将文化问题重新引入马克思主义分析，研究特定社会制度中公认的审美的（或者形而上学的？）理想如何支配和指导社会的具体（物质）运作。在回归黑格尔主义的过程中，后来的马克思主义者也向柏拉图主义靠拢，重新开启了将独立的形而上学和道德——甚至如约翰·休斯所论述的神学——的视角带入政治经济学问题的可能性。[3]

此外，黑格尔—马克思主义对苏联的某些评论，明确借鉴了古代柏拉图主义的思想传统，以表明苏联正是柏拉图式的哲学城邦的化身，而斯大林则是它的哲学王。黑格尔关于国家是"上帝在人间的行军"的观点被用来评价苏联。亚历山大·科耶夫受到弗拉基米

---

[1] Antonio Gramsci, *Selections from the Prison Notebooks*, New York: International Publishers, 1971, p. 366.

[2] Cf. *Ibid.* Gramsci 这篇文章中用来形容从必然性到自由的词语是"净化"（catharsis）。

[3] Cf. John Hughes, *The End of Work*, Blackwell Publishing, 2007, pp. 137-157.

尔·索洛维约夫的俄罗斯东正教整体主义启发，是这一有争议的立场的主要表达者。最近，鲍里斯·格罗伊斯提出了类似的解释。[1]苏联不仅仅是生产管理：它是哲学国家，其公民被他们的哲学家国王引导向真正的智慧。

通过对马克思主义的这些修改，我们又一次站在了**古代未来式**政治神学的门槛上，尽管我们可能会发现其内容是落后的、极权的，甚至是邪恶的。而它向我们展示了为了达到根本超越物质生产的目的，一系列激进盗用的可能性，不仅是对马克思主义科学的盗用，更是对马克思所分析的物质现实（也就是资本主义之下取得的技术进步）的盗用。此外，正如泰尔哈德·夏尔丹所写的："尽管它是畸形的，但现代极权主义难道不是对某种宏伟事物的歪曲，从而相当接近于真理吗？毫无疑问：伟大的人类机器被设计来运作，而且必须为了产生超级丰富的思想而运作。如果它不运作，或者说如果它只生产物质，这就意味着它已经走向了反动。"[2]**腐败是最坏的事（Corruptio optimi pessima est）。**

结　论

用"新右派"的一位主要知识分子纪尧姆·费耶的话来说：

---

〔1〕 Cf. Vladimir Solovyov, *Russia and the Universal Church*；Boris Groys, "Romantic Bureaucracy: The Post-historical Wisdom of Alexandre Kojève", *Radical Philosophy* 196, March/April 2016，pp. 29-38. Groys 提到了科耶夫对斯大林的这种解释的一份未发表的手稿，题为《索菲亚、哲学和现象学》。

〔2〕 Pierre Teilhard de Chardin, *The Phenomenon of Man*, Harper Perennial Modern Classics, 2008，p. 257.

"对古代价值观的回归的理解不应该是对过去的周期性回归……而应当是**在新的背景下重现的古代的社会配置**。[1] 历史不是以线性或周期性的方式发展，而是以**螺旋式**的方式发展，在技术进步创造的自由空间，古代的知识和实践形式出现了。古代未来主义式的视角为国家管理打开了一系列自由主义秩序世界的居民以前无法想象的可能性。柏拉图式的古代视角开辟了一个被束缚在黑暗的物质主义中的人无法想象的理想境界。同样，未来主义的视角开辟了全球资本主义秩序中的无产阶级群众无法想象的物质丰富的世界的可能性。它们共同代表了一种世界的可能性，在这个世界，人们从对物质需求的总体化和极权主义的关注中解脱出来，并被邀请参与**哲学式神化**的共同生活，这才是真正的自由。"

---

[1] Faye, *Archeofuturism*, p. 74. 强调为我所加。

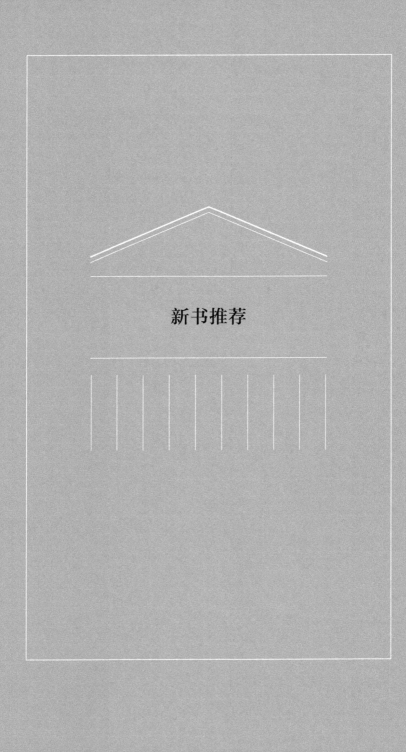

新书推荐

新书推荐:《对柏拉图感官认识理论的系统研究》

胡冰浩[1]

[新书信息: Binghao Hu, *A Systematic Research of the Platonic Perception-Theory*: *Plato's Analysis of Human Beings' Perception Ability Derived from the Conditions of the World's Perceptibility*, Studien zu Literatur und Erkenntnis 20, Universitätsverlag Winter Heidelberg, 2022. ISBN: 978-3-8253-4850-2.]

　　有别于现在的感官认识理论,柏拉图对感官认识的阐述更为全面系统。因为首先,在柏拉图《蒂迈欧》中可以发现他关于可感世界和具有可感知能力的人类的生成过程的论述,这解释了为什么我们生存的世界是可以被感知到的,以及作为感官认识主体的人为什么会拥有感官认识能力。其次,柏拉图及其后学深入地研究了具体的感官认识的产生需要实现哪些身体的和灵魂的功能,以及哪些其他的条件。最后,感官认识的种类和对应的真实性,以及这种真实

---

[1] 胡冰浩,贵州师范大学哲学系副教授,德国马堡大学哲学博士。

性的原因，也能在柏拉图那里得到很好的解释。以上三点分别对应该书的三章，接下来，本文将具体展开各个章节的内容。

第一章是由两部分构成的：柏拉图关于感官客体，也即整个可感宇宙的产生的论述，以及对感官主体，即人类的产生的说明。在第一部分中，可感宇宙的产生有三个步骤：宇宙灵魂的产生、宇宙身体的产生，以及两者的结合。制作灵魂和身体，并把它们结合在一起的，是被称为"德穆革"（δημιουργός）的神。在柏拉图那里，他并非一个宗教角色，而是神圣的努斯，以其理智而成为整个可感宇宙的"父亲"和"制作者"。相较于现代的宇宙生成学说，比如大爆炸理论，柏拉图的宇宙生成学说更为理性——在他的理论中，宇宙起源于"德穆革"，他对于人类来说也是可以被区分和理解的；而在古希腊的自然科学，如德谟克里特的原子论，和现代的大爆炸学说中，偶然则起着决定性的作用，但这种偶然，对于我们来说是不可知的，这也就使对宇宙生成的理性解释变得不可能了。

该书对宇宙灵魂和身体的解释，遵循了新柏拉图主义注疏家普罗克洛在其《柏拉图〈蒂迈欧〉评注》125. 10-127. 11 中采用的模型，即对宇宙灵魂和身体的解释包含了五个维度：本质性存在（ὕπαρξις）、和谐（ἁρμονία）、形式（εἶδος 或 σχῆμα）、功能或能力（δύναμις）以及实现（ἐνέργεια），其中，前三者又可以被统称为本质（οὐσία）。虽然普罗克洛没有将这一模型应用在对个人灵魂和身体的解释上，但因为他强调了三分模型适用于每样事物，所以这实际上也是可行的。

对于可感知的人的生成的解释，达尔文主义或者进化论——与德谟克里特和伊壁鸠鲁的学说有紧密关联——从偶然和必然的角度进行解释；柏拉图则给出了一条理性的解释路径：生成的原因和原则来自理智的神。和宇宙一样，人也由身体和灵魂两部分组成。其中灵魂又有两个部分，即理性的、神圣的、不死的部分，和有死的、非理性的部分。前者由"德穆革"制作出来，并从他那里获得了第一种载具（或称"灵魂马车"）；后者则由年轻的诸神以模仿的形式塑造出来。此外，不同于大部分古代注疏家，普罗克洛认为，年轻的诸神还制作了两种载具，使得人类灵魂一共有三种载具。而且，对应这三种载具，灵魂也具有三种感官认识功能。根据普罗克洛，人类的身体是第三种载具，它是由四元素组成的复杂结构——不是出于偶然，而是由"德穆革"重构出来的。人类灵魂进入身体就促成了地球上的可感知的人类生命及其感知能力的开始。

第二章的重点是解释，在柏拉图那里，具体的感官认识是如何生成的。因为第一章已经表明，人类灵魂的两个部分都有相应的感官认识能力，所以按照这个划分，对感官认识产生的解释也分别进行：一种是受动的，或者消极接受的，另一种是非受动的。受动的感官认识的产生，是因为分别源于身体感知器官和可感性质的元素运动相结合而产生了"遭受"（πάθος），它进入可感器官，强烈地触动灵魂，从而被灵魂区分和把握。需要注意的是，在这个过程中，感官主体并非纯粹接受性的，而是主动的、自发的：如果没有源自感官器官的元素运动，这种感官认识就不会产生；如果灵魂不实现其区分和把握的认知能力，可感性质也不会被认识。在这个意义上，可以说感官认识就是灵魂对其遭受的东西的区分。主动的、区分性的感官认识，就地球上的人而言，一般被柏拉图解释为"伴随着感官认识的意见"（δόξα μετ' αἰσθήσεως）。其生成在于受动的感官认识和来自灵魂内部的回忆的结合——因为后者来自灵魂自身，这种感官认识是"非受动的"。

在第三章中，为了确定感官认识的种类及其认识能力，有必要先指出，亚里士多德在《论灵魂》中提到的三种可感对象及对应的三种感官认识，在柏拉图那里——或者是思想上，或者既是思想上又是术语上——都已经出现了。当然，柏拉图没有给出一个感官认识种类的清单，它们实际上散落在不同对话录中。该书尝试进行一些整理，通过图表的方式把诸如以下种类的感官认识纳入该清单中：受动的、非受动的；与不朽灵魂相关的、与可朽灵魂相关的；严格意义上的、宽泛意义上的；偶然产生的、受欲望驱动产生的；会导致矛盾判断的、不会导致矛盾判断的；涉及整个身体的、只涉及身体某部分的；于我们的思想有最大益处的、没有这样的益处的；等等。

在开始分析感官认识能力之前，该书首先将感官认识的种类及其对象和亚里士多德的十范畴学说联系了起来。可以说，非受动的感官认识（亚里士多德那里的偶性感官认识）的对象，就是第一个范畴；而受动的感官认识（亚里士多德那里的独有感官认识和共同感官认识），其对象则可归于其余九个范畴之下。简单来说，感官认识的真实性就是：独有感官认识总是能正确区分其对象；共同感官认识和偶性感官认识则会犯错。通过对《理想国》中"手指比喻"段落的分析，该书进一步指出，在什么情况下感官认识自身就可以构成认识的可靠基础，在何种情况下则需要理性推理和努斯的支持，才能正确地进行区分和把握，进而达到确定的知识。

这一研究得以完成的基础，是弄清楚柏拉图文本中关于感官认识的内在论证逻辑，并在尽量参考古代注疏的情况下对其加以解释——从这个角度来看，该研究是系统性的、历史性的。这种基于文本分析和注疏传统的解释自然会涉及许多今天不再使用的思想和概念，比如柏拉图关于诸神的学说以及"灵魂马车"的概念；但是这个系统的、历史的解释也清楚地表明，柏拉图拥有一个至今仍然值得被讨论的、涉及感官认识方方面面的完整理论。它从根本上来说是理性的，在其中已经可以找到认识的基本标准，即认识对象的可区分性，而且，这个理论的理性建构和实现感官认识的所有重要条件是一致的。柏拉图以下面的问题开始：究竟在什么先决条件之下，我们的世界才是可感的世界，并且由此，人类才拥有区分和把握这个世界的能力？而随着对由此展开的人的感官认识的种类、生成过程以及真实性的分析，该书的目标——对柏拉图感官认识理论的系统研究——也就得以完成了。

杰出学者纪念

缅怀马里奥·维杰蒂（1937—2018）[*]

Franco Trabattoni^{〔1〕}　李晨煜^{〔2〕}　译

2018 年 3 月 11 日，意大利卓越的古代哲学史家马里奥·维杰蒂于米兰的家中去世。马里奥于 1959 年毕业于帕维亚大学，其论文主题为修昔底德的历史编纂学；随后，马里奥于帕维亚大学古代哲学史系任教，直至 2005 年退休，但依然活跃于教学与研究的第一线，直到生命的最后一刻。因此，这位大师的学术思想得以发扬光大，并以直接或间接的方式深刻影响了他的几代学生以及同事。他的著作对这些人产生了巨大影响，此外，马里奥还组织并指导了诸多研究项目，为他们提供了各种形式的参与机会，并在各种场合展露了自己深厚的学术素养及敏锐的洞察，令人钦敬。马里奥很早便在学术研究层面做出了巨大贡献，特别是在 20 世纪 60—70 年代取得了极富原创性与突破性的成果，融汇了哲学与历史学等人文学科乃至社会学、人类学以及医学的研究成果。马里奥的这些重要研究构建出一张宏大繁复的知识网络，并以著作的形式

---

*　　本文选自《In Memoriam: Mario Vegetti（1937-2018）》，*Méthexis* 31, 2019。

〔1〕　特拉巴多尼（Franco Trabattoni），意大利米兰大学古代哲学史教授。
〔2〕　李晨煜，罗马第一大学古典学系本科生。

悉数面世，特别是《解剖刀与书写笔》（*Il coltello e lo stilo*），这部作品在 1979 年出版于米兰 Il Saggiatore 出版社，近期（2018 年）以《解剖刀与书写笔：科学理性起源中的动物、奴隶、蛮族与妇女》（*Il coltello e lo stilo. Animali, schiavi, barbari e donne alle origini della razionalità scientifica*）一题再版。此外，1983 年出版于米兰 Il Saggiatore 出版社的《在俄狄浦斯与欧几里得之间：古代知识的形态》（*Tra Edipo e Euclide: forme del sapere antico*）同样值得阅读。马里奥在古代科学史研究领域用功颇深，特别是古代医学领域，例如 1995 年出版于威尼斯 Il Cardo 出版社的《柏拉图作品中的医学》（*La medicina in Platone*），以及大量论述希波克拉底与盖伦的论文（现已结集为两册出版于 Petite Plaisance 出版社），以及亚里士多德的生物学理论（20 世纪 70 年代初，马里奥曾经与 Diego Lanza 一同编辑了亚里士多德的生物学论著全集，并撰写长篇导论，出版于 Utet 出版社）。1989 年，马里奥的专著《古人的伦理学》（*L'etica degli antichi*）出版于 Laterza 出版社，这部作品成了几代学生与青年学者（特别是柏拉图研究者）的必读著作。此后，马里奥撰写了一部精辟且富于原创性的综合性专著《柏拉图十五讲》（*Quindici lezioni su Platone*），并于 2003 年出版于都灵 Einaudi 出版社，并于 2007 年在罗马 / 巴里的 Laterza 出版社出版《柏拉图〈理想国〉导读》（*Guida alla* Repubblica *di Platone*），并在同事的帮助下主编《理想国》注释版译本，共分七册，于 1998 年至 2007 年间陆续出版于那不勒斯 Bibliopolis 出版社。马里奥同样关注当代哲学对柏拉图政治哲学的接受，著有一部极富洞见的《天国中的典范》（*Un paradigma in cielo*），这部作品在 2016 年出版于罗马 Carocci 出版社。除柏拉图之外，亚里士多德也是马里奥研究的一个重要对象：除了上文提及的相关作品，马里奥还在 1970 年写过一篇极具分量的论文，论述《形而上学》(*Metefisica*) 作品的统一性问题，当时关于这一问题的讨论极为活跃；此外，他还与 Francesco Ademollo 合著了一部综合性的亚里士多德研究导论：《邂逅亚里士多德：亚里士多德哲学十五讲》，这部作品于 2016 年出版于都灵 Einaudi 出版社；同年，马里奥还在 Carocci 出版社与同事们主编了最后一部研究巨著，即四卷本《古代哲学史》(*Storia della filosofia antica*)。关于这些研究主题，马里奥·维杰蒂均已著有大量论述文章，在此我所列举的仅仅是相当有限的一部分。

我们如今失去了马里奥·维杰蒂这样一位伟大的教师、同事以及朋友。马里奥拥有卓越的智识以及深刻的哲学与历史文化修养；他诚恳热忱地与所有人（包括那些处于职业生涯早期的学者）往来，并得到了同样真诚的回应：他视学术争议与批评为丰富学界所不可或缺的一部分，而学术回应则是推动学术发展的重要一环。在私人生活中，他则表现得和蔼、诙谐与善解人意：与这样一位学者相处，不仅使人增长学识，也令人如沐春风。

"一个德国的隐士":纪念米歇尔·弗兰茨老师(1947—2023)

程 炜[1]

　　米歇尔·弗兰茨(Michael Franz)老师已于今年 7 月 31 日病逝,我得知这个消息是在 8 月 17 日的深夜,在香港小屋中忽然收到来自海登-罗伊(Hayden-Roy)教授的邮件。回忆起弗兰茨老师当年对我的种种帮助和支持,几日难以入眠。

　　我与弗兰茨老师相识于他在图宾根开设的荷尔德林研讨班("荷尔德林:诗与哲学"),随即两次参与了他组织的希腊/土耳其之旅,之后由于荷尔德林协会的活动,也多次在柏林和图宾根相见。可以说,是他引导我进入荷尔德林的学术研究的。尽管弗兰茨的主业是研究荷尔德林和早期德国观念论,他实则熟悉古希腊拉丁文化,并且在哲学、神学、日耳曼文学、古典学等多个学科间辗转,对各种历史地理掌故了然于胸。尤其是如果聊起荷尔德林,他几乎无所不知。

　　尽管弗兰茨老师是我进入荷尔德林的领路人,也是心中德国老派学人的典范,但他绝非世俗所谓的国际知名学者。他把大部分时

---

〔1〕 程炜,北京大学哲学系长聘副教授。

间和精力放在教学和辅导学生之上（并非作为官方导师），并且常年参与编纂和整理荷尔德林的文本，"研究成果"并不算多。作为常年的编外讲师（Privatdozent），他很少在系内出现；面对热闹的学术界，他更像一个旁观者和局外人。尽管当时在图宾根大学任教，他日常住在一个叫希夫韦勒（Schiffweiler）的小城。他常采取两周一次，每次四小时的方式上课。甚至仅仅在退休前不久，他才从图宾根大学获得一个编外教授的名号。然而，如果以学术标准考量，他又可能曾是世界上最熟悉图宾根神学院相关历史和文本的学者之一，尤其在荷尔德林研究和早期德国观念论领域默默耕耘，做出了大量极有价值的研究。我相信多年后，其中不少仍旧值得阅读和参考。他的学术贡献或许可以概括为三个方面：

（1）首先是关于德国观念论，特别是其早期发生史的研究。除了汉语学界读者可能相对熟悉的专著《谢林图宾根时期的柏拉图研究》（*Schellings Tübinger Platon-Studien*，Göttingen，1996）——它是作者的教职论文，主要研究早期谢林的《蒂迈欧》笔记——也包括其姊妹篇《图宾根柏拉图主义：荷尔德林、谢林和黑格尔的共同哲学史基》（*Tübinger Platonismus. Die gemeinsamen philosophischen Anfangsgründe von Hölderlin, Schelling und Hegel*，Tübingen，2012）。这两本专著既可以被视为早期德国唯心论的发展史，也可以被视为古希腊哲学，尤其是柏拉图主义，在德国的效应史。

（2）弗兰茨整理、翻译和注解了大量早期德国观念论相关的史料，尤其是 18 世纪末期图宾根神学院教学与研究相关的资料。除了散见于各种杂志和文集的翻译和论文，这里尤其值得一提的是他主编的三卷本《荷尔德林、黑格尔和谢林的教育史背景史料》(*Materialien zum bildungsgeschichtlichen Hintergrund von Hölderlin*，*Hegel und Schelling*)，其包括《"修道院确然对我有所助益"：荷尔德林和谢林在尼廷根拉丁学校和符腾堡修道院学校的教育》(*„So hat mir das Kloster etwas genüzet"：Hölderlins und Schellings Schulbildung in der Nürtinger Lateinschule und den württembergischen Klosterschulen*，Isele［hg.］，2004) 和《"……如骑士在知识之王国"？：荷尔德林、黑格尔和谢林在图宾根大学的哲学学习》(*„ ... im Reiche des Wissens cavalierementet"：Hölderlins*，*Hegels und Schellings Philosophiestudium an der Universität Tübingen*，Isele［hg.］，2005) 以及《……在神学之舰？：荷尔德林、黑格尔和谢林在图宾根大学的神学学习》(*... an der Galeere der Theologie?：Hölderlins*，*Hegels und Schellings Theologiestudium an der Universität Tübingen*，Isele［hg.］，2008)。这三本书除了相关主题的研究论文外，还收入了大量珍贵史料和档案信息（拉丁文通常会给出德文翻译）。如果读者想知道荷尔德林、黑格尔和谢林参与了哪些课程，其相关讲义的内容，受到哪些老师的影响，以及如何进行考试和答辩等问题，这三卷本提供了必不可少的引导。也正是在同一语境下，弗兰茨同时用心研究了当时图宾根神学院的多位重要学者，包括 Johann Friedrich Flatt、Christian Friedrich Schnurrer、August Friedrich Bök 等。他尤其重视哲学家和逻辑学家 Gottfried Ploucquet（1716—1790），在 2006 年整理翻译和注释了其《逻辑学》(*Logik*) 讲义（Hildesheim, Zürich, New York, 2006）。

（3）相比于德国观念论，对荷尔德林的研究占据了弗兰茨的整个研究生涯，甚至可以说定义了他的人生。他不仅是这位诗人的仰慕者、研究者和编纂者，通过荷尔德林协会（Hölderlin-Gesellschaft），他也是这一诗人相关学术活动和公共活动重要的组织者。事实上，他告诉我，他在中学时期就痴迷于荷尔德林的诗歌，并打算以对其的研究作为终生的志业。但与大多数荷尔德林学者不同，弗兰茨既没有以日耳曼文学（Germanistik）开始自己的学业，最后获得也是哲学而非文学博士学位。这其中既有必然，也有偶然。一方面，深受学习神学和医学的父亲的影响，少年时代的弗兰茨就瞧不起文学系的肤浅。他一开始选择了新教神学作为大学的主修专业（哲学辅修），既是为了恰当把握荷尔德林本人的神学背景，也是为了学习在圣经研究中颇为成熟的历史—语文学方法。他告诉我，在图宾根的这段学习，他尤其受到圣经考据学者以及系统神学家 Eberhard Jüngel 等人的影响。硕士毕业后，弗兰茨确实又在苏黎世大学的日耳曼文学系注册，其目的是追随著名的荷尔德林专家 Wolfgang Binder 写作博士论文。然而由于 Binder 中途不幸生病，弗兰茨再次转到了萨尔大学哲学系，在黑格尔专家 Karl-Heinz Ilting 指导下完成了博士学业。不难看出，恰恰因为荷尔德林，弗兰茨在神学系、哲学系和德语系之间游走求学，最终以荷尔德林的思想研究获得了博士学位，论文题目为《系统及其熵：荷尔德林著作中的"世界"作为哲学和神学疑难》(*Das System und seine Entropie. „Welt" als philosophisches und theologisches Problem in den Schriften Friedrich Hölderlins*，1978，未出版)。而他生前最后一本专著——2020 出版的《异时之异思：荷尔德林在〈品达残篇〉中对于法权与政治的最终之思》(„*... und anderes denk in anderer Zeit ...". Hölderlins letzte Gedanken zu Recht und Politik in den „Pindarfragmenten"*，Berlin)——则重新回到这位诗人。在这中间，他虽然未曾出版关于荷尔德林的研究专著，但研究论文不断。同时，作为几套荷尔德林文集和丛书的重要编辑，他也在相关领域做出了巨大的贡献。首先当然需要提及的是"荷尔德林全集"法兰克福版 („Frankfurter Ausgabe"，D. E. Sattler［hg.］) 的编辑。在这套不仅改变了荷尔德林研究，甚至改变了德国近代文学校勘本出版模式的丛书中，弗兰茨负责了四本分卷的工作（第 9 卷，第 15—17 卷），其中包括难度极高的《品达残篇》以及"理论作品"。之后，出于对 Sattler 主导的法兰克福版的不满，他又与 Michael Knaupp 一同编辑了"荷尔德林全集"的慕尼黑版（ *Friedrich Hölderlin, Sämtliche Werke und Briefe*，München，1992 ），这套小巧但校勘精当的作品同样受到普通读者和学界的青睐。

"荷尔德林全集"法兰克福版　　　　　"荷尔德林全集"慕尼黑版

　　除了荷尔德林作品的编订校勘，他也长时间参与编辑《荷尔德林年鉴》(*Hölderlin-Jahrbuch*)和"荷尔德林—纹理"系列("Hölderlin-Texturen")。前者既是荷尔德林协会的会刊，也是当前唯一以荷尔德林为专题的杂志；后者则从历史角度全面介绍了荷尔德林的生平、作品以及社会环境，包含大量重要史料和精美图片。

　　弗兰茨上述三个板块的研究不仅贯穿他生命的始终，而且彼此紧密联系。在写作教职论文《谢林图宾根时期的柏拉图研究》时，

《异时之异思：荷尔德林　　《荷尔德林年鉴》　　《荷尔德林—纹理　1.2》
在〈品达残篇〉中对于
法权与政治的最终之思》

他就发现了柏拉图阅读对于早期"图宾根三杰",甚至德国观念论起源的重要意义。通过对图宾根神学院教学、藏书以及教员作品的发掘,弗兰茨敏锐地指出,我们不能轻易将19世纪末期的柏拉图形象等同于数年后受到施莱尔马赫解释学革命影响的柏拉图形象。相比于后者以对话录的形式和教导为中心的解读,前者仍旧受到柏拉图主义的强烈影响,更着力于系统的灵魂论、形而上学和神学。正如弗兰茨始终坚持历史—解释学并行的研究方式,在本书中,他除了展示图宾根时期的谢林如何将对柏拉图的接受与康德/莱因霍尔德(K. Reinhold)的批判哲学相互联系,并逐渐开拓出自身的哲学道路,在附录部分,弗兰茨也初步整理发表了早期谢林的两篇笔记,即所谓的《"诗人"论文》(„Dichter"-Aufsatz)和《柏拉图哲学的形式》(Form der platonischen Philosophie)。

  后续的《图宾根柏拉图主义》可以被看作上一研究的继续,只是研究的视野从谢林明确拓展到了"三杰",尤其是荷尔德林。与Dieter Henrich 对于荷尔德林开创性的研究类似(尤其参见《语境中的黑格尔》[Hegel im Kontext]和《意识中的奠基:对荷尔德林1794/95 思想的研究》[Der Grund im Bewusstsein: Untersuchungen zu Hölderlins Denken(1794/95)]),弗兰茨也力主提升荷尔德林作为哲学家(而不仅仅是诗人)的位置,尤其看中他对于早期黑格尔的影响。同样,类似于 Henrich,他既反对将荷尔德林视为单纯的诗人,也反对狄尔泰等学者尽管重视荷尔德林的哲学,却将他对德国观念论的贡献限定在美和美学之上。不过不同于 Henrich,弗兰茨并不认为早期荷尔德林的重心在于所谓的统一性哲学(Vereinigungsphilosophie),无论这种统一是知识论意义上的综合，还是实践意义上协调爱与个体的冲突。呼应图宾根学派对于柏拉图未成文学说的挖掘，即所谓学园内部强调"限定的一"与"不定的二"的本原学说，弗兰茨认为早期荷尔德林试图寻找的其实是一种本原理论（Prinzipienlehre），其试图阐发人类各个领域分裂的原因，并给出克服这一分裂的解决方案。值得一提的是，尽管不少学者都发现了德国观念论与柏拉图主义——甚至柏拉图本原学说——的密切关联，但他们的工作或者集中于中后期成熟著作的比较研究（例如 Werner Beierwaltes），或者集中在黑格尔身上（如 Jens Halfwassen，尤其是他的专著《黑格尔与晚期古代的新柏拉图主义》[*Hegel und der spätantike Neuplatonismus*：*Untersuchungen zur Metaphysik des Einen und des Nous in Hegels spekulativer und geschichtlicher Deutung*, Bonn, 1999; 2nd edition, Hamburg, 2005]）。与之不同，弗兰茨更用心于谢林和荷尔德林，尤其是他们的求学时期。回到荷尔德林本人，弗兰茨的解读不仅建立在对于出版文本的细读之上，他特别通过引入荷尔德林的书信、草稿、参与课程和阅读材料等，证明小说《许佩里翁》(*Hypeirion*)中的知名意象"偏离中心的轨道"（exzentrischen Bahn）需要采取一种数学解读，即指向由限定的圆和无限定的直线结合构成的螺旋曲线。它一方面分别象征了人性对于两种矛盾倾向——封闭和无限扩展——的汇聚；另一方面则暗示，尽管理想的人性发展在某种意义上是回归，但绝无可能回到原初的起点。弗兰茨指出，这一线索不仅能够帮助我们更好地理解荷尔德林早期的文学和哲学创作，并且可以被视为图宾根柏拉图主义的产物，它尤其受到当时神学院数学教员 Christoph Friedrich Pfleiderer（1736—1821）的影响。Pfleiderer 是 19 世纪重要的欧几里得《几何原理》研究者之一，他不仅重新注释了《几何原理》，而且将新柏拉图主义的本原理论传授给图宾根神学院的学生们，包括普罗克洛结合了柏拉图本原学说的《〈几何原理〉注》。

上文提及的两部专著不仅从理论上，也从历史角度揭示了德国观念论的柏拉图主义起源。如果说这些研究展现了弗兰茨善于结合未发表的档案材料和出版著作的历史—语文学研究路径，他同时，正如之前提及的，也更是身体力行地编辑和整理了大量的相关史料。换句话说，弗兰茨不仅提供了以历史—语文学方式进入德国古典哲学研究的范例，更是通过整理和发掘文献的方式邀请后来的研究者进入这一领域，去挖掘相对较少人涉足的宝藏。如果说近些年，尤其是英美的哲学史研究者重提"语境主义革命"（The Contextualist Revolution，这一说法以及相关争论参见 Christia Mercer, "The Contextualist Revolution in Early Modern Philosophy", *Journal of the History of Philosophy* 57, 2019 [3], pp. 529-548），那么这一工作弗兰茨本人不仅一直亲身实践，并且留下来了大量的宝矿供后人利用和发展。他曾经跟我说，自己对于"世界的结构和本质"这样的问题并不直接感兴趣，也无力探究，但非常感兴趣他人对此的看法和理由；于是，历史考证路径的哲学史研究自然成为不二之选，对此的探究就像侦破一个个案件般有趣。据我所知，他生前还多年着力于符腾堡公国（Herzogtum Württemberg）政治史研究。他多次对我强调，在德国统一之前，我们需要关注德意志各邦国的"地方"史；而了解符腾堡公国在18 世纪末期的政局变化对于了解荷尔德林、黑格尔和谢林等人政治观念的形成和演化必不可少。他们笔下的祖国往往首先是符腾堡公国，而非尚未统一的德国；不仅三人密切关注时局，而且他们的一些朋友甚至直接参与了符腾堡的立法与改革工作，反过来对三人又产生了深刻影响。2021年，弗兰茨写信告诉我，他已经积累了上千页的手稿，既包括自己的研究，也包括史料汇编。然而，他的突然去世极可能让这份宏大的研究永远无法问世了。不过值得一提的是，弗兰茨这方面的研究其实局部反映在生前的最后一部专著《异时之异思：荷尔德林在〈品达残篇〉中对于法权与政治的最终之思》之中。这本书不仅对荷尔德林的奇文《品达残篇》提供了最新注解，也透过符腾堡公国历史与荷尔德林的文本交互，提供了对这一文本的一种政治哲学解读。

除了上文提及的领域，弗兰茨，如传统的德意志学人一般，始终钟情于古希腊，尤其是前苏格拉底哲学，这也是他退休前多次组织希腊之行的缘由之一。我分别参与了其中两次，它们的主题——"许佩里翁之旅"和"荷马与莱斯博斯岛"——或许就足以揭示弗兰茨老师对希腊的热爱。每次旅行包括远足和研讨班两部分，参与者既包括一些资深教学学者，例如图宾根的医学史教授 Gerhard Fichtner（他在柏林-布兰登堡科学院整理的《希波克拉底与盖伦文献目录》[„Bibliographies to Hippocrates and to Galen"] 迄今也十分有用）、知名的荷尔德林和策兰专家 Bernhard Böschenstein，也包括一些荷尔德林的爱好者和学生。弗兰茨除了很早就策划安排好所有路线和设计课程大纲之外，也总是为学生争取最低的参与费用（我们第一次的"许佩里翁之旅"，在两周时间内参观了小说中涉及的所有主要地点，记得学生只需要提交600欧元左右的费用，包括住宿和交通）。而第二次希腊之旅，除了在莱斯博斯岛（Lesbos，品达和泰奥弗拉斯托斯的故乡）参与荷马课程和参观特洛伊遗址，弗兰茨还刻意安排我们在阿索斯（Assos）停驻，因为这里是传说中亚里士多德和泰奥弗拉斯托斯共同研究动植物的地方。尽管当时我已经决定写作亚里士多德主题的博士论文，但从没有想到自己会跟泰奥弗拉斯托斯——他的亲密学生、合作者和继承人——有任何学术关联。甚至如果不是弗兰茨把我带到阿索斯参观并且讲述这段历史，我对亚里士多德游历时期的具体认识可能会更晚。直到 2013 年之后，大概博士论文写作的后半段，我才越来越意识到漫步派生物学研究的重要性，并且自己也不得不开始阅读和处理一些泰奥弗拉斯托斯相关的材料。

回国后，我偶尔与弗兰茨老师通信，除了询问荷尔德林相关的问题，有时彼此也交换论文。同时，我开始将博士论文写作时收集的边角料扩充为论文，其中有两篇以泰奥弗拉斯托斯为主题。我也特意跟弗兰茨提到过这些，并且将草稿发给他。2021 年，新冠正

阿索斯的亚里士多德像　　　　阿索斯和米蒂利尼（位于莱斯博斯岛）

在欧洲肆虐，我写信询问他的身体状况，他请我安心，说自己已经打了疫苗，并且就像"德国隐士"（Der Eremit in Deutschland，戏拟荷尔德林《许佩里翁》的副标题"希腊的隐士"［„Der Eremit in Griechenland"］）一样待在乡村家中足不出户，全身心投入学术研究。他的研究内容既包括对于荷尔德林《品达残篇》的后续思考，也包括符腾堡公国的政治史。而就在同年 12 月，他写信给我（未曾想到这是我收到他的最后一封信）：

> 我对你写的关于泰奥弗拉斯托斯的文章很感兴趣。正如你所知，泰奥弗拉斯托斯是莱斯博斯岛人，而这个我已经两年没有去过的岛是我在世界上最爱的地方。（2022 年我还敢再飞去那里吗？）我的朋友 Antonis 一年半前（因胰腺癌）去世了——我万分想念他！

Antonis 是弗兰茨老师多年的挚友，一位荷尔德林爱好者，也是荷尔德林诗集的希腊文译者之一。同时，他在希腊经营一个小印

Antonis 翻译的荷尔德林
《品达残篇》

弗兰茨等人编辑的关于莱斯
博斯岛的文集

刷厂，出版过荷尔德林相关的画册等。我们的每次希腊之旅都受惠于他精心的组织和安排。他的意外去世或许让弗兰茨老师消耗了太多的心神，也就在两三年后随他一同离开了。

8月得到弗兰茨老师去世的信息时，我连忙发邮件给正在排印我第二篇关于泰奥弗拉斯托斯论文的编辑，问他能否在致谢中增加一个给刚刚去世的弗兰茨老师的题献。杂志主编同意了我的请求。前两天，这篇文章终于正式上线。它不仅关于莱斯博斯岛人泰奥弗拉斯托斯，也讨论了弗兰茨老师感兴趣的前苏格拉底哲学，希望这是对他在天之灵的一些慰藉。

荷尔德林协会发布的讣告

书目与文献

汉语古希腊罗马哲学年度著译及重要论文目录

（癸卯年，2023）

Annual Studies and Translations of Ancient Greco-Roman Philosophy in Chinese（2023）

梁中和　兰志杰　编
四川大学西方古典哲学研究所

专著（17）

前苏格拉底研究（0）

苏格拉底—柏拉图研究（2）

重读柏拉图《法篇》

作者：王晓朝；出版社：人民出版社；出版时间：2023-5；ISBN：9787010251004

内容简介：本书重点解读了柏拉图的《法篇》，其内容包括文化语境、内容概要、逻辑结构、重大议题、法律条文、当代价值等，书后还附有拓展阅读书目。法治是人类文明的重要成果之一，法治的精髓和要旨对

国家治理和社会治理具有普遍意义。《法篇》共 12 卷，是柏拉图最后也是最长的一篇对话。其内容广泛，不仅是一套系统完整的法律制度，也是柏拉图的"第二理想国"。他晚年考虑国家问题，不是从抽象的原则出发，而是从现实的制度出发，突出了对法律的重视。在《法篇》中，柏拉图完成了从人治到法治的过渡，认识到无论什么样的统治者都必须受到法律的约束，只有法律的权力高于统治者的权力时，国家的治理才能走上正确的轨道。他在文中对法律问题做了深入的理论思考，从而使《法篇》成为西方法学史的开山之作。

苏格拉底的法庭

作者：章雪富；出版社：中国人民大学出版社；出品方：中国人民大学·守望者；出版时间：2023-6；ISBN：9787300317366

内容简介：许多人都知道苏格拉底，常常又都误解苏格拉底。存在主义哲学家克尔恺郭尔称苏格拉底是一个"破折号"，这个评论为理解苏格拉底打开了一条新的通道。苏格拉底指出雅典人生活的虚妄，却说他只是真理的等待者：他听到了真理的声音，却不知道真理的内容；他忠实于心中的神谕，为真理的声音不辞死亡。

本书从柏拉图的四篇对话重读苏格拉底，它们分别是《欧悌甫戎篇》《申辩篇》《格黎东篇》和《裴洞篇》。它们通常被称为柏拉图新悲剧的四幕剧。《欧悌甫戎篇》是苏格拉底受审前与欧悌甫戎有关敬虔的讨论,《申辩篇》是苏格拉底为哲学志业的力辩,《格黎东篇》是系狱的苏格拉底和老朋友格黎东有关越狱是否正义的论证,《裴洞篇》是苏格拉底临刑前与朋友们有关灵魂不朽的思辨。哲学家柏拉图塑造了一个饱满的、悲剧的思想英雄这样一个苏格拉底的形象,吸引着历代读者去经验哲学生活的本真,重历生命河流的智慧泉源。

亚里士多德研究（7）

潜能与现实——亚里士多德《形而上学》第九卷研究

作者：苏峻；出版社：北京大学出版社；出版时间：2023；ISBN：9787301335567

内容简介：亚里士多德《形而上学》是西方哲学的奠基之作，第九卷作为其"核心卷"之一，从"潜能"和"现实"的视角探究了追寻"本原"的途径，集中体现了希腊哲学形而上学之思的特质。本书认为《形而上学》第九卷在论证上有统一的主题，同时，这一主题也合理地内嵌于整本书的论证结构之中。将第九卷与《形而上学》其余各卷统一起来的主题是对"实体的本原"的探寻。本书通过处理涉及第九卷论证结构的一系列关键问题来为上述观点辩护。通过解答这些问题，第九卷的论证结构及其对全书的意义将变得更为清晰和准确。

拯救自然——亚里士多德自然观研究

作者：徐开来；出版社：四川大学出版社；出版时间：2023-3；

ISBN：9787561439081

内容简介：本书正面、系统研究亚里士多德的自然观，首次搭建出了亚氏自然观的总体框架，并分章重点讨论了其中的主要内容；全书不仅从自然观的角度重新梳理了希腊哲学的发展脉络，还从现实出发，提出了对如何借鉴以亚里士多德为代表的希腊有机、整体、神圣自然观来摆脱生态危机的当今困局的一些思考。

好政体与好生活——亚里士多德的德性政治学

作者：董波；出版社：商务印书馆；出版时间：2023-4；ISBN：9787100220743

内容简介：柏拉图与亚里士多德共同开启了西方政治哲学的源头，而政体问题则是这一源头的核心关切，亚里士多德《政治学》全书即围绕对政体问题的系统性哲学讨论而建构起来的。通过深入阐述亚里士多德政体理论的重点问题，可以把握亚里士多德对好生活和好政体的追寻，透视其"德性政治学"的特质。具体而言，本书第一部分讨论了亚里士多德德性政治学的基本出发点：城邦的目的、质料与形式之间的关系；第二部分讨论了城邦的构成要素如何结为一个政治共同体；第三部分讨论了政体类型的伦理内涵，提出了基于亚里士多德的政体六分法和品格状态六分法的一个猜想：不同的政体类型对应于统治者不同的品格状态和灵魂结构，从而代表了不同的好生活观念；第四部分讨论了现实政治能够实现的好政体和好生活，通过对民主制和混合政体的分析揭示了亚里士多德政体理论的实践性；第五部分讨论了亚里士多德的最佳政体以及这一政体所追求的最好的生活。

说服之道——亚里士多德《修辞术》的哲学研究

作者：何博超；出版社：商务印书馆；出版时间：2023-5；ISBN：9787100221887

内容简介：本书以亚里士多德重要的"跨学科"作品《修辞术》为研究对象，从哲学角度加以分析，阐发其中若干基本的哲学问题。全书首先对《修辞术》的写作时间、内容结构、版本流传、哲学性接受史、政治背景进行论述和介绍，试图概述《修辞术》的文献问题，以及它在哲学史上的影响和意义。第二章讨论亚里士多德对其"哲学修辞术"的定义和这门全新技艺的政治内涵。亚里士多德致力于建构一种"元-修辞术"，从而在柏拉图和智者之间寻找新的解决方案。在之后五章里，本书按照方法论、逻辑学、心理学、伦理学、美学五个方面的次序，以《修辞术》的几个重要概念为中心，论述了其中涉及的哲学问题。《修辞术》是亚里士多德作品中既边缘，但又具有重要价值的作品。在哲学史上，它受到了许多名家的重视和研究，典型如阿威罗伊、阿奎那、霍布斯、尼采、海德格尔等。本书试图凸显其哲学方面的意义，以能为国内学界提供理解这部著作的线索和信息。

亚里士多德友爱论研究（第3版）

作者：廖申白；出版社：中国人民大学出版社；出版时间：2023-6；ISBN：9787300317281

内容简介：友爱论在《尼各马可伦理学》中占有独特的地位。本书是对亚里士多德的友爱论的一个初具规模的研究。作者认为，亚里士多德基于存在"可实践的善"，存在"形成真正的善的友爱的可能"，以及"快乐的友爱、有用的友爱也在某种意义上是友爱"三条依序排列而不可分离的原理，阐释了更注重友爱的实践而不是仅仅思考它的理想型式的友爱论。

作者认为，友爱论是《尼各马可伦理学》的内在构成性部分，亚里士多德对它的安排也表达了他对全书理论体系的思考。这一安排暗示了善的友爱在与灵魂的积极实现相联系的快乐已经生成之时才可能形成，并将实现于拥有最好的快乐的爱智活动之中；并且，善的友爱是德性与作为沉思的生活的幸福的联系环节，因而在理论说明上，友爱论是德性论与幸福论的联系环节。

幸福与德性——亚里士多德伦理学十讲

作者：陈斯一；出版社：中国人民大学出版社；出品方：中国人民大学·守望者；出版时间：2023-7；ISBN：9787300317397

内容简介：本书对古希腊哲学家亚里士多德的名著《尼各马可伦理学》进行逐卷逐章的讲解，从古希腊文化重视自然和卓越、正义与友爱的幸福观念出发，阐述亚里士多德关于人性和生活的哲学思考，力图呈现出这部哲学杰作经久不衰的思想魅力，挖掘它留给后世的精神遗产以及对现代人的启发。本书既沿着《尼各马可伦理学》自身的思路，深入浅出地讲解幸福、德性、智慧、快乐、友爱、沉思等一系列概念和主题，流畅清晰地勾勒出亚里士多德心目中的完美灵魂和至善人生，同时也贯穿着

一条中西文明比较的线索，关注以亚里士多德为代表的古希腊伦理学和以儒家为代表的中国伦理学在人性、善恶、修养、家国等问题上的异同，提出作者基于多年研究与授课而形成的见解。

《形而上学》讲演录

作者：余纪元　著，晏玉荣　整理；出版社：中国人民大学出版社；出品方：中国人民大学·守望者；出版时间：2023-8；ISBN：9787300318714

内容简介：本书为2011年余纪元老师在山东大学做的一系列演讲，后经余老师的博士生整理而成。该讲演系统讲授了亚里士

多德的形而上学思想，其内容不仅囊括了《形而上学》的全部重要问题，还把《物理学》《范畴篇》《论灵魂》中的相关思想包括了进来。

讲演共有九章：第一章讲授亚里士多德形而上学的著作、性质与方法；第二章到第四章讲授亚里士多德的范畴与being，本体与

属性，形而上学第四卷：being qua being；第五章开始讨论变化、本体与主体；第六章讲授了 essence 与 form 的确立；第七章到第九章讲授亚里士多德的形式因、自然与目的论，潜能与现实，神学与形而上学。

该讲演沿袭了《〈理想国〉讲演录》一书的风格，不仅重视对以上问题的原著阅读与解释，还介绍了现代学界的相关重要讨论以及作者本人的观点。因而，在这种意义上它还是一部学术研究著作。讲演最后附录有英文课程提纲、课程参考文献以及相关阅读书目等。

希腊化罗马哲学研究（2）

普罗提诺宗教哲学研究

作者：寇爱林；出版社：中国社会科学出版社；出版时间：2023-7；ISBN：9787522718880

内容简介：普罗提诺是古代伟大思想家中的最后一位。他对时代问题"选择何种生活方式"的回答中蕴含的信仰倾向及思想旨归，表明真切理解和完整把握普罗提诺及其影响的最适宜方式是从

他所处时代的生活方式变化出发对其宗教思想的专题研究。本书以生活方式的生存论追问为视角，以西方神论的思想史为背景，通过上、中、下3篇10章34节，在国内开拓性地对普罗提诺宗教哲学思想进行了全面系统的专题研究。上篇通过考察普罗提诺的个人遭遇及其世界、时代问题与生活方式的抉择，发现其宗教思想的核心问题是我们的灵

魂如何走向太一并与上帝合一；中篇通过分析灵魂走向上帝的可能性、必然性和途径，探讨了心向上帝的灵修之旅；下篇阐述了普罗提诺对基督教及之后时代的影响，他既是古希腊哲学与基督教神学之桥，也开启了作为理性生活方式的古希腊哲学和作为信仰生活方式的基督宗教之合流。

帝国屋檐下：奥古斯丁政治哲学研究

作者：花威；出版社：中国社会科学出版社；出版时间：2023-9；ISBN：9787522724027

寓于四五世纪罗马帝国风雨激荡的历史处境，奥古斯丁努力应对北非地区的多纳图派分裂，积极介入卡拉马暴乱、罗马城陷落和蛮族入侵等威胁所引发的政教争端，为此撰写了书信、布道等多种政治著作，并以《上帝之城》作为自己的回应总结。向上结交游说各级官员，向下安抚劝勉两派信众，奥古斯丁不惜立于帝国屋檐之下，不惧居于刀剑暴力之侧，既批判罗马长久传统中的国家神学，又肯定尘世国家必要且关键的正面作用，以维护尘世的秩序与和平，保障尘世中的信仰羁旅，使人最终得以进入建基于正义之上的永恒国度。

哲学史与专题著作（3）

西方哲学史（学术版）：古代希腊与罗马哲学（上下）

作者：姚介厚；出版社：江苏人民出版社；出版时间：2023-2-

1；ISBN：9787214242655

内容简介：本书是叶秀山、王树人总主编的《西方哲学史（学术版）》之分卷，分上、中、下三篇。上篇"早期希腊哲学"介绍了米利都学派、赫拉克利特、毕达哥拉斯及其前期学派、爱利亚学派、恩培多克勒、阿那克萨戈拉和复兴伊奥尼亚哲学的思潮、留基伯和德谟克里特；中篇"希腊古典哲学"介绍了智者运动、苏格拉底、小苏格拉底学派、柏拉图、亚里士多德；下篇"晚期希腊与罗马哲学"介绍了伊壁鸠鲁学派、斯多亚学派、怀疑论学派、新柏拉图主义。

古代中世纪哲学十五讲

作者：吴天岳；出版社：北京大学出版社；出版时间：2023-3；ISBN：9787301337356

内容简介：本书以吴天岳教授在北大讲授多年的西方哲学课程为基础，分十五讲展示了从前苏格拉底到中世纪盛期两千年间西方哲学发展的整体面貌。上册八讲，梳理了从古希腊哲学开端至普罗提诺的哲学史发展线索；下册七讲，梳理了从奥古斯丁至近代哲学之前的中世纪哲学传统。

本书在呈现西方近代以前哲学发展内在理路的同时，每讲精选历史上影响深远的核心论题，通过细致的概念分析、论证重构和批判性评论为读者提供了从入门到精通的学

术路径。每讲在正文之后还提供了反映最新研究进展的阅读参考书，引领读者步入哲学经典殿堂。本书附有300余幅精美插图，不少出自难得一见的中世纪抄本，左图右史，帮助读者更真切地感受古代和中世纪哲学的历史氛围，进入哲学思想开展的历史语境。

不同于常见的概览性哲学史著作，本书真正做到了史论并重，既突出历史线索，又充分展示哲学论证的理论魅力。在这趟哲学史旅程中，读者定能发现哲学反思进入当下生活的可能性。

政治领袖与雅典民主：政治文化视角的深描

作者：李尚君；出版社：商务印书馆；出版时间：2023-3；ISBN：9787100219693

内容简介：本书采用历时性考察方式，以政治领袖在雅典民主制度中的特殊身份为切入点，从政治文化视角出发，综合社会经济、政治制度、表演文化、社会观念及意识形态等问题，考察雅典民主制语境中的政治领袖获取政治地位、从事政治活动、发挥领导权威的途径与方式，深入阐释雅典民主政治领导权的特征和性质。本书从具体事件出发，阐释雅典政治领袖面临的不同困境，读者读后对于雅典民主政治可有较为深入的理解。

中希互鉴（1）

共同体、个体与友善——中西友善观念研究

作者：赵琦；出版社：上海人民出版社；ISBN：9787208183711

内容简介：何谓友善？何以友善？《共同体、个体与友善》围绕友善问题，通过厘清纷繁各异的哲学术语、思想体系、政治与社会背景，提取中西哲学较有代表性的五种友善概念的理论模式，帮助读者把握它们各自对"何以友善"这一哲学问题的回答，并分析各自的特征、利弊与经验教训，终形成"友善"概念的系统理论和实践借鉴。在此基础上，立足中国式现代化的背景，本书从"共同体—个体"的视域研究友善，即从共同体、个体及其关系的角度研究友善。

通识作品（2）

古希腊思想通识课：修昔底德篇

作者：张新刚；出版社：湖南人民出版社；出品方：浦睿文化；出版时间：2023-3；ISBN：9787556130870

内容简介：公元前 431 年，希腊世界内部的两大阵营爆发了长达 27 年的伯罗奔尼撒战争。在这场影响深远的战争里，各类城邦与各色人等轮番登场，在各种极端环境中做出自己的抉择。

古希腊历史学家修昔底德写就的《伯罗奔尼撒战争史》，成了西方历史学的经典巨作。修昔底德认为，日益强大的雅典引起了斯巴达的恐惧，而斯巴达必须回应这种威胁。这种守成大国与新兴大国之间必有一战的逻辑，就是后世所谓的"修昔底德陷阱"。

本书是张新刚教授对《伯罗奔尼撒战争史》一书的解读。张教授选取书中最为重要的事件，按时间历程梳理伯罗奔尼撒战争的前因后果和内在逻辑，并借此探讨了公民品性、城邦政体、权力与正义等关乎古希腊人思想精神的重要议题，揭示了修昔底德对"人的境况"深入而复杂的思考。

哲学经典中的经典：柏拉图的《理想国》

作者：刘玮；出版社：中国少年儿童出版社；出版时间：2023-3；ISBN：9787514876215

内容简介：哲学到底是什么？这是一个出了名的难题。一百个哲学家会给你一百个不同的答案。但所有的哲学家大概都会提到一件事——哲学是"爱智慧"，因为"哲学"这个词源于希腊语"爱"和"智慧"的组合。柏拉图虽然不是第一个哲学家，但是他把"爱智慧"变成了一个术语，把"爱智者"（哲学家）变成了一类人的总称，所以他也当之无愧成了西方哲学真正的创立者。在柏拉图的诸多作品中，《理想国》是最精彩也最经典的一部。柏拉图把存在、知识、心灵、道德、政治这些哲学的不同分支完美地融合到了一场彻夜长谈之中，完美地展示了哲学家作为"爱智者"的形象，也完美地展示了哲学的丰富性、深刻性和开放性。本书通过对《理想国》的解读，帮助孩子打开哲学的大门，指引哲学的道路，体会哲学思考的乐趣。

努斯：希腊罗马哲学研究（第 5 辑）——知觉与知识：希腊罗马哲学中的知识论问题

作者：崔延强、梁中和　主编；出版社：上海人民出版社；出版时间：2023-7；ISBN：9787208182936

内容简介：本书为《努斯：希腊罗马哲学研究》系列第 5 辑，主题为"知觉与知识——希腊罗马哲学中的知识论问题"，主编崔延强，中国人民大学哲学博士，西南大学教授，博士生导师；梁中和，中国人民大学哲学博士、四川大学哲学系教授，博士生导师。本书分为六个部分："原典译注"，收录两篇古希腊哲学作品节选；"知觉的认识论意义专题"，收录三篇外国学者的相关文论；"青年学者论坛"，收录两篇高校研究生的论文，分别是对布鲁诺思想的诠释和对柏拉图《理想国》开篇首句的考察；"学派与学术传统"，收录两篇外国学者的论文，分别考察了柏拉图主义的发展渊源和 2005—2015 年的新柏拉图主义相关研究；最后还有"特别专栏纪念"，收录苗力田先生的《作为自我具体形式的神》一文，以及"书目与文献"。

努斯：希腊罗马哲学研究（第 6 辑）——逻辑、同异与辩证法

作者：崔延强、梁中和　主编；出版社：上海人民出版社；出版时间：2023-12；ISBN：9787208186835

内容简介：本书为《努斯：希腊罗马哲学研究》系列第 6 辑，

主题为"逻辑、同异与辩证法"，主编崔延强，中国人民大学哲学博士，西南大学教授，博士生导师；梁中和，中国人民大学哲学博士、四川大学哲学系教授，博士生导师。本书分为五个部分：原典研读部分辑录恩披里柯关于证明与反驳的原典；分两个专题，分别是"逻辑与辩证法"和"一与异"，

围绕希腊罗马形而上学和认识论中的相关议题，开展研究，收录了当代一些经典研究，也有国内作者的新作。最后是青年学者论坛和杰出学者纪念，鼓励年轻学者，缅怀今年去世的前辈。

古典与中世纪研究（第四辑）

作者：高峰枫　主编；出版社：商务印书馆；出版时间：2023-4；ISBN：9787100220491

内容简介：本书是《古典与中世纪研究》的最新一辑，主要收录了有关西方古典学和中世纪研究的原创论文，包括校勘学、文献学、哲学、铭文学、文学等多个领域。其中，刘皓明有关中西校勘学的文章，尤其具有原创性和争议性。本辑

分为论文、经典文本译注、书评三个部分，论文部分有吴天岳《亚里士多德论人之功能》，刘淳《奥维德诗歌的翻译和注释》，苏杰《写本书时代西方古典文献传播与校勘的历史回顾》，邱羽《阿奎那论幸福》等，书评部分有倪云《新教改革与现代性：评詹

姆斯·辛普森〈永恒革命：新教改革与自由主义的反自由根源〉》等，内容涉及丰富广泛。

重读阿里斯托芬——古典学研究（第十一辑）

作者：刘小枫　主编；出版社：华夏出版社；出版时间：2023-6；ISBN：9787522205007

内容简介：《古典学研究》由中国社会科学院外国文学研究所主办，专致于研究、解读古典文明传世经典，旨在建立汉语学界的古典学学术园地，促进汉语学界对中西方经典和其他传统经典的再认识。本书立足于中国文明的现代处境，从跨文化、跨学科的视角出发，力求贯通文学、哲学、史学和古典语文学，从具体文本入手，研究、疏解、诠释西方、希伯来和阿拉伯等古典文明传世经典。

本书是《古典学研究》第 11 辑，以古希腊最重要的谐剧作家阿里斯托芬为主题。胡镓的论文以阿里斯托芬的《鸟》为中心，通过谐谑的笔法和触及灵魂的生动刻画，呈现以佩瑟泰洛斯为代表的一类特殊人群及其政治行动。叶然的论文基于施特劳斯对《云》的研究，推进对《云》的表面意图和深层意图的探讨，表明两种意图间存在冲突，阿里斯托芬其实是以一种未经审视的节制维护着一个正确的目的。章丹晨的论文围绕《蛙》中两位诗人的争吵，观察阿里斯托芬对风和空气意象的运用，从全新的角度重思这场诗人之争。王瑞雪的论文聚焦阿里斯托芬《地母节妇女》对欧里庇德斯

《忒勒福斯》的戏仿，一方面探讨欧里庇得斯肃剧经典化进程的推进，另一方面也显示谐剧的身份扮演对肃剧的解构在新的演出语境中产生的阐释可能。

专题以外的"论文"栏目收入中学文章两篇，其一就鲁礼郊禘与周公摄政分析郑玄的君臣观，其二勾勒了南宋儒臣真德秀的《大学衍义》在元代的流传及其使元代北方学术发生四书学转向的轨迹。"论文"栏目另有三篇西学论文，其一对柏拉图《斐德若》中潘神的祈祷这一段落加以细致解读，其二关注路吉阿诺斯对阿里斯托芬谐剧精神的继承，其三是对博斯《尘世乐园》这幅画作的解读。此外更附书评两篇，分别关注维摩斯的《死海古卷》和浮士德素材研究。

西方古典学辑刊（第五辑）：荷马与赫西奥德的竞赛

作者：张巍　主编；出版社：复旦大学出版社；出版时间：2023-5；ISBN：9787309166910

内容简介：本辑拟以《荷马与赫西奥德的竞赛》为专题，围绕这个希腊化时期流传下来的荷马传记文本，从文学、史学、宗教和思想等角度对该文本及古代荷马传记传统进行深入的分析，旨在展示古人对荷马形象的接受实乃文学评论和文学理论的一种方式。本刊各栏目以西方古典学尤其是古典语文学为根基，展示最新的西方古典学术研究，致力于充分体现欧美各国和国内研究的现状。

本刊不倡导一家之言，绝不囿于门户之见。为了尽量拓展本刊的作者群和受众面，学术论文或以中文或以英文刊布。本刊每年推出一辑，每辑字数约20万字。

从灵魂到城邦的正义之旅——《理想国》名家二十讲

作者：刘国鹏　主编；出版社：中国人民大学出版社；出品方：中国人民大学·守望者；出版时间：2023-10；ISBN：9787300320229

内容简介：《精读〈理想国〉》一书的作者来自全国各大高校和研究机构，尤以在京从事教学科研活动的学者为主。《精读〈理想国〉》总计20篇演讲稿，共6编，分别为"文本与进路""灵魂与城邦""哲人王与政治治理""自然、存在与理念""柏拉图论艺术与诗歌""经典与诠释"，将全部20讲按相关主题进行了划分，有助于读者根据自己的兴趣偏好和知识背景进行专题式或全览式阅读。可以说，本书称得上是对国内学术界多视角、多层次解读《理想国》这一西方第一部政治哲学经典的学术水准的集中展示，是一本既严谨前沿又通俗平易的指导性读物。

多彩的雅典娜——古希腊文明史述论集

作者：徐松岩；出版社：上海人民出版社；出品方：世纪文景；出版时间：2023-10；ISBN：9787208185630

内容简介：《多彩的雅典娜》是历史学家徐松岩先生多年治古希腊历史之成果的集合。徐松岩教授翻译了希罗多德《历史》、修昔底德《伯罗奔尼撒战争史》、色诺芬《希腊史》三部古典历史著作，多次前往希腊进行实地调研和考察；同时，他致力于古希腊历史的研究，从考察古代经济状况入手，深入探究了奴隶制、希腊早期居民源流、海上拓殖、城邦的起源和政制、邦国关系等问题。本文集共 34 篇文章，全面反映了徐教授几十年来研究和翻译古希腊历史的成果，及其对古典时代希腊人经济观念、政治思想、海洋意识的独特理解。

译著（51）

前苏格拉底原典与研究（原典：3，研究：3）

埃斯基涅斯演说集

作者：［古希腊］埃斯基涅斯；出版社：广西师范大学出版社；出品方：新民说；译者：芝人；出版时间：2023-3；ISBN：9787559856166

内容简介：本书收录雅典十大演说家之一埃斯基涅斯遗世的三篇演说辞。公元前346—前345 年，第二次出使马其顿后，德谟斯提尼与其同派政客提马耳科斯一道，控诉埃斯基涅斯为腓力收买而出卖国家利益。《控诉提马耳科斯》即埃斯基涅斯对提马耳科斯的反击，他指控提马耳科斯操持贱业、

挥霍家产，依法应丧失发起此类控诉的权利。《为奉使无状事》则是埃斯基涅斯就德谟斯提尼的指控发表的同名法庭演说，为自己的行为和主张辩护，最终以三十票的优势赢得诉讼。公元前336年，德谟斯提尼的支持者克忒西丰提议向他授予金冠。埃斯基涅斯指控克忒西丰的提案违宪，驳斥其中的几个技术性违规之处，攻击德谟斯提尼，是为《控诉克忒西丰》篇，却最终败诉，出走异邦。

劳作与时日（笺注本）

作者：[古希腊]赫西俄德；出版社：华夏出版社；译者：吴雅凌；出版时间：2023-4；ISBN：9787522204451

内容简介：《劳作与时日》是古希腊诗人赫西俄德的一部长诗，共828行。《劳作与时日》说劳作，说时日，但说得最多的是正义。赫西俄德是讲故事的高手，他在诗中讲了一连串有关正义的故事。正义女神狄刻的故事、普罗米修斯和潘多拉的故事、人类种族神话、鹞子与莺的故事、不和神与传言神的故事，以及父亲的往事、他与弟弟的家产纠纷。有关正义的沉思在所有这些纷繁的叙事里穿梭行进。

《劳作与时日》被定义为一首教诲诗，他在全邦人面前公开言说，劝导自家兄弟。他需要解决的问题不仅是青年的迷途，更是城邦的败坏。赫西俄德在公元前8世纪遭逢的难题，归根到底是所有时代的爱智者陷入的永恒困境。

本书是对《劳作与时日》的笺注本，全书分译文、笺注和义疏三部分。

俄耳甫斯祷歌

出版社：华夏出版社；译者：吴雅凌　译注；出版时间：2023-11；ISBN：9787522205502

内容简介：与荷马、赫西俄德一样，俄耳甫斯是一位会作歌的诗人。由于没有作品流传，他的名声不及荷马与赫西俄德。十五世纪，欧洲的古典学者在历史散佚的文献中发掘、整理了 88 首俄耳甫斯祷歌，成为俄耳甫斯诗歌唯一比较系统的原始文献，极为珍贵。

这些祷歌大约出现在公元二至三世纪，分别献唱给不同的古希腊神祇。从这些祷歌中，我们可以看到一个古希腊人共同崇拜的神祇大家族，其中大多神祇亦见于荷马与赫西俄德的作品，读者若与荷马、赫西俄德、品达、柏拉图对勘，获益可能会更大。

荷马笔下的诸神与人类德行：奠定西方古典文明的根基

作者：[美]彼得·阿伦斯多夫；出版社：华夏出版社；译者：张娟；出版时间：2023-1；ISBN：9787522204079

内容简介：本书旨在恢复荷马在政治和道德哲学史上应有的显著地位，借助对《伊

利亚特》《奥德赛》新颖而发人深思的分析，探讨荷马对至善生活、神明本质和人类完美本质的思考。在作者阿伦斯多夫看来，荷马教导人们，人类之伟大卓越超越神明；善于深思的慈悲的歌者比英雄战士更为高尚；最接近荷马本人人性智慧的英雄既非忠诚的赫克托尔，亦非足智多谋的奥德修斯，而是勇于质疑的阿基琉斯。荷马为古希腊文明奠定了两个主要特性——对人类完美本质的大力颂扬和对神明的深刻质疑。前者在古希腊的竞技体育、雕塑艺术和裸体习俗中可见一斑，后者在古希腊哲学中有所体现。

欧里庇得斯与智术师——哲学思想的戏剧性处理

作者：［加］科纳彻；出版社：华夏出版社；译者：罗峰；出版时间：2023；ISBN：9787522204345

内容简介：学界对欧里庇得斯与智术师关系的关注由来已久。诚如本书副标题所示，作者并没有直接讨论欧里庇得斯与智术师的思想渊源，而是主要关注作为剧作家的欧里庇得斯如何巧妙化用智

术师的观点，进而通过富有创造性的手法在剧作中呈现。

科纳彻强调，质言之，欧里庇得斯是一位思想前卫、技艺炉火纯青的戏剧大师，而非哲人。欧里庇得斯对智术师的借鉴，主要体现在戏剧风格和戏剧手法，对人性的理解（如《希珀吕托斯》），甚至对智术师感官知觉的理解的戏仿上（如《海伦》）。

英雄的习性：索福克勒斯悲剧研究

作者：[英]伯纳德·M. W. 诺克斯；出版社：生活·读书·新知三联书店；译者：游雨泽；出版时间：2023-4；ISBN：9787108074577

内容简介：古希腊悲剧诗人索福克勒斯善于通过描写身处困境的英雄不同寻常的言行表现人的神性与神人关系，其笔下的英雄终生与人类的局限抗争，他们的举止由非凡的习性驱使，其命运也因此习性注定，尽管这有时使他们经历苦难、走向辉煌，但更多的时候则是使他们沦落深渊。然而，英雄为自己决断，为决断负责，即使失败，也是别样的成功；就连神也会由此明白人的伟大，并愿与之并肩同行。

古典学家诺克斯钟情索氏的"文法把戏"，像旧时的传道士一样忠于古希腊文本遗产。在本书中，他极具说服力地从对悲剧字句与措辞的分析推进到对诗人精神世界的诠释，以此把握悲剧作家笔下及其心中的"英雄"的真正内涵，展现一位完整见证了英雄般的雅典从伟大到衰败的有血有肉的索福克勒斯。

苏格拉底—柏拉图原典与研究（原典：14，研究：4）

伊翁

作者：[古希腊]柏拉图；出版社：商务印书馆；译者：溥林；出版时间：2023-1；ISBN：9787100211840

内容简介：这篇对话是柏拉图早期的一篇对话，其主题是：诗歌创作是凭专门的技艺知识还是凭灵感？

对谈发生于颂诗人伊翁刚刚在史诗朗诵比赛上拔得头筹之后。就内容而言，本篇对话可以分为三个部分。第一部分交代了伊翁在朗诵比赛的胜利，以及二人对于好的诵诗人的看法，伊翁自诩通过为荷马的诗歌润色来获得众人的称赞，是最好的史诗朗诵者。在第二部分中，苏格拉底试图揭示出伊翁仅擅长解读荷马，而不擅长解读其他诗人的缘由。最后一个部分，伊翁试图重新为诵诗与技艺建立联系，而苏格拉底通过考察后指出，作为诵诗人的伊翁仅仅是被荷马的力量所激发，凭借神意和灵感而非技艺得以擅长赞颂荷马。

这篇对话探讨了诗人文艺才能产生的原因，即诗人是凭借专门的技艺还是凭借灵感来创作的。柏拉图通过苏格拉底与伊翁的辩论，得出诗人是凭借灵感来创作的结论，通过磁石的比喻，形象地说明了艺术创作中灵感的作用，诗人进入灵感状态的表现，以及作品的艺术感染力的问题，对后世的文艺理论产生了极为重要的影响。

大希庇阿斯

作者：［古希腊］柏拉图；出版社：商务印书馆；译者：溥林；出版时间：2023-1；ISBN：9787100211857

内容简介：《大希庇阿斯》是柏拉图就"美是什么"的问题所作的一篇对话，它是西方第一篇系统地讨论美的著作，后来许多

重要美学思潮都源于此。

对话在诡辩学者希庇阿斯与苏格拉底之间展开，他们分别探讨了当时流行的关于美的多种见解，如美是有用、有益、合适、快乐等，苏格拉底对这些观点一一进行了驳斥，并提出"美本身"的概念，认为"美本身"使一切分有了它的事物成为美的。但文中对"美本身"并未给出结论，而是以"一切美的事物都是艰难的"结尾。文中还涉及美与善的关系，认为"美不就是善，善也不就是美"，"美是善的原因"。

菲勒玻斯

作者：［古希腊］柏拉图；出版社：商务印书馆；译者：溥林；出版时间：2023-1；ISBN：9787100211871

内容简介：本篇对话中的主要人物是普洛塔尔科斯和苏格拉底，普洛塔尔科斯和一些朋友一道来看苏格拉底，这些朋友中有一位叫菲勒玻斯的与苏格拉底讨论：智慧与快乐，哪一种是更大的善？苏格拉底认为智慧这种善比较大，而菲勒玻斯认为快乐这种善比较大。对话展开以后，菲勒玻斯退出了论证，由普洛塔尔科斯和苏格拉继续对谈。

在本篇对话中，柏拉图对智慧与快乐进行分析，再三指出心灵的事物高于一切感官的娱乐。有些快乐是无罪的，在良好的生活中可以拥有快乐，但心灵比任何快乐或所有快乐都更加接近于卓越。苏格拉底告诉我们，世上的任何生灵都决不要宣称快乐是第一位的，我们一定不能停止对善的寻求，灵魂有能力热爱真理，并能为真理而奋斗。

斐德若

作者：［古希腊］柏拉图；出版社：商务印书馆；译者：溥林；出版时间：2023-3；ISBN：9787100211864

内容简介：这篇对话讲述了对修辞术狂热的美少年斐德若与苏格拉底相遇，并同他分享一篇新得到的文章，文章的作者修辞学家莱什阿斯主张：没有爱情的人比有爱情的人更值得被爱。听完斐德若朗诵完这篇文章以后，苏格拉底在神的激励下，另作了两篇关于爱情的文章，一篇与莱什阿斯的观点类似，一篇则与之完全相反。接着，他们以这三篇文章为例，讨论了修辞术的正确使用、书写文字与口头语言的关系等问题。苏格拉底认为，文章应当阐明真理，最好言辞既不是公开发表的文章，也不是私底下的对话，而是写在受教者灵魂中活生生的言辞，这样的言辞不仅可以滋养他的灵魂，而且会使他有能力择取恰当的时机，以恰当的方式将灵魂中的真理诉诸口头表达或者书面写作。

卡尔米德斯

作者：［古希腊］柏拉图；出版社：商务印书馆；译者：溥林；出版时间：2023-9；ISBN：9787100222433

内容简介：这篇对话的场景被置于公元前431年后不久，亦即柏拉图出生之前，其目标是获得"自制"的定义。σωφροσύνη，意为自制，也有译者将这个希腊词译为"明智"或"节制"。作为古希腊一种重要的德性，从荷马到亚里士多德都有对它的探讨，柏拉图对话中亦随处可见相关的辩驳，但唯有《卡尔米德斯》专门讨论了这种德性，并先后提出了多个定义，

穷尽了这一德性的内涵。《卡尔米德斯》同时触及自制的传统含义以及苏格拉底对这一德性的改造，自制在对话中从一种具体的美德转化为一种抽象的知识，与"知无知"等同起来，而"知无知"正是苏格拉底哲学的特征。对于理解古希腊的 σωφροσύνη，特别是苏格拉底本人的 σωφροσύνη，《卡尔米德斯》是最为重要的文本。

拉刻斯

作者：[古希腊] 柏拉图；出版社：商务印书馆；译者：溥林；出版时间：2023-9；ISBN：9787100222440

内容简介：这篇对话写于公元前 424 年代立昂战役以后的某

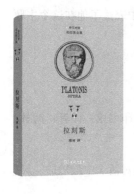

个时间。谈话的目标是确定战争美德的具体内容，比如勇气、勇敢和勇猛。对话的主要部分是由苏格拉底与两位参加伯罗奔尼撒战争的德高望重的将军进行讨论，他们分别是尼基阿斯和吕西马科斯。随着对话深入，他们从探索勇士的品质，进展到勇敢的品性如何培养，以及在教育中如何选择老师的问

题——如果老师本身是自学成才的，那么如何以他的学生的进步为标准来衡量老师的贡献。

吕西斯

作者：［古希腊］柏拉图；出版社：商务印书馆；译者：溥林；出版时间：2023-9；ISBN：9787100222457

内容简介：这篇对话讨论的主题是"友谊"。友谊在雅典人的生活，乃至一般希腊人的世界中，起着纽带作用。苏格拉底在对话中是一名"长者"，指导那些有前途的年轻人以恰当的方式在社会中表现自己。他实际上试图解开一个奥秘，到底是什么东西能使两个人产生紧密的联系，并足以发展出忠诚无私的爱。苏格拉底与两位青年墨涅克塞诺斯和吕西斯展开了五场谈话，八次论证，当讨论变得越来越热烈，以往的哲人也被唤来为这个问题做见证，但是到对话结束时，他们也没有得到"什么是友谊"这一问题的答案。柏拉图是在纯哲学的意义上定义友谊的第一人，后来亚里士多德在他《赫尔米亚颂》中表达了他在这个主题上的观点，由此也激发了西塞罗的《论友谊》。

克利托丰

作者：［古希腊］柏拉图；出版社：商务印书馆；译者：溥林；出版时间：2023-9；ISBN：9787100222426

内容简介：《克利托丰》是现存的柏拉图对话录中最短的一篇，

对话人物是智者克利托丰和苏格拉底。苏格拉底听说克利托丰在与吕西阿斯交谈时批评了他，而高度赞扬了他的对手特剌绪马科斯，便找克利托丰追问。克利托丰向苏格拉底解释说，这个传闻不准确，他实际上对苏格拉底有批评也有赞扬，接着克利托丰开始表达对苏格拉底的"赞扬"与"批评"。但是，他实际上不是在"复述"自己与吕西阿斯的谈话，而是直接描述自己对苏格拉底及其同道的看法。他半带着嘲弄的语气描述苏格拉底的形象，并且认为苏格拉底只懂得"道德规劝"，自己却很可能没有关于正义或道德的知识，他甚至怀疑苏格拉底的道德教育是失败的，他本人没有从苏格拉底的教育中获得知识，只好求助于智者特剌绪马科斯等人。令人不解的是，在整篇对话的最后，苏格拉底面对克利托丰的攻击没有做出任何回应。苏格拉底的"沉默"就成了所谓的"《克利托丰》之谜"。古代学者忒拉绪洛斯把《克利托丰》作为《理想国》的序幕，从内容上来看，《理想国》第一卷就是对这篇对话主题的重申，二至十卷则在充分展开的论辩中回应了克利托丰的批评。

蒂迈欧篇

作者：[古希腊]柏拉图；出版社：云南人民出版社；译者：宋继杰；校者：盛传捷；出版时间：2023-3；ISBN：9787222217171

内容简介：《蒂迈欧篇》是柏拉图在晚

年写就的一部对话录，书中关于创世的数学构想极大地影响了现代科学的先驱者们。柏拉图认为造物者将形式加于无形质料，形成了我们看到的这个有序世界（宇宙），其赋予形式的方式是几何的。柏拉图的中期对话《理想国》和后期对话《蒂迈欧篇》是他最有影响力的两部代表作。

苏格拉底的申辩

作者：［古希腊］柏拉图；出版社：华夏出版社；译者：吴飞译／疏；出版时间：2023-5；ISBN：9787522204475

内容简介：公元前399年，古希腊哲人苏格拉底被指控不敬神、败坏青年，于是他在由500人组成的陪审团面前作了著名的申辩。在审判官面前，苏格拉底自豪地宣布，他的生活是哲学生活，因而是一种值得过的生活，同样是在这些审判官面前，他又骄傲地选择了本可以避免的死刑。苏格拉底之死成为西方哲学史上的核心事件，对西方思想有着重要而深远的影响。本版《苏格拉底的申辩》由北京大学吴飞教授译疏，吴飞老师参阅了近年各家新出译本，在旧版基础上进行了全新修订。

柏拉图全集：中短篇作品（上下）

作者：［古希腊］柏拉图；出版社：华夏出版社；译者：刘小枫 主编，刘小枫、李致远、刘振、叶然 等译；出版时间：2023-

5; ISBN: 9787522203584

内容简介：本版《柏拉图全集》由刘小枫教授主编，遵从西方学术界公认的忒拉绪洛斯体例，收录柏拉图所有传世作品，包括 35 篇对话、13 封书信、释词 1 篇和托名作品 7 篇，分三卷出品：第一卷为中短篇对话、书信、释词及托名作品，第二卷和第三卷分别为柏拉图的长制对话《理想国》和《法义》。

本版《柏拉图全集》依托苏格兰古典学家伯内特的希腊文校勘本，并参照西方古典语文学家的多种笺注本和权威西文译本，充分吸纳西方柏拉图研究笺注成果。本版《柏拉图全集》由 26 位译者共同完成，译者均受过古希腊语文学训练，对所译篇目有专门深入研究，多数译者还曾就所译篇目撰写过博士论文。本版《柏拉图全集》译文紧贴希腊语原文，尽量贴近柏拉图作品原貌，同时注重传达柏拉图作品的文学性和对话的口语特色。译者对某些人名、地舆、诗文典故、语言游戏等做了简要注释，扫除了阅读障碍，提高了中译本的普及性。

综上，本版《柏拉图全集》是一套简明、可靠、可读性强的足本《柏拉图全集》。

本书为《柏拉图全集》第一卷，包含除《理想国》和《法义》以外的所有柏拉图中短篇作品。

柏拉图全集：理想国

作者：[古希腊]柏拉图；出版社：华夏出版社；译者：王扬；

出版时间：2023-5；ISBN：9787522203300

内容简介：本版《柏拉图全集》由刘小枫教授主编，遵从西方学术界公认的忒拉绪洛斯体例，收录柏拉图所有传世作品，包括 35 篇对话、13 封书信、释词 1 篇和托名作品 7 篇，分三卷出品：第一卷为中短篇对话、书信、释词及托名作品，第二卷和第三卷分别为柏拉图的长制对话《理想国》和《法义》。

本版《柏拉图全集》依托苏格兰古典学家伯内特的希腊文校勘本，并参照西方古典语文学家的多种笺注本和权威西文译本，充分吸纳西方柏拉图研究笺注成果。本版《柏拉图全集》由 26 位译者共同完成，译者均受过古希腊语文学训练，对所译篇目有专门深入研究，多数译者还曾就所译篇目撰写过博士论文。本版《柏拉图全集》译文紧贴希腊语原文，尽量贴近柏拉图作品原貌，同时注重传达柏拉图作品的文学性和对话的口语特色。译者对某些人名、地舆、诗文典故、语言游戏等做了简要注释，扫除了阅读障碍，提高了中译本的普及性。

综上，本版《柏拉图全集》是一套简明、可靠、可读性强的足本《柏拉图全集》。

本书为《柏拉图全集》第二卷，柏拉图的长制对话《理想国》。

柏拉图全集：法义

作者：［古希腊］柏拉图；出版社：华夏出版社；译者：林志猛；出版时间：2023-5；ISBN：9787522204734

内容简介：本版《柏拉图全集》由刘小枫教授主编，遵从西方学术界公认的忒拉绪洛斯体例，收录柏拉图所有传世作品，包括 35 篇对话、13 封书信、释词 1 篇和托名作品 7 篇，分三卷出品：第一卷为中短篇对话、书信、释词及托名作品，第二卷和第三卷分别为柏拉图的长制对话《理想国》和《法义》。

本版《柏拉图全集》依托苏格兰古典学家伯内特的希腊文校勘本，并参照西方古典语文学家的多种笺注本和权威西文译本，充分吸纳西方柏拉图研究笺注成果。本版《柏拉图全集》由 26 位译者共同完成，译者均受过古希腊语文学训练，对所译篇目有专门深入研究，多数译者还曾就所译篇目撰写过博士论文。本版《柏拉图全集》译文紧贴希腊语原文，尽量贴近柏拉图作品原貌，同时注重传达柏拉图作品的文学性和对话的口语特色。译者对某些人名、地舆、诗文典故、语言游戏等做了简要注释，扫除了阅读障碍，提高了中译本的普及性。

综上，本版《柏拉图全集》是一套简明、可靠、可读性强的足本《柏拉图全集》。

本书为《柏拉图全集》第三卷，柏拉图的长制对话《法义》。

柏拉图《第七封书信》《第八封书信》——译注和解读

作者：［古希腊］柏拉图；出版社：人民出版社；译者：岳海湧 译注；ISBN：9787010253923

内容简介：在归于柏拉图名下的十八封书信中，《第七封书信》和《第八封书信》被学术界认为是真实的、最重要和最有价值的两封书信。它们在篇幅上占柏拉图全部书信的一半以上。本书是对柏拉图《第七封书信》和《第八封书信》的翻译、注释和研究，有助于我们从新的角度理解和认识柏拉图。

追求高贵的修辞术——柏拉图《高尔吉亚》讲疏（1957）

作者：［美］施特劳斯　讲疏；出版社：华夏出版社；译者：王江涛；出版时间：2023-3；ISBN：9787522204185

内容简介：施特劳斯在芝加哥大学讲授过两次柏拉图《高尔吉亚》研讨课，第一次是在 1957 年冬季学期，第二次是在 1963 年秋季学期。1963 年讲稿的中译本业已问世，与之相比，这本 1957 年的讲稿有以下三个特点：

第一，更完整，讲完了整篇对话，而 1963 年讲稿不包括《高尔吉亚》结尾的神话部分。

第二，1963 年讲稿的基本问题意识是在实证主义和历史主义的挑战下，政治哲学何以可能。而 1957 年讲稿则以教条主义与怀疑主义为背景，探讨柏拉图如何思考哲学本身的意义。

第三，施特劳斯在两次讲稿中对卡利克勒斯性格的分析有巨大差异。卡利克勒斯这

一人物形象充分说明修辞术有其天然的局限性。

如果说整部《高尔吉亚》可以看作对修辞术的审查，那么，这一审查不仅批评了智术式的修辞术，还指向一种哲学式的修辞术，它可以沟通、弥合哲学与城邦之间的鸿沟，从而为哲学提供真正的辩护。

柏拉图导论

作者：［英］埃里克·哈弗洛克；出版社：中国大百科全书出版社；译者：何道宽；出版时间：2023-4；ISBN：9787520213158

内容简介：柏拉图的《理想国》攻击、贬黜和放逐荷马等古希腊诗人，何以至此？这一问题似为千古之谜。

《柏拉图导论》分两卷，第一卷"形象思维人"探索口语文化，解释柏拉图的《理想国》；第二卷"柏拉图主义之必需"捍卫柏拉图主义，为《理想国》辩护。本书考察了古希腊口语文化向书面文化、形象思维向哲学思维的转型，探讨了口语社会中口语和文化的关系，以及柏拉图在口语和书面传统转型中的作用。作者认为，有了拼音文字和书面文化以后，古希腊人的思维达到了一个新的高度，于是抽象、分析和视觉的编码就锁定了难以捉摸的语音世界。本书证明，柏拉图注重书面文化，排斥质朴的聚合式、意合式、口语式的形象思维，所以他把诗人排除在"理想国"之外。

本书既捍卫柏拉图主义，又捍卫古希腊诗人。它珍视希腊古风时期和古典时期的诗歌传统和口头传统，在人类学、民俗学、文化史、传播学、心理学等学科领域产生了重大的影响。

智者术与政治哲学——普罗塔戈拉对苏格拉底的挑战

作者：〔美〕巴特利特；出版社：华东师范大学出版社；译者：熊文驰、吴一笛；出版时间：2023-9；ISBN：9787576038187

内容简介：本书聚焦于柏拉图对话中哲学家与智术师的争论，分为两大部分，第一部分解读《普罗塔戈拉》，第二部分解读《泰阿泰德》，呈现两类场合下苏格拉底如何对阵普罗塔戈拉。同时，柏拉图其他显著关注智者问题的篇目，比如《智术师》《希琵阿斯前篇》《希琵阿斯后篇》与《欧绪德谟》等，也都在本书探讨的范围之内。

作者在政治哲学史视野下看待柏拉图的这些对话，通过详细的文本解读，不仅充分讨论了古代的智者术，而且通过对比纠正了若干重要的误读和误解。

哲学如何成为苏格拉底式的：柏拉图《普罗塔戈拉》《卡尔米德》以及《王制》绎读

作者：〔加〕朗佩特；出版社：华夏出版社；译者：戴晓光、彭磊；出版时间：2023-11；ISBN：9787508082806

内容简介：《哲学如何成为苏格拉底式的》分三个部分，按照苏格拉底思想的时间进展顺序，依次识读柏拉图的《普罗塔戈拉》

《卡尔米德》和《王制》。

本书以尼采为主题，从尼采的视角识读苏格拉底和柏拉图。柏拉图将其对话作品散布于苏格拉底一生的时间跨度之中，这样一幅时间地图也描绘了苏格拉底思想的时间进展，亦即苏格拉底如何成为苏格拉底的过程。

通过柏拉图编织的三篇对话，本书将回答几个问题：苏格拉底是如何成为苏格拉底的？柏拉图何以成为尼采意义上的真正哲人？本书又何以构成尼采开创的新哲学史的一个部分？

亚里士多德原典与研究（原典：1，研究：1）

尼各马可伦理学 I. 1—III. 5：希腊文、汉文、英文

作者：［古希腊］亚里士多德；出版社：商务印书馆；译者：廖申白；出版时间：2023-6；ISBN：9787100208741

内容简介：《尼各马可伦理学》第 I 卷阐述伦理学的第一原理——幸福即目的善，含 13 章；第 II 卷阐述伦理学的第二原理——德性，含 9 章；第 III 卷 1—5 章阐述德性内涵的意愿性原理。这个部分构成亚里士多德《尼各马可伦理学》的基本原理部分，具有最为重要的性质。译者以其组织的文本研读小组历时七年（2005—2012）的研读为基础，经数年整理并撰写注释，完成了对此部分的译注。

本书正文有希腊文、中文、英文三种语言，以尽可能切近希腊语原文的语言形式呈现，以页下脚注形式给出语言注释，并在正文之后给出内容注释，释义详尽，可谓是一部对经典的精细解读之作。

亚里士多德论政体

作者：程志敏、崔嵬　编；出版社：华夏出版社；译者：符雪茹　等；出版时间：2023-6；ISBN：9787522204741

内容简介：在当下中西碰撞、古今相照的历史时刻，政治学研究者们深觉政治教育的紧迫性。然而，我们对于亚里士多德的政体学说的研究还不够细致深入，或者说已受固定范式局限，甚至西方学界对此问题的研究也受到西方本身现代性迷途的局限。在此背景之下，研究者亟须从原初意义上重新审视亚里士多德的政体学说，以超越现实政治的哲学视角来重审政治学问题。

亚里士多德的政治学研究并非仅限于对现实政治的研究，同时也是以现实政治为基础的哲学探讨。亚里士多德就政治所做的思考和柏拉图一样，都关涉人类生存的核心。亚里士多德的核心关切"什么是好的政体"，其背面即他的老师柏拉图所追问的"什么是好的生活"。这两个问题在根本上是同一个问题。

本书由程志敏、崔嵬从西方学者对亚里士多德政体学说的研究成果中精心拣择选编而成。选文不仅有对亚里士多德《政治学》的深入分析，也有柏拉图《理想国》与亚里士多德《政治学》的对比研究，对于开启这一领域的研究新范式来说，是很好的文献积累。

希腊化罗马哲学原典与研究（原典：6，研究：4）

奥古斯丁的解经学

作者：［古罗马］奥古斯丁；出版社：商务印书馆；译者：尹哲；出版时间：2023-4；ISBN：9787100214087

《奥古斯丁的解经学》集结了奥古斯丁在公元400年以前的保罗书信注，对于人们了解奥古斯丁思想演变过程中保罗书信的作用有着重要的参考价值。奥古斯丁在注释《加拉太书》时，其主要的关怀不是讨论抽象的神学疑难，而是解决教会所遇到的问题，并反驳摩尼教徒及其他异端对保罗的错谬理解。在某些地方，他也暗中驳斥了耶柔米对《加拉太书》某些经文的解释，他认为耶柔米的解经有叫人堕入异端的隐患。因此，本书对于人们理解保罗神学在早期教会历史中的不同际遇也有一定的意义。

奥古斯丁书信集（第2卷）

作者：［古罗马］奥古斯丁；出版社：中国社会科学出版社；译者：石敏敏、白明、俞可歆；出版时间：2023-7；ISBN：9787522715292

内容简介：《奥古斯丁书信集》收入奥古斯丁致友人的书信三百多封，内容涉及神学、哲学、历史、人生等多个方面，是研究奥古斯丁思想和中世纪哲学的重要文献。

论诸神的本性

作者：［古罗马］马库斯·图留斯·西塞罗；出版社：中国人民大学出版社；译者：崔延强、张鹏举；出版时间：2023-5；ISBN：9787300316819

内容简介：本书是西塞罗写于公元前45—前44年的对话体哲学著作。他在本书中坚持"新学园派"的怀疑主义立场，以"神存在与否"这一问题为起点，进一步阐释了神的形象、家园或居所及生活方式等具体问题，分别考察了伊壁鸠鲁派原子论的神学观和斯多亚派的泛神论，揭露了前者思想的无神论实质和后者思想的命定论归宿，从根本上研讨了处在共和制到帝制剧变中的罗马所亟待解决的时代课题，即公民的道德行为和幸福生活是否能够奠定在神学乃至宗教之上。具体说来，他在书中设置了四位主要人物，即威莱乌斯（Velleius，伊壁鸠鲁派）、巴尔布斯（Balbus，斯多亚派）、科塔（Cotta，新学园派）和西塞罗（中立者）本人，以他们之间的对话展现了从立论、驳论到"存疑"（epochē）的怀疑论思辨逻辑。因为他们的对话持续了三天，所以全书正好分为三卷。第一卷是威莱乌斯阐述伊壁鸠鲁派的神学观，既承认神的存在，又称神对于人事"无所作为"；"新学园派"的科塔对其进行了严厉的斥责，指出否认"神意"无异于摧毁道德原则的根基。第二卷是巴尔布斯关于斯多亚派神性思想的论述：神统摄万物，照料每一个人。第三卷有佚失，但从现存文稿可见，科塔重点驳斥了斯多亚派关于神存在的理性论证，强调了"自由"对于幸福生活的重要价值。总之，本书"论诸神的本性"可以从根本上被理解为"论公民的道德基础"。

反逻辑学家

作者：［古希腊］塞克斯都·恩披里柯；出版社：商务印书馆；译者：崔延强　译注；出版时间：2023-5；ISBN：9787100220552

内容简介：古希腊怀疑论集大成者塞克斯都·恩披里柯重要著作之一。

《反逻辑学家》全书分两卷。第一卷对真理的标准进行系统引述和诘难，辨析了以往各派哲学的三种标准，并一一予以批驳，建立达致存疑的反题；第二卷分别对"真理""记号"和"证明"等逻辑学和知识论问题作进一步详尽梳理和诘难。本部著作几乎涵盖了希腊知识论的重大问题，尤其对心物问题、命题逻辑问题的发展作出原创性贡献。本书最后还有两个附录：第一个附录辑录并翻译了学园派怀疑论文本，为读者进一步研究希腊怀疑论和学园派思想的流变提供一手文献；第二个附录是斯多亚学派思想评传，译自第欧根尼《名哲言行录》第7卷。

道德书简（全译本）

作者：［古罗马］塞涅卡；出版社：人民文学出版社；出品

方：99读书人；译者：张维民；出版时间：2023-7；ISBN：9787020179701

内容简介：《道德书简》被认为是塞涅卡的著作中最重要的一部。在这一百二十四封写给弟子路西利奥的信中，塞涅卡讨论了友谊、尊严、死亡、自由等词语的内涵，引用先贤哲人的格言，思索如何实践美德的问题。

对塞涅卡来说，幸福与获得物质财富无关，与社会地位、行使权力无关，幸福作为至善，仅在于道德之善。这是经受一切考验的俭朴，也是一种自我教育和精神修炼，唯如此，才能在世上为自己找到某种稳定，某种基于忠诚原则的恒久，永远与自己保持一致。

本书根据古本江基金会2007年葡萄牙文版全文翻译，由若泽·安东尼奥·瑟古拉多·坎坡斯作序。

斐洛全集

作者：〔古希腊〕斐洛；出版社：人民出版社；译者：王晓朝；出版时间：2023-11；ISBN：9787010256405

内容简介：斐洛是古代地中海世界最重要的犹太思想家、神学家、哲学家。在一个民族多样、文化多元的古代世界里，他将犹太教的教义与古希腊哲学学说融为一体，开辟了一条犹太教与希腊哲学相结合的道路，其思想在本质上是一种将哲学包容于神学中的宗教思想，是一种高度哲学化的神

学。斐洛是一位多产的作家。尽管他生活的年代距今已有2000多年，但他的著述基本被完整地保留了下来。他现存于世的著述有36种。系统研究斐洛的著作和思想，有助于我们了解古代希伯来文化的发展，把握"两希文化"的碰撞与融合，厘清西方文化发展的源流。

翻译和出版《斐洛全集》，对于推进西方学术的中国化和时代化具有重要的思想意义和学术价值。全集由王晓朝教授翻译，以"娄卜丛书"中的《斐洛文集》为翻译蓝本，并参考荣格英译本《斐洛著作集》；为了便于读者使用，中译者为每篇译文编写了提要、添加了必要的注释、编制了所有索引。

犬儒主义

作者：[英]安斯加尔·艾伦；出版社：商务印书馆；出品方：涵芬楼文化；译者：倪剑青；出版时间：2023-3；ISBN：9787100215220

内容简介：从木桶中特立独行的哲学家到网络时代涨落不停的不良情绪，作者安斯加尔·艾伦描绘了从公元前4世纪希腊犬儒主义者的"无畏直言"到当代多面、复杂的犬儒主义表现的历史。借助其后莎士比亚、拉伯雷、卢梭等人的著作，本书记录了文艺复兴和启蒙运动对犬儒主义的挪用；通过尼采、福柯、斯劳特戴克等哲学家的思想，作者追踪了犬儒主义从古代到现代的转变，并重新思考了现代犬儒主义在当代社会中的地

位和作用，不仅梳理、提炼了哲学史层面上的知识，更能帮助我们在对犬儒主义的认识和反思中，重新定位和思考我们自身。

希腊怀疑论——古代思想中的反实在论倾向

作者：［加］列奥·格罗尔克；出版社：知识产权出版社；译者：吴三喜；出版时间：2023-1；ISBN：9787513084390

内容简介：哲学史通常认为，希腊怀疑论尤指学园派怀疑论和皮浪主义怀疑论。根据当代的"标准观点"来看，希腊怀疑论是一种逻辑上自我反驳的、伦理上完全消极的学说。然而本书意在表明：首先，希腊怀疑论思想并不局限于上述两个学派，在其正式诞生之前，希腊怀疑论还有一个悠久的"史前史"阶段；其次，希腊怀疑论不仅有消极意义，也有积极意义，积极意义的开端明显有赖于在希腊怀疑论传统中区分开激进形式和温和形式，温和形式的怀疑论主要针对的是理论教条主义，依据反实在论的真理观主张在具体实践活动中遵守现行传统或实践原则的重要性。此外，本书的另一特色是作者对希腊怀疑论的研究没有执着于文献学的具体细节，而是更加看重其哲学意义和当代哲学关联性，从而为我们思考当代认识论问题提供一种可行的古代方案。

柏拉图式政制：古代晚期柏拉图主义政治哲学

作者：［爱尔兰］多米尼克·奥米拉；出版社：华东师范大学出版社；出品方：六点图书；译者：彭译莹 译，梁中和 校；出

版时间：2023-1；ISBN：9787576031560

内容简介：传统观点认为，古代晚期的柏拉图主义哲学家没有发展出政治哲学，原因在于这些哲学家似乎不太关注这个世界有关实际生活和社会问题的事务。《柏拉图式政制》一书的目的就是反驳这种传统观点。作者试图说明，新柏拉图主义者并非是要排除政治生活，实际上恰恰是要涵括它。

本书聚焦于新柏拉图主义的主要代表人物和典型思想，首次重构了新柏拉图主义者的政治哲学，包括他们对政治学科的功能、结构、内容（涵盖政治变革、法律、正义和政治行动）的讨论，以及他们对政治学科与政治德性，与灵魂和国家的神圣化关系问题的讨论，细致梳理了尤西比乌斯、奥古斯丁、伪狄奥尼修斯和阿尔·法拉比等人的政治思想。

奥米拉的研究开拓了新柏拉图主义研究的新领域，同时补全了人们对于柏拉图对古代政治哲学所产生的深远影响的理解。

普罗提诺《九章集》导论

作者：［爱尔兰］多米尼克·奥米拉；出版社：广西师范大学出版社；出品方：新民说；译者：李博涵、杨怡静　等译，梁中和　校；出版时间：2023-9；ISBN：9787559860088

内容简介：本书是全面了解新柏拉图主义者普罗提诺思想的一部指南。作者多米尼

克·奥米拉是新柏拉图主义研究领域的专家。本书开篇简要介绍了普罗提诺的生平和作品，正文部分对普罗提诺《九章集》中的重要论题进行了导读和论述，结语对普罗提诺思想的接受史做了详细的梳理，并列出进阶阅读书单。《九章集》是普罗提诺思想的结晶，由其学生波斐利编辑成书，共54篇，涉及灵魂、身体、理智、太一、自然世界、世界生成等议题。作者引导读者深入探索普罗提诺的原创思想，并揭示了他对其他哲学家的思想的批判和发展，从而构建了普罗提诺个人以及柏拉图主义思想的全景。

哲学史与专题著作（7）

古典思想——牛津西方哲学通史（第1卷）

作者：［英］特伦斯·欧文；出版社：中信出版社；译者：张卜天、宋继杰；出版时间：2023-9-1；ISBN：9787521757927

内容简介：本书介绍了从荷马到圣奥古斯丁的大约1100年里古典思想中一些有哲学趣味的议题，主要关注希腊哲学（也就是用希腊语表达的哲学思想）及其直系后裔。

本书是为那些对希腊罗马世界的哲学家或其文学历史背景知之甚少或完全不知的读者而写的，他们或多或少会从中得到他们所期待的东西。第一章是导言，介绍了本书涉及的范围、时期划分、主要论题和相关研究资料。第二章到第四章并未涵盖人们通常设想的所有那些"前苏格拉底哲学家"，倒是涵盖了值得早期希腊哲学初学者进一步研究的一些作者和问题。第五章到第七章用了很大篇幅来讨论柏拉图和亚里士多德，但又试图避免让他们占据主导。第八章到第十一章希望让读者对亚里士多德之后哲学中的变化和延续有所了解。

作者在本书中显示出哲学问题意识的多样性和复杂性，从宇宙论、自然哲学、知识论、本体论、伦理学到政治哲学和神学，无所不包，所有讨论的理论都被视为对哲学的重要贡献，读者可以发现自己从头到尾都被哲学问题所吸引。所以，如果毫无哲学背景的读者被这本古代哲学史导论引向了哲学，那是一点儿也不稀奇的，或许这正是作者的初衷。

认识你自己——从古希腊到当代的哲学史考察

作者：〔瑞士〕乌苏拉·伦茨　编；出版社：东方出版中心；译者：王萱婕　等；出版时间：2023-9；ISBN：9787547322222

内容简介：获得自知之明常被视为哲学探索的主要目标之一，同时，某种程度的自我认知也会被认为是我们作为行动者或主体的一个必要条件。因此，自我认识既是人类探索智慧的开端，也是人类寻求智慧的终点，它与哲学的发展错综复杂地结合在一起。自古希腊的德尔斐神谕以来，"认识你自己"这个命题便吸引了不同背景和立场的哲学家。本书用十五个篇章汇集了国际众多哲学研究者的前沿论文，从柏拉图、亚里士多德到经院哲学和启蒙时期，再到现象学和当代分析哲学，以广阔的时间跨度探讨了这一主题。从这些文章中我们可以看到，"认识你自己"

这个命题在不同历史时期到底意味着什么，以及它对哲学、文学和艺术创作来说，为何一直如此重要。

古代创世论及其批评者

作者：[英]大卫·塞德利；出版社：生活·读书·新知三联书店；译者：许瑞；出版时间：2023-11；ISBN：9787108076274

内容简介：从哲学史上看，宇宙论，包括创世论，是西方古代哲学的重要组成部分，哲学家在做出自然、伦理尤其是本体等方面的论断时，往往与自身对宇宙或世界的构想有关，且彼此融贯；它还是文明终极价值与伦理秩序的来源，分析一个文明的各个时期或一个时期的各个文明对宇宙的阐释，可以看到时人的思想状况。本书完整而扼要地勾勒的正是西方古代"创世论"这一迄今为止较少得到整体研究的主题的框架，具有较高的阅读价值。

教化：古希腊的成人之道

作者：[德]维尔纳·耶格尔；出版社：上海三联书店；出品方：后浪；译者：王晨；出版时间：2023-2；ISBN：9787542679277

内容简介：《教化：古希腊的成人之道》原书为三卷本，德文版出版于1934—1947年。第一卷"早期希腊"和第二卷"阿提卡

精神的高峰与危机"描述了希腊文化在古风和古典时代的基础、成长和危机，以雅典的崩溃而告终；第三卷"伟大教育家和教育体系的时代"处理了古希腊在柏拉图时代的思想史。在这个时代，希腊失去了这个世界上所珍视的一切——国家、权力、自由，但仍然坚持着教化的传统和理念。教化在书中作为研究希腊文化整体的基础，用来解释希腊性格形成的历史过程与他们建构理想人格的思想过程之间的互动关系，该书构成了对整个早期和古典时期希腊教化传统的重要综合性考察和对西方文明基础的深刻而永恒的研究。正如耶格尔所言："本书不仅面向学界，也面向所有在我们延续数千年的文明陷入今天的生存危机时再次寻找通往希腊文明道路的人。"

《教化》德文版和英文版并行，本译本以 De Gruyter 出版社于1934—1947 年出版的三卷德文本为基础，同时整合了大量的英文版作者注释，并添加了译者注释。除此之外，本书还专门收录了耶格尔晚年所作的《早期基督教和希腊教化》全文，以及牛津大学教授雅希·埃尔斯纳（Jaś Elsner）的相关评论文章——《教化：古代的概念与现代的接受》。

古典学的历史（修订译本）

作者：［德］维拉莫维兹；出版社：生活·读书·新知三联书店；译者：陈恒；出版时间：2023-5；ISBN：9787108070715

内容简介：把古代世界作为一个整体来研究属于维拉莫威兹的首创之功。他把古典研究定义为 Altertumswissenschaft——古代

研究的科学。它是研究希腊—罗马世界方方面面的科学：语言、文学、历史、哲学、法律、考古学、社会生活以及古代世界所呈现的任何方面。因此，古典研究的目的是提升我们对古代世界的整体理解。这是维拉莫威兹的崇高理想，这一观念影响至今。

　　关于古典学的简明历史这一主题，最伟大的著作是德国古典学大师维拉莫威兹留给我们的这本书。全书围绕 Altertumswissenschaft（古典学）一词展开，这一由 19 世纪德国学者发明的新词语被用来指称与古代世界有关的一切事物的研究，学者们把这种研究想象为一个整体。古典学的任务就是利用科学的力量来复活那已逝的世界，维拉莫威兹相信，这种复活的意义就在于唤醒情感和理想，为现在和未来的时代注入古人曾有过的生气与活力。

古典学还有未来吗？——从古希腊罗马到现在

　　作者：玛丽·比尔德；出版社：北京联合出版公司；出品方：后浪；译者：汪蘅；出版时间：2023-6；ISBN：9787559668349

　　内容简介：本书原书名是 *Confronting the Classics：Traditions，*

Adventures，and Innovations，直译为《直面古典学：传统，冒险与创新》，中文书名来自她的序言《古典学还有未来吗？》。

　　全书包括 31 篇关于研究古希腊罗马的著作的书评。作者玛丽·比尔德认为，尽管很多人认为古典学正在衰落，但每一代学者都提出了自己对古希腊、古罗马的新观点。她始终关切着这些讨论和争辩，并在本书中向我们呈现了古典学的学术传统和近些年的重新阐释以及新理论。

在全书中她始终声称，古典学不仅关于两千多年前的古希腊罗马人，也关于我们自己，以及在这中间薪火相传的一代代古典学者、作家、艺术家、电影人，还有引用甚至挪用古希腊罗马文化的政治家，等等。

我们需要直面这一学科并参与讨论。该学科仍是各种观点激烈交锋的场所，而不是已经尘埃落定、可以被扫进故纸堆的。

古希腊寡头政治：特征与组织形式

作者：〔英〕伦纳德·惠布利；出版社：上海三联书店；译者：孙晶晶、李宏伟、翟思诺；出版时间：2023-4；ISBN：9787542677266

内容简介：古希腊人生活在一个政治多样化的时代，他们的聪明才智使其成为多种政治制度的发明者和理论家，围绕着希腊人的政治理论与实践，当时和后世的诸多学者都为其著书立说。本书聚焦于希腊政治史中相对被忽视的一面——寡头政治，从对古代希腊政体进行分类，在此基础上详细考察实行寡头制与贵族制的希腊城邦的历史，从中发现寡头政治的基本特点，到对这些希腊城邦政体变化的原因做出解释，呈现出寡头政治在希腊政制发展史中所占据的重要位置以及寡头政治的多样性，再到对寡头政治中的各种组织进行详细研究。伦纳德·惠布利通过对这一政治体制的详细考察，充分展现了寡头政治的运行特点与运行方式及其在希腊历史中的重要性，本书成为了解和研究希腊历史以及希腊政治制度发展史的一部必备参考书。

通识作品（8）

希罗多德《历史》——描述历史的均衡

作者：[日]中务哲郎；出版社：生活·读书·新知三联书店；译者：杨清淞；出版时间：2023-4；ISBN：9787108074485

内容简介：与修昔底德等后世历史学家相比，希罗多德这位"历史之父"更加注重传达历史的含义，除了原原本本地讲述古代故事之外，他还在其"历史的"记录中加入了创作性的内容，使《历史》一书在某些角度更像是关于世界的另一种传说。本书上部从希罗多德的生平出发，探讨了《历史》的成书过程，以及它记录历史和世界的方式；下部结合《历史》文本进行分析，提出"车轮"的说法，彰显出希罗多德关于世界均衡的主张。

苏格拉底：我们的同时代人

作者：[英]保罗·约翰逊；出版社：广西师范大学出版社；出品方：大学问；译者：郝苑；出版时间：2023-9；ISBN：9787559862914

内容简介：他貌不惊人、衣着朴素，常常光脚漫步在雅典的大街上；他教导人们独立思考，他充满智慧，却声称自己一无所知；他生于雅典、深爱雅典，曾为雅典而战，却遭到雅典人的不公正审判，最终以一杯毒酒结束生命。他是"哲学的化身"苏格拉底。

这是一部短小精悍又精彩纷呈的传记，它记叙了苏格拉底充满传奇色彩的生命历程，探讨苏格拉底的主要思想，同时全方位描绘了与苏格拉底交往的人们以及雅典的城市生活图景，展现雅典这座苏格拉底挚爱之城的纷争与衰落。书中叙事简洁清晰，跳出了柏拉图的叙事围城，还原历史上真实的苏格拉底，描绘出我们这一代人的苏格拉底、每个人心中的苏格拉底。

毒堇之杯：苏格拉底、希腊黄金时代与正当的生活

作者：［英］贝塔妮·休斯；出版社：九州出版社；出品方：理想国；译者：李磊；出版时间：2023-12；ISBN：9787522524344

内容简介：公元前 399 年 5 月的一天，日头轻快地升上彭特利山，500 名雅典公民匆匆穿过泥砖房、公共澡堂和雅典娜胜利神庙，直奔宗教法庭。他们将要审判一位特立独行的老人——苏格拉底。他被控"不敬神"和"腐化青年"，很可能被判处死刑。因此，他必须站在陪审团面前，为自己的生命辩护。

苏格拉底的一生动荡不安。他从卑微的石匠之子成长为一名战士和一位哲学家。他没有在恢弘壮丽的学园、宫廷里思考，却在鞋匠店里演讲。他喜欢在雅典街头赤脚漫步，随机向人提问，质疑习以为常的观念。他担心追求富足会招致盲目的享乐主义，而"民主"则会沦为争斗的托辞。他关心生命和真理，关心美德是什么。

然而，这个西方伟大的思想家却没有留下任何书面文字，他本人始终是一个谜团。为了还原他的一生，贝塔妮·休斯走遍希腊的考古现场，带我们来到古代雅典人的家庭、街道、会场、酒宴，结识政客、将军、商人、工匠，参观热闹非凡的市政广场，走进举办大赛的竞技场，参与雅典神圣的宗教节日，重构苏格拉底生活过的世界。

最后，苏格拉底迎来的是一杯毒酒，等待雅典引以为傲之文明的却是战争、内讧和衰败，是古典精神的堕落。苏格拉底问道：我去死，你们去生，哪个更好？何谓正当的生活？如果我们不幸福，城墙、战舰和恢弘的雕像意义何在？这是人类文明的大哉问。

亚里士多德传：追寻真理的一生

作者：[希]塔索斯·阿帕斯托利迪斯 著，[希]阿雷卡斯·帕帕达托斯 绘；出版社：四川文艺出版社；出品方：果麦文化；译者：郑彦博；出版时间：2023-11；ISBN：9787541167638

内容简介：

——古希腊哲学家，生于公元前384年，死于公元前322年。

——柏拉图的学生，亚历山大大帝的老师。

这是历史给予亚里士多德的注解，但除此之外，他到底是谁呢？

他是一个对世界充满好奇的人。物理学、天文学和生物学，音乐、诗歌和政治，他观察一切，他思考一切。

他终其一生只做一件事情，那就是追寻真理。

亚里士多德不曾想到，生前背井离乡、饱受非议的自己将成为欧洲学术的奠基人。在离世2300年后，他的理论仍被世人热情地研究和讨论。他更不会想到，他非凡的人生路途和哲学思想将在21世纪由漫画演绎，就在这本优美、广博而风趣的大书中。

我们可以坦然接受不可控并尽力而为

作者：［英］约翰·塞拉斯；出版社：上海三联书店；出品方：后浪；译者：修玉婷；出版时间：2023-1；ISBN：9787542679284

内容简介：人们一直在思考，如何面对不幸。两千多年前，古罗马斯多葛主义哲学旨在帮助人们在起起伏伏的人生中游刃有余。他们相信，事情好坏取决于我们看待事情的方式。许多痛苦都来源于盲目的期待和错误的判断。他们提出了行之有效的核心理念：接受不可控和保持判断力。人生诚如摔跤手必须坚持艰苦地训练，才能在面对强敌劲旅时从容不迫。同时，还须向外看，看到浩瀚的时空，认清自己只是宇宙中一个微小的瞬间，并从中获得安宁。

作者通过三位斯多葛主义代表人物（塞内加、马可·奥勒留、爱比克泰德）精彩的人生片段和理论支持，给现代人带来安慰和启发：生活中的哪些方面是你真正能够掌控的？当你不能保证一切能按照你的意愿发展时，你该怎么做？在"共同生活"这个主题上，斯多葛学派又能教会我们什么？近年来，斯多葛主义的复兴不是偶然，我们前所未有地需要一种导引，带领我们看破对未知的恐惧，珍视短暂如奇迹般的生命，在逆境中找回勇气。

像罗马皇帝一样思考：马可·奥勒留的斯多葛主义哲学

作者：[加] 唐纳德·J.罗伯逊；出版社：中央编译出版社；出品方：青豆书坊；译者：向朝明；出版时间：2023-5；ISBN：9787511742384

内容简介：在本书中，作者带领我们与古罗马皇帝马可·奥勒留一起踏上人生之旅，跟随他从哈德良宫廷的年轻贵族，逐步成长为罗马帝国大权在握的皇帝；见证他如何在一生中经历困顿、危难和极度的心灵挑战，依然保有一份内心的宁静明澈与高贵的人格。作者展示了马可·奥勒留如何借由斯多葛哲学，建立起强大的精神韧性与情感弹性，以应对外部世界复杂的挑战和巨大的逆境。同时，他也邀请我们通过马可的哲学眼光思考问题，看待人生，将相同的方法应用于自己的生活。

本书将马可·奥勒留非凡的人生故事、现代心理学与哲学智慧相结合，赋予斯多葛哲学人性的面孔和真实的榜样，为处理我们今天面临的道德和心理挑战提供了实用的指南。

哲学的指引——斯多葛哲学的生活之道

作者：［意］马西莫·匹格里奇；出版社：北京联合出版公司；出品方：光尘；译者：崔知名；出版时间：2023-6；ISBN：9787559656407

内容简介：本书既是一本哲学箴言录，也是一本生活指导手册。它以斯多葛派智者语录为开篇，从世界观、人生价值、爱情、家庭、职场，聊到理财、旅游安全、减肥、残疾、孤独与抑郁、临终关怀等，展开了许多与生活息息相关的话题。

作者结合西方哲学、遗传学和演化生物学知识，鼓励我们用科学理解世界，用哲学指引生活，分清哪些事必须坚持，哪些事必须放弃，保持开放的心态。通过这本书，我们得以在信息时代学会掌控我们的生活，做自己的主人。

做自己的哲学家：斯多葛人生智慧的 12 堂课

作者：［美］沃德·法恩斯沃思；出版社：上海人民出版社；译者：朱嘉玉；出版时间：2023-9；ISBN：9787208181403

内容简介：今天，不少人认为斯多葛哲学是一门敦促人们隐忍、恬淡寡欲的学说。这是一种普遍误解。事实上，斯多葛哲学并不是"无情"或"冷漠"的。它只是帮助人们去除不理性的负面情绪，以活得更有智慧。

在本书中，法恩斯沃思以塞涅卡、爱比克泰德、马可·奥勒留三人为主角，以伊壁鸠鲁、西塞罗、普鲁塔克、蒙田、塞缪尔·约翰逊、亚当·斯密、叔本华为配角，为当代读者奉上原汁原味的斯多葛人生哲学讲座。从通信、文章、残篇等处，法恩斯沃思援引了上述十位哲人的格言警句、精辟段落，并辅以穿针引线的介绍分析，在死亡、欲望、情绪、逆境等十二个主题下，让斯多葛人生哲学与当代生存困境紧密结合起来。本书是一部系统化的斯多葛人生哲学简明教科书，更是一本教你如何面对纷繁人生的使用手册。

重要论文（139）

前苏格拉底研究（12）

［1］于江霞.赫西俄德论劳作与正义［J］.世界哲学，2023，（06）：81-91+157-158.

［2］晏绍祥.英雄、正义与共同体：荷马时代的道德与城邦［J］.华中师范大学学报（人文社会科学版），2023，62（05）：68-90.

［3］陶涛.对西方德性思想源头的探究：荷马史诗"德性"内涵、种类与标准［J］.湖北大学学报（哲学社会科学版），2023，50（05）：29-37.

［4］陶涛.荷马社会的"好人"与"好生活"［J］.理论月刊，2023，（09）：153-160.

［5］陈斯一.血气、灵魂与分身：荷马史诗的生命观［J］.浙江学刊，2023，（04）：191-200.

［6］伯纳德特，黄怡，彭磊.赫西俄德《劳作与时日》绎读［J］.当代比较文学，2023，（01）：125-157.

［7］罗晓颖.埃特那的诱惑——恩培多克勒思想中的自然与信念［J］.海南大学学报（人文社会科学版），2023，41（03）：29-36.

［8］颜荻.潘多拉与倒转的天人：赫西俄德世界中的神人秩序［J］.南方文物，2023，（01）：71-78.

［9］林蔚轩.口头传统对古希腊正义观念的影响——以《荷马史诗》中的δίκη为中心［J］.神话研究集刊，2022，（02）：273-288.

［10］刘莉.从浑沌到秩序：《神谱》中的起源与教化［J］.广西大学学报（哲学社会科学版），2023，45（01）：101-107.

［11］吴雅凌.赫拉克利特与诗人（下）［J］.上海文化，2023，（01）：115-127.

［12］赵琦.无序状态下的友爱与共同体——论荷马史诗的友爱观［J］.复旦学报（社会科学版），2023，65（04）：1-11.

苏格拉底—柏拉图研究（31）

［1］谢文郁.自由与善——基于柏拉图相关文本的分析［J］.北京大学学报（哲学社会科学版），2023，60（04）：15-26.

［2］李长伟.谁是教育者——柏拉图《法义》解析［J］.现代大学教育，2023，39（04）：48-55.

［3］盛传捷.财富、美德与自由：柏拉图《苏格拉底的申辩》30a-b刍议［J］.世界哲学，2023，（04）：36-42.

［4］赵广明.爱欲如何配享美——基于柏拉图《会饮》的情感

哲学研究［J］.社会科学研究，2023，（04）：139-147.

［5］宋继杰.柏拉图论灵魂疾病与恶的根源：《蒂迈欧篇》86b-87b［J］.思想与文化，2023，（01）：59-74.

［6］张凯."泰阿泰德飞"何以为假——为牛津解读辩护［J］.思想与文化，2023，（01）：97-108.

［7］盛传捷.柏拉图对快乐主义的接纳与拒斥——以《普罗泰戈拉》和《理想国》为核心［J］.思想与文化，2023，（01）：86-96.

［8］倪艳.苏格拉底德性可教问题研究［J］.社会科学家，2023，（05）：155-160.

［9］谭善明.瞬间之沉醉——论柏拉图对话中的视觉与爱欲［J］.文艺理论研究，2023，43（03）：108-118.

［10］孙亮鑫.柏拉图的哲人王：一个分析性的悖论［J］.社科纵横，2023，38（05）：89-99.

［11］彭磊.苏格拉底与家庭——兼论中西文明比较的一个面相［J］.中山大学学报（社会科学版），2023，63（03）：9-16.

［12］王江涛.从政治到哲学：《理想国》洞喻中的"返回悖论"［J］.中山大学学报（社会科学版），2023，63（03）：17-26.

［13］柏拉图，詹文杰.美诺篇［J］.世界哲学，2023，（03）：28-47+160.

［14］高山奎.试析柏拉图的完美宇宙及其数理构成［J］.贵州社会科学，2023，（04）：21-30.

［15］田书峰.论苏格拉底的神性经验或神性标记［J］.清华西方哲学研究，2022，8（02）：154-178.

［16］邓向玲.四德何以为"一"？——柏拉图《理想国》中德

性关系辨析［J］.现代哲学，2023，（05）：86-92.

　　［17］詹姆斯·G.伦诺克斯，杨佳乐.柏拉图不自然的目的论［J］.清华西方哲学研究，2022，8（02）：248-267.

　　［18］张凯.意义混合与名称混合——《智者》中"εἶναι"及其衍生词的用法［J］.清华西方哲学研究，2022，8（02）：268-286.

　　［19］阮航.论苏格拉底的快乐观——基于两篇对话的比较分析［J］.湖北大学学报（哲学社会科学版），2023，50（02）：27-36.

　　［20］刘松青.卡里克勒斯式的道德异己者理应被说服吗？［J］.伦理学研究，2023，（02）：17-25.

　　［21］李致远.柏拉图《理想国》开场的戏剧情节［J］.国外文学，2023，（01）：57-68.

　　［22］万昊.苏格拉底：神话面相背后的哲人形象揭示——兼论哲学何为［J］.广东社会科学，2023，（01）：98-106.

　　［23］龚群.柏拉图《理想国》中的价值与事实观［J］.伦理学研究，2023，（01）：94-101.

　　［24］贾冬阳.谁是泰阿泰德的"灵魂托管人"——柏拉图《泰阿泰德》"143d-144d"发微［J］.海南大学学报（人文社会科学版），2023，41（01）：13-20.

　　［25］张波波.从纯粹快乐到最好生活——柏拉图《菲丽布》中的幸福观探究［J］.现代哲学，2023，（05）：93-101.

　　［26］刘旭.模仿色诺芬：柏拉图在《会饮》中的戏剧式隐身［J］.国外文学，2023，（04）：43-53.

　　［27］裴浩然.古今之间的细节：《理想国》开篇再考察［J］.努斯：希腊罗马哲学研究（第5辑），2023：249-267.

［28］江璐．"一"和"存在"——对柏拉图《巴门尼德篇》第二部分（136c-166b）的一个解读［J］．努斯：希腊罗马哲学研究（第6辑），2023．

［29］郭文娅、舒也．φιλία中的"同一性"与"他异性"［J］．努斯：希腊罗马哲学研究（第6辑），2023．

［30］陈俊强．定命与自决：论苏格拉底之死的三重张力［J］．努斯：希腊罗马哲学研究（第6辑），2023．

［31］王希佳．柏拉图《理想国》对三分灵魂不朽的证成及其现实意义［J］．古典学评论（第8辑），2022：54-71．

亚里士多德研究（32）

［1］翟锦程，陆品超．亚里士多德的非证明式演绎学说［J］．河北大学学报（哲学社会科学版），2023，48（06）：98-106．

［2］李涛．正义、明智与幸福——论亚里士多德如何创立实践哲学［J］．道德与文明，2023，（06）：106-118．

［3］吕纯山．亚里士多德论质料的持存——兼论 ὑποκείμενον 的多义性［J］．世界哲学，2023，（06）：71-80．

［4］梁卿．创制者的幸福：可能、价值及其教育实现——基于对亚里士多德文本的分析［J］．教育学报，2023，19（05）：31-38．DOI：10.14082/j.cnki.1673-1298.2023.05.003．

［5］张天姿．论情感的伦理价值——基于亚里士多德文本的解读［J］．当代中国价值观研究，2023，8（05）：33-40．

［6］李涛．亚里士多德对快乐主义的颠覆与改造［J］．伦理学研究，2023，（05）：64-72．

［7］张家昱.从形体到整体——论亚里士多德《论天》I.1对自然研究一般方法的实践［J］.世界哲学，2023，（05）：44-51.

［8］高源.论亚里士多德情感哲学的形成、发展与贡献［J］.社会科学，2023，（08）：46-55.

［9］陈治国，孙亚杰.亚里士多德的辩证法与形而上学［J］.复旦学报（社会科学版），2023，65（04）：12-23+96.

［10］谈火生.好人与好公民：亚里士多德公民德性理论的内在张力［J］.天津社会科学，2023，（04）：46-55.

［11］吴亚女.实体作为本原：论亚里士多德形而上学主题的统一性［J］.北京航空航天大学学报（社会科学版），2023，36（04）：72-80.

［12］魏梁钰.当代英美道德哲学中的亚里士多德伦理学［J］.伦理学研究，2023，（04）：86-95.

［13］贺伯特·博德，黄水石.面向情感彰显说服力的修辞学［J］.汉语言文学研究，2023，14（02）：90-97.

［14］张曙光，闫静静."德福一致"：人应有的生活方式——亚里士多德《尼各马可伦理学》的启示与思考［J］.社会科学家，2023，（04）：24-32.

［15］吴天岳.亚里士多德论人之功能［J］.古典与中世纪研究（第四辑），2023.

［16］刘未沫.普纽玛/气、灵魂与经脉的发现——亚里士多德与希腊化早期医学［J］.自然辩证法通讯，2023，45（06）：65-82.

［17］曹青云."质料形式主义"的亚里士多德心灵哲学［N］.社会科学报，2023-05-11（005）.

［18］曹青云.亚里士多德论通往"努斯"的道路：理智直观还是经验归纳［J］.世界哲学，2023，（03）：48-56+160.

［19］刘玮.亚里士多德为什么不需要"意志"？［J］.伦理学术，2022，013（02）：169-187.

［20］田书峰.感觉与想象，情感与理性：论亚里士多德的《论灵魂》的基本概念和问题［J］.伦理学术，2022，013（02）：71-123.

［21］田书锋，张文霞，王楚标等."亚里士多德《论灵魂》"研讨会精彩辩论实录［J］.伦理学术，2022，013（02）：140-168.

［22］曹青云.论亚里士多德的主动理性与神圣实体［J］.哲学动态，2023，（04）：71-81.

［23］鲍秋实."技艺模仿自然"——亚里士多德《物理学》第二卷第8章的自然目的论［J］.哲学动态，2023，（04）：82-92.

［24］李佳明.对亚里士多德有关"必然地得出"的几点看法［J］.科学·经济·社会，2023，41（02）：86-97.

［25］尹兆坤.类比统一性与"匿名"统一性——对亚里士多德存在统一性问题的研究［J］.现代哲学，2023，（02）：74-80.

［26］王大帅.亚里士多德对柏拉图理念论的批判性接纳——论《物理学》卷1章1中的一个"普遍"疑难［J］.现代哲学，2023，（02）：81-87.

［27］董波.希波达摩斯式的谬误——亚里士多德对"科学主义"政治哲学的批评［J］.中山大学学报（社会科学版），2023，63（02）：150-158.

［28］贺伯特·博德，黄水石.逻各斯：亚里士多德哲学的基

石与经纬［J］.汉语言文学研究，2023，14（01）：36-43.

［29］沃尔夫冈·库尔曼，郭悠乐.亚里士多德中的人之为政治动物［J］.复旦政治哲学评论，2022，（00）：213-253.

［30］赵奇.亚里士多德论感觉的接受活动［J］.东北大学学报（社会科学版），2023，25（01）：1-6.

［31］李涛.实践哲学中的自然、习惯与理性——亚里士多德论品德培养机制［J］.华东师范大学学报（哲学社会科学版），2023，55（01）：79-88+204.

［32］苏峻.亚里士多德论运动与现实的区分——以《形而上学》Θ6中的"观看"为例［J］.世界哲学，2023，（01）：48-56+161.

希腊化罗马哲学研究（41）

［1］妥建清.身心一体观的古典形态：伊壁鸠鲁学派的身体观蠡测［J］.学术研究，2023，（11）：24-31+177.

［2］徐健.死亡、自由与秩序的重生——塞涅卡《致玛姬娅的劝慰书》中的灵魂治疗术［J］.人文杂志，2023，（10）：99-107.

［3］张舒奕.情感与幸福：在斯多亚主义与纳斯鲍姆之间［J］.清华西方哲学研究，2023，9（01）：170-191.

［4］罗勇.普鲁塔克论柏拉图的"真实学说"——以关于《蒂迈欧》的解释为中心［J］.哲学研究，2023，（09）：108-117.

［5］冉林.论奥古斯丁意志理论的内在结构——意志与理性的关系［J］.宗教学研究，2023，（05）：161-165.

［6］第欧根尼·拉尔修，崔延强.斯多亚派思想评传［J］.伦

理学术，2023，014（01）：20-84.

　　［7］约翰·塞拉斯，吴琦燕．文艺复兴时期的斯多亚哲学［J］.伦理学术，2023，014（01）：85-105.

　　［8］陈斯一．克利西波斯的属己学说与斯多亚主义自然哲学［J］.伦理学术，2023，014（01）：106-120.

　　［9］徐健．从批判到治理：斯多亚学派论奴隶制［J］.伦理学术，2023，014（01）：121-129.

　　［10］于江霞．爱比克泰德论愤怒［J］.伦理学术，2023，014（01）：130-144.

　　［11］顾枝鹰．"粗率"的西塞罗？——来源研究与西塞罗的写作态度［J］.国外文学，2023，（03）：21-31.

　　［12］王聚．五式、三难与一心——在怀疑论与独断论之间的人类知识［J］.现代外国哲学，2023，（01）：104-118.

　　［13］戴碧云．普纽玛、几何学和晶状体：盖伦的视觉理论研究［J］.自然辩证法通讯，2023，45（08）：67-74.

　　［14］归伶昌．人何以成教师——阿奎那《论教师》中的教学思想及其对奥古斯丁的反驳［J］.基督宗教研究，2022，（02）：24-37.

　　［15］朱庆园．奥古斯丁《论音乐》研究［J］.中世纪与文艺复兴研究，2023，（01）：176-192.

　　［16］李永毅．《物性论》与意大利文艺复兴［J］.中世纪与文艺复兴研究，2023，（01）：47-69.

　　［17］杨杰．Ordo Amoris：奥古斯丁与古典德性秩序［J］.基督宗教研究，2022，（02）：38-49.

　　［18］王寅丽．"恶之平庸"：阿伦特与奥古斯丁［J］.基督宗

教研究，2022，（02）：50-67.

［19］张帅.论奥古斯丁解释学思想中的符号功能问题［J］.基督宗教研究，2022，（02）：105-118.

［20］吴萍.以仁爱为纽带的伦理共同体——奥古斯丁对古典友爱观的批判与重建［J］.基督宗教研究，2022，（02）：152-166.

［21］周伟驰.奥古斯丁原罪与恩典论之东传［J］.基督宗教研究，2022，（02）：167-187.

［22］张欣.《忏悔录》的文体与奥古斯丁的灵魂论［J］.文化与诗学，2022，（01）：170-184.

［23］张迎迎.奥古斯丁对光照论的建构［J］.世界宗教文化，2023，（03）：133-140.

［24］米斯拉夫·库科齐，杜鹃.新冠时期的爱智——良医亦哲人［J］.第欧根尼，2023，（01）：28-39+149-150.

［25］梁琰.平等中的不平等：斯多葛学派平等理论的悖论［J］.首都师范大学学报（社会科学版），2023，（03）：156-164.

［26］李永毅.偏斜、自发性与偶然性：自由意志的自然主义解释［J］.四川大学学报（哲学社会科学版），2023，（03）：149-157+197-198.

［27］王梓.早期基督教中罪论的转变——论奥古斯丁对《罗马书》5：12的诠释［J］.世界宗教研究，2023，（05）：58-68.

［28］冉林.论奥古斯丁意志理论的内在结构——意志与理性的关系［J］.宗教学研究，2023，（05）：161-165.

［29］李蜀人.西塞罗"人民""共和"思想的哲学考察及其意义研究［J］.四川大学学报（哲学社会科学版），2023，（03）：140-

148+197.

　　［30］刘训练，陈丽.重塑德性概念：西塞罗对罗马政治伦理的再造［J］.学海，2023，（03）：176-184.

　　［31］郭金鸿.西塞罗道德责任理论的逻辑进路［J］.伦理学研究，2023，（03）：85-92.

　　［32］陈玮.爱比克泰德的"选择"概念［J］.伦理学术，2022，013（02）：188-198.

　　［33］杨小刚.奥古斯丁的意志概念［J］.伦理学术，2022，013（02）：199-216.

　　［34］肖馨瑶.古罗马的"庄严美"与"优雅美"——以西塞罗为中心［J］.文艺理论研究，2023，43（06）：202-210.

　　［35］理查德·索拉布吉，王浩旭.受柏拉图《蒂迈欧篇》启发的身心关系问题［J］.清华西方哲学研究，2022，8（02）：237-247.

　　［36］罗晓颖.伊壁鸠鲁自然哲学的伦理旨归［J］.哲学研究，2023，（03）：98-108+127.

　　［37］崔延强.作为生活方式的怀疑论何以可能？——基于皮浪派和中期学园派的理解［J］.中国社会科学院大学学报，2023，43（03）：5-30+144+149.

　　［38］陈宁馨.永恒、时间与无限：菲列珀努斯与普罗克鲁斯关于"世界永恒"的争论［J］.宗教学研究，2023，（02）：160-167.

　　［39］徐健.塞涅卡的申辩［J］.海南大学学报（人文社会科学版），2023，41（03）：21-28.DOI：10.15886/j.cnki.hnus.202210.0346.

　　［40］石敏敏.奥古斯丁论人的造成［J］.宗教学研究，2023，

（01）：176-180.

［41］梁中和.西塞罗笔下学园派与斯多亚派的逻辑学思想——《学园派》相关章节疏解［J］.努斯（第六辑），2023：248-270.

哲学史与专题著作（23）

［1］于雪.论12世纪文艺复兴中阿伯拉尔的《对话》对伊壁鸠鲁"享乐"说的辩护［J］.中世纪与文艺复兴研究，2023，（02）：32-51.

［2］饶琳.马克思与黑格尔关于伊壁鸠鲁哲学的观点差异［J］.学术研究，2023，（11）：17-23.

［3］孔许友.论古希腊哲学的文体形式与前理论性——兼及对"后理论时代"的反思［J］.杭州师范大学学报（社会科学版），2023，45（05）：52-65.

［4］田洁.沉思与德行：内在超越的两种形式及其知识考古学辨正［J］.文史哲，2023，（05）：88-95+166.

［5］刘训练.西方古典德性观念的形成及其内在紧张［J］.天津社会科学，2023，（04）：37-45.

［6］陈宁.阿那克西曼德的"阿派朗"与韩非的"无定理"之比较——古代中西哲学中二分对立观的同和异［J］.学习与探索，2023，（07）：149-159+180.

［7］李成彬，蒋重跃.亚里士多德的 οὐσία 与韩非的"理"的比较研究［J］.学习与探索，2023，（07）：160-173.

［8］奥特弗里德·赫费，王咏诗.普遍主义伦理学与判断力：从亚里士多德的角度看康德［J］.哲学评论，2023，（01）：214-239.

［9］骆宣庆.马基雅维里是一个伊壁鸠鲁主义者吗？［J］.华中师范大学学报（人文社会科学版），2023，62（03）：72-79.

［10］谭杰.柏拉图与柏拉图主义在晚明中国［J］.现代哲学，2023，（03）：155-160.

［11］陈资灿."拯救现象"的缘由与古希腊科学的兴起［J］.自然辩证法研究，2023，39（07）：95-102.

［12］王晓朝.古希腊智慧观念之起源与明智论的生成［J］.学术月刊，2023，55（05）：17-25.

［13］尚智丛.《穷理学》中的亚里士多德知识理论［J］.自然辩证法研究，2023，39（04）：103-108.

［14］聂敏里，邬洁静.马克思的博士论文：从古代哲学史研究的视角看［J］.云南大学学报（社会科学版），2023，22（02）：15-24.

［15］陶涛.道德价值的来源与情感的地位——略论亚里士多德与康德伦理思想的某种相似性［J］.中国社会科学评价，2023，（01）：104-110+159.

［16］刘训练，陈丽.在制度与德性之间：罗马"德性竞争"论题的历史考查［J］.江海学刊，2023，（02）：137-144+256.

［17］班雪莹，张能为.伽达默尔论《斐莱布篇》中的"混合"——以《柏拉图—亚里士多德哲学中善的理念》为中心的辨析［J］.池州学院学报，2023，37（01）：71-74.

［18］穆宏燕.琐罗亚斯德教学说对古希腊哲学的影响［J］.世界宗教研究，2023，（02）：98-110.

［19］梅谦立，孙赫.16至18世纪中西文明互鉴的影响及其意

义——以亚里士多德主义和宋明儒学为基础［J］.北京行政学院学报，2023，（01）：121-128.

［20］史云贵，韩昕莲.论中庸的"为政"思想与政体的演进——基于孔子与亚里士多德中庸思想的比较［J］.广西大学学报（哲学社会科学版），2023，45（01）：115-123.

［21］郝琛宠.古今之间的细节：触摸星辰：布鲁诺的宇宙隐喻与爱之戏剧［J］.努斯：希腊罗马哲学研究（第5辑），2023：233-248.

［22］李永毅.《物性论》与蒙田的自然主义怀疑论［J］.外国文学评论，2023，（01）：151-178.

［23］王寅丽.海德格尔和阿伦特对奥古斯丁《忏悔录》第十卷的解读［J］.哲学分析，2023，14（02）：67-78+197.

征稿启事

《努斯：希腊罗马哲学研究》是西南大学希腊研究中心和四川
大学西方古典哲学研究所合办的专业学术辑刊，每年出版两期，由
上海人民出版社出版发行。本刊以"深研原典，返本开新"作为办
刊主旨，鼓励希腊罗马哲学研究方面的原典译注、深化研究、学术
争鸣和学术史积累。主要刊发关于希腊罗马哲学方面的学术论文，
栏目设置有原典译注、专题研讨、书评、书目文献、学派研究等。
热忱欢迎国内外同仁赐稿。

投稿要求：

一、来稿应具有学术性与理论性，并且在选题、文献、理论、
方法或观点上有创新性。

二、来稿一般不少于1.2万字，有相应的学术史回顾，正文前
应附上中英文题名、内容提要（300字以内）、关键词（3—5个）。
作者姓名、职称、学历、工作单位、通讯地址、邮政编码、联系电
话、电子邮件应附于文末，以便联系。

三、本刊注释采用脚注形式，引用文献需严格遵守学术规范，

注明出处。

四、来稿文责自负，本刊对来稿有酌情删改权，如不同意，请在来稿中注明。

五、请勿一稿多投，稿件 30 天后未被采用，作者可自行处理。

六、来稿一经刊用即奉稿酬，并赠样刊两本。

投稿邮箱：nous-jgrp@foxmail.com

电话：028-87464967、18081158514

图书在版编目(CIP)数据

努斯:希腊罗马哲学研究.第7辑,中国—希腊文明
互鉴/崔延强,梁中和主编. —上海:上海人民出版
社,2024
ISBN 978-7-208-18847-1

Ⅰ.①努… Ⅱ.①崔… ②梁… Ⅲ.①古希腊罗马哲
学-文集 Ⅳ.①B502-53

中国国家版本馆CIP数据核字(2024)第066777号

责任编辑 赵 伟 陶听蝉
封面设计 胡斌工作室

努斯:希腊罗马哲学研究(第7辑)
——中国—希腊文明互鉴
崔延强 梁中和 主编

出 版 上海人民出版社
　　　　(201101 上海市闵行区号景路159弄C座)
发 行 上海人民出版社发行中心
印 刷 上海新华印刷有限公司
开 本 890×1240 1/32
印 张 19.25
插 页 5
字 数 423,000
版 次 2024年4月第1版
印 次 2024年4月第1次印刷
ISBN 978-7-208-18847-1/B·1748
定 价 68.00元